易學典籍選刊

周易觀象校箋

上

〔清〕李光地 撰
梅軍 校箋

中華書局

圖書在版編目(CIP)數據

周易觀象校箋/(清)李光地撰;梅軍校箋. —北京:中華書局,2021.6
(易學典籍選刊)
ISBN 978-7-101-15201-2

Ⅰ.周… Ⅱ.①李…②梅… Ⅲ.《周易》-研究
Ⅳ.B221.5

中國版本圖書館CIP數據核字(2021)第091850號

責任編輯:石 玉

易學典籍選刊
周易觀象校箋
(全二册)
〔清〕李光地 撰
梅 軍 校箋
*
中 華 書 局 出 版 發 行
(北京市豐臺區太平橋西里38號 100073)
http://www.zhbc.com.cn
E-mail:zhbc@zhbc.com.cn
北京瑞古冠中印刷廠印刷
*
850×1168毫米 1/32 · 27印張 · 4插頁 · 528千字
2021年6月北京第1版 2021年6月北京第1次印刷
印數:1-3000册 定價:88.00元

ISBN 978-7-101-15201-2

目録

上册

下册

前言

一、李光地生平與著述

李光地字晉卿，號厚庵，别號榕村，福建安溪（今福建省泉州市安溪縣）人，生於明崇禎十五年（一六四二）九月初六亥時，卒於康熙五十七年（一七一八）五月二十八日午時，享年七十有七，謚「文貞」。先世居延平之尤溪（今福建省三明市尤溪縣），後遷安溪感化里之湖頭鄉（今安溪縣湖頭鎮）。祖先春，義俠聞鄉里。父兆慶，明諸生，天秉忠孝，以禮法教於其家。母吴氏，生四子，光地爲長子。清康熙九年（一六七〇）進士，選翰林院庶吉士，授編修，累官至文淵閣大學士。雍正元年（一七二三），追贈太子太傅；十一年（一七三三），入祀賢良祠。

李光地是清初傑出的政治家和思想家。作爲政治家的李光地是一代名相，其政治生涯幾乎與康熙朝相始終。李光地居官有道，政績卓著，清勤謹慎，輔佐康熙達數十年之久，深得康熙賞識。尤其是到晚年，康熙更視李光地爲知己。光地病逝，康熙爲之震悼，有「惟朕知卿最悉，亦惟卿知朕最深」、「君臣之契，特有深焉」等語，〔一〕可見君臣情誼之深厚。作爲思想家的李光地是清初理學名臣，爲清政府奠定了思想統治的重心。雍正稱贊李光地爲「昌時柱石」，並非過譽之詞。

李光地自謂「天資極鈍」，〔二〕然自幼嗜學，刻苦勤奮。十八歲始習性理之學，讀濂洛關閩及同郡蔡清、林希元諸先賢書。從理學思想來看，李光地雖然尊崇朱熹，但在實際上，他主張「以性爲本」，卻是構建了一個兼採程朱陸王的新體系，具有突破和革新傳統的積極意義。〔三〕李光地平生好易，二十歲補諸生，纂輯周易解一部，於諸家同異條分縷析，用爲熟研覃思之地。這爲他長期從事易學研究奠定了堅實的基礎。

李光地於公務之餘，治學不輟，凡經術、性理、史籍、諸子、天文、曆法、算數、音韻、詩文，多所涉獵，著述宏富。然康熙四十四年（一七〇五）二月，李光地扈從帝駕南巡時，家人婦疏忽導致官署火災，其平生所編著，盈累箱篋，至是多被焚燬，此年光地六十四歲。其後，李光地仍筆耕不輟，

〔一〕見李清植文貞公年譜卷下「康熙五十七年戊戌夏五月丙子」條，清道光九年李維迪刻榕村全書本。

〔二〕見李光地榕村語録續編卷十六學，清道光九年李維迪刻榕村全書本。

〔三〕參許蘇民李光地傳論，厦門大學出版社，一九九二年，第二五七至二五八頁。

老而彌篤。今所見李光地之撰述，多爲其晚年遺著。

李光地逝世次年，即康熙五十八年（一七一九），清瑾軒刊安溪李文貞公解義三種，收入李光地撰離騷經注一卷附九歌注一卷，參同契注一卷，陰符經注一卷，計四種四卷。

乾隆元年（一七三六），李光地之孫李清植輯刊榕村全集四十卷，收入李光地所撰觀瀾録一卷，經書筆記、讀書筆録一卷，春秋大義、春秋隨筆一卷，尚書句讀一卷，周官筆記一卷，初夏録二卷，尊朱要旨、要旨讀記一卷，象數拾遺、景行摘編附記一卷，文二十五卷，詩五卷，賦一卷。其中，詩五卷爲李光地生前自選，餘皆爲李清植據祖父遺稿編輯。此集後來收入文淵閣四庫全書。

嘉慶六年（一八〇一），又有補刊李清植輯本，題名李文貞公全集。除收榕村全集四十卷之外，補刻李光地撰詩所八卷，大學古本説一卷，中庸章段一卷，中庸餘論一卷，讀論語劄記二卷，讀孟子劄記二卷，古樂經傳五卷，榕村别集五卷，周易觀象大指二卷，離騷經注一卷，九歌注一卷，陰符經注一卷，參同契注一卷，孝經注一卷，洪範説二卷，周易通論四卷，榕村制義初集一卷、二集一卷、三集一卷、四集一卷，榕村語録三十卷，周易觀象十二卷，朱子禮纂五卷，尚書七篇解義二卷，握奇經訂本一卷，榕村字畫辨訛一卷，正蒙注二卷，二程子遺書纂二卷，外書纂一卷，古文精藻二

卷，韓子粹言一卷，榕村講授三卷，朱子語類四纂五卷，合計三十四種一百四十九卷。〔一〕

道光初，李光地玄孫李維迪以嘉慶本李文貞公全集書版爲基礎，重輯刊行高祖父著述，題名榕村全書。這項工作前後持續近十年，從道光二年（一八二二）開始，至道光十年（一八三〇）完成。道光本榕村全書收入李光地撰大學古本説一卷，中庸章段一卷，中庸餘論一卷，中庸四記一卷，讀論語劄記二卷，讀孟子劄記二卷，周易通論四卷，周易觀象十二卷，周易觀象大指二卷，詩所八卷，尚書七篇解義二卷，洪範説二卷，春秋燬餘四卷，孝經注一卷，古樂經傳五卷，曆象本要一卷，握奇經注一卷，陰符經注一卷，離騷經注一卷，九歌注一卷，參同契注一卷，韓子粹言一卷，正蒙注二卷，二程子遺書纂二卷，外書纂一卷，朱子語類四纂五卷，朱子禮纂五卷，性理一卷，古文精藻二卷，榕村講授三卷，榕村字畫辨訛一卷，榕村韻書五卷，榕村詩選八卷附首一卷，程墨前選二卷，名文前選六卷，易義前選五卷，榕村語録三十卷，榕村全集四十卷、續集七卷、别集五卷，榕村

〔一〕此外，嘉慶補刊本還收入周敦頤撰太極圖解一卷、通書一卷（皆朱熹注），張載撰西銘一卷，程顥撰論定性書一卷、顔子所好何學論一卷，計五種五卷；附録李鍾倫（李光地長子）撰經書源流歌訣一卷、三禮儀制歌訣一卷、帝王世系歌訣一卷，李清植（李光地三子李鍾佐之子）撰淛嘝存愚二卷，計四種五卷。

制義初集一卷、二集一卷、三集一卷、四集一卷，合計四十四種一百九十卷。〔一〕

道光本榕村全書所收李光地著述，較嘉慶補刊本李文貞公全集增加十種四十一卷，即：中庸四記一卷，春秋燬餘四卷，曆象本要一卷，性理一卷，榕村韻書五卷，榕村詩選八卷附首一卷，程墨前選二卷，名文前選六卷，易義前選五卷，榕村續集七卷。至此，李光地著述基本齊備。〔二〕道光

〔一〕道光本删去嘉慶補刊本所收周敦頤、張載、程顥三人著作計五種五卷，而附録李鍾倫著作四種（周禮纂訓二十一卷、經書源流歌訣一卷、三禮儀制歌訣一卷、帝王世系歌訣一卷），李清植著作三種（文貞公年譜二卷、儀禮纂録二卷、淛嗳存愚二卷），李清馥（李鍾倫子）著作二種（榕村譜録合考二卷、道南講授十三卷），以及李宗文（李清植子）著作一種（律詩四辨四卷），計四人著作十種四十九卷。

〔二〕榕村語録續集二十卷，李光地撰，李清馥輯。該書竣稿當在清乾隆二十一年（一七五六）以前，然未刊行。至光緒二十年（一八九四），始由安溪知縣黄家鼎據李氏家藏稿鈔録副本。其後，黄氏鈔本輾轉傳歸傅增湘，此書乃得以付梓行世，是爲傅氏藏園刊本（參陳祖武點校本榕村語録、榕村續語録之點校説明，中華書局，一九九五年，第三頁）。另外，李光地奉敕編纂星曆考原六卷、朱子全書六十六卷、周易折中二十二卷附卷首一卷、性理精義十二卷、月令輯要二十四卷附卷首圖説一卷，康熙時皆有武英殿刻本；又音韻闡微十八卷附守韻譜一卷，雍正時有武英殿刻本，以上諸書乾隆時皆收入文淵閣四庫全書。

本榕村全書因而也成爲研讀李光地著述的重要版本，具有很高的學術價值。

李光地邃於經術，尤以易學最稱專精，自十八歲起即潛心於易，終生不輟。他的易學成果，今可見者多爲其晚年撰述，除散見於榕村全集、榕村語録、榕村語録續集的相關資料外，主要集中於周易通論、周易觀象大指、周易觀象、周易折中諸書。

康熙五十一年（一七一二）夏四月，李光地撰成周易通論四卷，其時他七十一歲。五十二年秋七月，撰成周易觀象大指二卷；十二月，奉敕修纂周易折中。五十三年秋八月，撰成周易觀象十二卷。五十四年春三月，撰成周易折中二十二卷附卷首一卷。〔一〕再過三年，他就病逝了。

二、周易觀象的撰著特點

周易折中由李光地奉敕修纂，編撰過程中較多地受制於康熙的旨意，以朱熹周易本義爲主，李光地個人的觀點散見於「案語」、「總論」中，表述相對委婉含蓄，未能充分展現其治易思想。周易通論、周易觀象大指、周易觀象皆屬李光地個人著述，能夠更真實從容地傳達其治易見解。其

〔一〕參李清植文貞公年譜卷下。

中，周易觀象全面系統地展現了李光地的治易成績，堪稱李光地治易五十餘年的總結之作。〔一〕而周易通論、周易觀象大指原是從周易觀象書中析出者，〔二〕可視爲周易觀象的輔翼。

（一）採取以傳附經的編排方式

周易觀象對周易文本的編排處理，乃是以傳附經。這是李光地繼承漢費直以傳解經的傳統，以及魏王弼周易注、唐孔穎達周易正義、宋程頤伊川易傳的處理方式，而未採取周易折中遵循朱熹周易本義使用的經、傳分離的編排方式。

學者或以周易觀象成書在周易折中之前，對周易文本的編排處理卻截然不同，遂謂李光地治易思想前後遊移，甚或逕以周易折中視爲李光地易學思想的總結。我們認爲，此種說法不確。周易觀象是李光地治易五十餘年、易稿數十次的蓋棺之作，體現的是他自己的易學思想；而周易折

〔一〕李清植文貞公年譜卷下云：「康熙五十三年秋八月，周易觀象成。公自十八歲即玩心於易，至是而年七十三矣，前後凡易稿數十次。」

〔二〕李清植文貞公年譜卷下云：「康熙五十一年夏四月，周易通論成。公既依經釋義，爲觀象一書，其推本源流、根據圖象統論綱領指趣者，不欲雜附經中以溷正意，乃別釐爲此編。」又云：「康熙五十二年秋七月，周易觀象大指成。公謂：『易更三古，四聖一心，詮解者多不能融洽，而離異視之。』乃每卦括其大指，爲一篇。」

中乃奉旨官修之書，不可違逆康熙的易學理念，細讀周易折中凡例，即可知此。

李光地治經博洽融通，單就他的易學見解而言，在很多方面是不同於程、朱的。這在周易折中李光地所撰案語中即有所流露，在周易觀象中則有更全面的展現。這體現了李光地對自身治易思想的堅持，也體現了康熙對李光地學術成就的尊重和寬容。〔一〕

（二）注解内容與周易折中相互照應

李光地周易通論、周易觀象大指比年撰成，而周易觀象平生反復修改達數十次，遲遲未能定稿，卻在他奉旨修纂周易折中之後八個月即告竣稿，這是爲什麽呢？

筆者嘗將程頤伊川易傳、朱熹周易本義二書對讀，凡朱子意同程傳者，本義行文皆較省略，甚或不著一字。由此醒悟，程傳、本義須合觀才好，二者相輔相成。及讀周易觀象、周易折中二書，亦當如是觀。李光地十八歲即留心於易，二十歲纂輯周易解，於諸家同異條分縷析，這頗類似於周易折中的「集説」部分。其後五十年閒，李光地治易不輟，應該是以周易解爲雛形，獨自完善了

〔一〕李清植文貞公年譜卷下云：「康熙五十三年春三月，周易折中成。公之承修是書也，每奏進，上有疑義，輒下公所，公解剥敷陳，上常意歡；有所批糾，即應時改定。上嘉其沖挹，益虚己盡下。」

諸如「易解長編」的收集整理工作，以用作撰寫周易觀象的材料來源以及與康熙談學論易的知識儲備，也爲他後來領銜編纂周易折中奠定了堅實基礎。周易通論、周易觀象大指二書先行定稿，表明李光地的易學思想已經成熟定型。周易觀象遲遲未能定稿，筆者推測這應該與李光地一直未能妥善處理諸家易説材料有很大關係。奉旨編纂周易折中，則爲李光地提供了一個良好契機，他可將諸家易説材料皆置於周易折中，而在周易觀象中獨載自己的注解即可。我們可以看到，周易觀象與周易折中兩書，除經、傳以外重合的文字極少，卻又相互呼應，相得益彰。如此操作，對李光地而言，是頗爲便利的處理方式，他不必再糾結於解決處理諸家材料與傳達自身見解的矛盾。因此，在李光地奉旨編纂周易折中之後八個月，周易觀象即告竣稿；再過七個月，周易折中也順利完成。

周易折中是易學史上里程碑式的經典之作。其成書如此之速，除了康熙的重視、參修諸臣的勤勉，起關鍵作用的當然還是總裁李光地。此書融入了他治易五十餘年的積累和功力。在研讀周易觀象時，若能結合周易折中的相關材料，則可對李光地的注解有更深入的理解和把握。例如周易觀象卷九載渙初六象辭及李光地注云：

初六之「吉」，順也。

力順而易，故曰「順」也。

而周易折中卷十二於渙象辭之「集説」載：

郭雍曰：「初六，難之始也。方難之始而拯之，无不濟矣。天下之事，辨之于早，則順而易舉，故傳曰『初六之「吉」，順也』。」〔一〕

又，郭雍郭氏傳家易説卷六云：

初六，難之始也。方難之始而拯之，則難无不濟矣，是其所以「吉」也。天下之事，辨之于早，則順而易舉，故象曰「初六之『吉』，順也」。〔二〕

對比這三處文字，可知周易觀象載李光地注乃用郭雍説，周易折中載郭雍語出自郭氏傳家易説而有删改。倘若將周易觀象、周易折中各自隔離，其閒關係就變得隱晦，而學術流變的特徵就難以察覺了。

需要注意的是，周易折中遵照康熙旨意以朱熹周易本義爲主，李光地個人的易學見解有時不能充分傳達，因而其中所載李光地案語或有與周易觀象注文不一致者。這種情形下，若要探討李光地個人的易學思想，須以周易觀象爲準。對此我們必須有清醒的認識。例如周易折中卷六載

〔一〕見李光地周易折中卷十二，清康熙五十四年武英殿刻本。

〔二〕見郭雍郭氏傳家易説卷六，清乾隆四十年武英殿聚珍版叢書本。

夬九二爻辭及朱熹本義、李光地案語云：

九二：惕號，莫夜有戎，勿恤。

【本義】九二當決之時，剛而居柔，又得中道，故能憂惕號呼以自戒備。而「暮夜有戎」，亦可无患也。

【案】此爻辭有以「惕號莫夜」爲句、「有戎勿恤」爲句者，言「莫夜」，人所忽也，而猶「惕號」，則所以警懼者素矣；「有戎」，人所畏也，而不之恤，則所以持重者至矣。

周易觀象卷七載夬九二爻辭及李光地注云：

九二：惕號莫夜，有戎勿恤。

二亦去陰尚遠，然有剛中之德，能憂惕呼號，以豫爲戒備，卦之所謂「孚號有厲」者也。人之防寇戎者，多懈於暮夜。能惕號於暮夜，則雖有戎，亦可無憂矣。

對比這兩處文字，可知：在周易觀象注文中，李光地已明確否定了朱熹對夬九二爻辭的斷句及文意理解；而在其後完成的周易折中案語中，他卻没有明確否定朱熹的説法，衹是很委婉地提出異義。我們認爲，造成其間差異的主要原因，乃在於周易觀象代表的是李光地個人的易學思想，周易折中代表的是康熙朝廷認可的易學思想，二者的出發點是不同的。位居文淵閣大學士數十年之久的李光地，在宦海沉浮四十餘年，處事謹慎，對此自然有深刻體察。周易折中的總裁，是作爲理學名臣的李光地；周易觀象的作者，則是有個性的、作爲真正易學家的李光地，這兩種身份之間也是既有聯繫又有區別的。

（三）將小學研究運用於周易文本校勘及經義理解

「小學」指中國的傳統語言文字學，包括文字學、音韻學、訓詁學三個門類。康熙十年（一六七一），李光地三十歲時，特意去拜訪當世大儒顧炎武（一六一三—一六八二），請教音韻之學。顧炎武與他縱談文字、音韻古今訛異之原，光地心識其説。顧炎武還諄諄告誡他：「讀書須整片讀。僕平生零綴碎補，遇連篇文字，則不耐竟讀。此大病也，當以爲戒。」〔一〕因此，在撰寫周易觀象時，李光地也能自覺地追求博洽融通，研覃經訓，並將小學研究運用於周易文本的校勘及經義理解。宋明以來，治易者多囿於談論象數、義理，空疏附會而罔顧文字、音韻、訓詁之學。〔二〕迄至清初，這種狀況並未改變。而李光地能夠從文字、音韻、訓詁出發，據以探討義理之真，這是李光地治易

〔一〕見李清植文貞公年譜卷上「康熙十年辛亥」條。

〔二〕朱熹早已痛斥了治易者的這種虛浮學風。他明确指出：「字畫、音韻不理會，却枉費了無限辭説，牽補而卒不得其本義，亦甚害事也。」（晦庵集卷五十書答楊元範，景印文淵閣四庫全書本，臺灣商務印書館，一九八六年）

能超出羣儒的一個很重要的原因。

其一，文本校勘。如周易觀彖卷八載鼎卦辭及李光地注云：

> 鼎：元吉亨。
>
> 「元吉亨」，當從彖傳作「元亨」，「吉」字衍也。凡卦名下直曰「元亨」而無他辭者二，大有、鼎也。大有之義與比相似，然比以一陽統衆陰，所有者民也；大有以一陰得衆陽，所有者賢也。鼎之義與井相似，然井在邑里之間，所養者民也；鼎爲朝廟貴器，所養者賢也。易之義，至於「尚賢」，則「吉」無以加，故其辭皆直曰「元亨」。

案：程頤云：「文羨『吉』字，卦才可以致『元亨』，未便有『元吉』也。彖復止云『元亨』，其羨明矣。」〔一〕朱熹亦云：「『吉』，衍文也。」〔二〕李光地同意程、朱關於文本的校勘意見，並聯繫大有、比、井諸卦，從經世致用的角度，闡述君王治國行政須養賢養民的道理。

〔一〕見程頤伊川易傳卷六，中華再造善本叢書影印國家圖書館藏元刻本，北京圖書館出版社，二〇〇四年。

〔二〕見朱熹周易本義卷二下經第二，中華再造善本叢書影印國家圖書館藏宋咸淳元年九江吴革刻本，北京圖書館出版社，二〇〇三年。

又如周易觀象卷八載漸上九爻辭及李光地注云：

上九：鴻漸于陸，其羽可用爲儀，吉。

六爻皆叶韻，故先儒同以「陸」爲「逵」。然「逵」、「儀」古韻實不叶，且但言「逵」，亦未見其爲「雲路」也。竊意「陸」乃「阿」字之譌。蓋「阿」，大陵也。菁莪之詩亦以「阿」與「儀」叶。

案：漸九三爻辭已云「鴻漸于陸」，則上九爻辭不當複出「陸」字。胡瑗、程頤、朱熹皆以「陸」爲「逵」，釋爲「雲路」，〔二〕然而與文意不合。詩小雅菁菁者莪云：「菁菁者莪，在彼中阿。既見君子，樂且有儀。」以「阿」與「儀」爲韻。進於「陵」則爲「阿」，爾雅釋地云：「大陵曰阿。」李光地從古音學的角度，認爲漸上九爻辭「鴻漸于陸」之「陸」乃「阿」字之譌，其説誠是。〔三〕

其二，經義理解。如周易觀象卷八載豐初九爻辭及李光地注云：

〔二〕見胡瑗周易口義卷九（景印文淵閣四庫全書本，臺灣商務印書館，一九八六年）、程頤伊川易傳卷九、朱熹周易本義卷二下經第二。

〔三〕其後，江永羣經補義卷一（清咸豐十年補刊學海堂刻清經解本）、俞樾俞樓雜纂卷一艮宧易説（續修四庫全書影印復旦大學圖書館藏清光緒二十五年刻春在堂全書本，上海古籍出版社，二〇〇二年）皆同李説。

初九：遇其配主，雖旬，无咎。往有尚。

「旬」者，十日，數之滿也，即「日中」之義。

案：豐初九爻辭之「旬」字，先儒有不同解釋。胡瑗云：「『旬』者，十日也，謂數之盈滿也。」〔一〕蘇軾云：「『旬』之爲言，猶曰『周浹』云爾。」〔二〕朱熹云：「『旬』，均也，謂皆陽也。」〔三〕李光地取胡瑗説，是也。殷墟甲骨卜旬刻辭記「旬无咎」者數量甚多，其「旬」字義皆爲「十日」，可以爲證。蘇軾、朱熹所釋皆誤。又，豐初九象辭云：「『雖旬，无咎』，過旬災也。」周易折中載李光地案語云：「『過旬災』，即『日中則昃，月盈則食』之意也。經意謂同德相濟，雖當盈滿之時，可以『无咎』，況初居豐之始，未及『日中』乎？傳意則謂正宜及今而圖之耳，稍過於中，便將有災矣。其義相備也。」〔四〕其説可從。

又如周易觀象卷八載鼎象辭及李光地注云：

〔一〕見胡瑗周易口義卷九。

〔二〕見蘇軾東坡易傳卷六，景印文淵閣四庫全書本，臺灣商務印書館，一九八六年。

〔三〕見朱熹周易本義卷二下經第二。

〔四〕見李光地周易折中卷十二。

象曰：「木上有火，鼎。君子以正位凝命。」

器之最正者鼎，故古人多取「鼎」字爲「正」字義。漢書「天子春秋鼎盛」、「匡鼎來」，皆此義也。「凝命」，猶春秋傳所謂「定命」。鼎器至正，故可以「享帝」。君子正位，則有以事天。

案：「天子春秋鼎盛」，文見漢書賈誼傳。「匡鼎來」，漢書匡衡傳云：「匡衡字稚圭，東海承人也。父世農夫，至衡好學，家貧，庸作以供資用，尤精力過絶人。諸儒爲之語曰：『無説詩，匡鼎來；匡語詩，解人頤。』」服虔曰：「『鼎』，猶言『當』也。若言『匡且來』也。」應劭曰：「『鼎』，方也。」師古曰：「服、應二説是也。賈誼曰『天子春秋鼎盛』，其義亦同。」[一]李光地據鼎象傳，認爲「鼎」字訓「正」，其説較服、應二家更恰切。

乾隆時期，四庫館臣指出，周易觀象「發明易理，兼證以易象，而數則略焉」，「蓋尊信古經，不敢竄亂，猶有漢儒篤守之遺。其大旨雖與程、朱二家頗有出入，而理足相明，有異同而無背觸也」。[二]這是符合實際的客觀評價，也是對周易觀象一書所取得的學術成就的充分肯定。

〔一〕見班固漢書卷八十一匡張孔馬傳第五十一，中華書局，一九六二年，第三三三一頁。

〔二〕見本書卷首欽定四庫全書周易觀象提要。

三、關於周易觀象校箋

李光地繼承並發展了程、朱的易學思想。他將周易中藴涵的君子立身修德的理論與自身治國平天下的實踐緊密結合，使易學成爲真正的經世致用之學。易稿數十次而成的周易觀象十二卷，可視爲李光地易學理論與實踐的成熟産物，是其治易五十餘年的系統總結，堪稱其易學晚年定論。因此，今後若要全面深刻地探討李光地的易學成就，除了關注周易折中及收入榕村集、榕村語録、榕村續語録等書中的相關散見資料外，也應該多研讀周易觀象才好。

周易觀象校箋以臺灣商務印書館一九八六年景印文淵閣四庫全書本周易觀象十二卷爲底本，以清道光九年（一八二九）李維迪刻榕村全書本周易觀象十二卷、福建人民出版社二〇一三年整理本榕村全書之周易觀象十二卷（陳祖武點校）爲參校本，對周易觀象進行全面整理。凡周易觀象及校箋所引用文獻，皆逐一據善本檢覈，注明出處。校箋的工作重點在於以周易折中爲津梁，辨析與梳理周易觀象書中李光地見解的來源或基礎，藉以明瞭該書在易學史上繼承與創新之處。

周易觀象校箋的撰寫得到責任編輯石玉先生的大力支持和鼓勵，他爲書稿的編撰體例提供了寶貴意見。詩云：「有匪君子，如切如磋，如琢如磨。」感銘在心，謹致謝忱。

限於學力，本書或尚有錯誤，懇請讀者諸君批評指正。

庚子仲夏，江夏梅軍撰

凡例

一、本書以臺灣商務印書館一九八六年景印文淵閣四庫全書本周易觀象十二卷爲底本（簡稱「四庫本」），以清道光九年李維迪刻榕村全書本周易觀象十二卷（簡稱「榕村本」）、福建人民出版社二〇一三年整理本榕村全書之周易觀象十二卷（陳祖武點校，簡稱「陳本」）爲參校本。

二、底本載録周易的經、傳文字，使用中華書局一九八〇年影印阮元校刻十三經注疏本周易正義（簡稱「注疏本」）進行對勘。經、傳文字的標點，皆按李光地之意酌定。

三、前輩學者以六十四卦名示卦爻變及體象，故於六畫之卦名各標書名號，以便閲讀。三畫之卦名僅八，容易識别，故不標書名號。各卦之卦題、爻題皆不標書名號。

四、凡散入各卦之彖、象、文言，皆加冒號與引號，以明其起止，與經文相分别。

五、底本的避諱字逕改回本字。底本的異體字儘量統一，少數異體字酌情保留。此類若有改動，一般不出校記，避免煩瑣。

六、底本使用的段落標誌「〇」仍予保留。底本或有脱落「〇」者，則據榕村本補足，不出校記。底本或有行文頗長者，酌情再劃分段落。

七、底本卷首載録欽定四庫全書周易觀象提要一篇，仍予保留。

八、底本所引用文獻，逐一檢覈原書，並注明出處。

九、梅軍所作校箋，皆標注序號繫於相應文段之後，以便閲讀。校箋引用前輩學者著述，一般在文末注明「某書某卷」；若係轉引者，則注明「見某書某卷」，以便檢索。

十、校箋引王弼周易注，採用注疏本；引李鼎祚周易集解，採用明嘉靖三十六年朱睦㮮聚樂堂刻本；引程頤伊川易傳，採用國家圖書館藏元刻本；引朱熹周易本義，採用宋咸淳元年九江吴革刻十二卷本；引李光地周易折中，採用清康熙五十四年武英殿刻本。

十一、附録參考文獻，乃作校箋時直接使用的文獻，無關者皆不録入。

欽定四庫全書周易觀象提要

臣等謹案：

周易觀象十二卷，國朝李光地撰。光地嘗奉命纂修周易折中，請復用朱子古本。是編乃仍用注疏本，蓋成書在前也。其語録及榕村全集所載，頗申明先天諸圖。而是編則惟解説卦傳「天地定位」一章附舉此義，然亦不竟其説。餘皆發明易理，兼證以易象，而數則略焉，蓋亦謂邵子之學爲易外别傳也。其解繫辭傳「知者觀其彖辭，則思過半矣」二句，〔一〕曰「彖辭所取，或有直用其爻義者，或有通時宜而爻義吉凶準以爲決者。故以是觀之，不中不遠。惟其合始終以爲質，故時物不能外」云云，「觀象」之名蓋取諸此。〔二〕

〔一〕「繫辭傳」原作「繫詞傳」，今據浙本欽定四庫全書總目改。
〔二〕「取諸」原作「諸取」，今據浙本欽定四庫全書總目改。

其解九四「重剛而不中」句，不以「重」字爲衍文；〔一〕解「履霜堅冰，陰始凝也」句，不從魏志作「初六履霜」；解「後得主而有常」句，不從程傳增「利」字；解「蓋言順也」句，不以「順」爲「慎」。以及「比，吉也」句、「比之匪人」句、「同人曰」句、「『小利有攸往』，天文也」句、「『震驚百里』，驚遠而懼邇也」句、「漸之進也」句、「上九：鴻漸於陸」句、「與地之宜」句，皆不從程傳、本義脱悮之説。惟據漢律曆志，移「天一地二」二十字，從程傳；「能研諸侯之慮」句，「侯之」二字衍文，從本義耳。案：光地謂「諸」爲「侯之」合音，想以古經旁注字切而誤增。不知反切始自孫炎，古經安得注字切？其説殊悮。謹附訂于此。蓋尊信古經，不敢竄亂，猶有漢儒篤守之遺。其大旨雖與程、朱二家頗有出入，而理足相明，有異同而無背觸也。

乾隆四十四年十月恭校上。

總纂官臣紀昀、臣陸錫熊、臣孫士毅

總校官臣陸費墀

〔一〕「字」原作「文」，今據浙本欽定四庫全書總目改。

周易觀象卷一

上經一

大學士李光地撰

1 ䷀ 乾下乾上

乾：元亨，利貞。〔一〕

「乾」，健也。凡純陽之物，其性必至健。故三畫純陽之卦，名之爲「乾」。至於重而六畫，則又有以見其健而又健、流行不息之意也。「元亨，利貞」，占辭也。凡至健者，流行而功用不窮，是以大通；不息而根本深厚，是以正固。故其占爲：得此卦者，凡事當得大通，而尤利在於正固也。

○易言「貞」有三義：正也，固也，常也。正則可固守以爲常，故其意自相貫。然惟言「利貞」、「貞吉」者，兼此三義。若所謂「不可貞」及「貞凶」、「貞厲」、「貞吝」者，〔三〕則第戒其不可固守以爲常耳。然其固守以爲常者，亦必自以爲正，則其義一也。

【校箋】

〔二〕李光地云：「乾、坤之『元亨，利貞』，諸儒俱作四德説，惟朱子以爲占辭而與他卦一例，其言當矣。然四字之中，雖只兩意，實有四層。何則？『元』，大也。『亨』，通也。『利』，宜也。『貞』，正而固也。人能至健，則事當大通，然必宜於正固，是占辭只兩意也。」（周易折中卷一）

〔三〕「凶」，陳本同，榕村本作「㐫」。下同。

初九：潛龍勿用。

乾純陽而其道變化不窮，故以「龍」象之。龍，亦純陽而能變化之物也。惟其變化，是以消息盈虛，與時偕行。初以陽居下而象「潛龍」，則占者宜勿施用可知。

九二：見龍在田，利見大人。〔一〕

乾爻皆有龍德，而二、五獨居中，故有「大人」之象。「見龍在田」，如人雖未處上位，而修身已見於世。〔二〕占得之者，則利見此人。身有其德，則利見在上之「大人」。

本義之例明矣。

【校　箋】

〔一〕朱熹云：「九二剛健中正，出潛離隱，澤及於物，物所『利見』，故其象爲『見龍在田』，其占爲『利見大人』。九二雖未得位，而大人之德已著，常人不足以當之，故值此爻之變者，但爲『利見』此人而已。蓋亦謂在下之『大人』也。此以爻與占者相爲主賓，自爲一例。若有『見龍』之德，則爲『利見』九五在上之『大人』矣。」（周易本義卷一上經第一）

〔二〕「修」，陳本同，榕村本作「脩」。下同。

九三：君子終日乾乾，夕惕若，〔一〕厲，无咎。

易爻三、四皆居高位，危疑之際、凶懼之地也。四近君位，故以多懼而疑；三處下上，故以多凶而危。然易之道，危而使平者，懼以終始而已矣。終日乾乾者，事也；夕而猶惕者，心也。君子自修道固如是，雖居安猶然，況處危乎？占者如是，則雖危「无咎」。

【校　箋】

〔一〕鄭玄云：「三於三才爲人道，有乾德而在人道，『君子』之象。」（見周易集解卷一）胡炳文云：「凡卦爻有占无象，象在占中；有象无占，占在象中。如乾初、二、五、上，分象與占；九三『終日乾乾，夕惕若』，皆占辭也，而象在其中；九四『或躍在淵』，專言象也，而占在其内。」（周易本義通釋卷一）

九四：或躍在淵，无咎。〔一〕

「或」字蒙「龍」爲義，言龍將向乎天矣而未遽飛，故或有時躍于淵，以自試其可否。蓋可以進而不敢輕於進，疑而審慎之象也。進爲之道如是，則内度其身，外度其時，而可以「无咎」矣。

【校箋】

〔一〕孔穎達云：「『或』，疑也。『躍』，跳躍也。言九四陽氣漸進，似若龍體欲飛，猶疑或也。躍在於淵，未即飛也。」（周易正義卷一）

九五：飛龍在天，利見大人。〔一〕

五，天位也，故有「飛龍在天」之象，聖人而得尊位者也。「利見大人」之義，與九二同。

【校箋】

〔一〕鄭玄云：「五於三才爲天道，天者清明無形，而龍在焉，『飛』之象也。」（見周易集解卷一）孔穎達云：「言九五陽氣盛至於天，故云『飛龍在天』。此自然之象，猶若聖人有龍德，飛騰而居天位，德備天下，爲萬物所瞻覩，故天下『利見』此居王位之『大人』。」（周易正義卷一）

上九：亢龍有悔。〔一〕

時位既極，若德與之俱亢，則不能處盈盛，而「有悔」矣。蓋一念之滿，即所以招損。當時之大，易至於失居。雖以聖人處之，不敢不戒也。

【校箋】

〔一〕朱熹云：「『亢』者，過於上而不能下之意也。陽極於上，動必『有悔』，故其象、占如此。」（周易本義卷一上經第一）

用九：見羣龍无首，吉。

「用九」者，筮法九、六變，七、八不變；易用其變者，故爻稱「九」、「六」，而於乾、坤示例。又，乾、坤二卦與諸卦不同，〔一〕故因繫以辭，以顯其變化之妙，而使遇六爻皆變者占之也。「見」，讀與「見龍」之「見」同。乾之六爻皆變，則陽而陰矣。如羣龍之身皆見，而獨不見其首，此天道所以藏諸用，人事所以固其基。凡剛柔、動靜、屈伸、進退，理皆如之。占者能體是象，則「吉」也。

【校箋】

〔一〕「二」，陳本同，榕村本誤作「三」。

彖曰：「大哉乾元，萬物資始，乃統天。〔一〕雲行雨施，品物流形。〔二〕

以卦象釋卦辭之「元亨」也。「乾」，天象也。「元」，則其德之始也。始者必大，故以「大哉」贊之。萬物皆資之以爲始，而能統貫乎天德之始終，此其所以「大」也。至於「雲行雨施」而「品物流形」，則「亨」可知矣。

【校箋】

〔一〕九家易云：「乾者純陽，衆卦所生，天之象也。觀乾之始，以知天德。惟天爲大，惟乾則之，故曰『大哉』。『元』者，氣之始也。」（見周易集解卷一）

〔二〕俞琰云：「前言『萬物』，此言『品物』，『萬』與『品』同歟？異歟？曰：『元』爲稟氣之始，

未可區别，故總謂之『萬』。『亨』則流動形見，而洪纖高下各有區别，故特謂之『品』。」（周易集説卷十四）

大明終始，六位時成，時乘六龍以御天。〔一〕

指卦體而言，以君道之「元亨」而配天道也。乾道始終，備於六位。故初爲下卦之始，二居其中，三則其終也；四爲上卦之始，五居其中，上則其終也。六位布列，如四德之循環，是則大明乾道之終始者，六位固以時而成矣。然九五一爻之時，則以剛健中正之德，統衆陽而居尊位，有乘駕六龍以御於天路之象。周公爻辭象以「飛龍在天」者，以此。夫以一陽而統衆陽之終始，則是所謂統天之「元」。龍而在天，必興雲雨焉，則又所謂及物之「亨」矣。

【校箋】

〔一〕朱熹云：「『始』，即『元』也；『終』，謂『貞』也。不終則无始，不貞則无以爲元也。此言聖人大明乾道之終始，則見卦之六位各以時成，而乘此六陽以行天道，是乃聖人之『元亨』也。」（周易本義卷三彖上傳第一）

乾道變化，各正性命，保合太和，乃利貞。〔一〕

又以天象釋卦辭之「利貞」也。「乾元」者，生物之心；「乾道」者，造物之用。心一而已，故萬物皆資始焉。用則變化而參差不齊，於是各以所賦受者自成，而莫不完全乎天之生理，是則乾之「利貞」也。

【校箋】

〔一〕朱熹云：「『變』者，化之漸；『化』者，變之成。物所受爲『性』，天所賦爲『命』。『大和』，陰陽會合，衝和之氣也。『各正』者，得於有生之初；『保合』者，全於已生之後。此言『乾道變化』，無所不利，而萬物各得其性命以自全，以釋『利貞』之義也。」（周易本義卷三彖上傳第一）

首出庶物，萬國咸寧。〔二〕

亦指卦體，〔三〕九五以君道之「利貞」而配天道也。以德言之，則兼統衆陽，故有「乘六龍」之象；以位言之，則高出羣爻，故有「首庶物」之象。德施既溥，則但見其垂拱於上，而萬國皆安其性命之情，以涵育於太和之内，無異天道之「利貞」矣。

【校箋】

〔一〕李光地云：「言『庶物』、言『萬國』者，又以切『利見大人』之義。以德位之所統言之，則曰『庶物』；以功化之所及言之，則曰『萬國』。『首出』則爲物所覩，至於『咸寧』而臻乎上治矣。乾之爲義，無所不包，夫子舉其大者，故以天道、君道盡之。」（周易折中卷九）

〔二〕李光地上文云「指卦體而言」，此處承之，遂云「亦指卦體」。

象曰：「天行健，君子以自彊不息。」〔一〕

重乾之卦，象天道之流行而不已也。以形言之，則日日而周；以氣言之，則歲歲而運；以其命而言之，則「於穆不已」者是已。〔二〕傳取天行之顯爲言，則氣與命在其中矣。至誠無息，則天矣。自彊不息，所以希天也。

【校箋】

〔一〕「彊」，榕村本同，陳本改作「强」。下同。阮元周易注疏校勘記云：「『君子以自强不息』，岳本同。石經初刻『彊』，後改『强』。釋文出『自强』。閩、監、毛本作『彊』。」

〔二〕「於穆不已」，毛詩周頌維天之命文。

『潛龍勿用』，陽在下也。『見龍在田』，德施普也。『終日乾乾』，反復道也。『或躍在淵』，進无咎也。〔一〕『飛龍在天』，大人造也。『亢龍有悔』，盈不可久也。『用九』，天德不可爲首也。」

「德施普」，疑於有位者矣。然後又言「時舍」，則未爲「時用」也。〔二〕故本義言「雖未得位，而大人之德已著」。〔三〕凡古聖賢之德行著聞所居而教化及物者，皆足以當之也。「反復道」，言乾乾者乃反復不息之道也。「進无咎」，言其不輕於進如是，則進而无咎也。「大人造」，即後文言所謂「聖人作」也。「不可爲首」，與「不可爲典要」語勢相似，言天之爲德，渾然不可得其端始也。「用九」者，陽變爲陰，動根於靜。故在天者，陰陽則無始，動靜則無端；在聖人，則寂然不動，感而遂通天下之故。洗心退藏於密，吉凶與民同患，皆「不可爲首」之義也。

【校　箋】

〔一〕「无」，榕村本誤作「無」，陳本改作「无」。

〔二〕「時舍」，見周易乾文言。「時用」，見坎、睽象辭及蹇象辭。

〔三〕見朱熹周易本義卷一上經第一乾九二。

文言曰：「『元』者，善之長也；『亨』者，嘉之會也；『利』者，義之和也；『貞』者，事之幹也。〔一〕

發明彖傳之義。文王之占本以「元亨利貞」爲二事，夫子乃以四者言之。然彖傳雖特表「乾元」，而以「利貞」合釋，至此則離析四事，自成一德也。蓋「元亨利貞」在天爲天道，在聖爲王化，其實則皆人性之德而已。

善者，性之藴也。元之在人，爲衆善之長。「元」，始也，大也。人性之仁，得之最初而統之最全。仁之統乎性，猶元之統乎天也。藴於内爲「善」，〔二〕著于外爲「嘉」。亨之在人，爲嘉美之會。「亨」，通也。會通，則典禮行焉。萬事之斐然成章，猶萬物之燦然流形也。

「和」者，和順之謂。利之在人，爲義之和。「利」，宜也。義惟得宜，故于事、物無不和順。事之各當其理，猶物之各正性命也。

「幹」者，枝葉之所依，逮枝葉盡而幹不改焉。貞之在人，〔三〕爲事之幹。「貞」，正也，固也。其知固守，則能植立而爲萬事所依。堅確者施用之根，猶凝固者發生之本也。

夫子之意，實與文王之意合。蓋所存者大，然後能發用而通，〔四〕是「大」在「亨」之先也;處事得宜,然後能成就而正,是「利」在「貞」之先也。仁者德之大,而禮則顯諸仁;義者用之宜,而知則藏諸用。二聖之所發明,其義精矣。

【校箋】

〔一〕程頤云:「它卦,彖、象而已,獨乾、坤更設文言,以發明其義。推乾之道施於人事,『元亨利貞』,乾之四德,在人則『元』者,衆善之首也;『亨』者,嘉美之會也;『利』者,和合於義也;『貞』者,幹事之用也。」(伊川易傳卷一)

〔二〕「藴」,陳本同,榕村本作「緼」。

〔三〕「貞」,榕村本同,陳本誤作「義」。

〔四〕「通」,榕村本同,陳本誤作「處」。

君子體仁足以長人,嘉會足以合禮,利物足以和義,貞固足以幹事。〔一〕

仁、義、禮、智,性之體也。長人、嘉會、利物、幹事,性之用也。四者之中,仁、智又爲體,禮、義又爲用。以仁爲體,則能愛而足以長人,即體而用已該也;致美於節文之會,則合乎禮之本然,即用而體已具也。宜於事物,則順乎義之當然,亦由用以語體;貞正固守,則萬事有所依以立,亦由體以語用也。上言性之德,此言君子所性。

【校箋】

〔一〕李鼎祚云：「天運四時，以生成萬物。在地成形者，仁義禮智信也。言君法五常，以教化於人。『元』爲善長，故能體仁；仁主春生，東方木也。『通』爲嘉會，足以合禮；禮主夏養，南方火也。『利』爲物宜，足以和義；義主秋成，西方金也。『貞』爲事幹，以配於智；智主冬藏，北方水也。不言信者，信主土而統屬於君。土居中宮，分王四季。水火金木，非土不載。」（周易集解卷一）案：依李氏集解行文，「『通』爲嘉會」之「通」當作「亨」。

君子行此四德者，故曰『乾：元亨利貞』。〔一〕

君子體「自强不息」之道，故能行此四德者。

【校箋】

〔一〕蔡清云：「『元亨利貞』四字，在文王只爲占辭，至孔子彖傳乃有『四德』之説，然其所謂『四德』者，又有不同。天之『四德』，自其生成萬物者言也。聖人之『四德』，自其統治一世者言也。至此所謂『四德』，又只就君子一身所行而言也。一身所行者，其體也；統治一世者，其用也。『四德』無乎不在也，又見『乾』字所該者廣也。」（易經蒙引卷一中）

初九曰『潛龍勿用』，何謂也？子曰：『龍德而隱者也。不易乎世，不成乎名；遯世无悶，不見是而无悶；樂則行之，憂則違之，確乎其不可拔，潛龍也。』〔一〕

不易乎世，故「遯世无悶」；不成乎名，故「不見是而无悶」。「樂則行之」，行其所好也；「憂則違之」，去其所不願居也。

【校箋】

〔一〕吳澄云：「『樂則行之』，釋上文『無悶』二句。『憂則違之』，釋上文『不易』『不成』二句。『樂』者，謂無悶也。『行之』，謂爲之也。『憂』者，謂非其所樂也。『違之』，謂不爲也。不求見於世、不求知於人者，此其所樂也，則爲之；易乎世、成乎名者，此非其所樂也，則不爲。」（易纂言卷九）蔣悌生云：「行道而濟時者，聖人之本心，故曰『樂則行之』。不用而隱遯者，非聖人所願欲也，故曰『憂則違之』。雖然，其進其退，莫不求至理之所在，未嘗枉道以徇人也，故曰『確乎其不可拔』。」（五經蠡測卷一）李光地云：「吳氏、蔣氏兩説不同，而皆可通。」（周易折中卷十六）

九二曰『見龍在田，利見大人』，何謂也？子曰：『龍德而正中者也。庸言之信，庸行之謹，閑邪存其誠，善世而不伐，德博而化。易曰「見龍在田，利見大人」，君德

也。』〔一〕

二非得正，故言「正中」。「正中」以位言之，則不潛未躍之時；以德言之，則所謂「時中」也。〔二〕在下而曰「見」者，言行之著不可掩也。至誠之感必有動也，中則庸矣，故其言行皆庸而無不信。謹中則無邪矣，故其心常閑邪而誠無不存。推善以教人，是以善世而德之博也；德盛禮恭，是以不伐而道之化也。君、師之道並立，故以是爲「君德」而稱「大人」焉。

【校箋】

〔一〕孔穎達云：「『庸』，常也。常言之信實，常行之謹慎，防閑邪惡，自存誠實，爲善於世而不自伐其功，德能廣博而變化於世俗。初爻則全隱遯避世，二爻則漸見德行以化於俗也。」（周易正義卷一）

〔二〕「時中」，周易蒙彖辭文。

九三曰『君子終日乾乾，夕惕若，厲，无咎』，何謂也？子曰：『君子進德修業。忠信，所以進德也；修辭立其誠，所以居業也。知至至之，可與幾也；知終終之，可與存義也。是故居上位而不驕，在下位而不憂。故「乾乾」因其時而「惕」，雖危「无

咎」矣。』〔一〕

言所以乾惕者，非役於物也，非動於外也，蓋進德修業而已。德，得於心者；業，成於事者。内主忠信，則德日新；謹於言辭，以立實事，則業有可守。知理之極至，而實心以至之，則於天德也庶幾矣；知事之歸宿，而實行以終之，則分業之義可以不失矣。幾者進而近，存者居而安，君子之德性、學問至於如此，則自修不暇，而又何驕乎？内省不疚，而又何憂乎？「因其時」，釋「終日」之義，言無時不乾乾也。無時不乾乾，而心猶惕，故「雖危无咎」。

按：「忠信」，即二所謂「閑邪存誠」也。「修辭立誠」，即二所謂「言信行謹」也。二以德言，故觀於外者以察其心；三以學言，故主於心而驗於事。二曰「存誠」，誠之源也，以心言也；三曰「立誠」，誠斯立焉，以事言也，其道則一而已。

【校箋】

〔一〕朱熹云：「『忠信』，主於心者，无一念之不誠也。『修辭』，見於事者，无一言之不實也。雖有忠信之心，然非修辭立誠，則无以居之。『知至至之』，進德之事；『知終終之』，居業之事。所以『終日乾乾』而夕猶『惕若』者，以此故也。可上可下，不驕不憂，所謂『无咎』也。」（周易本義卷九文言傳第七）

九四曰『或躍在淵，无咎』，何謂也？子曰：『上下无常，非爲邪也；進退无恒，非離羣也。君子進德修業，欲及時也，故「无咎」。』〔一〕

「无常」、「无恒」，釋「或躍」之意。「或躍」者，有時而躍飛。「潛」，未定之象也。可上而不上，疑於偏僻之行；可進而不進，疑於絶世爲高。然推其審慎之心，則以德業備於身，必待時而後動，欲適中其時之可，故不敢輕於上進也。

【校箋】

〔一〕朱熹云：「内卦以德學言，外卦以時位言。『進德修業』，九三備矣，此則欲其及時而進也。」（周易本義卷九文言傳第七）俞琰云：「『上』與『進』，釋『躍』字。『下』與『退』，釋『在淵』之義。『无常』、『无恒』，釋『或』之義。『非爲邪』、『非離羣』、『欲及時』，以申進『无咎』之義。」（周易集説卷二十六）

九五曰『飛龍在天，利見大人』，何謂也？子曰：『同聲相應，同氣相求；水流濕，火就燥；雲從龍，風從虎；聖人作，而萬物覩；本乎天者親上，本乎地者親下，則各從其類也。』〔二〕

自聲應、氣求以至親上、親下，皆所謂「各從其類」者。至於龍起而雲興，則「在天」

之時也；聖作而物覩，則「利見」之會也，爻義在其中矣。

【校　箋】

〔一〕朱熹云：「『作』，起也。『物』，猶『人』也。『睹』，釋『利見』之意也。『本乎天』者，謂動物；『本乎地』者，謂植物。物『各從其類』。『聖人』，人類之首也，故興起於上，則人皆見之。」（周易本義卷九文言傳第七）項安世云：「聖人者，先得我心之同然者也，故爲『同聲』、『同氣』之義。聖人之於人亦類也，故爲『各從其類』之義。」（周易玩辭卷一）

上九曰『亢龍有悔』，何謂也？子曰：『貴而无位，高而无民，賢人在下位而无輔，是以動而「有悔」也。』〔一〕

上九過於尊位，故言「无位」；衆陽皆從九五，故言「无民」、「无輔」。在人，則崇高之極，其志未厭，是「无位」也；不得人心，是「无民」也；自賢而不能賢人之賢，是「无輔」也。

【校　箋】

〔一〕谷家杰云：「以有位謂之『貴』，以有民謂之『高』，以有輔謂之『賢人在下位』。其貴而又无位，高而又无民，『賢人在下位』而又无輔者何？俱以亢失之也，故『動而有悔』。」（見

周易折中卷十六）

『潛龍勿用』，下也。『見龍在田』，時舍也。『終日乾乾』，行事也。〔一〕『或躍在淵』，自試也。『飛龍在天』，上治也。『亢龍有悔』，窮之災也。『乾元』、『用九』，天下治也。

「用九」之上加以「乾元」者，「元」，首也。然「元」統天而歸於「貞」，則終始无端而不可爲首，即「用九」之義也。聖人所以首出庶物、無爲而治者，此爾。

【校箋】

〔一〕林希元云：「『事』，所當爲之事也。前章之『進德修業』是也。『終日乾乾』，日行其當爲之事而不止息也。」（易經存疑卷一）

『潛龍勿用』，陽氣潛藏。『見龍在田』，天下文明。〔一〕『終日乾乾』，與時偕行。『或躍在淵』，乾道乃革。『飛龍在天』，乃位乎天德。『亢龍有悔』，與時偕極。『乾元』、『用九』，乃見天則。〔二〕

「與時偕行」，言無時不乾乾也。「乾道乃革」者，凡兩卦之閒，乃改革之際，或爲身之進退，或爲事之終始，在此爻則亦謂離下而上，時當遷變而已。先儒釋義謬異，不可從也。五，天位也；剛健中正，天德也。「位乎天德」者，居天位而適值乎天德之純也。時亢而德不與偕亢，則无災咎；「與時偕極」，是以「有悔」。「天德」者，自然之妙；「天則」者，當然之準也。

【校箋】

〔一〕蘇軾云：「以言行化物，故曰『文明』。」（東坡易傳卷一）

〔二〕谷家杰云：「『則』者，有準而不過之意。『用九』者，有變而無常之意。天道不是變換，焉能使春夏秋冬各有其限？聖人不是變換，焉能使仁義禮智各有其節？『用九』正天之準則不過處，故曰『乃見』。」（見周易折中卷十六）

『乾元』者，始而亨者也。

再申彖傳之義。「元」，大也，始也。「大」在「亨」之先，是當其始而「亨」之理已具，不待「亨」而後見其「大」也。

『利貞』者，性情也。

「利貞」，則成乎事物矣，然乃其性情則然。功用之成，不過適得其性情之正而已。

乾始能以美利利天下，不言所利，大矣哉！〔一〕

即「始而亨」之理具焉，是「乾始能以美利利天下」也。歸於性情之正，而又何利之可言？蓋「乾始」者，天地生物之心也。天地之常以其心普萬物而無心，非物物而普之也，心之量本如是也。非無心也，雖普萬物而無加於此心，性情之德也。彖傳所謂「統天」者，以此。

【校箋】

〔一〕朱熹云：「『始』者，『元』而『亨』也。『利天下』者，『利』也。『不言所利』者，『貞』也。」（周易本義卷九文言傳第七）

大哉乾乎！剛健中正，純粹精也。〔一〕

剛則元，健則亨，中則利，正則貞，純粹精。又以「乾元」之「能利天下，不言所利」者言也。蓋人心有私，則其所及，隘而不能忘。乾之剛健中正，一貫之以生物之心，無私之至也，故其用溥遍而不滯於一偏，其體則真靜而不累於名迹。滯累則雜且駁矣，雜駁則粗矣。至純至粹而無一毫疵纇之參焉，此所以爲「上天之載，無聲無臭」也，〔二〕非天下之至精哉？聖人之語「天德」，至是無餘蘊矣！

【校箋】

〔一〕朱熹云：「『剛』，以體言。『健』，兼用言。『中』者，其行無過不及。『正』者，其立不偏。四者，乾之德也。『純』者，不雜於陰柔。『粹』者，不雜於邪惡。蓋『剛健』，『中正』之至極；而『精』者，又『純粹』之至極也。」（周易本義卷九文言傳第七）

〔二〕「上天」至「無臭」，毛詩大雅文王文。

六爻發揮，旁通情也。〔一〕**時乘六龍，以御天也。雲行雨施，天下平也。**

「六爻發揮」，即「六位時成」，而兼「大明」之義。「旁通情」，即發明乾道之終始，而廣包乎物理、人事者。六爻之理，無所不該。而九五一爻，乾道備焉，故能兼總六爻之德，以履尊位，使萬物皆被其澤而若其性，〔二〕如天之雲行雨施而天下平寧也。蓋象傳變「位」言「龍」者，取其行雲施雨，與上文相切也。猶恐學者未明其意，故於此又錯其文以發之。

○六爻所以能發明乾道者，蓋以下位言之，隱而未見，「元」也；出而文明，「亨」也；高而乾惕，「貞」也。以上位言之，疑而未進，「元」也；作而物覩，「亨」也；不與時偕極，「貞」也。存亡吉凶，六爻備焉。然觀其彖辭，則已過半。六爻者，發揮其藴，以旁通其義焉爾。自坤而下，各隨爻位以發彖意，莫不皆然。凡卦必有主爻。而九五，乾之主也，在六畫之象，於位爲天位；剛健中正，於德爲天德。是則又以一爻而兼備卦義者，亦諸卦之凡例也。

【校箋】

〔一〕朱熹云：「『旁通』，猶言『曲盡』。」（周易本義卷九文言傳第七）蔡清云：「『六爻發揮』，只是起下文『時乘六龍』之意。蓋上文每條俱是『乾』字發端，一則曰『乾元』，二則曰『乾始』，三則曰『大哉乾乎』，至此則更端曰『六爻發揮』，可見只是爲『時乘六龍』設矣，即彖傳之『六位時成』也。」（易經蒙引卷一中）

〔二〕「若」，順也。

君子以成德爲行，日可見之行也。『潛』之爲言也，隱而未見，行而未成，是以君子弗用也。

德既成，則可見之施行矣。惟其時隱而未見，故其德行而未成。申「龍德而隱」之意。

君子學以聚之，問以辨之，寬以居之，仁以行之。易曰『見龍在田，利見大人』，君德也。

聚則理得於心，辨則理驗於事，寬居以待其熟也，仁行以固其守也。四者亦有「元亨利貞」之序。故人而知學，猶下之種也；辨之之明，猶達其枝也；從容成就，而向於實矣；切己踐履，則實之成也。始於爲君子，而終至於聖人，其道不外乎是。

按：前言信謹閑存，此又異其辭者，前以其德之既成言也。原其德之所以成，則必多識前言往行以畜之，涵泳持守以終之，然後有前者之效。彼此互發，無兩義也。

九三重剛而不中，上不在天，下不在田，故『乾乾』因其時而『愓』，雖危『无咎』矣。〔一〕

以剛處重卦之間，故曰「重剛」。惟重剛，故不處中位。不處中位，故「上不在天，下不在田」。皆以所值之位言之。在天則安於上，在田則安於下。上下之際，所以危懼而不安也。中居上不驕，爲下不憂之意。

【校箋】

〔一〕虞翻云：「以乾接乾，故『重剛』。位非二、五，故『不中』也。」（見周易集解卷一）孔穎達云：「『上不在天』，謂非五位。『下不在田』，謂非二位也。居危之地，以乾乾夕愓戒懼不息，得『无咎』也。」（周易正義卷一）吴澄云：「九三居下乾之終，接上乾之始，九四居上乾之始，接下乾之終，當重乾上下之際，故皆曰『重剛』。」（易纂言卷九）

九四重剛而不中，上不在天，下不在田，中不在人，故『或』之。『或』之者，疑之也，故『无咎』。〔一〕

不在天，不在田，而又不在人，則比九三之時位又異矣。當大任，而不敢果於上進，故或躍焉以自試，是其疑之徵也。「惕」者，平日戒懼之心；「疑」者，臨事謹審之慮。中上下无常，進退无恒之意。

按：易以五、上爲天，三、四爲人，初、二爲地。然五，天之陽也；二，地之陰也；三，人之陽也。又，天則垂象於下，地則發生於上，人者本天而親地，故以此三爻爲三才之正也。

【校箋】

〔一〕朱熹云：「九四非重剛，『重』字疑衍。『在人』，謂三。『或』者，隨時而未定也。」（周易本義卷九文言傳第七）李鼎祚云：「三居下卦之上，四處上卦之下，俱非得中，故曰『重剛而不中』也。」（周易集解卷一）

夫『大人』者，與天地合其德，與日月合其明，與四時合其序，與鬼神合其吉凶。先天而天弗違，後天而奉天時。天且弗違，而況於人乎？況於鬼神乎？〔一〕

四者亦「元亨利貞」之德。與天地合德，仁也；與日月合明，禮也；與四時合序，義也；與鬼神合吉凶，智也。中庸曰：「禍福將至，善、不善必先知之，故至誠如神。」此「與鬼神合其吉凶」也。「先天弗違」者，氣數未至，而念與天通；「後天奉天」者，風氣既開，而因時有作。聖人雖人類，而其道則天，故人與鬼神不能違也。申「聖人作而萬物覩」之意。

【校箋】

〔一〕孔穎達云：「『與天地合其德』者，謂覆載也。『與日月合其明』者，謂照臨也。『與四時合其序』者，若賞以春夏、刑以秋冬之類也。『與鬼神合其吉凶』者，若福善禍淫也。『先天而天弗違』者，若在天時之先行事，天乃在後不違，是天合大人也。『後天而奉天時』者，若在天時之後行事，能奉順上天，是大人合天也。尊而遠者尚不違，況小而近者可有違乎？」（周易正義卷一）

『亢』之爲言也，知進而不知退，知存而不知亡，知得而不知喪。〔一〕其惟聖人乎！知

進退、存亡而不失其正者，其唯聖人乎！」〔二〕

「亢」者，陽之窮也。聖人則體天德而不爲首，無所爲亢也。申「亢」義，而以聖人之用終之，則「用九」之義在其中矣。

【校箋】

〔一〕孔穎達云：「言上九所以亢極有悔者，正由有此三事。若能三事備知，雖居上位，不至於『亢』也。」（周易正義卷一）

〔二〕程頤云：「極之甚爲『亢』。至於『亢』者，不知進退、存亡、得喪之理也。聖人則知而處之，皆不失其正，故不至於『亢』也。」（伊川易傳卷一）朱震云：「『亢』者，處極而不知反者也。萬物之理，進必有退，存必有亡，得必有喪。『亢』知一而不知二，故道窮而致災。人固有知進退、存亡者矣。其道詭於聖人，則未必得其正；不得其正，則與天地不相似。『知進退、存亡而不失其正者，其惟聖人乎！』故兩言之。」（漢上易傳卷一）

2 ䷁坤下坤上

坤：元亨，利牝馬之貞。君子有攸往，先迷後得主。利西南得朋，東北喪朋，安貞

吉。〔一〕

「坤」，順也。凡純陰之物，其性必至順。故三畫純陰之卦，名之曰「坤」。重而六畫，則亦有以見其自始至終安行有常之意也。凡至順者，安行而無阻，是以大通有常而不變，是以正固而其貞也，如牝馬然。蓋牝雖陰物，而馬能健行，非健行不息，不足以爲順之至。此坤「貞」之義也。「君子有攸往」以下，因占辭而推盡其意。蓋其以順爲正，則是有主我者，而我稟命而聽從焉。故居先則迷於所之，處後則得其所主。若在西南之方，是後之地也，則利於「得朋」而代陽以有事，蓋雖「得朋」而無害於「得主」也；若在東北之方，是先之地也，〔二〕則利於「喪朋」而順陽之所爲，蓋惟「喪朋」而後爲能「得主」也。既曰「利貞」，又曰「安貞吉」者，固守其貞而安焉，則動有常吉，而非獨一時之利矣。

【校箋】

〔一〕李光地云：「『後得主』，當以孔子文言爲據。蓋坤者，地道、臣道，而乾，其主也。居『先』則無主，故『迷』；居『後』則得其所主矣。『利』字應屬下兩句讀，言在西南則利於『得朋』，在東北則利於『喪朋』也。『得朋』、『喪朋』，正與上文『得主』相對。蓋事主者，惟知有主而已，朋類非所私也，然亦有時而宜於『得朋』者。西南是坤代乾致役之地，非合衆力不足以濟，於是而『得朋』，正所以終主之事，是『得朋』即『得主』也。惟東方者受命之先，北方者告成之候，稟令歸功，己無私焉，而又何朋類之足云？故必『喪朋』而後『得主』也。」（周易折中卷一）

〔三〕「也」字原無，今據榕村本、陳本補。

象曰：「至哉坤元，萬物資生，乃順承天。〔一〕

以卦象釋辭義。純陰之性順，而其象爲地，故以「地道」明坤義，而首釋辭之所謂「元」也。乾元始物，而坤遂生之，是其以順德承天而動者。故雖同一「元」，而乾始、坤後異矣。

【校箋】

〔一〕朱熹云：「此以地道明坤之義，而首言『元』也。『至』，極也，比『大』義差緩。『始』者，氣之始；『生』者，形之始。順承天施，地之道也。」（周易本義卷三象上傳第一）蔡清云：「若徒曰『至哉坤元，萬物資生』，則疑於與『大哉乾元，萬物資始』者敵矣。今曰『乃順承天』，非惟可以見坤道『无成有終』之義，而乾、坤之合德以共成生物之功者，亦於此乎見之。不然，乾有乾四德，坤有坤四德，而名、實混矣。」（易經蒙引卷一下）

坤厚載物，德合无疆，含弘光大，品物咸亨。〔一〕

又承上文「地道」，而釋「亨」義。地之厚載，與天合德，而其功用莫盛於「亨」也。「含弘」，言其養育之深涵而廣被；「光大」，言其發達之高大而光明。

【校　箋】

〔一〕崔憬云：「含育萬物爲『弘』，光華萬物爲『大』。動植各遂其性，故曰『品物咸亨』也。」（見周易集解卷二）林希元云：「『无所不包，可見其『弘』；无所不達，可見其『大』。『含弘光大』，坤之『亨』也。『品物咸亨』，是物隨坤亨而亨也。變『萬』言『品』者，與乾『雲行雨施，品物流形』一般。」（易經存疑卷一）

『牝馬』地類，行地无疆，柔順利貞。〔一〕

又承上文「地道」，而釋「利貞」之義。「利牝馬之貞」，則與乾「貞」之義稍别，故先釋「牝馬」之義，而後以「利貞」言之。言卦辭有取於牝馬以爲類於地者，以牝雖陰物，而馬則行地無疆故也。終始於順而不息，故坤道柔順而利貞。

【校　箋】

〔一〕朱熹云：「言『利貞』也。『馬』，乾之象，而以爲『地類』者，『牝』陰物，而『馬』又行地之物也。『行地无疆』，則順而健也。『柔順利貞』，坤之德也。」（周易本義卷三彖上傳第一）林希元云：「『牝馬地類』，順也。『行地无疆』，順而健也。故承之曰『柔順利貞』，言此即坤德之『順健』云爾。不敢自主，承天之施以生萬物，『柔順』也。承天生物，直至於有終，『利貞』也。彖傳『利牝馬之貞』本无四德，夫子以四德解，故爲之説如此。」（易經存疑卷一）

君子攸行，先迷失道，後順得常。〔一〕

釋「君子有攸往，先迷後得主」也。陰非能先陽，離陽自行，則爲先矣。陰既離陽，無所主宰，所以迷於所之，由失陰道故也。其「後」也，非不及於陽之謂；陽之所至，陰必至焉，故曰「後」。陰而從陽，則得主而順，乃爲得陰道之常也。

【校箋】

〔一〕林希元云：「『先迷失道』，是以『失道』解『先迷』。蓋陰本居後，今居先是失道，故『迷』也。『後順得常』，是以『順』解『得常』。蓋陰本居後，居先爲逆，居後爲順，故得其常道也。」（易經存疑卷一）何楷云：「『君子攸行』，雖趁上韻，然意連下文，釋卦辭『君子有攸往』也。」（古周易訂詁卷一）

『西南得朋』，乃與類行。『東北喪朋』，乃終有慶。

釋「利西南得朋，東北喪朋」也。西南之方，陰協力以代陽，故君子於此則利於「得朋」者，謂在此乃可與類行也。東北之方，陰歸功於陽，承之以動而無所自作，〔一〕故君子於此則利於「喪朋」者，謂如此乃能保其終之「有慶」也。後天圖義與此正合。

【校　箋】

〔一〕「自」，陳本同，榕村本誤作「目」。

安貞之吉，應地无疆。」〔一〕

釋「安貞吉」也。「安」者，久而不遷之謂，故應地之无疆。

【校　箋】

〔一〕「无」原作「無」，今據注疏本改。榕村本作「无」，陳本亦誤作「無」。阮元周易注疏校勘記云：「『應地无疆』，石經、岳本同。閩、監、毛本『无』誤『無』。」

象曰：「地勢坤，君子以厚德載物。」〔一〕

「勢」者，形中之高下、夷險，層複相因者也。觀其勢之相因之順，則知地之極厚矣。

【校箋】

〔一〕朱熹云：「地，坤之象，亦一而已。故不言『重』而言其勢之順，則見其高下相因之無窮，至順極厚而無所不載也。」（周易本義卷五象上傳第三）

初六：履霜，堅冰至。

陰、陽不可相無。陰非惡也，然惡自陰而生，不辨之早而愼於微，則積而不可掩，故爲「履霜，堅冰至」之戒。

〇天地者，萬化之源也。然天統神，地統形，則有陽明、陰濁之分焉。在人，則神者，心也；形者，體也。心通極於性而體交引乎物，則是化物之端自體始也。故心爲主，則形爲神役而萬善以生；體爲主，則神反爲形役而衆惡以起。惟聖賢者心常爲主，而百體從令焉，則人欲皆化爲天理。如渾然天德之流行，而地以順承而與天合，陰變爲陽，而以大終矣。孟子「大體」、「小體」之義，〔一〕蓋出於此。又推之人類，則君子、小人之内外消長，自此分也；君父、臣子之否泰、順逆，〔二〕自此辨也。蓋皆自其不可相無之中，而必謹其主役、君民之分，察其向背、離合之情。幾微之差，則陰慝作，而天命有所不行；馴積之甚，則陰道肆，而天理或幾乎熄矣。此六十四卦冒天下之道者，其義悉自乾、坤來也。

【校箋】

〔一〕孟子告子上云：「從其大體爲大人，從其小體爲小人。」趙岐注云：「大體，心思禮義。小體，縱恣情慾。」

〔二〕「父臣」二字原倒，今據榕村本乙。陳本亦誤倒。下文李光地注坤文言「積善之家」條，四庫本、榕村本、陳本皆作「君父、臣子」，是也。

象曰：「『履霜，堅冰』，陰始凝也，馴致其道，至堅冰也。」〔一〕

言「履霜」何以遽爲「堅冰」？蓋謂霜雖陰之始凝，而馴致其道，則必至於堅冰也。〔二〕

【校箋】

〔一〕朱熹云：「魏志作『初六履霜』，今當從之。」（周易本義卷五象上傳第三）案：朱子引「魏志」，見三國志魏書文帝紀。

〔二〕「於」，陳本同，榕村本誤作「其」。

六二：直方大，不習无不利。〔一〕

「直方大」者，地德也。乾之動也直；坤順之而動，則亦直矣。乾道變化，各正性命；坤因之而定理不易，則亦大矣。〔二〕至大者，乾也；坤之「德合无疆」，〔三〕則亦大矣。要皆順天無爲而以簡能，無俟乎效法之勞，所謂不習而无不利也。在人，則存心直、處事方，積之以至於德業盛大，則亦仁熟義精。推之萬事，無所爲扞格不通者矣。坤爻惟六二柔正中順，備德之純，故其辭如此，與乾之龍德，皆聖賢之占也。若衆人遇之，則必自習者始。

【校箋】

〔一〕朱熹云：「柔順正固，坤之『直』也；賦形有定，坤之『方』也；德合无疆，坤之『大』也。六二柔順而中正，又得坤道之純者，故其德内直外方而又盛大，不待學習而无不利。」（周易本義卷一上經第一）

〔二〕「大」，榕村本同，陳本誤作「方」。

〔三〕「德合无疆」，周易坤彖辭文。

象曰：「六二之動，『直』以『方』也。『不習无不利』，地道光也。」〔一〕

柔靜者，坤之本體。「直」、「方」皆其動也，而「方」又根於「直」，則是「直以方」也。「地道光」，言大也。大則合乎天德之自然，故不習而无不利。

○按：乾五爲卦主，故五獨言「天德」。坤二亦爲卦主，故二獨言「地道」。

【校箋】

〔一〕程頤云：「承天而動，『直以方』耳，『直方』則大矣。『直方』之義，其大无窮。地道光顯，其功順成，豈習而後利哉？」（伊川易傳卷一）王宗傳云：「坤之六二，以順德而處正位。六爻所謂盡地之道者，莫二若也，故曰『地道光』也。」（童溪易傳卷三）

六三：含章可貞。或從王事，无成有終。〔一〕

内卦之終，陰德盛矣。故其占宜於含晦章美。然此乃陰道之當然，故可守以爲常也。其或時出從王之事，則不可居其功之成，但取其事之終而已。

【校箋】

〔一〕王弼云：「三處下卦之極，而不疑於陽，應斯義者也。不爲事始，須唱乃應，待命乃發，含美而可正者也，故曰『含章可貞』也。有事則從，不敢爲首，故曰『或從王事』也。不爲事

主，順命而終，故曰『无成有終』也。」（見周易正義卷一）

象曰：「『含章可貞』，以時發也。『或從王事』，知光大也。」

言「含章」者，非終不發也，乃以時而發耳。「或從王事」，即其時發者也。惟其「含章」，故所知者光大而能「无成有終」。

六四：括囊，无咎无譽。

四于時爲過中。過中，則收斂之候也，故有「括囊」之象。「无咎无譽」，本坤道也，況當「括囊」之時乎？

象曰：「『括囊，无咎』，慎不害也。」〔一〕

【校箋】

〔一〕程頤云：「能慎如此，則无害也。」（伊川易傳卷一）

六五：黄裳，元吉。〔一〕

裳下之飾，卑順之象也。黄，則中之色也。五有柔順之美而以中德行之，則表裏如一而順之至，所以其占「元吉」也。居上位而能至誠謙沖如此，則其盛德大業之所暨，不獨如在下者之免於凶咎而已。

【校箋】

〔一〕孔穎達云：「『黄』是中之色，『裳』是下之飾。坤爲臣道，五居君位，是臣之極貴者也，能以中和居於臣職，故云『黄裳，元吉』。『元』，大也。以其德能如此，故得大吉也。」（周易正義卷一）

象曰：「『黄裳，元吉』，文在中也。」

裳而黄，是以中色爲飾。如人以中德爲文，文從中出也。

上六：龍戰于野，其血玄黄。〔一〕

「龍」者，陽也。陰盛之極，故陽與之戰。「野」者，卦外象也。「血」，陰物。俱傷，則俱有血，而其血分爲玄、黄，終于不相雜也。

○此即説卦所謂「戰乎乾」也。説卦主乎乾之健而勝陰，此則主乎陰之盛而抗陽，然其爲戰則一也。蓋陰既盛，則陽必有以勝之，然後彼退聽而天命行。其在天者，陽德之剛，不戰之戰也。在聖人，亦如之。大賢以下，則戰而後勝。衆人，則有不能勝者，而陰道肆矣。

【校箋】

〔一〕孔穎達云：「以陽謂之『龍』，上六是陰之至極，陰盛似陽，故稱『龍』焉。盛而不已，固陽之地，陽所不堪，故陽氣之龍與之交戰，即說卦云『戰乎乾』是也。戰於卦外，故曰『于野』。陰陽相傷，故『其血玄黃』。」（周易正義卷一）

象曰：「『龍戰于野』，其道窮也。」

馴致其道，以極于此也。

用六：利永貞。〔一〕

陰變爲陽，則順而能健，久而不息，故其占曰「利永貞」。「永貞」與「安貞」之義同，然惟「安」故「永」。「永」者，「安」之有終者也。

【校箋】

〔一〕胡炳文云：「坤『安貞』，變而爲乾則爲『永貞』。『安』者，順而不動；『永』者，健而不息。乾變坤，剛而能柔；坤變乾，雖柔必强。陽先於陰，而陽之極不爲首；陰小於陽，而陰之極以大終。」（周易本義通釋卷一）

象曰：「用六『永貞』，以大終也。」〔一〕

順乾而至於有終，則與乾德合一矣。

○按：「元」，首也，而統天終始，則不可爲首也，即「用九」之義也。「貞」，終也，而承天終始，則是以大終也，即「用六」之義也。「以大終」，則坤道无終，亦如乾之无首矣。

【校箋】

〔一〕程敬承云：「陽之極不爲首，是無首也。陰之極『以大終』，是無終也。終始循環，變化無端，造化之妙固如此。」（見周易説統卷一）

文言曰：「坤至柔而動也剛，至静而德方。〔一〕

申釋「元亨利貞」也。「柔静」者，坤之本體。「動剛」，則其發也，「元亨」也；「德方」，則其成也，「利貞」也。

【校箋】

〔一〕何楷云：「乾剛坤柔，定體也。坤固至柔矣，然乾之施一至，坤即能翕受而發生之，氣機一動，不可止遏屈撓，此又『柔』中之『剛』矣。乾動坤静，定體也。坤固至静矣，及其承

乾之施，陶冶萬類，各有定形，不可移易，此又『靜』中之『方』矣。柔靜者，體也；剛方者，用也。」（古周易訂詁卷一）

後得主而有常，〔一〕

申釋「先迷後得主」也。柔靜，是其居後也；剛方，是其得主也。惟居後，故能得主而有常也。

【校箋】

〔一〕程頤云：「『主』字下脱『利』字。」（伊川易傳卷一）余芑舒云：「程子以『主利』爲一句。朱子因之，故以文言『後得主』爲闕文。然象傳『後順得常』，與『後得主而有常』意正一律，似非闕文也。」（見周易折中卷十六）

含萬物而化光。

含弘光大，亨也，西南之位也。又申「西南得朋」之義。

坤道其順乎承天而時行。

以順承天而行无疆，貞元相生，東北之位也。又申「東北喪朋」之義。

○按：「元亨利貞」之四德，即東北西南之四方。故文言釋「得朋」、「喪朋」，而以前文之釋四德者明之。惟居後而得主，故雖「得朋」，而有「含物」、「化光」之盛，然卒於「喪朋」，而以「順承」終始也。

○按：六二卦主，故其德即坤德。動剛，則二之「直」也；德方，則二之「方」也。得乾爲主，所以雖柔靜而能「直方」也。「化光」則用，與天配；「順承」則體，與天合。是皆二之所謂「大」，而「不習无不利」也。乾彖傳以九五明辭義，故此於文言發之。

積善之家，必有餘慶；積不善之家，必有餘殃。臣弑其君，子弑其父，非一朝一夕之故，其所由來者漸矣，由辨之不早辨也。易曰『履霜，堅冰至』，蓋言順也。〔一〕

陰陽之類，在人心，則爲理欲之消長而有善惡；在人事，則爲君父、臣子之順逆而有治亂。其理一也。

【校　箋】

〔一〕程頤云：「天下之事，未有不由積而成。家之所積者善，則福慶及於子孫；所積不善，則災殃流於後世，其大至於弑逆之禍，皆因積累而至，非朝夕所能成也。明者則知漸不可長，小積成大，辨之於早，不使順長，故天下之惡无由而成，乃知霜冰之戒也。霜而至於冰，小惡而至於大，皆事勢之順長也。」（伊川易傳卷一）朱熹云：「古字『順』、『慎』通用。案：此當作『慎』，言當辨之於微也。」（周易本義卷九文言傳第七）案：朱子謂「順」當作「慎」，李光地以爲非是。

『直』，其正也；『方』，其義也。君子敬以直內，義以方外。敬、義立，而德不孤。『直方大，不習无不利』，則不疑其所行也。

「直」者，心之正也；「方」者，義之行也。〔一〕君子之學，以敬爲主，使邪曲之念不得萌於其心，則內不期直而自直矣；義以爲質，使偏陂之端無所施之於事，則外不期方而自方矣。「孤」，猶「偏」也。敬立則本固，而有以爲致用之基；義行則用利，而有以爲立本之助。內外既合，則德不偏而大矣。然其大也，蓋以直而爲方。其心既正，故事循乎理而不疑於所行，何待學習而後利乎？

○凡物之直者，未必大也，以其直而周方之、積厚之，則大矣。敬而無義，其德猶孤，程子所譏佛氏之學是也。〔二〕然非直則不能成方，如申、韓引繩墨，切事情，而卒流於偏曲。〔三〕故敬者，義之本也。

【校箋】

〔一〕孔穎達云：「『直，其正』者，經稱『直』是『其正』也。『方，其義』者，經稱『方』是『其義』

也。『君子敬以直内』者，覆釋『直，其正』也，言君子用敬以直内，『内』謂心也，用此恭敬以直内理。『義以方外』者，用此義事以方正外物。言君子法地，正直而生萬物，皆得所宜。」（周易正義卷二）程頤云：「『直』，言『其正』也；『方』，言『其義』也。君子主敬以直其内，守義以方其外。敬立而内直，義形而外方。義形於外，非在外也。敬、義既立，其德盛矣，不期大而大矣，『德不孤』也。无所用而不周，无所施而不利，孰爲疑乎？」（伊川易傳卷一）朱熹云：「此以學言之也。『正』，謂本體；『義』，謂裁制；『敬』，則本體之守也。『直内』、『方外』，程傳備矣。『不孤』，言大也。疑故習而後利，不疑則何假於習？」（周易本義卷九文言傳第七）

〔二〕程頤云：「聖人致公心，盡天地萬物之理，各當其分。佛氏總爲一己之私，安得同乎？聖人循理，故平直而易行。異端造作，大小大費力，非自然也，故失之遠。」（二程遺書卷十四）

〔三〕司馬遷云：「申子卑卑，施之於名實。韓子引繩墨，切事情，明是非，其極慘礉少恩。皆原於道德之意，而老子深遠矣。」（史記卷六十三老子韓非列傳）

陰雖有美，含之以從王事，弗敢成也，地道也，妻道也，臣道也。地道无成，而代有終

也。〔一〕

雖有美而含藏之，至于時發而從王事，猶且不敢居其成功。其事之終也，代上有終而已。言「地道」，以概妻、臣。

【校　箋】

〔一〕程頤云：「爲下之道，不居其功，含晦其章美以從王事，代上以終其事，而不敢有其成功也。猶地道代天終物，而成功則主於天也。妻道亦然。」（伊川易傳卷一）何楷云：「乾能始萬物而已，必賴坤以作成之，故曰『代有終』，正對乾之始而言。」（古周易訂詁卷一）

天地變化，草木蕃；天地閉，賢人隱。易曰『括囊，无咎无譽』，蓋言謹也。〔一〕

天地有變化生物之時，雖草木亦應之而蕃，況於人乎？當其閉塞則藏用不施，故君子亦象之而隱晦。

【校　箋】

〔一〕程頤云：「四居上近君，而无相得之義，故爲隔絶之象。天地交感，則變化萬物，草木蕃盛，君臣相際而道亨；天地閉隔，則萬物不遂，君臣道絶，賢者隱遯。四於閉隔之時，括囊晦藏，則雖无令譽，可得无咎，言當謹自守也。」（伊川易傳卷一）

君子黄中通理，正位居體。〔一〕美在其中，而暢于四支，發于事業，美之至也。〔二〕

「黄中通理」，釋「黄」字。曰「黄」又曰「中」，明中德之在内也。「通理」，所謂虚而明通也。「正位居體」，釋「裳」字。禮者，天下之正位，卑以下人者也。以正位居體，明恭順之著于身也。恭順之美，根於中德，故復以在中而發外者申之。

○二言「直方」、五言「中順」者，二居下，貴有剛方之操，故以「直方」言；五居上，貴有虚沖之美，故以「中順」言也。然内直之至，即無不中矣；外方之至，即無不順矣。中庸之學始于敬義，極於中和者，此也。

或問：「乾、坤之學何以不同？」

曰：乾二之「存誠」、乾三之「忠信」，即坤二之「直」、坤五之「中」也。乾二之「言信行謹」、乾三之「修辭立誠」，即坤二之「方」、坤五之「順」也。蓋陽實、陰虚，人心之德必兼體焉。以其實心體之，謂之「存誠」，謂之「忠信」；以其虚心涵之，謂之「直」，謂之「中」，而其爲性之存存無異也。〔三〕以其實心而形于事，謂之「立誠」，謂之「信謹」；以其虚心而順乎理，謂之「方外」，謂之「正位」，而其爲發之中節無異也。兩卦之所以不同者，特以人心之德互發其義。先儒聖賢之説，其大致則然，然不可不知兼體之妙也。

【校箋】

〔一〕朱熹云：「『黃中』，言中德在內，釋『黃』字之義也。雖在尊位，而居下體，釋『裳』字之義也。」（周易本義卷九文言傳第七）蔡清云：「『通理』，即是『黃中』處通而理也。蓋『黃中』非通，則無以應乎外；通而非理，則所以應乎外者，不能皆得其當。此所以言『黃中』，而必並以『通理』言之，『通理』亦在內也。」（易經蒙引卷一下）

〔二〕朱熹云：「『美在其中』，復釋『黃中』。『暢於四支』，復釋『居體』。」（周易本義卷九文言傳第七）蔡清云：「『黃裳』二字，分而言之，則『黃』爲中，『裳』爲順；合而言之，則惟中故順，存於中爲中，形於外爲順。理一而已，雖小異，不害其爲同也。天下无有形於外而不本乎中者。惟有『黃中』之德，故能以下體自居。」（易經蒙引卷一下）

〔三〕周易繫辭上傳云：「天地設位，而易行乎其中矣！成性存存，道義之門。」朱熹云：「『存存』，謂存而又存，不已之意也。」（周易本義卷七繫辭上傳第五）

陰疑於陽，必戰。爲其嫌於无陽也，故稱『龍』焉。猶未離其類也，故稱『血』焉。夫『玄黃』者，天、地之雜也，天玄而地黃。」〔一〕

陰之盛而抗陽，則幾于无陽矣。聖人嫌於是也，故不言其來戰陽者，乃直以陽主戰，而稱「龍」焉。然陽者天德，無對者也。陽不能化乎陰，馴致其道，而與之戰，是猶未離乎陰之類也，故并陽而稱「血」焉。雖然，陽之道小而辨于物，是以雖混淆汨亂之中，而有不可泯没者存。故又曰：「玄黄」者，天、地雜矣，然天玄而地黄也。

蓋夫子之意以爲，陰不宜稱「龍」，陽不宜稱「血」。故言「龍戰」，尊陽之辭也；曰「血」，責陽之義也；曰「玄黄」，又存陽之意也。夫子所以贊易者，即其所以作春秋之微指歟？

【校箋】

〔一〕朱熹云：「『疑』，謂鈞敵而无小大之差也。坤雖无陽，然陽未嘗无也。『血』，陰屬，蓋氣剛而血陰也。『玄黄』，天地之正色，言陰陽皆傷也。」（周易本義卷九文言傳第七）俞琰云：「『玄』者，天之色；『黄』者，地之色。『血』言『玄黄』，則天地雜類，而陰剛無别矣，故曰『夫「玄黄」者，天、地之雜也』。陰陽相戰，雖至於天地之雜亂，然而天地定位於上下，其大分終不可易，故其終又分而言之曰『天玄而地黄』。」（周易集説卷二十七）

周易觀象卷二

大學士李光地撰

上經二

3 ䷂震下坎上

凡重卦命名，所取不一，或取卦象，或取卦畫，或取卦德，然象則尤其大者。故夫子彖傳既雜取體德象類釋所以名卦之由，至象傳又特表兩象之義。諸卦之例不同，有以兩象與體德之類於彖傳中合釋者，是備舉所以爲卦之義也；有置兩象而但以體德之類釋者，則爲所取之義主於體德，大象已具，故不備舉也；有卦義但取兩象無他釋者，則但舉其象，或不舉而遂釋其辭，亦爲大象已具故也。卦下之辭，根卦立義。至象傳，乃各以其體德象類推所自來，明理不苟附，文不虛生，趨時之善，卦所固有。且以明卦材所具，而六爻時物已統攝乎其中，使推爻之吉凶者觀象而居可知也。此例亦頗不同，有名卦之義分爲繫辭之義者，此卦與賁卦、咸卦之類是也；有卦既得名，復推他義以釋其辭者，蒙、需之類皆是也；或辭無他取，就卦而遂論其理，謙、頤之類是也，須隨處分別。乾卦已發大凡，然自屯以下，八卦相錯而成，其名辭義例，尤不可以不知。

屯：元亨，利貞。勿用有攸往，利建侯。

震陽動陰下爲「始交」，坎陽陷陰中爲「難生」。〔一〕震繼以坎，是剛柔始交而難生也。剛柔始交，治亂之際。凡亂極將治，多難必生，如欲曉必驟暗，將春而陡寒，蓋陰陽相薄，自然之理也。又「動乎險中」，陷而求出之意。雷動於下，雲生於天，亦將通未通之時也，是以名「屯」。

〇屯者，物始生而未通，然生意滿盈，有必通之勢；事之未通，困極積久，亦有必通之道，故曰「元亨」。正固者，亨屯之本，故又曰「利貞」。時方屯塞，未可事遠，故又曰「勿用有攸往」。然屯非無事之時也，必得其人以統理經營，然後可以出險解難，故又曰「利建侯」。此數者皆屯之時義，辭從名生者也。〔二〕其取諸體德象類而各有所自來者，釋之於彖傳中，餘卦皆然。

【校箋】

〔一〕朱熹云：「以二體釋卦名義。『始交』，謂震；『難生』，謂坎。」（周易本義卷三彖上傳第一）

〔三〕「也」字原無，今據榕村本、陳本補。

彖曰：「屯，

以下皆釋辭也，而舉名以首之者，明下三義皆屯所以名。

剛柔始交而難生，動乎險中，大亨貞。〔一〕

始交則其氣必達，禍難之生，正所以開治也。又能動乎險中，則是因困苦艱難以自磨礪，大亨而貞者也。卦有此善，故辭曰「元亨，利貞」。

【校箋】

〔一〕朱熹云：「以二體之德釋卦辭。『動』，震之爲也；『險』，坎之地也。自此以下，釋『元亨，利貞』，乃用文王本意。」（周易本義卷三彖上傳第一）又云：「問：『本義云「此以下釋『元亨，利貞』，用文王本意」，何也？』曰：文王本意説乾『元亨，利貞』，只是説乾道大通而至正，故筮得者其占當得大通而利於正固。至孔子方作四德説。後人不知，將謂文王作易便作四德説，即非也。如屯卦所謂『元亨，利貞』者，以其能動雖可以『亨』，而在險則宜守正，故筮得之者其占爲『大亨』而利於正，初非謂四德也。故孔子釋此彖辭，只曰『動乎險中，大亨貞』，是用文王本意釋之也。」（朱子語類卷七十易六屯）

雷雨之動滿盈，天造草昧，宜建侯而不寧。」〔一〕

「天造草昧」，言當雷雨方動之時，蒙翳而昏晦也。以象時當屯閉，則百事雜亂，必得人以經理。夫曰「勿用有攸往」，則固守之占也。然當此之時，雖不可以妄行，而亦未可以安居。建侯不寧，然後合於「動乎險中」之義矣。此傳蓋分成卦之義，以釋彖辭也。

【校箋】

〔一〕李光地云：「本義以『動乎險中』釋『大亨貞』，『雷雨之動』以下釋『建侯』。程傳則以『動乎險中』屬上句，總釋卦名，而以『雷雨之動滿盈』一句釋『大亨貞』。今觀屯稱『雲雷』，解稱『雷雨』，則屯之時猶未解也。夫子欲明『元亨』之義，故變『雲雷』言『雷雨』，以見屯之必解，則觀其動也，而屯之『元亨』可知矣。然動者亨之機爾，其醖釀絪緼以滿盈其氣，又足以見貞固之義。程傳說可從。」（周易折中卷九）

象曰：「雲雷，屯。君子以經綸。」〔一〕

雷動而周流通達，雲興而密合布覆，有「經綸」之象焉。

【校箋】

〔一〕李舜臣云：「坎在震上爲屯，以雲方上升，畜而未散也。坎在震下爲解，以雨澤既沛，无所不被也。故雷雨作，解者乃所以散屯，而雲雷方興，則屯難之始也。」（見周易會通卷二）項安世云：「『經』者，立其規模；『綸』者，糾合而成之，亦有艱難之象焉。『經』以象雷之震，『綸』以象雲之合也。」（周易玩辭卷二）

初九：盤桓，利居貞，利建侯。〔一〕

屯有「動乎險中」之象，而初九動之主，則卦之主也。又震體爲長子，主器有侯之象，方屯之初，居下之位，故盤桓而難於進。當此之時，惟利於守其正固而已。然在人，則利建以爲侯。與乾二、五之「利見大人」同例。

【校箋】

〔一〕朱熹云：「『磐桓』，難進之貌。屯難之初，以陽在下，又居動體，而上應陰柔險陷之爻，故有『磐桓』之象。然居得其正，故其占利於『居貞』。又本成卦之主，以陽下陰，爲民所歸，『侯』之象也，故其象又如此，而占者如是，則利建以爲侯也。」（周易本義卷一上經第一）

象曰：「雖『盤桓』，志行正也。以貴下賤，大得民也。」〔一〕

曰「居貞」，則疑於不進，故言「雖盤桓」而不可苟動。然其居正者，乃其志在行正者也。「以貴下賤」，又以爻位著其「得民」之象。

【校箋】

〔一〕王弼云：「不可以進，故『磐桓』也。非爲晏安棄成務也，故『雖磐桓，志行正』也。」（見周易正義卷一）王申子云：「初『磐桓』有待者，其志終欲行其正也。況方屯之時，陰柔者不能自存，有一陽剛之才，衆必從之以爲主。而初又能『以貴下賤』，大得民心，在上者果能建之以爲侯，則屯可濟矣，故利。」（大易緝説卷三）

六二：屯如邅如，乘馬班如，匪寇婚媾。〔一〕女子貞不字，十年乃字。〔二〕

當屯之時，以柔乘剛，多難之象，是以邅迴而未進，班布而未行也。「匪寇婚媾」，明九五之爲正應，但六二守正，時未至則不苟合。如女子之幽貞而未許嫁，至於十年，然後可以許人。君子之安於屯塞、守身以待時者，宜如是也。

【校箋】

〔一〕李光地云：「易言『匪寇婚媾』者凡三：屯二、賁四、睽上也。本義與程傳説不同，學者擇而從之，可也。然賁之爲卦，非有屯難、睽隔之象，則爻義有所難通者。詳玩辭意，『屯如邅如，乘馬班如』，與『賁如皤如，白馬翰如』，文體正相似。其下文皆接之曰『匪寇婚媾』。然則『屯如邅如』及『賁如皤如』，皆當讀斷，蓋兩爻之自處者如是也。『乘馬班如』及『白馬翰如』，皆當連下『匪寇婚媾』讀，言彼『乘馬』者非『寇』，乃吾之『婚媾』也。此之『乘馬班如』謂五，賁之『白馬翰如』謂初，言『匪寇婚媾』，不過指明其爲正應而可從耳。」（周易折中卷一）

〔三〕張浚云：「『女子貞不字，十年乃字』，蓋以二抱節守志於艱難之世而不失其貞也。若太公在海濱，伊尹在莘野，孔明在南陽，義不苟合，是爲『女貞』。」（紫巖易傳卷一）

象曰：「六二之難，乘剛也。『十年乃字』，反常也。」〔一〕

凡易象言「乘剛」者，皆有危難之象。蓋陽性震動，以陰乘之，則不得以自安。其象則然，非謂兩爻有相害之情也。此卦諸爻皆屯者，而二又乘剛，則其難愈甚，故雖二、五正應，而猶未得以即合。安屯守正，至十年然後復其常也。

【校箋】

〔一〕程頤云：「六二居屯之時而又『乘剛』，爲剛陽所逼，是其患難也。至於十年，則難久必

通矣，乃得反其常，與正應合也。『十』，數之終也。」（伊川易傳卷一）

六三：即鹿无虞，惟入于林中。君子幾不如舍，往吝。〔一〕

「虞」，山之主也。即鹿而無虞以導之，則惟陷於林中而已。當屯之時，以陽爲主，六三無陽剛之比、應，動極不能自止，前遇坎險，故有此象。然居内體，涉險未深，故又戒占者以見幾舍去，勿有攸往以取羞吝也。

【校箋】

〔一〕朱熹云：「陰柔居下，不中不正，上无正應，妄行取困，爲『逐鹿无虞，陷入林中』之象。君子見幾，不如舍去，若往逐而不舍，必致羞吝。戒占者宜如是也。」（周易本義卷一上經第一）

象曰：「『即鹿无虞』，以從禽也。君子『舍』之，『往吝』，窮也。」〔一〕

既無虞而即鹿，則是急於「從禽」故爾。誅其意也。

【校箋】

〔一〕程頤云：「事不可而妄動，以從欲也。『无虞』而『即鹿』，以貪禽也。當屯之時，不可動

而動，猶『无虞』而『即鹿』，以有『從禽』之心也。君子則見幾而舍之不從；若往，則可吝而困窮也。」（伊川易傳卷一）

六四：乘馬班如，求婚媾，往吉，无不利。〔一〕

四居險體，故亦有「乘馬班如」之象。然凡易以六四承九五者，吉。當屯之時，比近陽剛，又非六二在下之比也。故二雖有「婚媾」而「不字」，四則可以往應其求而獲吉利也。舊以爲四求初九，於義亦通。

【校箋】

〔一〕朱熹云：「陰柔居屯，不能上進，故爲『乘馬班如』之象。然初九守正居下，以應於己，故其占爲：下求婚媾，則『吉』也。」（周易本義卷一上經第一）

象曰：「『求』而『往』，明也。」〔一〕

曰「求而往」，明非四求也。屯之時，不利「有攸往」者也。因其求而往，故吉且利，惟其審時處義之明故也。若不待其求而往，則何吉利之有？

【校箋】

〔一〕胡瑗云：「必待人求于己，然後往而應之，非君子性修智明，其能與于斯乎？」（周易口義卷二）俞琰云：「彼求而我往，則其往也，可以爲『明』矣。如不待其招而往，則是不知去就之義，謂之『明』可乎？」（周易集説卷二十）蔣悌生云：「指從九五。凡退下爲『來』，進上爲『往』。」（五經蠡測卷一）李光地云：「傳、義皆謂己求人也。胡氏、俞氏、蔣氏皆作人求己而己往從之，於『求而往』三字語氣亦叶。又易例六四應初九、從九五皆有『吉』義，故作從初、從五俱可通。」（周易折中卷十一）案：李光地云「傳、義」，謂程頤伊川易傳、朱熹周易本義也。後皆倣此。

九五：屯其膏，小貞吉，大貞凶。〔一〕

居尊位則無屯，然當屯之時，爲險之主，又正在雲位，則是「屯其膏」之象。時當險難，其施不行也。居尊位，以施及天下爲正。既時有所難行，必修之自近，爲之以漸，至於積久而通，則「吉」矣。遽行大事而圖大功，是「大貞」也。恐有違時之咎，是以「凶」也。蓋即卦辭「利貞，勿用有攸往」之意。〔二〕但就居尊位者言之，故曰「小貞」、「大貞」爾。

【校箋】

〔二〕朱熹云：「九五雖以陽剛中正居尊位，然當屯之時，陷於險中，雖有六二正應，而陰柔才弱，不足以濟。初九得民於下，衆皆歸之，九五坎體，有膏潤而不得施，爲『屯其膏』之象。占者以處小事，則守正猶可獲『吉』；以處大事，則雖正而不免於『凶』。」（周易本義卷一上經第一）梁寅云：「小正者，以漸而正之也。蓋小正則『吉』者，以在於其位而爲所可爲也；大正則『凶』者，以時勢既失而不可以强爲也。爲可爲於可爲之時則『吉』，爲不可爲於不可爲之時則『凶』，可无慎哉？」（周易參義卷一）

〔三〕「卦辭」原作「彖辭」，今改。榕村本、陳本亦誤作「彖辭」。

象曰：「『屯其膏』，施未光也。」〔一〕

【校箋】

〔一〕程頤云：「膏澤不下及，是以德施未能光大也。人君之屯也。」（伊川易傳卷一）

上六：乘馬斑如，泣血漣如。〔一〕

上亦無應，而處屯終險極，與三之時又異矣。故其象爲「乘馬班如」，行進之難也；

「泣血漣如」，憂傷之甚也。

【校　箋】

〔一〕朱熹云：「陰柔無應，處屯之終，進無所之，憂懼而已，故其象如此。」（周易本義卷一上經第一）

象曰：「『泣血漣如』，何可長也？」〔一〕

發明爻外之意。言時既難行，必明所以處之之道，豈可徒憂傷而長自困乎？

【校　箋】

〔一〕楊簡云：「『何可長』者，言何可長如此也。非告語之所可及，惟深憫之，亦覬其變也，變則庶乎通矣。」（楊氏易傳卷三）李光地云：「象傳凡言『何可長』者，皆言宜速反之，不可遲緩之意，如楊氏之説。」（周易折中卷十一）

4 ䷃坎下艮上

蒙：亨。匪我求童蒙，童蒙求我；初筮告，再三瀆，瀆則不告，利貞。

山下有險者，巉穴之地，幽昧之處也。陷于險，復止于阻，暗塞之象也。山下出泉，始出而未盛大，物生而蒙之意也，是以名「蒙」。

○濁者清之路，昏者明之機，故蒙有「亨」道。然蒙者之亨，視乎發蒙者何如耳？求之誠而教，問之專而告，皆發蒙所先也。發之之道，則又宜於正固。蓋術不可不慎，而道不可不久，乃正固之義。

彖曰：「蒙，山下有險，險而止，蒙。〔一〕

此釋卦名不及「出泉」之象者，象傳已具也。凡兩象象傳已具，故彖傳有舉者，有不舉者。

【校箋】

〔一〕侯果云：「艮爲山，坎爲險，是『山下有險』。險被山止，止則未通，蒙昧之象也。」（見周易集解卷二）朱熹云：「以卦象、卦德釋卦名，有兩義。」（周易本義卷三彖上傳第一）

『蒙亨』，以亨行時中也。『匪我求童蒙，童蒙求我』，志應也。『初筮告』，以剛中也。『再三瀆，瀆則不告』，瀆蒙也。蒙以養正，聖功也。」

志應剛中，取九二、六五之象，餘皆論其理也。凡釋辭有以象釋或以理釋者，皆類此。「瀆」，亂也。因其亂，故「不告」，恐重以亂之也。

象曰：「山下出泉，蒙。君子以果行育德。」〔一〕

「果行」者，果決其行；「育德」者，養育其德，皆主發蒙者言也。「果行」如水，「育德」如山。凡言君子之事，有兩義與兩象配者，皆先内而後外也。

【校箋】

〔一〕徐幾云：「蒙而未知所適也，必體坎之剛中，以決果其行而達之。蒙而未有所害也，必體艮之靜止，以養育其德而成之。」（見周易大全卷三）

初六：發蒙，利用刑人，用説桎梏，以往，吝。

柔才居下，乃爲蒙而須發者。民之蚩蚩，〔一〕未能使之知也，使之由之而已。故禁於未發以爲豫，而小懲大戒以爲福，乃教民之始事也。若廢法以往，則寬而易犯，必有羞吝矣。

【校箋】

〔一〕「民之蚩蚩」，乃化用詩意。毛詩衛風氓云：「氓之蚩蚩。」毛傳云：「氓，民也。」

象曰：「『利用刑人』，以正法也。」〔一〕

書曰：「明於五刑，以弼五教。」〔二〕故以「正法」爲發蒙之要。

【校箋】

〔一〕朱熹云：「『發蒙』之初，法不可不正，懲戒所以正法也。」（周易本義卷五象上傳第三）項安世云：「刑之於小，所以脱之於大，此聖人用刑之本心也，所以正法，非所以致刑也。至其極也，用師擊之，猶爲禦而不寇。蓋聖人之於蒙，哀矜之意常多。此九二之『包蒙』，所以爲一卦之主也歟？」（周易玩辭卷二）

〔二〕「明於」至「五教」，尚書大禹謨文。

九二：包蒙吉，納婦吉，子克家。〔一〕

卦惟二陽，除上九在事外，其餘衆陰皆統於二，「包蒙」、「納婦」之象也。「子克家」，指應五而言。易爻之例，陰求陽者多，陽求陰者少；上求下者吉，下求上者凶。在此卦，則暗求於明，樂道忘勢，乃時義也，故五求二而爲「童蒙」。然易之大義，上下、貴賤之分甚嚴，五雖求二而五尊也，故既言「包蒙」、「納婦」，而又曰「子克家」。如伊、周雖爲師保，〔二〕而其實則臣子之分而已。自五言之則曰「童」，自二言之則曰「子」，所謂各盡其道者也。

【校　箋】

〔一〕梁寅云："陽剛明，陰柔暗，故陰爲蒙者而陽爲發蒙者。卦惟二陽，而九二以剛居中，爲内卦之主，與五相應，當發蒙之任，盡發蒙之道，非九二其誰哉？二中而不過，爲能『包蒙』，言其量之有容也；以陽受陰，是爲『納婦』，言其志之相得也；居下任事，爲『子』能『克家』，言其才之有爲也。其占如是，『吉』可知矣。"（周易參義卷一）

〔二〕"伊"，伊尹。"周"，周公。

象曰："『子克家』，剛柔接也。"〔一〕

專釋"子克家"，重二、五之應。

【校　箋】

〔一〕程頤云："子而克治其家者，父之信任專也。二能主蒙之功者，五之信任專也。二與五剛柔之情相接，故得行其剛中之道，成『發蒙』之功。苟非上下之情相接，則二雖剛中，安能尸其事乎？"（伊川易傳卷一）朱熹云："指二、五之應。"（周易本義卷五象上傳第三）

六三：勿用取女，見金夫，不有躬，无攸利。〔一〕

不中不正，與上爲應，當蒙之時，以陰求陽，正也；以下求上，則諂援所不免，非其正矣。故其象如女見金夫，不能自持，而取之者「无攸利」也。此爻蓋承九二「納婦」之意而言。〔二〕婦女，蒙類也。婦之納，猶蒙之包，有教無類之心也。女有所不取，猶蒙有所不告，不屑教誨之義也。夫子曰：「舉直錯諸枉。」〔三〕能使枉者直，聖人成就人材之道，亦多術矣。

【校箋】

〔一〕王弼云：「童蒙之時，陰求於陽，晦求於明。六三在下卦之上，上九在上卦之上，男女之義也。上不求三而三求上，女先求男者也。女之爲體，正行以待命者也，見剛夫而求之，行在不順，故『勿用取女』而『无攸利』。」（見周易正義卷一）

〔二〕李光地云：「『金夫』本意不黏爻象，程傳以爲九二。然九二發蒙之主，若三能從之，正合彖辭『童蒙求我』之義，不應謂之『不順』。」（周易折中卷一）

〔三〕「舉直錯諸枉」，論語爲政篇文。

象曰：「『勿用取女』，行不順也。」〔一〕

【校　箋】

〔一〕熊良輔云：「蒙小象凡三『順』字，只是一般，不必以『不順』爲『不慎』。」（見周易折中卷十一）

六四：困蒙，吝。〔一〕

【校　箋】

〔一〕王弼云：「獨遠於陽，處兩陰之中，闇莫之發，故曰『困蒙』也。困於蒙昧，不能比賢以發其志，亦以鄙矣，故曰『吝』也。」（見周易正義卷一）胡炳文云：「初與三比二之陽，五比上之陽，初、三、五皆陽位，而三、五又皆與陽應，惟六四所比、所應、所居皆陰，困於蒙者也。蒙豈有不可教者？不能親師取友，其困而吝也，自取之也。」（周易本義通釋卷一）

象曰：「『困蒙』之『吝』，獨遠實也。」〔一〕

陽虛陰實。凡言「實」者，皆謂陽也。卦惟此爻於陽無比、應之義。

【校　箋】

〔一〕孔穎達云：「陽主生息，故稱『實』。陰主消損，故不得言『實』。」（周易正義卷一）項安世云：「初六、六三皆近九二，六五亦近上九，又三、五兩爻皆與陽應，初、三、五皆居陽位，惟六四一爻所比、所應、所居无非陰者，在六爻之中獨爲无陽之人，故曰『獨遠實』也。」（周易玩辭卷二）王申子云：「陽實陰虚，『獨遠實』者，謂於一卦之中，獨不能近陽實之賢，故困於蒙而无由達也。」（大易緝説卷三）

六五：童蒙，吉。〔一〕

易凡言「子」、言「童」者，皆初爻象。惟此卦之象有「童蒙求我」之辭。五求九二，故以其義當之。

【校箋】

〔一〕朱熹云：「柔中居尊，下應九二，純一未發，以聽於人，故其象爲『童蒙』，而其占爲如是則『吉』也。」（周易本義卷一上經第一）胡炳文云：「屯所主在初，卦曰『利建侯』，而爻於初言之；蒙所主在二，卦曰『童蒙求我』，而爻於五言之，五應二者也。童蒙純一未發，以聽於人。居尊位而能以『童蒙』自處，其『吉』可知。」（周易本義通釋卷一）

象曰：「『童蒙』之『吉』，順以巽也。」〔一〕

順從於師，以巽入於正道。

【校　箋】

〔一〕胡一桂云：「『順』，以爻柔言。『巽』，以志應言。」（見周易會通卷二）

上九：擊蒙，不利爲寇，利禦寇。〔一〕

以剛居上，「擊蒙」之象，治教之終，不可無威嚴，以儆其惰。然過於剛猛，則反以傷害之，是爲「寇」也。惟懲其頑惡以惕昏愚，去其强暴以安良善，禁其淫邪以護正性，則是爲民「禦寇」，雖嚴而不傷，與「刑人」之義相爲終始也。

【校　箋】

〔一〕楊簡云：「『擊』者，擊其蒙而已。治之雖甚，不過禦其爲寇者而已，去其悖道之心而已。擊之至於太甚，而我反失乎道，是擊之者又爲寇也，故戒之曰『不利爲寇，利禦寇』。」（楊氏易傳卷三）

象曰：「利用禦寇，上下順也。」〔一〕

【校箋】

〔一〕程頤云：「『利用禦寇』，上下皆得其順也。上不爲過暴，下得擊去其蒙，『禦寇』之義也。」（伊川易傳卷一）朱熹云：「『禦寇』以剛，上下皆得其道。」（周易本義卷五象上傳第三）

5 ䷄乾下坎上

需：有孚，光亨，貞吉。利涉大川。〔一〕

坎險在前，剛健臨之，自然持重堅固而不輕進，「需待」之義也。雲在天上，必俟積厚氣應而後成雨，亦「需待」之義。需之義，不止處險。凡事皆當順其理而待其成，不可妄有爲作。故需有「養」義，又爲飲食之道焉。飲食之養人也以漸，如物穉而至長，待之而已。

○若無實德，則無可需，故必「有孚」；非光明通泰，則不能需，故必「光亨」；非正且固，則又或無以處事變而持常久，故又必「貞」，然後可以得「吉」也。需之義「利涉大川」，能待也。

【校　箋】

〔一〕程頤云：「『需』者，須待也。以二體言之，乾之剛健上進而遇險，未能進也，故爲『需待』之義。以卦才言之，五居君位，爲需之主，有剛健中正之德，而誠信充實於中。中實，『有孚』也。『有孚』則光明而能亨通，得貞正而吉也。以此而需，何所不濟？雖險无難矣，故『利涉大川』也。凡『貞吉』，有既正且吉者，有得正則吉者，當辨也。」（伊川易傳卷一）

彖曰：「需，須也，險在前也。剛健而不陷，其義不困窮矣。〔一〕

此釋卦名，專以「遇險」之象言之，與「大」象相備。

【校　箋】

〔一〕程頤云：「『需』之義，須也。以險在於前，未可遽進，故需待而行也。以乾之剛健，而能需待不輕動，故不陷於險，其義不至於困窮也。剛健之人，其動必躁，乃能需待而動，處之至善者也。故夫子贊之云『其義不困窮矣』。」（伊川易傳卷一）

『需有孚，光亨，貞吉』，位乎天位，以正中也。『利涉大川』，往有功也。」〔一〕

九五一爻，陽實爲「有孚」，中德爲「光亨」，居正爲「貞」，以是而位天位，則能致治功而成大化，需道之極善者也。故專舉此爻，以釋彖義。

【校箋】

〔一〕程頤云：「五以剛實居中，爲『孚』之象，而得其所需，亦爲『有孚』之義。以乾剛而至誠，故其德光明而能亨通，得貞正而『吉』也。所以能然者，以居天位而得『正中』也。居天位，指五；『以正中』，兼二言，故云『正中』。既『有孚』而貞正，雖涉險阻，往則有功也。需道之至善也，以乾剛而能需，何所不利？」（伊川易傳卷一）谷家杰云：「此卦合坎、乾成需。惟乾易而知險，故曰『剛健』、曰『正中』。」（見周易折中卷九）

象曰：「雲上於天，需。〔一〕君子以飲食宴樂。」

雲上於天，陰陽噓吸，以盈其氣，「飲食宴樂」之象也。

【校箋】

〔一〕孔穎達云：「不言『天上有雲』，而言『雲上於天』者，若是天上有雲，無以見欲雨之義，故云『雲上於天』。若言『雲上於天』，是天之欲雨，待時而落，所以明需。」（周易正義卷一）胡瑗云：「『飲食』者，所以養身也；『宴樂』者，所以寧神也，是亦『樂天知命』，居易俟時耳。」（周易口義卷二）案：「樂天知命」，周易繫辭上傳文。

初九：需于郊，利用恒，无咎。〔一〕

需之義甚大，然六爻多取險難之象。險難而需，其義最切也。去險猶遠，而初剛德能需，然必恒久而不變，則得「无咎」矣。

【校　箋】

〔一〕孔穎達云：「難在於坎，初九去難既遠，故待時在於郊。『郊』者，境上之地，去水遠也。『恒』，常也。遠難待時，以避其害，故宜保守其常，所以『无咎』。」（周易正義卷二）梁寅云：「需下三爻，以去險遠近爲吉凶。初以陽處下，最遠於險，故爲『需于郊』之象。『郊』，荒遠之地也，而君子安處焉，故云『利用恒』。」（周易參義卷一）

象曰：「『需于郊』，不犯難行也。『利用恒，无咎』，未失常也。」〔一〕

遠於險而需，則「不犯難行」矣。

【校　箋】

〔一〕程頤云：「處曠遠者，不犯冒險難而行也。陽之爲物，剛健上進者也。初能需待於曠遠之地，不犯險難而進，復宜安處不失其常，則可以『无咎』矣。雖不進而志動者，不能安其常也。君子之需時也，安靜自守，志雖有須，而恬然若將終身焉，乃能用常也。」（伊川易傳卷一）孫質卿云：「不犯難而行，便是常。不失常，便是恒德。人惟中無常主，或爲才能所使，或爲事勢所激，或爲意氣所動，雖犯難而不顧耳，所以不失常最難。『飲食宴樂』，不失常也。若能不失常，更有何事？」（見周易説統卷二）

九二：需于沙，小有言，終吉。〔一〕

二有中德，其心平寬，故近險而能需。「小有言」，亦以近險故也。

【校箋】

〔一〕孔穎達云：「『沙』是水傍之地，去水漸近。待時于沙，故難稍近而『小有言』。但履健居中以待要會，終得其『吉』也。」（周易正義卷二）胡炳文云：「初最遠坎，『利用恒』乃『无咎』，九二漸近坎，『小有言』矣，而曰『終吉』者，初九以剛居剛，恐其躁急，故雖遠險，猶有戒辭；九二以剛居柔，寬而得中，故雖近險，而不害其爲『吉』。」（周易本義通釋卷一）

象曰：「需于沙，衍在中也。雖小有言，以吉終也。」〔一〕

「恒」者，固守之謂。「衍」，則中心安焉。故初曰「无咎」，而二「以吉終」也。

【校箋】

〔一〕楊簡云：「『衍在中』者，言九二胸中寬衍平夷。初不以進動其心，亦不以小言動其心，夫如是，『終吉』，以九二得其道故也。」（楊氏易傳卷四）

九三：需于泥，致寇至。〔一〕

過剛不中，居内卦之極而前遇險，是輕進而不能需者也。蓋不能慎之於先，至陷於泥而乃需，則寇之至也，實自致之耳。在泥而需，非失也；所以至於在泥者，失也。

【校箋】

〔一〕王申子云：「『泥』則切近水矣，險已近而又以剛用剛而進逼之，是招致寇難之至也。」（大易緝説卷三）龔焕云：「郊、沙、泥之象，視坎水遠近而爲言者也，易之取象如此。」（見周易本義集成卷一）

象曰：「『需于泥』，災在外也。自我『致寇』，敬慎不敗也。」〔一〕

「在外」與「自我」正相對。在外之災，猶可避也；自我之咎，不可逭也。誠能敬慎於先，則不至於敗。然能念其自我而加敬慎，則亦有轉敗之理也。

【校箋】

〔一〕項安世云：「寇雖在外，然亦不自至，我有以致之則至。我敬慎而无失，則雖與之逼，亦无敗理。」（周易玩辭卷二）邱富國云：「坎險在外，未嘗迫人。由人急於求進，自逼於險，以致禍敗。象以『自我』釋之，明致災之由不在他人也。」（見周易大全卷三）

六四：需于血，出自穴。〔一〕

四入坎體，是「需于血」也。柔正而近九五，故能需而「出自穴」。占者能忍性順受於患難之中，則有出險之期矣。

【校箋】

〔一〕朱熹云：「『血』者，殺傷之地。『穴』者，險陷之所。四交坎體，入乎險矣，故爲『需于血』之象。然柔得其正，需而不進，故又爲『出自穴』之象。占者如是，則雖在傷地而終得出也。」（周易本義卷一上經第一）

象曰：「『需于血』，順以聽也。」〔一〕

「順聽」，謂順聽天命也。九五天位而四承之，有「順聽」之象。

【校　箋】

〔一〕吴澄云：「謂六四柔順以聽從於九五也。」（易纂言卷五）

九五：需于酒食，貞吉。〔一〕

剛而中正，備「有孚」、「亨貞」之德，且坎主天位，正所謂「雲上於天」者也。有德、有位，當需之時而能需，則惟飲食宴樂，休養順俟，而功化成矣。此得需之正而「吉」者，故因以爲占戒。

【校　箋】

〔一〕李光地云：「需之爲義最廣，其大者莫如王道之以久而成化，而不急於淺近之功；聖學之以寬而居德，而不入於正助之弊。卦惟九五剛健中正以居尊位，是能盡需之道者，故象傳特舉此爻以當彖辭之義，而大象傳又特取此爻爻辭以蔽需義之全。」（周易折中卷一）

象曰：「『酒食，貞吉』，以中正也。」〔一〕

九五中正，有貞德也。「貞吉」，爲占者戒爾。

【校箋】

〔一〕梁寅云：「言『以中正』，見其飲宴者非過於耽樂也。」（周易參義卷五）張振淵云：「內多欲，則有求治太急之患。德惟中正，所以需合於貞而得吉。『中正』，即『孚』『貞』意，是推原所以能需處。」（見周易說統卷二）

上六：入于穴，有不速之客三人來，敬之終吉。〔一〕

處險極，則入于穴矣。然有應於下，而三與二陽並進，有「三人」之象。凡人在險難之中，苟非其自取之，必有救援之來，出於意外者。既有此理，又因有陽剛之應，故取此象。然猶必敬之，乃得終吉。蓋處險當無不敬，恐其因不速而有怠心，則患生於所忽。〔二〕故三致寇矣，而敬則不敗。上客來矣，然非敬未能「終吉」也。敬則爲客，不敬則爲寇。然則寇與客亦無常，敬、不敬之間耳，可不畏歟？

【校箋】

〔一〕荀爽云：「『三人』，謂下三陽也。須時當升，非有召者，故曰『不速之客』焉。」（見周易集解卷二）胡炳文云：「『入于穴』，險極而陷之象。『速』者，主召客之辭。『三人』，乾三陽之象。下三陽非皆與上應也，有『不速』之象。上柔順，有『敬之』之象。上獨不言需險之極，无復有『需』也。四『出自穴』而上則『入于穴』，何哉？六四柔正能需，猶可出於險，故曰『出』者，許其將然也。上六柔而當險之終，无復能需，惟入於險而已，故曰『入』者，言其已然也。」（周易本義通釋卷三）

〔三〕榕村本、陳本「忽」下有「矣」字。

象曰：「『不速之客來，敬之終吉』，雖不當位，未大失也。」〔一〕

凡易爻所謂「當」、「不當」者，多兼論其所遇之時，所處之地，不專主於陰陽爻位也。故此爻當位而曰「不當」，謂居險極也。其餘雖以爻位言之，然亦多借爻位之當、不當，以見其德與時、地之宜、不宜，隨處發明於本爻中。

【校箋】

〔一〕吕祖謙云：「需初九、九五二爻之吉，固不待言。至於餘四爻，如二則『小有言，終吉』，如三之象則曰『敬慎不敗』，四之象則曰『順以聽』也，上則曰『有不速之客三人來，敬之終吉』。大抵天下之事，若能款曲停待，終是少錯。」（東萊集别集卷十二讀易紀聞）蔡清云：「『雖不當位』，謂其陰居險極，正與困上六『困於葛藟，未當也』一般。」（易經蒙引卷二上）

6 ䷅坎下乾上

訟：有孚，窒惕，中吉，終凶。利見大人，不利涉大川。〔一〕

上剛下險，則是上以威猛齊民，下以詐僞應之，訟之源也。内險外健，是懷傾危之心，而逞剛强之氣，訟之端也。天上水下，形氣相違，如人無和合之誼，隔絶乖爭，訟之成也。所以名「訟」。

○「有孚」而「窒」，則情直而事不伸，可以訟也。然必中懷憂懼，無好爭之心，乃可得「吉」。又當苟直則止，不可終極其訟。苟終極其訟，雖事有情實，亦必「凶」也。「利見大人」者，訟之事必直於大人也。「不利涉大川」者，涉大川以和而濟，訟之道競勝而不和，有危陷之機，故於涉險爲「不利」。

【校箋】

〔一〕孔穎達云：「『窒』，塞也。『惕』，懼也。凡訟者，物有不和，情相乖爭而致其訟。凡訟之體，不可妄興，必有信實，被物止塞，而能惕懼，中道而止，乃得『吉』也。『終凶』者，訟不可長。若終竟訟，事雖復窒惕，亦有『凶』也。『利見大人』者，物既有訟，須大人決之，故『利見大人』也。若以訟而往涉危難，必有禍患，故『不利涉大川』。」（周易正義卷二）

象曰：「訟，上剛下險，險而健，訟。〔一〕

【校箋】

〔一〕程頤云：「訟之爲卦，上剛下險，險而又健也；又爲險健相接，内險外健，皆所以爲訟也。若健而不險，不生訟也；險而不健，不能訟也。險而又健，是以訟也。」（伊川易傳卷一）毛璞云：「『上剛下險』，以彼此言之。『險而健』，以一人言之。」（見厚齋易學卷七）

『訟有孚，窒惕，中吉』，剛來而得中也。『終凶』，訟不可成也。『利見大人』，尚中正也。『不利涉大川』，入于淵也。」〔二〕

「剛來而得中」，謂九二居内卦而得中也。凡卦有二體，即有上下、内外；有上下、内外，即有上下、往來之象。故凡象傳言「上下」、「往來」者，皆虚象也。先儒言卦變者不一，今依古註，只以虚象言之。〔三〕「剛」則「有孚」，「來」而「得中」，則能退守憂懼，而不終訟必矣。「尚中正」，謂尊尚中正之人，如九五者是也。

【校箋】

〔二〕朱熹云：「以卦變、卦體、卦象釋卦辭。」（周易本義卷三彖上傳第一）

〔三〕李光地云：「彖傳中有言『剛柔』、『往來』、『上下』者，皆虚象也。先儒因此而卦變之説紛然。然觀泰、否卦下『小往大來』、『大往小來』云者，文王之辭也，果從何卦而往、何卦而來乎？亦云有其象而已耳，故依王、孔注、疏作虛象者近是。」（周易折中卷九）

象曰：「天與水違行，訟。君子以作事謀始。」〔一〕

理明於素，則爭心不生；慮周於先，則爭端不起。

【校箋】

〔一〕程頤云：「天上水下，相違而行，二體違戾，訟之由也。若上下相順，訟何由興？君子觀象，知人情有爭訟之道，故凡所作事必謀其始，絶訟端於事之始，則訟无由生矣。『謀始』之義廣矣，若慎交結、明契券之類是也。」（伊川易傳卷一）朱熹云：「天上水下，其行相違。作事謀始，訟端絶矣。」（周易本義卷五象上傳第三）吴澄云：「水行而下，天行而上，其行兩相背戾，是『違行』也。」（易纂言卷五）

初六：不永所事，小有言，終吉。〔一〕

卦惟九五居尊，有中正之德，取「聽訟」爲義，餘爻則皆取「訟」義。初以柔居卦初，作事謀始者也。故雖小有言語爭訟，而不長永其事以消釋之，必得終吉也。

【校箋】

〔一〕王弼云：「處訟之始，訟不可終，故『不永所事』，然後乃『吉』。凡陽唱而陰和，陰非先唱者也。處訟之始，不爲訟先，雖不能不訟，而了訟必辯明矣。」（見周易正義卷二）楊簡云：「訟之初不深也，有『不永所事』之象。訟之初未深，卜有言而已，既不永其事，故『終吉』。」（楊氏易傳卷四）胡炳文云：「初不曰『不永訟』而曰『不永所事』，事之初，猶冀其不成訟也。『小有言』與需不同，需『小有言』，人不能不小有言也；此之『小有言』，我不能已而小有言也。」（周易本義通釋卷一）

象曰：「不永所事，訟不可長也。雖小有言，其辨明也。」〔一〕

不永所事，辨何由明乎？古人無辨止謗之言，諒矣。

【校箋】

〔一〕王申子云：「止訟於初者上也，故於訟之初即以『訟不可長』爲戒。」（大易緝説卷三）俞琰云：「象傳云『訟不可成』，蓋言訟之通義，而不欲其成。爻傳云『訟不可長』，蓋言初爲訟端，而不欲其長。」（周易集説卷二十）

九二：不克訟，歸而逋。其邑人三百户，无眚。〔一〕

九二居下，爲訟之主，不免于訟矣，然有中德，而九五非敵，故爲能度於理勢而「不克訟」，且退避之甚，至於「歸而逋」焉。人能如此，則雖所居亦化之。「其邑人三百户」皆無災眚，蓋退讓之成俗也。

【校箋】

〔一〕荀爽云：「二者，下體之君。君不爭，則百姓无害也。」（見周易集解卷三）王弼云：「以剛處訟，不能下物，自下訟上，宜其不克。若能以懼歸竄其邑，乃可以免災。邑過三百，非爲竄也；竄而據强，災未免也。」（見周易正義卷二）

象曰：「『不克訟，歸逋竄也』，自下訟上，患至掇也。」〔一〕

言其「不克訟」而「歸逋竄」者，以爲不安在下之分而與上訟，則災患所自取也。

【校箋】

〔一〕程頤云：「義既不敵，故不能訟，歸而逋竄，避去其所也。自下而訟其上，義乖勢屈，禍患之至，猶拾掇而取之，言易得也。」（伊川易傳卷一）項安世云：「上兩句皆是爻辭，下兩句方是象傳，如需之上六象傳句法。」（周易玩辭卷二）王申子云：「知義不克歸而逋竄，猶可免禍。若不知自反，則禍患之至如掇拾而取之矣。象稱二『剛來而得中』，而爻義乃如此，蓋象總言一卦之體，爻則據其時之用以言之也。」（大易緝説卷三）

六三：食舊德，貞厲，終吉。或從王事，无成。〔一〕

六三柔質，本非爭訟者也。然處凶危之地，又當進退之交，故因發爲占戒。言人能安於素分而守其正固，則雖處危地而「終吉」矣；或不得已而從王事，亦不可居其成功。教人以終始退讓不爭之道也。

【校箋】

〔一〕朱熹云：「『食』，猶『食邑』之『食』，言所享也。六三陰柔，非能訟者，故守舊居正，則雖危而終吉。然或出而從上之事，則亦必无成功。占者守常而不出，則善也。」（周易本義卷一上經第一）徐幾云：「聖人於初、三兩柔爻皆係之以『終吉』之辭，所以勉人之无訟也。」（見周易大全卷三）楊啓新云：「『食舊德』，安其分之所當得，是不與人競利也。『或從王事』者，分之所不得越，是不與人競功也。蓋不必告訐之風，乃謂之訟；一有爭競之心，亦訟也。」（見周易折中卷一）李光地云：「本義是戒人以不可從王事也，但此爻與坤三之文大同小異，不應其義差殊。故諸家之説可以與本義相參，而楊氏尤爲明暢

也。徐氏即以『訟不可成』爲解，亦可備一説。」（周易折中卷一）

象曰：「食舊德，從上吉也。」〔一〕

言能安其素分，則雖或從王事，亦必有以自處而得吉矣。

【校　箋】

〔一〕程頤云：「守其素分，雖從上之所爲，非由己也，故无成而終得其『吉』也。」（伊川易傳卷一）朱熹云：「『從上吉』，謂隨人則『吉』，明自主事則無成功也。」（周易本義卷五象上傳第三）

九四：不克訟，復即命渝，安貞吉。〔一〕

陽居健體，本有訟象。居柔而履懼，故能自止而不克訟。然二當五，則勢不敵，故曰「歸而逋」。四應初，則是以理自反而安于正，是以「吉」也。「即命」者，改悔之端；「安貞」者，自守之操。

【校　箋】

〔一〕朱熹云：「『即』，就也。『命』，正理也。『渝』，變也。九四剛而不中，故有訟象。以其居

柔，故又爲不克，而復就正理，渝變其心，安處於正之象。占者如是，則『吉』也。」（周易本義卷一上經第一）

象曰：〔二〕「『復即命渝，安貞』，不失也。」

【校　箋】

〔二〕「象」原作「彖」，今據注疏本、榕村本、陳本改。

九五：訟，元吉。〔一〕

九五，彖所謂「大人」也，有大人之德，故未訟則感之而化，已訟則就之而直。遇此爻而有訟事者，當「元吉」也。

【校　箋】

〔一〕王弼云：「處得尊位，爲訟之主，用其中正以斷枉直，中則不過，正則不邪，故『訟，元吉』。」（見周易正義卷二）俞琰云：「九五以剛明之德居尊，而又中正，彖辭所謂『大人』是也。訟之有理者見之，必獲伸矣。『元吉』，乃『吉』之盡善者也。」（周易集説卷二）

象曰：「『訟，元吉』，以中正也。」〔一〕

【校箋】

〔一〕程頤云：「中正之道，何施而不『元吉』？」（伊川易傳卷一）朱熹云：「中則聽不偏，正則斷合理。」（周易本義卷五象上傳第三）

上九：或錫之鞶帶，終朝三褫之。〔一〕

訟之義，以柔爲善。初、三皆柔，故「終吉」之占同。二有惕中之德，四處多懼之位，故其「不克」之辭亦同。惟上剛質健極，以處訟終，終訟而凶者也，雖榮必辱，況未必得乎？

【校箋】

〔一〕王弼云：「處訟之極，以剛居上，訟而勝得者也。以訟受錫，榮何可保？故終朝之閒，褫帶者三也。」（見周易正義卷二）胡炳文云：「上九以剛極處訟終，卦所謂『終凶』者也，故設此以戒之。」（周易本義通釋卷一）

象曰：「以訟受服，亦不足敬也。」〔一〕

【校箋】

〔一〕蔡清云：「『亦不足敬也』，且據其以訟得服言也，況終必見褫乎？猶益上九之象曰『「莫益之」，偏辭也』。」（易經蒙引卷二中）

7 ䷆ 坎下坤上

師：貞，丈人，吉无咎。〔一〕

一陽居下，得應於上而統羣陰，將之象也。又其象地中有水，藏兵於民之象，所以名「師」。

○「貞」承「師」字爲義，言師出必以正，而又以丈人主之，則功可成而無後患，吉且「无咎」也。

【校箋】

〔一〕朱熹云：「『丈人』，長老之稱。用師之道，利於得正，而任老成之人，乃得『吉』而『无咎』。」（周易本義卷一上經第一）

象曰：「『師』，衆也。『貞』，正也。能以衆正，可以王矣。〔一〕

釋「師貞」之義。兵出以正，師之本也。

【校箋】

〔一〕朱熹云：「此以卦體釋『師貞』之義。『以』，謂能左右之也。一陽在下之中，而五陰皆爲所以也。能以衆正，則王者之師矣。」（周易本義卷三彖上傳第三）

剛中而應，行險而順，以此毒天下而民從之，吉又何咎矣？」〔一〕

「剛中而應」，有丈人得君之象；「行險而順」，有丈人行師之道。任用老成，師之要也。

【校箋】

〔一〕朱熹云：「又以卦體卦德釋『丈人，吉无咎』之義。『剛中』，謂九二。『應』，謂六五應之。『行險』，謂行危道。『順』，謂順人心。此非有老成之德者不能也。『毒』，害也。師旅之興，不無害於天下，然以其有是才德，是以民悦而從之也。」（周易本義卷三彖上傳第三）

象曰：「地中有水，師。君子以容民畜衆。」〔一〕

水之爲物也，有行險乘危之勢，然在於地中，則蓄聚而不奔散。「容」，用也。君子用民爲兵，畜兵於民，法地水之象也。

【校　箋】

〔一〕朱熹云：「水不外於地，兵不外於民，故能養民則可以得衆矣。」（周易本義卷五象上傳第三）

初六：師出以律，否臧凶。〔一〕

程傳曰：「在興師而言，則以禁暴誅亂而動；在行師而言，則以號令節制爲本。」

愚謂：初、上二爻皆以師之始終而論，其理與蒙之初、上同。

【校　箋】

〔一〕王弼云：「爲師之始，齊師者也，齊衆以律，失律敗散。」（見周易正義卷二）朱熹云：「『律』，法也；『否臧』，謂不善也。晁氏曰：『「否」字先儒多作「不」，是也。』在卦之初，爲師之始，出師之道當謹其始，以律則吉，不臧則凶，戒占者當謹始而守法也。」（周易本義卷一上經第一）案：朱子引「晁氏」，謂晁説之也。

象曰："『師出以律』，失律凶也。"〔一〕

"失律凶"者，明"否臧"之爲"失律"也。

【校箋】

〔一〕程頤云："師出當以律，失律則凶矣，雖幸而勝，亦凶道也。"（伊川易傳卷一）蔡清云："不曰『否臧凶』，而曰『失律凶』者，明『否臧』之爲『失律』也。"（易經蒙引卷二中）

九二：在師中，吉无咎，王三錫命。〔一〕

二有剛中之德而統衆陰，丈人"在師中"之象也，故"吉无咎"之占與彖辭同。上應六五，則有寵命之專，故王者遇此，又當"三錫命"，以致其委任之意也。

【校箋】

〔一〕孔穎達云："承上之寵，爲師之主，任大役重，无功則凶，故『吉』乃『无咎』。『王三錫命』者，以其有功，故王三加錫命。"（周易正義卷二）朱熹云："九二在下，爲衆陰所歸而有剛中之德，上應於五而爲所寵任，故其象、占如此。"（周易本義卷一上經第一）胡炳文云："卦辭『師貞，丈人，吉无咎』，爻『在師中，吉无咎』即卦辭意也。中則无過、无不及，所以爲『貞』；在師而中，所以爲『丈人』，故師六爻惟九二『吉无咎』。"（周易

本義通釋卷二）

象曰：「『在師中，吉』，承天寵也。『王三錫命』，懷萬邦也。」〔一〕

言將非王命，不能成大功；王非將賢，無以安天下。

【校箋】

〔一〕程頤云：「『在師中，吉』者，以其承天之寵任也。『天』，謂王也。人臣非君寵任之，則安得專征之權而有成功之『吉』？象以二專主其事，故發此義。王三錫以恩命，褒其成功，所以『懷萬邦』也。」（伊川易傳卷一）邱富國云：「王者用兵非得已，嗜殺豈其本心？故三錫之命，惟在於懷綏萬邦而已。」（見周易大全卷四）谷家杰云：「不曰『威』而曰『懷』，見王者用師之本心。」（見周易折中卷十一）

六三：師或輿尸，凶。〔一〕

「輿尸」，當從程傳作「衆主」，蓋與「丈人」之義相發明也。六三才弱志剛，居下之上，躁險輕冒，正有「弟子」之象，故設爲占戒。

【校箋】

〔一〕程頤云：「『輿尸』，衆主也，蓋指三也。以三居下之上，故發此義。軍旅之事，任不專一，覆敗必矣。」（伊川易傳卷一）朱熹云：「『輿尸』，謂師徒撓敗，輿尸而歸也。以陰居陽，才弱志剛，不中不正而犯其分，故其象、占如此。」（周易本義卷一上經第一）王申子云：「三不中不正，以柔居剛，是小人之才弱志剛者，而居二之上，是二爲主將，三躐而尸之也。凡任將不專、偏裨擅命、權不出一者，皆『輿尸』也，軍旅何所聽命乎？其取敗必矣，故『凶』。」（大易緝說卷三）

象曰：「師或輿尸，大无功也。」〔一〕

【校箋】

〔一〕程頤云：「倚付二、三，安能成功？豈惟无功，所以致『凶』也。」（伊川易傳卷一）楊簡云：「行師之法，權歸一將。使衆主之，『凶』之道也。衆所不一，必無成功。九二既作帥，六三居二之上，有『權不歸一』之象。」（楊氏易傳卷四）

六四：師左次，无咎。〔一〕

柔才處多懼之地，又在上卦之下，「左次」之象也。

【校　箋】

〔一〕程頤云：「師之進，以强勇也。四以柔居陰，非能進而克捷者也，知不能進而退，故『左次』。『左次』，退舍也。量宜進退乃所當也，故『无咎』。」（伊川易傳卷一）朱熹云：「『左次』，謂退舍也。陰柔不中而居陰得正，故其象如此。全師以退，賢於六三遠矣，故其占如此。」（周易本義卷一上經第一）吴澄云：「兵家尚右，右爲前，左爲後，故八陣圖天前衝、地前衝在右，天後衝、地後衝在左。」（易纂言卷二）

象曰：「『左次，无咎』，未失常也。」〔一〕

【校　箋】

〔一〕程頤云：「行師之道，因時施宜乃其常也，故『左次』未必爲失也。如四退次乃得其宜，是以『无咎』。」（伊川易傳卷一）朱熹云：「知難而退，師之常也。」（周易本義卷五象上傳第三）楊時云：「師以右爲主，師之常矣。退而左次，則失常矣。然四以柔順之資，量敵而後進，慮勝而後會，退而左次，未爲失常也。」（見大易粹言卷七）

六五：田有禽，利執言，无咎。長子帥師，弟子輿尸，貞凶。〔一〕

長子用事，而又使弟子衆主之，其凶必矣。凡言「貞凶」者，皆言其常此而不變則凶；又爲常凶之義，言必凶也。「田有禽，利執言」，則「師貞」矣。又必專任長子，乃合「丈人」之「吉」，居尊位爲師之主，故用象義也。

【校箋】

〔一〕朱熹云：「六五用師之主，柔順而中，不爲兵端者也。敵加於己，不得已而應之，故爲『田有禽』之象，而其占利以搏執而『无咎』也。『言』，語辭也。『長子』，九二也。『弟子』，三、四也。又戒占者專於委任，若使君子任事而又使小人參之，則是使之『輿尸』而歸，故雖正而亦不免於『凶』也。」（周易本義卷一上經第一）胡炳文云：「『長子』，即象所謂『丈人』也。自衆尊之，則曰『丈人』；自君稱之，則曰『長子』，皆長老之稱。」（周易本義通釋卷一）蔣悌生云：「『輿尸』，程傳訓『衆主』，朱義訓『撓敗師徒』，但訓作『衆主』，則與『長子帥師』爲反對，其義尤切。禽在山林，固無事于獵取，今入于田，則害我禾稼，畋而執之宜也，『長子帥師』可也。又以弟子衆主之，是自取凶咎也。」（五經蠡測卷一）蔡清云：「『田有禽，利執言』，是『師貞』意。『長子帥師』，是『丈人』意。」（易經蒙引卷二中）

象曰：「『長子帥師』，以中行也。『弟子輿尸』，使不當也。」〔一〕

【校箋】

〔一〕孔穎達云：「『長子帥師，以中行』，是九二居中也。『弟子輿尸，使不當也』，謂六三失位也。」（周易正義卷二）程頤云：「『長子』，謂二。以中正之德合於上而受任以行，若復使其餘者衆尸其事，是任使之不當也，其『凶』宜矣。」（伊川易傳卷一）

上六：大君有命，開國承家，小人勿用。〔一〕

凡上爻有以君道言者，皆以卦終取義，非以其爻爲君位也。

【校箋】

〔一〕胡炳文云：「初，師之始，故紀其出師而有律；上，師之終，故紀其還師而賞功。六爻中，出師駐師、將兵將將、伐罪賞功靡所不載，其終始節次嚴矣。末曰『小人勿用』，則又戒辭也。雖然，亦在於謹其始焉耳。曰『丈人』、曰『長子』，用以行師者得其人，及其『開國承家』，自不至於用小人矣。」（周易本義通釋卷一）林希元云：「小人立功，不得不一例賞以爵邑。若一例賞以爵邑，又恐播惡於衆，故不若於行師之初不用之爲愈也。故象傳謂其『必亂邦』，象辭於『師貞』之下即言宜用『丈人』，五爻之辭又戒用『弟子』，即此意也。師之始既言之，師之終而復言，正戒人當謹於其始也。」（易經存疑卷二）李光地云：「『小人勿用』，非既用而不封，亦非既封而不用，乃是從初不用，所謂『丈人吉』、『弟子凶』者，自其出師之始而已然也。胡氏、林氏之説皆合卦意。但此處『小人勿用』，『小人』二字又似所包者廣，蓋非專論在師立功之人，乃是謂亂定之後建官惟賢，不可復用小人，恐爲他日之亂本爾。如解卦難既平矣，必曰『小人退』；既濟卦『三年克之』矣，又必曰『小人勿用』，皆是意也。」（周易折中卷一）

象曰：「『大君有命』，以正功也。『小人勿用』，必亂邦也。」〔一〕

用師之時，錫命於丈人，而不使弟子衆主之，成敗之機也。及師既終，有命以正功賞，而小人不用焉，治亂之本也。

【校箋】

〔一〕程頤云：「大君持恩賞之柄，以正軍旅之功，師之終也，雖賞其功，小人則不可以有功而任用之，用之必亂邦。小人恃功而亂邦者，古有之矣。」（伊川易傳卷一）楊簡云：「師之終功成，『大君有命』，所以賞功也。『正功』，言賞必當功，不可差失也。『開國承家』之始，其初不可用小人也。於此始言『勿用』者，因此賞功原其始也。用小人爲將帥，幸而成功，則難於不賞，使之『開國承家』，則害及民，必亂邦也。去一害民者，又用一害民者，以亂易亂，必不可。」（楊氏易傳卷四）胡炳文云：「『王三錫命』，命於行師之始；『大君有命』，命於行師之終。懷邦、亂邦，『丈人』、『小人』之所以分，此固聖人之所深慮遠戒也。」（周易本義通釋卷三）邵寶云：「『弟子輿尸』，戒於師始；『小人勿用』，戒於師終。始无『弟子』，則終无『小人』。即使有之，或賞而不封，或封而不任，不任亦不用也。」（見周易傳義補疑卷一）

比：吉。原筮，元永貞，无咎。不寧方來，後夫凶。〔一〕

8 ䷇ 坤下坎上

一陽居尊，衆陰輔之，爲「比」之義。又水在地上，派别甚多，而必有所歸，乃天下之勢，自分而合之象。故其卦爲「比」。

○「永貞」者，長守其正固。「元永貞」者，能大長守其正固也。如此則無外，可久之道皆在其中，所以受天下之比而「无咎」也。「不寧方來，後夫凶」，又爲比人者之占。

【校箋】

〔一〕胡一桂云：「六十四卦惟蒙、比以『筮』言，蒙貴『初』而比貴『原』者，蓋『發蒙』之道當視其『初筮』之專誠，『顯比』之道當致其『原筮』而謹審，所以不同也。」（易本義附録纂疏卷一）胡炳文云：「『原筮』，本義讀如『原蠶』、『原廟』、『原田』之『原』，義皆訓『再』。言筮得此者已爲『吉』道，然必再筮以自審也。曰『吉』、曰『无咎』、曰『凶』，皆占辭。『吉』，上下相比之占，統言也；『无咎』，所比者之占；『凶』，比人者之占，分言也。蒙、比卦辭特發兩『筮』字，以示占者之通例。筮得蒙卦辭，蒙求亨者與亨蒙者皆可用；筮得此卦辭，爲人所比與求比者皆可用，顧其所處、所存者何如爾。蒙之『筮』，問之人者也，不一則不專；比之『筮』，問其在我者也，不再則不審。『不寧方來』，指下四陰而言；『後夫凶』，指上一陰而言。來者自來，後者自後，吾惟問我之可比、不可比，彼之來比、不來比吾不問也。此固王者大公之道，而爲九五之『顯比』者也。」（周易本義通釋卷一）

彖曰：「比，吉也。比，輔也，下順從也。〔一〕

言比所以「吉」者，以其爲親附之義，而在卦體則爲「下順從」也。此釋卦名併「吉」

釋之，亦如師釋卦名并「貞」釋之也。

【校箋】

〔一〕孔穎達云：「『比，吉也』者，言相親比而得吉也。『比，輔也』者，釋比所以得吉。『下順從』者，謂從陰順從九五也。」（周易正義卷二）案：「比，吉也」，朱熹云：「此三字疑衍文。」（周易本義卷三彖上傳第一）李光地以爲朱説非是。

『原筮，元永貞，无咎』，以剛中也。『不寧方來』，上下應也。〔二〕『後夫凶』，其道窮也。」

又以九五之德、羣陰之應釋卦辭也。「後夫」，謂上六。

【校箋】

〔二〕朱熹云：「『剛中』，謂五。『上下』，謂五陰。」（周易本義卷三彖上傳第一）胡炳文云：「凡『應』字，多謂剛柔兩爻相應，此則爲上下五陰應乎五之剛，又一例也。師、比皆一陽五陰。師之應，謂五應二，將之任專也；比之應，則謂上下應五，君之分嚴也。」（周易本義通釋卷十一）

象曰："地上有水，比。先王以建萬國，親諸侯。"〔一〕

"建萬國"，則天下各比其君矣。"親諸侯"，則天下比於一君矣。

【校箋】

〔一〕程頤云："夫物相親比而无間者，莫如水在地上，所以爲比也。先王觀比之象，『以建萬國，親諸侯』。建立萬國，所以比民也；親撫諸侯，所以比天下也。"（伊川易傳卷一）朱熹云："『地上有水，水比於地，不容有閒。』『建國』、『親侯』，亦先王所以比於天下而無閒者也。象意人來比我，此取我往比人。"（周易本義卷五象上傳第三）

初六：有孚比之，无咎。有孚盈缶，終來有它吉。〔一〕

比之道，以誠爲本。立誠於豫，以比於人，則可以无咎矣。"缶"者，質素之物。若能自始至終誠意充積，如盈缶然，則不惟无咎，而終來且有它吉也。因初無應，故以"有它吉"言之。

【校箋】

〔一〕"它"原作"他"，榕村本同，今據注疏本、陳本改。下同。阮元周易注疏校勘記云："『終來有它吉』，石經、岳本、錢本、宋本、古本、足利本同，閩、監、毛本『它』作『他』，下象傳同。釋文出『有它』，云：『本亦作「他」。』○按：『它』、『他』古今字。」胡炳文云：「與人交，止於信。親比之初，能有誠信，所以比之『无咎』。及其誠信充實，則非特无咎，又『有它吉』也。初六不與五應，故曰『有它』。大過九四、中孚初九皆曰『有它』，彼則戒其有它向之心，此則許其有它至之吉也。」（周易本義通釋卷一）

象曰：「比之初六，有它吉也。」〔一〕

當比之初，處世方始，故不嫌于無應而必「有它吉」也。

【校箋】

〔一〕蔣悌生云：「爻辭『有孚』凡兩更端，及『盈缶』等語，象傳皆略之，直舉初六爲言，可見比之要道在乎始先。此義與卦辭『後夫凶』之意相發明。」（五經蠡測卷一）

六二：比之自內，貞吉。〔一〕

九五正應，二自內卦比之，故曰「自內」。比而不失所自，則其比人也，非狥人矣。〔二〕爻有正德，故戒占者正固則吉也。

【校箋】

〔一〕程頤云：「二與五爲正應，皆得中正，以中正之道相比者也。二處於內，『自內』謂由己也。擇才而用雖在乎上，而以身許國必由於己，己以得君道合而進，乃得正而『吉』也。以中正之道應上之求，乃『自內』也，不自失也。汲汲以求比者，非君子自重之道，乃自失也。」（伊川易傳卷一）朱熹云：「柔順中正，上應九五，自內比外而得其正，『吉』之道也。占者如是，則正而『吉』矣。」（周易本義卷一上經第一）梁寅云：「二與五爲比，由內而比外者也。凡『貞吉』，有爻之本善者，有爻非『貞』而爲之戒者。此曰『貞吉』，爻之本善也。言自內比外而得其正，是以『吉』也。」（周易參義卷一）

〔二〕「狥」，同「徇」。「徇」，順也。

象曰：「『比之自內』，不自失也。」〔一〕

言不因比人而失己也。

【校箋】

〔一〕朱震云：「六二柔也，恐其自失也。二處乎內，待上之求，然後應之，『比之自內』者也，故『貞吉』，正則吉也。不能自重，汲汲以求比，動而自失其正道，亦不可以行矣，故曰

『比之自内，不自失也』。」（漢上易傳卷一）

六三：比之匪人。〔一〕

卦一陽爲比主，二應而四承之。初則居下，未有所比。三處高位而不與五承應，是「比之匪人」也，凶咎可知。

【校箋】

〔一〕王弼云：「四自外比，二爲五應，近不相得，遠則无應，所與比者，皆非己親，故曰『比之匪人』。」（見周易正義卷二）朱熹云：「陰柔不中正，承、乘、應皆陰，所比皆非其人之象，其占大凶，不言可知。」（周易本義卷一上經第一）

象曰：「『比之匪人』，不亦傷乎？」〔一〕

當比時而爲「匪人」，誠可傷矣。

【校箋】

〔一〕程頤云：「人之相比，求安吉也，乃比於匪人，必將反得悔吝，其亦可傷矣，深戒失所比也。」（伊川易傳卷一）

六四：外比之，貞吉。〔一〕

「外比」，比於五也。凡六四承九五者皆吉，況比時乎？其戒則與六二同。

【校箋】

〔一〕易袚云：「易以上卦爲外，下卦爲内，而二體亦各有内、外。四與五同體而言『外比』者，亦所以比五也。」（周易總義卷三）李過云：「二與四皆比於五，二應五，在卦之内，故言『比之自内』；四承五，在卦之外，故言『外比之』。外、内雖異，而得其所比，其義一也，故皆言『貞吉』。」（見周易本義集成卷一）

象曰：「『外比』于賢，以從上也。」〔一〕

四所以吉，以「外比」者賢也，因爻有「從上」之義故耳。

【校箋】

〔一〕程頤云：「『外比』，謂從五也。五剛明中正之賢，又居君位，四比之，是比賢且『從上』，所以『吉』也。」（伊川易傳卷一）

九五：顯比。王用三驅，失前禽。邑人不誡，吉。〔一〕

五爲比之主，而有剛中正之德，故極言比天下之道。「比」者，親附之辭也。陰相比則私矣，顯其比則公矣。私，故計較於物之往來；公，故渾忘於彼之逆順。盡我所以比人之道，而不計人之比、不比，則未嚮乎化者，俟之而不追；各得其性者，安之而不擾。此帝王比天下之至也。「失前禽」者，當獵之時，前禽雖去而不追逐之也。「邑人不誡」者，郊野之人不知王者之田獵，而戒備也。此詩所謂「大庖不盈，徒御不驚」者，〔二〕以象顯比之世，遠近相忘，大順無迹之盛，「吉」之道也。

【校箋】

〔一〕朱熹云：「一陽居尊，剛健中正，卦之羣陰皆來比己。顯其比而無私，如天子不合圍，開一面之網，來者不拒，去者不追，故爲『用三驅，失前禽』而『邑人不誡』之象。蓋雖私屬亦喻上意，不相警備以求必得也。凡此皆言之道，占者如是，則『吉』也。」（周易本義卷一上經第一）

〔二〕「大庖」至「不驚」，毛詩小雅車攻文。

象曰：「『顯比』之吉，位正中也。舍逆取順，『失前禽』也。『邑人不誡』，上使中也。」〔一〕

遠者雖逆如「前禽」然，而在所舍，是上之中也。近者雖親如「邑人」然，而亦不誡，是化乎上之中也。

【校箋】

〔一〕程頤云：「『顯比』所以『吉』者，以其所居之位得正中也。處正中之地，乃由正中之道也。比以不偏爲善，故云『正中』。凡言『正中』者，其處正得中也，比與隨是也；言『中正』者，得中與正也，訟與需是也。禮取不用命者，乃是舍順取逆也，順命而去者皆免矣。比以向背而言，謂去者爲逆，來者爲順也，故所失者前去之禽也。言來者撫之，去者不迫也。不期誡於親近，上之使下，中平不偏，遠近如一也。」（伊川易傳卷一）邱富國云：「『舍逆』，謂舍上一陰，而陰以乘陽爲逆也。『取順』，謂取下四陰，而陰以承陽爲順也。失上一陰，故曰『失前禽』。」（見周易會通卷三）胡炳文云：「『使』字與師六五同。師之『使不當』，誰使之？五也。比之『使中』，誰使之？亦五也。」（周易本義通釋卷三）

上六：比之无首，凶。〔一〕

比必有主，如人身之有首。九五卦主，所謂「元首」者也。上出其外而不比於五，

「无首」之象矣。又居卦之終，爲「後夫」之象，所以凶也。

【校箋】

〔一〕王弼云：「『无首』，後也。處卦之終，是『後夫』也。爲時所棄，宜其『凶』也。」（見周易正義卷二）王申子云：「五以一陽居尊，四陰比之於下，故彖曰『下順從』也。而上六孤立於外而不從，豈非『後夫』之象歟？」（大易緝説卷三）

象曰：「『比之无首』，无所終也。」〔一〕

「後夫」則其道窮，故曰「无所終」。

【校箋】

〔一〕朱熹云：「以上下之象言之，則爲『无首』；以始終之象言之，則爲『无終』。无首則无終矣。」（周易本義卷五象上傳第三）楊簡云：「由初而比之，其比也誠。比不於其初，及終而始求比，不忠不信，人所不與，『凶』之道也。『首』，初也。有始則有終，無始何以能終？故曰『无所終』也。」（楊氏易傳卷五）蔣悌生云：「即卦辭『後夫凶』之義。」（五經蠡測卷一）

9 ☰☴乾下巽上

小畜：亨。密雲不雨，自我西郊。〔一〕

小畜者，以一陰而畜衆陽也。凡陰性凝聚，陽性發散，故陽而遇陰必暢達之，陰而遇陽必阻止之。然履亦一陰五陽而不爲「畜」者，「畜」之義，止也、聚也。在下者止之則不得升，在内者聚之則不得發，故必陰在外卦，然後可以言「畜」。除大有居尊不爲畜，壯、夬之義皆有別取，餘則一陰畜陽，謂之小畜；二陰并力畜陽，謂之大畜也。又風行天上，則雲氣飄揚，未能厚聚，亦爲小畜之義。

○聚則必通，故畜有「亨」道。然所畜者小，故其象如「密雲」之「不雨」，以其「自我西郊」而起，以陰唱陽，以小畜大也。以小畜大，故所畜者小，然能聚而不散，則終有亨通之理也。

【校箋】

〔一〕張浚云：「臣之誠意雖通於上，而君德未孚，若天氣未應，曰『密雲不雨』。西郊陰位，『自我西郊』，言陽氣不應也。」（紫巖易傳卷一）李光地云：「此卦須明取象之意，則卦義自明。象言『密雲不雨』者，地氣上騰而天氣未應，以其雲之來『自我西郊』，陰倡而陽未和故也。蓋以上下之陰陽言之，則地氣陰也，天氣陽也；以四方之陰陽言之，則西方陰也，東方陽也。陰感而陽未應，乃卦所以爲小畜之義。象傳『尚往』，謂陰氣上升；『施未行』，謂陰氣未能成雨而降也。以人事擬之，則是臣子志存國家，未能得君父和合之象。諸家或以地氣上升者爲陽，天氣下應者爲陰，故於象傳『尚往』亦屬陽説，惟張氏以爲『天氣未應』者，於卦義極相合也。」（周易折中卷二）

彖曰：「小畜，柔得位而上下應之，曰小畜。」〔一〕

柔得位，衆陽應之，以小畜大也。然無大有尊位之分，又無大畜并力之勢，一陰居四，僅可以小小畜止而已，又所畜者小之義也。

【校箋】

〔一〕程頤云：「言成卦之義也。以陰居四，又處上位，『柔得位』也。上下五陽皆應之，爲所畜也。以一陰而畜五陽，能係而不能固，是以爲小畜也。彖解成卦之義而加『曰』字者，皆重卦名，文勢當然；單名卦惟革有『曰』字，亦文勢然也。」（伊川易傳卷二）朱熹云：「以卦體釋卦名義。『柔得位』，指六居四。『上下』，謂五陽。」（周易本義卷三彖上傳第一）胡瑗云：「小畜卦有二義，何者？六四以一陰得位，體無二陰以分其應，故上下五陽

皆應之，是『小者能畜』矣。三陽在下而並進，四以一陰獨當其路，是『小有所畜』也。此二義也。」（周易口義卷三）

健而巽，剛中而志行，乃亨。〔一〕

有剛健之資，又巽入而不露；有剛中之德，又居位而志行，此所以畜而能亨也。畜有「亨」道，傳又推卦之善以明之。○成卦之義，雖主於一陰畜陽，及繫辭於爻，〔二〕則諸爻皆有「畜」義，不復以陰陽別也。故彖傳以九五之「剛中」釋小畜之「亨」義。讀易者因此乃謂陰雖畜陽，陽猶可亨，失卦意矣。

【校箋】

〔一〕程頤云：「以卦才言也。内健而外巽，健而能巽也。二、五居中，『剛中』也。陽性上進，下復乾體，志在於行也。剛居中，爲剛而得中，又爲中剛，言畜陽則以柔巽，言能亨則由剛中。以成卦之義言，則爲陰畜陽。以卦才言，則陽爲剛中。才如是，故畜雖小而能『亨』也。」（伊川易傳卷一）朱熹云：「以卦體釋卦名義。『柔得位』，指六居四。『上下』，謂五陽。」（周易本義卷三彖上傳第一）

〔三〕「於」，榕村本、陳本作「其」。

『密雲不雨』，尚往也。『自我西郊』，施未行也。」〔一〕

「密雲不雨」，氣上行而蓄聚未固也。以其「自我西郊」，陰而先唱，故「施未行」也。

【校箋】

〔一〕程頤云：「畜道不能成大，如『密雲』而不成雨。陰陽交而和，則相固而成雨；二氣不和，陽尚往而上，故不成雨。蓋自我陰方之氣先唱，故不和而不能成雨，其功施未行也。小畜之不能成大，猶『西郊』之雲不能成雨也。」（伊川易傳卷二）朱熹云：「『尚往』，言畜之未極，其氣猶上進也。」（周易本義卷三象上傳第一）

象曰：「風行天上，小畜。君子以懿文德。」〔一〕

君子學以聚之。「懿文德」，聚之小者。

【校箋】

〔一〕朱熹云：「風有氣而無質，能畜而不能久，故爲小畜之象。『懿文德』，言未能厚積而遠施也。」（周易本義卷五象上傳第三）林希元云：「大風一過，草木皆爲之屈橈，過後則旋復其舊，是能畜而不能久也，有氣而无質故也。」（易經存疑卷二）

初九：復自道，何其咎？吉。〔一〕

下卦三爻，自畜者也。處下居初而有剛正之德，上應六四，爲其所畜，是能順時義而止，退復自道之象，不惟无咎，而且「吉」矣。「復」，謂返也。

【校箋】

〔一〕王申子云：「『復』，反也。初以陽剛居健體，志欲上行，而爲四得時、得位者所畜，故復。然初剛而得正，雖爲所畜而復，如自守以正，不爲所畜者，故曰『復自道』。言雖爲彼所畜而復，而吾實自復於道也。」（大易緝說卷四）龔焕云：「『復自道』，此『復』字與『无往不復』、『不遠復』之義同，謂復於在下之位而不進也。初九以陽剛之才位居最下，爲陰畜，知幾不進而自復其道焉，何咎之有？九二『牽復』，亦謂與初九牽連而内復也。易及諸經无有以『復』爲『上進』者。」（見周易本義集成卷五）李光地云：「傳義皆以『復』爲『上進』，沿王弼舊説也。以大畜初、二爻比例觀之，則王氏、龔氏諸説爲長。」（周易折中卷四）

象曰：「『復自道』，其義『吉』也。」〔一〕

卦義當止而止，是以得「吉」。凡言「時」、言「義」者，皆謂卦之時義也。

【校箋】

〔一〕張浚云：「能反身以歸道，其行已必不悖於理，是能自畜者也，故曰『其義吉』。」（紫巖易傳卷二）

九二：牽復，吉。〔一〕

「牽」，制也。二，可進之位矣，然當畜時而有中德，故亦能自牽制而返復，吉之道也。

【校箋】

〔一〕王申子云：「二所乘之初爲陰所畜，亦既復矣，所承之三又爲陰所畜，說輻而不進矣。二以陽處陰，居中得中，上又无應，故不待畜，即與同類牽連而復，是不自失其中者也。自能審進退而不失其中，故『吉』。」（大易緝說卷四）何楷云：「與初相牽連而復居于下，故『吉』。」（古周易訂詁卷二）

象曰：「『牽復』在中，亦不自失也。」〔一〕

以其在中，是有中德，故不至躁進而自失。

【校箋】

〔一〕朱熹云：「『亦』者，承上爻義。」（周易本義卷五象上傳第三）楊萬里云：「初安於復，故爲『自復』；二勉於復，故爲『牽復』。二雖剛而猶居中，能勉於復，故亦許其『不自失』。」（誠齋易傳卷三）俞琰云：「往而不復，則不能『不自失』。既復矣，則亦『不自失』也。云『亦』者，承上爻之義，以初九之不失而亦不失也。」（周易集說卷二十一）

九三：輿説輻，夫妻反目。〔一〕

過剛不中，居下之上，不能自止。當畜之時，前有六四爲畜之主，又不得遂其進，故有「輿説輻」、「夫妻反目」之象。

【校箋】

〔一〕李光地云：「九三比近六四，故有『夫妻』之象。過剛不能自制其動，雖有六四比近畜之，不能止也。進不利於行，故曰『輿説輻』；退不安其室，故曰『夫妻反目』。」（周易折中卷二）

象曰：「『夫妻反目』，不能正室也。」〔一〕

陰陽和而後通，猶夫妻和而後順。陰陽不和，由陽不交於陰；夫妻不和，由夫不能正室也。三近六四，故取夫象；上本卦義，故取婦象。

【校箋】

〔一〕程頤云：「『夫妻反目』，蓋由不能正其室家也。三自處不以道，故四得制之不使進，猶夫不能正其室家，故致『反目』也。」（伊川易傳卷一）朱熹云：「程子曰：『「説輻」、「反目」，三自爲也。』」（周易本義卷五象上傳第三）

六四：有孚，血去惕出，无咎。〔一〕

上卦三爻，畜人者也。卦之時義，以小畜大。四爲成卦之主，而位近五，正爲以臣畜君之象。臣而畜君，必有壅閼未能通達者，惟積誠之至，則壅閼可去而情可通，亦如人身之有結滯，血去而氣通也。如是，則可免於憂惕而「无咎」。

【校箋】

〔一〕程頤云：「四於畜時，處近君之位，畜君者也，若内有孚誠，則五志信之，從其畜之。卦獨一陰，畜衆陽者也。諸陽之志係於四，四苟欲以力畜之，則一柔敵衆剛，必見傷害，惟盡其孚誠以應之，則可以感之矣。故其傷害遠，其危懼免也。如此則可以『无咎』，不然則不免乎害矣。此以柔畜剛之道也。以人君之威嚴，而微細之臣有能畜止其欲者，蓋有孚信以感之也。」（伊川易傳卷一）

象曰：「『有孚，惕出』，上合志也。」〔一〕

承五中正，是「上合志」也。

【校箋】

〔一〕程頤云：「四既『有孚』，則五信任之，與之『合志』，所以得『惕出』而『无咎』也。『惕出』則『血去』可知，舉其輕者也。五既合志，衆陽皆從之矣。」（伊川易傳卷一）

九五：有孚攣如，富以其鄰。〔一〕

上卦三爻，所畜漸固，而五以陽剛居尊，德、位兼盛，所謂「剛中而志行」者也。天下事當其時勢難以驟返，人心難以卒合，收拾以萃其渙，皆所謂小畜也。及乎誠格勢聚，則人心固結，上下響應，爲「有孚攣如」而「富以其鄰」之象矣。時當小畜，故無吉利之占。

【校箋】

〔一〕李光地云：「此爻之義，從來未明。今以卦意推之，則六四者，近君之位也，所謂小畜者也；九五者，君位也，能畜其德以受臣下之畜者也。四曰『有孚』，是積誠以格其君；五亦曰『有孚』，是推誠以待其下。上下相孚，而後畜道成矣。故四曰『上合志』者，指五也；五曰『以其鄰』者，指四也。四與五相近，故曰『鄰』。又，『鄰』即『臣』也。書曰『臣哉鄰哉』是也。『富』者，積誠之滿也。積誠之滿，至於能用其鄰，則其鄰亦以誠應之矣。故象傳曰『不獨富也』，以誠感誠之謂也。大抵上下之閒，不實心則不能相交，故曰『富以其鄰』；不虛心則亦不能相交，故曰『不富以其鄰』。所取象者本於陽實陰虛，而其義一也。」（周易折中卷二）案：李氏折中所引「臣哉鄰哉」，尚書益稷文。

象曰：「『有孚攣如』，不獨富也。」

言畜以孚爲本，不徒用勢位之富。

上九：既雨既處，尚德載，婦貞厲。月幾望，君子征凶。〔一〕

畜極而成，故既雨矣，既止矣，蓋積德之滿以至此，豈智力之所能爲哉？小畜時義，以小畜大者也。小之爲道，妻道也，臣道也。以小畜大而至于成，退而不居可也。故婦而守常不變，則有危；當月之幾望，而君子有行，則凶。蓋當陰道極盈之時，知進而不知退，如月幾望而有行之象也。此以小畜之極爲義，於爻之陰陽無所取也。

【校箋】

〔一〕楊時云：「三陽下進，一陰畜之不能固，故『密雲不雨』，尚往也。至上九則往極矣，故『既處』。夫陰陽和則雨，而婦以順爲正。雖畜而至於雨，以是爲正，則『厲』矣。月遡日以爲明者也，望則與日敵矣，故幾望則不可過。君子至此而猶征焉，則凶之道也。小畜以陰畜陽爲主，其極必有疑陽之戰，故戒之如此。」（見大易粹言卷九）李光地云：「此爻亦以畜道既成言之耳，楊氏說最完善。」（周易折中卷二）

象曰：「『既雨既處』，德積載也。『君子征凶』，有所疑也。」〔一〕

「疑」，如「陰疑于陽」之「疑」。以小畜大，則疑於大矣，所以「征凶」也。

【校箋】

〔一〕楊簡云：「既畜而通矣，而又往致其畜，則犯矣，非其道也。『有所疑』，疑其不順也。坤上六曰『陰疑於陽』，亦此『疑』也，凶道也。」（楊氏易傳卷五）

周易觀象卷三

大學士李光地撰

上經三

10 ䷉兑下乾上

履虎尾，不咥人，亨。〔一〕

凡易爻同體而柔乘剛者，多有「危懼」之象。此卦六三既以柔乘剛，又前躡乾之三陽，進退皆「危懼」之象也，故其卦名「履」而連「虎尾」爲文者，取「危懼」之象也。卦象上天下澤，名分尊嚴，亦爲履義。

○「履虎尾」與「否之匪人」、「同人于野」、「艮其背」，皆因卦名而連以辭者，省文也。人有「履虎尾」之危懼，則有「不咥人」之象，而且得「亨」矣。

【校箋】

〔一〕程頤云：「履，人所履之道也。天在上而澤處下，以柔履藉於剛，上下各得其義，事之至順，理之至當也。人之履行如此，雖履至危之地，亦無所害。故履虎尾而不見其咥嚙，所以能『亨』也。」（伊川易傳卷一）蔡清云：「八卦惟兑爲至弱，惟乾爲至健。今以至弱者而躡於至健者之後，自是危機，履非所履也，故獨以『履』名卦。而彖傳復取其德，而謂之『履虎尾，不咥人，亨』也。」（易經蒙引卷二中）

彖曰：「履，柔履剛也。」〔一〕

舊説以「履」爲「踐」之意，取下二陽象也；〔二〕朱子以「履」爲「躡」之義，取上三陽象也。然卦意實兼此二義，蓋總謂之「履」，則見其前卻之間措步皆是，〔三〕而「危懼不安」之意見矣。

【校箋】

〔一〕朱熹云：「以二體釋卦名義。」（周易本義卷一上經第一）王申子云：「履以六三成卦，三之象下迫於二陽之進，上躡乎三陽之剛。剛譬則虎也，三譬則人之足也。」（大易緝説卷四）胡炳文云：「本義謂『二體』，見得是以兑體之柔履乾體之剛，非指六三以柔而履剛

也。」(周易本義通釋卷十二)李光地云:「王氏、胡氏二説不同,然當兼用,其義乃備。」(周易折中卷九)

〔二〕孔穎達云:「六三陰爻,在九二陽爻之上,故云『柔履剛也』。『履』,謂履踐也。」(周易正義卷二)

〔三〕「卻」原作「郤」,今改。榕村本、陳本亦誤作「郤」。「卻」,退也;「郤」,隙也,二字形雖似而實不同。

説而應乎乾,〔一〕是以『履虎尾,不咥人,亨』。

又以卦之善釋辭,蓋敬懼之心生於和説,乃爲恭順之至。

【校箋】

〔一〕胡炳文云:「説而應乎乾,亦是以下體之兑應上體之乾。若蒙曰『志應』,師曰『剛中而應』,是剛、柔兩爻自相應。比、小畜上下應,是一爻爲主,而衆爻應之。」(周易本義通釋卷十二)

剛中正,履帝位而不疚,光明也。」〔一〕

天下之難履者莫如帝位，故又推九五之義言之。

【校箋】

〔一〕朱熹云：「又以卦體明之，指九五也。」（周易本義卷三象上傳第一）

象曰：「上天下澤，履。君子以辨上下，定民志。」〔一〕

澤又居地之下，言「上天下澤」，則極乎尊卑之分矣。先王制禮以辨尊卑，尊卑既辨，民莫不得其分而志以定。如天、澤之位既奠，〔二〕則萬物之在其中者，飛潛動靜，亘古不變。詩云「君子所履，小人所視」，〔三〕此之謂也。

【校箋】

〔一〕程頤云：「天在上，澤居下，上下之正理也。人之所履當如是，故取其象而爲履。君子觀履之象，以辨別上下之分，以定其民志。夫上下之分明，然後民志有定。民志定，然後可以言治。民志不定，天下不可得而治也。」（伊川易傳卷一）

〔二〕「奠」，定也。

〔三〕「君子」至「所視」，毛詩小雅谷風文。

初九：素履，往无咎。

涉履未深，凶懼未著，有剛正之德，能守其素。故其占爲：素位而行，則「往」而「无咎」。

象曰：「『素履』之『往』，獨行願也。」〔一〕

「獨行願」，所謂「不願乎其外」也。〔二〕

【校箋】

〔一〕李心傳云：「『素履往』，即中庸所謂『素位而行』者也。『獨行願』，即中庸所謂『不願乎其外』者也。」（丙子學易編）案：禮記中庸云：「君子素其位而行，不願乎其外。」李心傳引文「素」下脱「其」字，當據中庸補。

〔二〕「不願乎其外」，禮記中庸文。李光地此注用李心傳説。

九二：履道坦坦，幽人貞吉。〔一〕

二之涉履比初稍深矣，而有剛中之德，是能履中正平易之道而不失其幽靜之操，故其占爲能守「幽人」之「貞」則「吉」。

【校箋】

〔一〕朱熹云：「剛中在下，无應於上，故爲『履道平坦，幽獨守貞』之象。『幽人』履道而遇其占，則『貞』而『吉』矣。」（周易本義卷一上經第一）

象曰：「『幽人貞吉』，中不自亂也。」〔一〕

有中德，故能安靜而不亂。

【校箋】

〔一〕程頤云：「履道在於安靜，其中恬正，則所履安裕。中若躁動，豈能安其所履？故必『幽人』則能堅固而『吉』，蓋其中心安靜，不以利欲自亂也。」（伊川易傳卷一）

六三：眇能視，跛能履。履虎尾，咥人，凶。武人爲于大君。〔一〕

三以柔履剛，又爲説主以應乎乾，乃成卦之主也。然以爻德言之，不中不正，非能履者；以卦象言之，兑爲口，而三適當其缺，是爻無「吉」義也。以陰居陽，才弱志剛，如眇者自爲能視，跛者自爲能履。當履之時，居下之上，冥行徑進，不能自止，蹈虎尾而見傷之象也。又言「暴虎馮河，死而無悔」，乃粗暴武人以此自效於大君者耳，豈君子敬事之道乎？凡爻既斷吉凶之後而又加一辭者，皆發明占外之意，以反決其占也。

【校箋】

〔一〕王申子云：「三以陰居陽，以柔履剛。謂其明耶？則衆陽而獨陰。謂其不明耶？則又居於陽，『眇能視』之象也。謂其能行耶？則衆剛而獨柔。謂其不能行耶？則又履乎剛，『跛能履』之象也。是體暗而用明，才弱而志剛者也。而又不中不正，故不自度量而一於進，敢於蹈危而取禍，如『履虎尾』而受『咥人』之『凶』也。若不顧强弱，勇猛直前，惟武人用之以有爲於大君之事則可。」（大易緝説卷四）李光地云：「『武人爲于大君』，王氏之説得之。蓋三非『大君』之位，且『爲于』兩字語氣亦不順也。子曰：『暴虎馮河，死而無悔者，吾不與也。』即此句之意。」（周易折中卷二）案：李氏引「子曰」至「與也」，論語述而篇文。

象曰：「『眇能視』，不足以有明也。『跛能履』，不足以與行也。『咥人』之『凶』，位不當也。『武人爲于大君』，志剛也。」

「位不當」，謂正當口處也。凡易者，象也。卦有取象而爻適當之者，則多不論爻德，而以象爲吉凶，況若此爻之不中不正者乎？

九四：履虎尾，愬愬，終吉。〔一〕

卦取「履虎尾」爲象，在爻獨於三、四發之者，處凶懼之位，且以象言之，三則躡乎虎尾，而四正虎之尾也。四以剛居柔，近而多懼，故其義與卦同。

【校箋】

〔一〕程頤云：「九四陽剛而乾體，雖居四，剛勝者也。在近君多懼之地，無相得之義，五復剛決之過，故爲『履虎尾』。『愬愬』，畏懼之貌。若能畏懼，則當『終吉』。蓋九雖剛而志柔，四雖近而不處，故能兢慎畏懼，則終免於危而獲『吉』也。」（伊川易傳卷一）

象曰：「『愬愬，終吉』，志行也。」

明不獨畏懼以自全。

九五：夬履，貞厲。

五與上，履道之成也。「夬」與「旋」正相反。九五以剛居尊，恐其自信明決，則不復謙虚抑畏，以致其周旋之密矣。以此爲貞，能無「厲」乎？〔一〕

【校箋】

〔一〕李光地云：「凡象傳中所贊美，則其爻辭無凶厲者，何獨此爻不然？蓋履道貴柔。九五以剛居剛，是決於履也。然以其有中正之德，故能常存危厲之心，則雖決於履，而動可無過舉矣。書云：『心之憂危，若蹈虎尾。』此其所以『履帝位』而『不疚』也與？凡易中『貞厲』、『有厲』，有以常存危懼之心爲義者，如噬嗑之『貞厲，无咎』，夬之『其危乃光』是也。然則此之『貞厲』，兑五之『有厲』，當從此例也。」（周易折中卷二）案：李光地引「心之」至「虎尾」語，尚書君牙文。

象曰：「『夬履，貞厲』，位正當也。」

言所履者崇高可危之位，而以剛德當之，故夬決則有厲。

上九：視履考祥，其旋元吉。〔一〕

上九取卦之終，〔二〕以發戒言。人之德行或敗於成，天之眷佑或衰於後，故必視所履，以考其祥，若周旋無虧，乃得「元吉」。履以「敬懼」爲義，故示人以謹終如始之道也。

【校　箋】

〔一〕梁寅云：「上，履之終也。人之所履者，觀之於始，則誠僞未可見，惟觀之於終，然後見也。故視其所履，以考其善，若周旋无虧，則其吉大矣。是爻也，豈非動容周旋中禮，而爲盛德之至歟？」（周易參義卷一）

〔三〕榕村本、陳本無「九」字。

象曰：「『元吉』在上，大有慶也。」〔一〕

「在上」而「大有慶」，所以爲「元吉」。若非終保福慶，則不稱「元吉」矣。

○履有三義：履危，一義也；踐履，一義也；禮，一義也。然踐履必於禮，而謹禮者，懼以終始者也。大傳言「德之基」者，〔二〕以此。

【校箋】

〔一〕林希元云：「『在上』，履之終也。言於履之終而得『元吉』，則大有福慶也。『在上』，是解所以『元吉』。『大有慶』，是正解『元吉』。『大』即是『元』，『慶』即是『吉』。」（易經存疑卷二）

〔二〕周易繫辭下傳云：「履，德之基也。」

11 ䷊ 乾下坤上

泰：小往大來，吉亨。〔一〕

泰之名卦專取「天地交」一義，觀象、象傳可見。

○天地之氣通泰，則陰沴去而陽和來矣。〔二〕上下之情通泰，則邪慝去而正直來矣。「吉亨」並言，「吉」近而「亨」遠也。

【校箋】

〔一〕蔡清云：「卦名曰『泰』，以天地交而二氣通言，就造化之本不可相無上取也。卦辭曰『小往大來』，以內君子、外小人而言，就淑慝之分上取也。曰：『然則泰有二乎？』曰：一也。但是天地交而二氣通，則決然內陽而外陰矣。」（易經蒙引卷二中）

〔二〕「沴」，不和也。

彖曰：「『泰小往大來，吉亨』，則是天地交而萬物通也，上下交而其志同也。內陽而外陰，內健而外順，內君子而外小人，君子道長，小人道消也。」〔一〕

總舉名、辭而後分釋，「天地交」二句釋名，「內陽外陰」以下釋辭。

或疑：「陰、陽，君子、小人，可以大小言之。〔二〕健、順皆天德，不可以大小言。」曰：對「健」而言，「順」則爲小。順惟居外，是以配健而爲德之善也。苟非健爲之主，則其順也柔靡而已矣。

【校箋】

〔一〕孔穎達云：「所以得名爲『泰』者，由天地氣交而生養萬物，物得大通，故云『泰』也。『上下交而其志同』者，此以人事象天地之交。『上』謂君也，『下』謂臣也。君臣交好，故志意和同。『内陽外陰』據其象，『内健外順』明其性，此説泰卦之德也。『陰陽』言爻，『健順』言卦，此就卦、爻釋『小往大來，吉亨』也。『内君子而外小人，君子道長，小人道消』者，更就人事之中，釋『小往大來，吉亨』也。」（周易正義卷二）

〔二〕「大小」，榕村本、陳本作「小大」。下同。

象曰：「天地交，泰。后以財成天地之道，輔相天地之宜，以左右民。」〔一〕

凡天地之所有而人制用之者，謂之「財成」；天地所未有而人興作之者，謂之「輔相」，然亦非兩事也。「財成」言其始，「輔相」言其成。如定時成歲，物土經野，是「財成」也；耕斂有節，稻黍有宜，使冬夏無曠時，高下無棄土，是「輔相」也。天地交而萬物生，天地之泰也；聖人左右民而萬民遂，人事之泰也。

【校箋】

〔一〕朱熹云：「『裁成』以制其過，『輔相』以補其不及。」（周易本義卷五象上傳第三）王申子云：「天地交而陰陽和，萬物遂，所以爲泰。人君象之，裁成其道，輔相其宜。此天地之閒，所以无一物之不泰也。」（大易緝説卷四）

初九：拔茅茹，以其彙，征吉。〔一〕

泰、否兩卦六爻之辭，或以消息取義，或以交不交取義，然理則互相發也。泰運初來，君子道長，拔茅連茹之象，故以其彙，征行而「吉」。

【校箋】

〔一〕程頤云：「初以陽爻居下，是有剛明之才而在下者也。時之否，則君子退而窮處；時既泰，則志在上進也。君子之進，必與其朋類相牽援，如茅之根然，拔其一則牽連而起矣。『茹』，根之相牽連者，故以爲象。『彙』，類也。賢者以其類進，同志以行其道，是以『吉』也。」（伊川易傳卷二）朱熹云：「三陽在下，相連而進，拔茅連茹之象，征行之『吉』也。占者陽剛，則其『征吉』矣。郭璞洞林讀至『彙』字絶句，下卦放此。」（周易本義卷一上經第一）林希元云：「程傳曰：『「茹」，根之相牽連者。』以本義『三陽在下，相連而進』推之，乃别茅之根，非本茅之根也。蓋一陽進而二陽與之相連，猶一茅拔根而别茅之根與之相連也。」（易經存疑卷三）

象曰：「『拔茅，征吉』，志在外也。」〔一〕

言非私其彙也，志於天下耳。

【校箋】

〔一〕楊萬里云：「君子之志，在天下，不在一身，故曰『志在外』也。」（誠齋易傳卷四）

九二：包荒，用馮河，不遐遺，朋亡，得尚于中行。〔一〕

「包荒」者，尊賢容衆之謂，蓋善在所取而惡亦未遽棄。詩曰「爰有樹檀，其下維蘀」，〔二〕「包荒」之謂也。「馮河」者，勇也，決也。善必舉，舉必先；不善必退，退必遠，無有顧瞻、畏避之心也。「不遐遺」者，明足以燭幽隱，雖側陋之賢必存心焉，伏匿之奸必察照焉。「朋亡」者，公足以化同異，不獨異行者無濡染之干，而同道者亦無比周之累。

此四者，必以「包荒」爲本。「包荒」者，天地之心也，覆載之量也。然非「用馮河」，則吾道不伸；非「不遐遺」，則所處不當；非「朋亡」，則或牽於私意，亦無以盡合事理而服人心也。故斷而必明，明而必公，然後有以濟「包荒」之用而合乎中道。至於公則無我，又有以存「包荒」之體而廓乎有容矣。

此與論語所謂「寬、信、敏、公」者正相似。〔三〕夫泰者，消小人之時也。無「包荒」之量，則無消之之本；無以下三者，則又無消之之道，故曰「舉直錯諸枉」。〔四〕能使枉者直，是之謂智、仁合一，宰世之要也。

【校箋】

〔一〕李光地云：「此爻以夫子象傳觀之，須以『包荒』兩字爲主。蓋聖賢之心無棄物，堯、舜之道欲並生。非『包荒』，則不足以體天地之心而盡君師之道矣。然『包荒』非混而無別之謂，故必斷以行之，明以周之，公以處之，然後用舍舉措，無不合於中道。魯論所謂『寬、信、敏、公』者，意蓋相似也。四者以『寬』爲本，故曰：『居上不寬，吾何以觀之哉？』」（周易折中卷二）案：李氏折中引「寬、信、敏、公」，論語堯曰篇文；引「居上」至「之哉」，論語八佾篇文。

〔二〕「爰有」至「維擇」，毛詩小雅鶴鳴文。

〔三〕此用論語堯曰篇文。論語陽貨篇云：「子張問仁於孔子。孔子曰：『能行五者於天下，爲仁矣。』請問之。曰：『恭、寬、信、敏、惠。恭則不侮，寬則得衆，信則人任焉，敏則有功，惠則足以使人。』」堯曰篇云：「寬則得衆，信則民任焉，敏則有功，公則説。」宋陳祥道云：「孔子言爲仁，則曰『恭、寬、信、敏、惠』，而不及『公』；言爲政，則曰『寬、信、敏、公』，而不及『恭、惠』。蓋『公』者，王道之端，而非子張之所及；『恭、惠』者，仁體之末，而非爲政之所先也。」（論語全解卷九）案：陳氏所言是也。

〔四〕「舉直錯諸枉」，論語爲政篇文。

象曰：「『包荒，得尚于中行』，以光大也。」

「包荒」而無以下三者，則是、否貿亂，賢、不肖渾淆，〔一〕何以得合於中道乎？以其有剛德而居中也，故能正大光明而不牽於私、不蔽於物，所行無一偏之弊也。

【校箋】

〔一〕「淆」，陳本同，榕村本作「殽」。

九三：无平不陂，无往不復，艱貞，无咎。勿恤其孚，于食有福。〔一〕

「平陂」、「往復」，理之必然而有信者，所謂「孚」也。「艱貞」則「无咎」，而理數之常者不足恤，自天祐之，福可致矣。三於時未過中也，不待過中而戒，聖人之於泰也如此。

【校　箋】

〔一〕朱熹云：「將過乎中，泰將極而否欲來之時也。『恤』，憂也。『孚』，所期之信也。戒占者艱難守正，則『无咎』而『有福』。」（周易本義卷一上經第一）

象曰：「『无往不復』，天地際也。」〔一〕

乾、坤交際之間，在卦義則陰正往，在爻義則陰將來。

【校　箋】

〔一〕李光地云：「『天地際』，只是言乾坤交接之際也。自卦言之，外卦爲陰往；自爻言之，外卦又爲陰來。」（周易折中卷十一）

六四：翩翩，不富以其鄰，不戒以孚。〔一〕

「交泰」之義，於四、五兩爻發之，蓋適當尊位，故發此義。雖不取「消長」之象爲戒，然虛己下賢，上下交孚，所以持過中之勢，永保天命，無以易此也。「翩翩」者，象四、五之在上而就下。詩曰「翩翩者鵻，載飛載下」，〔二〕是也。陽實陰虛，故言「不富」。「不富」而「以其鄰」，則是好善。忘勢屈己而下交善類，豈有不中心孚洽者乎？不言「吉亨」者，大臣之位得人之慶，歸之於君也。

【校箋】

〔一〕李光地云：「以象傳『上下交而其志同』觀之，則四、五正當君相之位、下交之主。兩爻象傳所謂『中心願也』、『中以行願也』，則正所謂『志同』者也。爻辭『不富』，與謙六五同，皆言其謙虛而不自滿足爾。」（周易折中卷二）

〔二〕「翩翩」至「載下」，毛詩小雅四牡文。

象曰：「『翩翩，不富』，皆失實也。『不戒以孚』，中心願也。」〔一〕

「皆」釋「翩翩」，「失實」釋「不富」。陰虛爲「失實」。凡不自有其才能、不自有其勢位，皆是也。賢人願從，則不待戒令而孚信矣。

【校箋】

〔一〕李光地云：「王弼以陰居上爲『失實』，而傳、義從之。考易中皆以陰陽分虛實，不因乎上下也。故凡陽爻爲實、爲富，陰爻爲虛、爲不富，則『失實』之爲解『不富』，明矣。『失實』，猶言『實若虛』也。四、五皆虛中以下交，其視勢位與才德，皆若無有然者。大學所謂『無他技』，孟子所謂『忘勢』，是也。」（周易折中卷十一）案：李氏引「忘勢」，孟子盡心上文。

六五：帝乙歸妹，以祉，元吉。〔一〕

陰柔虚中，當下交之時，「帝乙歸妹」之象。貴而下賢，上合天心，天將降之以福，故以「歸妹」而獲祉也。此爻下交之主，故占曰「元吉」。

【校箋】

〔一〕朱熹云：「以陰居尊，爲泰之主，柔中虚己，下應九二，『吉』之道也。而『帝乙歸妹』之時，亦嘗占得此爻。占者如是，則有『祉』而『元吉』矣。凡經以古人爲言，如高宗、箕子之類者，皆放此。」（周易本義卷一上經第一）

象曰：「『以祉，元吉』，中以行願也。」〔一〕

中德以行下賢之願也。

【校箋】

〔一〕王宗傳云：「謂以柔中之德，而行此志願，以合乎下，故能受其祉福且『元吉』也。夫惟六五『中以行願』，故九二『得尚于中行』矣。所謂『上下交而其志同』，如此。」（童溪易

傳卷七）

上六：城復于隍，勿用師，自邑告命，貞吝。〔一〕

泰極否來，如城圮而復於隍也，不可力爭於遠，但當修德於近。「自邑告命」者，勤於内治之象也。若固守其常，以爲可以力爭，羞辱難免矣。

【校箋】

〔一〕劉定之云：「泰取天地交而萬物通，上下交而其志同，故六爻之中，相交之義重。初與四相交，泰之始也，故初言君子以其類，如茅之連茹，而共進以行其志；四言小人以其鄰，如鳥之連翩，而俱退以化於信。二與五相交，泰之中也，故五言人君歸妹，降其尊貴于上，以任夫臣；二言大臣包荒，盡其職任於下，以答夫君。三與上相交，泰之終也，故三言平變而爲陂，上言城復而于隍。蓋君子進而小人退，所以致泰也；君委任而臣效忠，所以治泰也。抑天運之循環，時世之推移，泰極而否，有必然者。而保泰之意，隱然有不容不恐懼焉。則平陂城隍，其旨嚴哉！」（易經圖釋卷一）

象曰：「『城復于隍』，其命亂也。」

政令亂，故否至。反而修之，保治之道也。

12 ䷋ 坤下乾上

否之匪人，不利君子貞，大往小來。〔一〕

名、卦繫辭，與泰同例。

○「否之匪人」，屬下句爲文。言君子之正道，不可一日無也。若否時之「匪人」，則以君子之貞爲不利，而必欲害之，是以「大往」而「小來」也。或以「不利君子貞」爲戒君子之辭。然君子之貞，隨時消息，豈有不利者乎？故屬之「匪人」爲是。

【校箋】

〔一〕孔穎達云：「『否之匪人』者，言否閉之世，非是人道交通之時，故云『匪人』。『不利君子貞』者，由小人道長，君子道消，故不利君子爲正也。陽氣往而陰氣來，故云『大往小來』。陽主生息，故稱『大』；陰主消耗，故稱『小』。」（周易正義卷二）

彖曰：「『否之匪人，不利君子貞，大往小來』，則是天地不交而萬物不通也，上下不

交而天下无邦也。内陰而外陽，内柔而外剛，内小人而外君子，小人道長，君子道消也。」〔一〕

内柔外剛，則邪僻側媚主於中，所有者剛方之貌而已。

【校箋】

〔一〕程頤云：「夫天地之氣不交，則萬物无生成之理；上下之義不交，則天下无邦國之道。建邦國，所以爲治也。上施政以治民，民戴君而從命，上下相交，所以治安也。今『上下不交』，是天下无邦國之道也。陰柔在内，陽剛在外，君子往居於外，小人來處於内，『小人道長，君子道消』之時也。」（伊川易傳卷二）

象曰：「天地不交，否。君子以儉德辟難，不可榮以禄。」

初六：拔茅茹，以其彙，貞吉亨。〔一〕

凡陰陽消息，因其時而論其義，不必定以爻爲人也。泰之「拔茅」，拔而進也；否之「拔茅」，拔而退也。見幾而作，儉德辟難，所謂「貞」也。遠小人之害，故「吉」。守道以俟時，故又有「亨」道。

【校箋】

〔一〕程頤云：「否之時，在下者君子也。否之三陰，上皆有應。在否隔之時，隔絶不相通，故无應義。初六能與其類貞固其節，則處否之『吉』，而其道之『亨』也。當否而能進者，小人也；君子則伸道免禍而已。君子進退，未嘗不與其類同也。」（伊川易傳卷二）

象曰：「『拔茅，貞吉』，志在君也。」〔一〕

拔茅而退，則疑於忘君矣。然不苟合於時而守吾道之正，以待上之使令，乃所以爲愛君之至也。

【校箋】

〔一〕朱熹云：「小人而變爲君子，則能以愛君爲念，而不計其私矣。」（周易本義卷五象上傳第三）李光地云：「此爻本義主小人説，故欲其『以愛君爲念』。然卦象雖分別大小，而爻辭則皆繫以『君子』之義。朱子嘗答陳亮書云：『就其不遇，獨善其身，以明大義於天下。使天下之人，皆知道義之正而守之，以待上之使令。是亦所以報不報之恩，豈必進爲而撫世哉？』正此象傳之意也。」（周易折中卷十一）案：李氏折中引「就其」至「世哉」，見明嘉靖本晦庵先生朱文公文集卷三十六答陳同甫之十二。彼文「人」作「學者」，

「道義」作「吾道」，「亦」作「乃」，「恩」下有「者」字，「豈」上有「亦」字。文淵閣四庫全書本晦庵集卷三十六同。折中引書或有删改原文者，疑此亦然。

六二：包承，小人吉，大人否亨。〔一〕

二、三兩爻，皆以「上下不交」取象。上下不交之時，蓋有蓄志承順以求交者。此唯細小之人如婦寺之類行之，乃得其本分而「吉」。大人則儉德辟難，身「否」而後道「亨」也。此爻陰柔而中正，故兩發其義。

【校箋】

〔一〕楊簡云：「『小人』者之事其上也，包而不敢露，承而不敢拂，故『吉』。此亦君子處否之道。若夫『大人』，則於『否』而『亨』。」（楊氏易傳卷六）

象曰：「『大人否亨』，不亂羣也。」

「包承」，則亂於小人之羣矣。

六三：包羞。

陰柔不中正，處不交之時，承媚苟合，包蓄其羞而已。

○泰「交」之義繫之四、五，否「不交」之義繫之二、三，何也？曰：泰之四、五而以消長爲義，則須取陰長之象；否之二、三而以消長爲義，亦須取陰長之象。聖人不取，而取諸卦義之交、不交，聖人之情可見矣。雖然，交之時必在上者誠以求之，泰之四、五當上位，故發「下交」之義也；不交之時必在下者善以處之，否之二、三在下位，故發「不交」之義也。此皆法象之自然者，而「爲君子謀，不爲小人謀」之意因以見焉。〔一〕

【校箋】

〔一〕「爲君」至「人謀」，張載語，見張子正蒙卷三大易篇第十四。

象曰：「『包羞』，位不當也。」

以不正之德，當不交之時。

九四：有命，无咎。疇離祉。〔一〕

外卦在卦義則爲陽往，在爻義則爲陽來。陽往必來，天之命也。既有天命，則雖方在否中，而「无咎」矣。不但一身无咎，其疇類亦將爲天命之所佑而麗於福。蓋君子窮通出處無時不與其類共之，盛衰治亂無時不以其類占之，故曰「以其類」、「以其隣」，而又曰「疇離祉」也。

泰方三而設戒，否至四而後有喜辭，何也？曰：先事而預圖者不亂，時至而後動者有功。

【校箋】

〔一〕朱熹云：「否過中矣，將濟之時也。九四以陽居陰，不極其剛，故其占爲『有命无咎』；而疇類三陽，皆獲其福也。『命』，謂天命。」（周易本義卷一上經第一）

象曰：「『有命，无咎』，志行也。」〔一〕

前此志在君者，於是而得行。

【校箋】

〔一〕程頤云：「有君命則得『无咎』，乃可以濟否，其志得行也。」（伊川易傳卷二）

九五：休否，大人吉。其亡其亡，繫于苞桑。〔一〕

五當否過之時，居「休否」之位，有「休否」之德，故其占大人遇之則「吉」。然去否未遠，戒懼不可一時而忘，故必有「其亡其亡」之心，而後有「繫于苞桑」之固耳。蓋泰之三，所謂制治未亂、保邦未危也，當其未形而知其必至也；否之五，所謂安不忘危、治不忘亂也，去之未遠而慮其踵至也。然泰至上而猶「告命」，否至五而遂「休」，何也？曰：此聖人之情所以見乎辭也。治則欲其常存，亂則欲其亟返。雖然，苟無此理，聖人亦安能以意爲之哉？大抵治生於天，亂生於人。生於天而以人承之，故可以迎之先而保之長；生於人而以人制之，故可以遏之豫而返之速。推而至於吉凶悔吝之理，蓋無適而不然也。

【校　箋】

〔一〕朱熹云：「問：『九五「其亡其亡，繫于苞桑」如何？』曰：有戒懼危亡之心，則便有苞桑繫固之象。蓋能戒懼危亡，則如『繫于苞桑』，堅固不拔矣。如此説，則象占乃有收殺，非是『其亡其亡』而又『繫于苞桑』也。」（朱子語類卷七十易六否）

象曰：「『大人』之『吉』，位正當也。」

有是德，有是位，而當是時也。

上九：傾否，先否後喜。〔一〕

「休」者，息之之謂。「傾」，則盡覆而去之也。去否不盡，不可爲善因時。故否運既終，必當從而傾之，則「先否」而「後喜」。

【校箋】

〔一〕孔穎達云：「處否之極，否道已終。此上九能傾毀其否，故曰『傾否』也。『先否後喜』者，否道未傾之時，是『先否』之道；已傾之後，其事得通，故曰後有喜也。」（周易正義卷二）

象曰：「『否』終則『傾』，何可長也？」〔一〕

言不可使之長久而不傾也。

【校箋】

〔一〕孔穎達云：「釋『傾否』之義。否道已終，通道將至，故否之終極則傾損其否，何得長久？」（周易正義卷二）

13 ䷌ 離下乾上

同人于野，亨。利涉大川，利君子貞。〔一〕

一陰在內而虛中，虛則無我，中則不偏，外同於人，人無不同。又天以純陽居上，火爲太陽之氣，性亦炎上，同氣相求，亦同人之義也。〇「同人于野」，則無親疏、内外之間，「亨」之道也。而其道利以涉川，蓋涉川之利在於心同力協故也。又利在以君子之正道行之。非君子之正道，雖中無偏主，不得爲大同也。

【校箋】

〔一〕孔穎達云：「『同人』，謂和同於人。『于野，亨』者，『野』是廣遠之處；借其『野』名，喻其廣遠。言和同於人，必須寬廣，无所不同，用心无私，處非近狹，遠至于野，乃得亨進，故云『同人于野，亨』。與人同心，足以涉難，故曰『利涉大川』也。與人和同，義涉邪僻，故『利君子貞』也。此『利涉大川』，假物象以明人事。」（周易正義卷二）

彖曰：「同人，柔得位、得中而應乎乾，曰同人。

「乾」爲陽之通稱，言五陽與之應也。此「應」字，義與比、小畜同，不必泥于二、五之應。

然則何不言「上下應」乎？曰：居上位，則可言「上下應」。二居下體，故但言「應」而已。雖以蒙、師之剛中爲卦主，亦不言「上下應」也。〔一〕

【校　箋】

〔一〕李光地云：「傳、義皆以『乾』爲專指九五。然若專指二、五之應，恐不得謂之『同人于野』矣。蓋『乾』者，陽爻之通稱。一陰虛中，與五陽相應，此卦所以爲同人也。不言『上下應』者，蓋陰陽居上體而爲卦主，則可言『上下應』，如比、如小畜、如大有是也。若在下體，則但言『應』而已，蒙、師、履及此卦是也。」（周易折中卷九）

同人曰『同人于野，亨。利涉大川』，乾行也。〔一〕文明以健，中正而應，君子正也。唯君子爲能通天下之志。」

加「同人曰」三字者，既「同人于野」屬而成文，故欲別「同人」之爲卦名也。履、否、艮諸卦亦當然。因「同人」疊字爲名，故特別之耳。乾體在外，「乾行」之象。剛健無私，故於野而亨，涉川而利也。然必得君子之正道，而通天下之志，乃爲大同。故上但言「乾行」，而下備舉德、體之善。蓋必燭大同之理於健之先，而以中正應物於後，然後能合於天德之無私也。〔二〕

【校　箋】

〔一〕王弼云：「所以乃能『同人于野，亨。利涉大川』，非二之所能也，是乾之所行，故特曰

『同人曰』。」（見周易正義卷二）孔穎達云：「稱『同人曰』，猶言『同人卦曰』也。」（周易正義卷二）程頤云：「此三字羨文。」（伊川易傳卷二）朱熹云：「衍文。」（周易本義卷一上經第一）案：程、朱皆以「同人曰」爲衍文。李光地以爲非是，而取王、孔説。

〔三〕李光地云：「上專以『乾行』釋『于野』、『涉川』者，但取剛健無私之義也。下釋『利貞』，則兼取『明健中正』之義。蓋健德但主於無私而已。必也有文明在於先，而所知無不明；有中正在於後，而所與無不當，然後可以盡無私之義，而爲君子之貞也。」（周易折中卷九）

象曰：「天與火，同人。君子以類族辨物。」〔一〕

天與火同，而與水則違矣。雖大同之中，各從其類，自有區別，故上下有等，親疎有殺。人之知愚、善惡有分，物之貴賤、精粗有品，類而辨之，各得其分，乃所以爲大同也。

【校箋】

〔一〕朱熹云：「天在上而火炎上，其性同也。『類族辨物』，所以審異而致同也。」（周易本義卷五象上傳第三）又云：「『類族』是就人上説，『辨物』是就物上説。天下有不可皆同之

理，故隨他頭項去分別。」（朱子語類卷七十易六同人）

初九：同人于門，无咎。〔一〕

同人之初，故有「于門」之象。蓋家室之内，則用情暱而私意多。「同人于門」，「无咎」之道也。

【校箋】

〔一〕王弼云：「居同人之始，爲同人之首者也。无應於上，心无係吝，通夫大同，出門皆同，故曰『同人于門』也。出門同人，誰與爲咎？」（見周易正義卷二）朱熹云：「同人之初，未有私主，以剛在下，上无係應，可以『无咎』，故其象、占如此。」（周易本義卷一上經一）

象曰：「出門同人，又誰咎也？」〔一〕

言「門」，則未辨内外，故申其義曰「出門同人」也。居内之初，以向於外，「出門」之象。隨之初九亦然。

【校箋】

〔一〕林希元云：「『出門同人』，是解『同人于門』，明『于門』爲『出門』也。言出門外去同人，無私繫而能同人者也，内不失己，外不失人，又誰得而咎之？」（易經存疑卷三）何楷云：「爻言『同人于門』，傳以『出門同人』釋之，加一『出』字而意愈明。」（古周易訂詁卷二）朱熹云：「易中所謂『又誰咎也』，自有三箇，而其義則有兩樣。如『「不節」之「嗟」』與『自我致寇』言之，則謂咎皆由己，不可咎諸人；如『出門同人』言之，則謂人誰有咎之者矣。以此見古人立言，有用字雖同，而其義則不同。」（朱子語類卷四十四論語二十六憲問篇）案：周易解象辭云：「自我致戎，又誰咎也？」節象辭云：「『不節』之『嗟』，又誰咎也？」語類引「自我致寇」，「寇」當據解象辭作「戎」，蓋涉解六三爻辭「致寇至」而誤。

六二：同人于宗，吝。〔一〕

六二以一陰爲卦主，五陽應之，卦之所以爲「同人」也。然與五正應，則有「同人于宗」之象。卦之義，「于野」乃「亨」，故「于宗」則「吝」。且以下而同於上，尤不可以不戒也。

【校箋】

〔一〕程頤云：「二與五爲正應，故曰『同人于宗』。『宗』，謂宗黨也。同於所係應，是有所偏

與，在同人之道爲私狹矣，故可『吝』。二若陽爻，則爲剛中之德，乃以中道相同，不爲私也。」（伊川易傳卷二）

象曰：「『同人于宗』，吝道也。」

凡言「道」者，亦以卦之時義而言。〔一〕

【校箋】

〔一〕李光地云：「凡易例，九五、六二雖正應，然於六二每有戒辭，比之『不自失』、萃之『志未變』是也。在同人之卦，其應尤專，故曰『吝道』。言若同於情之專，而不同於理之正，則其道可吝，亦因占設戒之辭爾，非與卦義異也。但在卦則通言應衆陽，而不專指九五之應；在爻則偏言與五位相應，而因以發大公之義，各不相悖。」（周易折中卷十一）

九三：伏戎于莽，升其高陵，三歲不興。

同極必異，人情之常。異極相攻，人事所必至也。三居下卦之極，同而異之際也。過剛無應，則是猜狠而不和之甚。故升高陵之上，而伏戎於林莽，以喻與上爲敵。然以下敵上，故又有「三歲不興」之象。

象曰：「『伏戎于莽』，敵剛也。〔一〕『三歲不興』，安行也。」

「剛」，指上九也。「安行」者，言不獨勢不可興，亦理不可行也。

【校　箋】

〔一〕李光地云：「『敵』者，應也。若艮言『敵應』，中孚言『得敵』，皆謂應爻也。」（周易折中卷十二）

九四：乘其墉，弗克攻，吉。〔一〕

四亦無應，無應則不同而相攻矣。居上攻下，故有乘墉以攻之象。然居外卦之初，則又異而歸同之際也。且以剛居柔，故又有「弗克攻」之象焉。重能悔過遷義，故其占曰「吉」。

【校　箋】

〔一〕程頤云：「四剛而不中正，其志欲同二，亦與五爲仇者也。『墉』，垣，所以限隔也。四切近於五，如隔墉耳。乘其墉欲攻之，知義不直而不克也。苟能自知義之不直而不攻，則爲『吉』也。」（伊川易傳卷二）李光地云：「卦名同人，而三、四兩爻所以有乖爭之象者，蓋人情同極必異，異極乃復於同，正如治極則亂，亂極乃復於治。此人事分合之端，易道循環之理也。卦之内體自同而異，故『于門』、『于宗』，同也；至三而有『伏戎』之象，則不勝其異矣。外體自異而同，故『乘墉』而『弗克攻』，『大師』而『克相遇』，漸反其異也；至上而有『于郊』之象，則復歸於同矣。三、四兩爻，正當同而異、異而同之際，故聖人因其爻位、爻德以取象。三之所謂『敵剛』者，敵上也；四之所謂『乘墉』者，攻初也。蓋既非應則不同，不同則有相敵相攻之象矣。以爲爭六二之應，而與九五相敵相攻，似非卦意也。」（周易折中卷二）

象曰：「『乘其墉』，義弗克也。其『吉』，則困而反則也。」〔一〕

「義弗克」，則非勢困也，困於義耳。特表「吉」字釋之，明卦唯此爻稱「吉」。

【校箋】

〔一〕朱熹云：「『乘其墉』矣，則非其力之不足也，特以義之弗克而不攻耳。能以義斷，困而反於法則，故『吉』也。」（周易本義卷五象上傳第三）

九五：同人先號咷而後笑，大師克相遇。〔一〕

五與二爲正應，無不同者矣。然凡居尊而同於下者，其間必多分位所隔、衆情所阻，其勢使之然也。故必先致其「號咷」之誠，而後乃得懽合而笑。又必用「大師」以去其間，而後得「相遇」，而卒於同也。

二曰「吝」而五無「吝」，何也？曰：下求同於上，有「吝道」矣。上求同於下，何「吝」之有？

【校箋】

〔一〕朱熹云：「五剛中正，二以柔中正相應於下，同心者也。而爲三、四所隔，不得其同。然義理所同，物不得而閒之，故有此象。然六二柔弱而三、四剛强，故必用『大師』以勝之，然後得『相遇』也。」（周易本義卷一上經第一）李光地云：「居尊位而欲下交，居下位而欲獲上，其中必多忌害閒隔之者。故此爻之『號咷』，鼎九二之『我仇有疾』，亦論其理如此爾。説易者必欲求其爻以實之，則鑿矣。」（周易折中卷二）

象曰：「『同人』之『先』，以中直也。『大師相遇』，言相克也。」〔一〕

「先」，謂號咷也。有中直之誠，故號咷也。「相克」，釋「克」字之義。

【校箋】

〔一〕李光地云：「易凡言『號』者，皆寫心抒誠之謂，故曰『中直』，言至誠積於中也。當同人之時，二、五正應，必以『相克』而後『相遇』者，因外卦以反異歸同取象，無他旁取也。」

（周易折中卷十一）

上九：同人于郊，无悔。〔一〕

在卦之外，「野」之象也。同人之道，以「于野」爲至上。雖當其象，然爻德有所未備，故殺其象而曰「郊」。國外爲「郊」，郊外爲「野」。郊雖未至於野，然近於野矣，故占曰「无悔」。

【校箋】

〔一〕王弼云：「『郊』者，外之極也。處同人之時，最在於外，不獲同志而遠於内爭，故雖无悔吝，亦未得其志。」（見周易正義卷二）程頤云：「『郊』，在外而遠之地。求同者，必相親相與。上九居外而无應，終无與同者也。始有同，則至終或有睽悔。處遠而无與，故雖无同，亦无悔。雖欲同之志不遂，而其終无所悔也。」（伊川易傳卷二）

象曰：「『同人于郊』，志未得也。」〔一〕

「于野」則亨矣。占曰「无悔」，知其「志未得」也。

○內卦自同而漸異，外卦返異而之同。三、四二爻，同、異之際也，故皆不言「同人」，以其未能同也。餘爻言「同人」，而二有「于宗」之戒，五有攻克之難。其與卦義近者，「于門」、「于郊」而已，終未能至於「于野」而大同也。故「同人于野」之義大矣。

【校箋】

〔一〕王弼云：「凡處同人而不泰焉，則必用師矣。不能大通，則各私其黨而求利焉。是以同人不弘剛健之爻，皆至用師也。」（見周易正義卷二）孔穎達云：「王氏注意非止上九一爻，乃總論同人一卦之義。去初、上而言，二有『同宗』之吝，三有『伏戎』之禍，四有不克之困，五有『大師』之患，是處同人之世，無大通之志，則必用師矣。」（周易正義卷二）李光地云：「卦外有『野』象，『于野』曰『亨』。而此爻但曰『无悔』，則知『郊』去『野』猶一間，而大同之志未得也。孔子可謂善讀周公之文矣。」（周易折中卷十一）

14 ䷍ 乾下離上

大有：元亨。〔一〕

一陰在上而虛中，則衆陽應之而悉爲所有矣。兼有衆陽，是大者爲其所有也。衆陽皆爲其所有，是所有者大也。又，火在天上，無不爲其所照，則無不爲其所有矣。故名「大有」。

○「大有」者，有其德也，有其輔也，有其衆也。「有其德」者，「有」之本。「有其衆」者，「有」之效。至於虚中居尊，兼總陽類，爲「有其輔」，〔二〕則卦之義而「有」之實也。故占曰「元亨」。

【校箋】

〔一〕李光地云：「比以九居五，視大有之六五爲優矣。然比之應之者，五陰也，則民庶之象也；大有之應之者，五陽也，則賢人之象也。賢人應之，所有孰大於是哉？故大有之柔中，雖不如比之剛中，而比之『吉』、『无咎』，則不如大有之直言『元亨』也。彖辭直言『元亨』，更無他辭者，惟此與鼎卦而已，皆以尚賢、養賢之故也。」（周易折中卷二）

〔二〕「爲」，榕村本、陳本誤作「而」。此謂大有六五以一陰虚中居尊位，兼總五陽，於衆陽爲「有其輔」。

彖曰：「大有，柔得尊位大中而上下應之，曰大有。〔一〕

位曰「尊位」，中曰「大中」，應曰「上下」，與得位、得中、應乎乾者異矣，故曰「大有」。

【校　箋】

〔一〕朱熹云：「以卦體釋卦名義。『柔』，謂六五。『上下』，謂五陽。」（周易本義卷三彖上傳第一）

其德剛健而文明，應乎天而時行，是以『元亨』。」〔二〕

「應天」，謂六五與乾體相應。「剛健」，則純乎理；「文明」，則察乎善。「應天」、「時行」，是順天理以舉措進退者也。卦又有此善，與大有之時義合，是以「元亨」也。〔三〕

【校　箋】

〔二〕朱熹云：「以卦德、卦體釋卦辭。『應天』，指六五也。」（周易本義卷三彖上傳第一）

〔三〕李光地云：「卦辭未有不根卦名而繫者。況柔中居尊，能有衆陽，是虚心下賢之君，而衆君子皆爲之用，其亨孰大於是哉？彖傳又推卦德、卦體以盡其緼，其實皆不出乎卦名之中也。程傳謂卦名未足以致『元亨』，由卦才而得『元亨』者，恐非易之通例。」（周易折中卷九）

象曰：「火在天上，大有。君子以遏惡揚善，順天休命。」〔一〕

「天」者，無不含覆者也。非「火在天上」，則美惡無分：雖有之，如無有矣。君子法天，無所不照。「遏惡揚善」，則有善而無惡，與天命合，此所以爲「大有」也。

【校箋】

〔一〕王弼云：「大有，包容之象也。故遏惡揚善，成物之美，順夫天德休物之命。」（見周易正義卷二）司馬光云：「火在天上，明之至也，至明則善惡无所逃。善則舉之，惡則抑之，慶賞刑威得其當，然後能保有四方，所以『順天休命』也。」（見周易會通卷四）

初九：无交害，匪咎，艱則无咎。〔一〕

卦之六爻，皆大有者也。在卦之下，處事之外，無所承任，則惟勿喪其所有者而已。如仁義之心、廉恥之行，我所固有也。交於物而害之，則所有者喪矣。剛德居初，爲能不失其本素之象。故其辭爲能无交於害，固「匪咎」也。然又必艱以處之，然後終保其所有而「无咎」。

【校箋】

〔一〕胡炳文云：「當大有之時，反易有害。初陽在下，未與物接，所以未涉於害也，何咎之有？然以爲『匪咎』而以易心處之，反有咎矣。『无交害』，大有之初如此；『艱則无咎』，大有自初至終皆當如此。」（周易本義通釋卷一）

象曰：「大有初九，『无交害』也。」〔一〕

言當大有之初，交物者淺，故未受其害耳。保其終則甚難，所以貴在於「艱」也。

【校　箋】

〔一〕黄淳耀云：「『无交害』者，以九居初，是初心未變，无交，故无害也。若過此而有交，則有害矣。安得不慎終如始，而一以艱處之也？」（見周易折中卷十一）

九二：大車以載，有攸往，无咎。〔一〕

有剛中之德，上應尊位大中之君，所任者重，所有之大也。占者有「大車」之德，則任重致遠，可以「无咎」。

【校　箋】

〔一〕王弼云：「任重而不危。」（見周易正義卷二）

象曰：「『大車以載』，積中不敗也。」

「積中」，言中德之積，如車之弘其中也。

九三：公用亨于天子，〔一〕小人弗克。〔二〕

居下之上，「公」之象也。迫近離照，有「亨于天子」之象。位遇之隆如此，所有大矣，必其德業功勳與之相稱，然後可當此禮耳，豈小人所能堪受乎？

【校箋】

〔一〕朱熹云：「古文无『亨』字，『亨』、『享』、『亯』並通用。如『公用亨于天子』，解作『亨』字便不是。」（見周易會通卷四）又云：「大有卦『亨』、『享』二字，據説文本是一字，故易中多互用，如『王用亨于岐山』，亦當爲『享』，如『王用享于帝』之云也。字畫、音韻是經中淺事，故先儒得其大者多不留意。然不知此等處不理會，卻枉費了無限辭説，牽補而卒不得其本義，亦甚害事也。」（晦庵集卷五十書答楊元範）

〔二〕「弗克」原作「勿用」，今據注疏本、榕村本、陳本改。

象曰：「『公用亨于天子』，小人害也。」

言若小人得此，則非福而適足爲害也。

九四：匪其彭，无咎。

程傳曰：「九四居大有之時，已過中矣，是大有之盛者也。四近君之高位，苟處太盛，則致凶咎。故處之之道，『匪其彭』則得『无咎』，謂能謙損，不處其太盛，則得无咎也。『彭』，盛多之貌。詩載驅云『汶水湯湯，行人彭彭』，行人盛多之狀。雅大明云『駟騵彭彭』，言武王戎馬之盛也。」

象曰：「『匪其彭，无咎』，明辨晢也。」

明辨而至於晢，則知幾守義，可保其所有而無傷。

六五：厥孚交如，威如，吉。〔一〕

六五，大有之主，兼有衆陽，「有」之極大者也。然必「厥孚交如」以信於君子，又「威如」以備小人，乃爲能盡大有之道，所謂「遏惡揚善」者也，故其占曰「吉」。

【校箋】

〔一〕朱熹云：「大有之世，柔順而中，以處尊位，虚己以應九二之賢，而上下歸之，是其孚信之交也。然君道貴剛，太柔則廢，當以威濟之則『吉』。故其象、占如此，亦戒辭也。」（周易本義卷一上經第一）

象曰：「『厥孚交如』，信以發志也。『威如』之『吉』，易而无備也。」

「信」，釋「厥孚」。「發志」，釋「交如」。「易而无備」，釋「威如」。言非「作威」之謂，乃恐慢易而无畏備，故盡其畏備之道耳。

上九：自天祐之，吉无不利。

以下諸爻，皆大有也。至於上，居「有」之極，則功德之盛可以格天，而禄位之厚自天申之，「有」之至大而無以加者也。

又，六五虚中之君，而上九在其上，有「尊尚賢人」之象。君能尊尚賢人，則天心篤眷，而邦家並受其福。故繫傳釋此爻，乃合六五而并釋之。蓋六五之居中爲「履信」，質柔爲「思順」，尊尚上九爲「尚賢」。〔一〕以上爻終五爻之義，易之如此例者極多也。解者乃以爲上九尊尚六五之賢，非矣。〔二〕

【校箋】

〔一〕周易繫辭上云：「履信思乎順，又以尚賢也。」

〔二〕李光地云：「傳、義皆以『履信思順尚賢』爲上九之事。然易中以上爻終五爻之義者甚多，如師之『大君有命』，離之『王用出征』，解之『公用射隼』，皆非以上爻爲『王公』也，蒙五爻而終其義爾。郭氏、鄭氏、王氏之説，皆與卦意、爻義合。胡氏最爲恪守本義者，於此獨從郭氏諸説，則亦未允於心故也。」（周易折中卷二）案：李氏云「郭氏、鄭氏、王氏」，謂郭雍、鄭汝諧、王宗傳也；「胡氏」，謂胡炳文也。

彖曰：「大有上吉，『自天祐』也。」

所有者大，至於上而大極矣。凡物大有之極，皆有凶咎。惟修德尊賢，則極所有之大而吉，所謂「順天休命」者也，故得自天之祐。

15 ䷎艮下坤上

謙：亨。君子有終。〔一〕

謙之名義，彖傳不具。蓋謙所以名，因一陽統羣陰而居下體，高而不逼，有功不德之象。緣爻辭與彖同，其義易曉，故可不釋也。

○程傳云：「有其德而不居，謂之『謙』。人以謙遜自處，何往而不亨乎？君子志存乎謙遜。達理，故樂天而不競；内充，故退讓而不矜。安履乎謙，終身不易，自卑而人益尊之，自晦而德益光顯，此所謂『君子有終』也。」

愚謂：「亨」者，事之可通；「有終」者，道之可久。

【校箋】

〔一〕馮椅云：「一陽在上卦三陰之下，其位非宜，故謂之謙。以一陽五陰之卦，其位象也，一陽在上下者爲剥、爲復，象陽氣之消長也；在中者爲師、爲比，象衆之所歸也；至於三、四，在二體之際，當六畫之中，故以退處於下者爲謙，自下而奮出乎上者爲豫。此觀畫立象之本指也。」（厚齋易學卷十二）李光地云：「傳、義釋卦名，皆不取九三之義。實則成卦之由，在於九三，以豫卦反觀可見也。夫子彖傳所以不舉者，因周公爻辭與彖辭同，則三爲成卦之主，其義易見爾。馮氏之説，可相補備。」（周易折中卷三）

彖曰：「『謙亨』，天道下濟而光明，地道卑而上行。〔二〕

兼釋名、辭之義。「下濟」、「卑」者，謙也。「光明」、「上行」者，亨也。然不「下濟」則不能「光明」，不「卑」則不能「上行」矣，是以「謙」而「亨」也。

按：此亦是以卦之體、象言。蓋一陽在下體之上，是「下濟」也；艮德，是「光明」也；坤居上體，是「卑」而「上行」也，但非名卦之本象耳。

【校箋】

〔一〕蔡淵云：「『下濟而光明』，艮也。艮有『光明』之象，故艮之彖曰『其道光明』。謂艮陽止乎上，陰不得而掩之，故『光明』。『卑而上行』，坤也。」（周易經傳訓解卷上）

天道虧盈而益謙，地道變盈而流謙，鬼神害盈而福謙，人道惡盈而好謙。謙尊而光，卑而不可踰，君子之終也。」〔一〕

以禮自處，故「尊」。其氣接物，故「光」。退然自下，故「卑」。人莫不敬，故「不可踰」。

【校箋】

〔一〕朱熹云：「『變』，謂傾壞。『流』，謂聚而歸之。人能謙，則其居尊者，其德愈光；其居卑者，人亦莫能過。此君子所以『有終』也。」（周易本義卷三象上傳第一）又云：「『謙尊而光，卑而不可踰』，以尊而行謙，則其道光；以卑而行謙，則其德不可踰。『尊』對『卑』言。伊川以『謙』對『卑』說，非是。」（朱子語類卷七十易六謙）

象曰：「地中有山，謙。君子以裒多益寡，稱物平施。」〔一〕

「地中有山」者，山卑則平夷而如在地中。蓋損高就卑，則幾於平矣，謙之象也。自卑而尊人，是「裒多益寡」也，蓋必如此，然後適得其平耳。推之事物，莫不皆然。

【校箋】

〔一〕馮椅云：「凡大象皆别立一意，使人知用易之理。裒多者以益寡者，俾大小、長短無不各得其平，非君子一己謙德之象，乃君子治一世使謙之象也。彖與六爻全无此意。」（厚齋易學卷三十八）李光地云：「諸説皆説向『謙』本義上，惟馮氏以爲推説，亦可相備。」（周易折中卷十一）

初六：謙謙，君子用涉大川，吉。

六爻皆謙者；初居下，是謙而又謙也。君子用此以涉大川，則能得人之和而可以濟矣，故「吉」。

象曰：「『謙謙』，君子卑以自牧也。」

「卑」者，明初居下也。爻「君子」字，本屬下句。傳則以「謙謙」爲君子之行也。九三亦然。

六二：鳴謙，貞吉。〔一〕

柔順中正，極謙之美，著聞於外，不可掩遏，「鳴謙」而得其正者也。人能如是，則

「吉」。

【校　箋】

〔一〕蘇軾云：「雄鳴則雌應，故易以陰陽唱和寄之於『鳴』。謙之所以爲『謙』者，三也。其謙也以勞，故聞其風、被其澤者，莫不相從於謙。六二其鄰也，上九其配也，故皆和之而鳴於謙。」（東坡易傳卷二）

象曰：「『鳴謙貞吉』，中心得也。」〔一〕

「中心得」，言由内有中正之實德，非可以聲音笑貌爲也。釋「貞」字之義。

【校　箋】

〔一〕胡瑗云：「此言君於所作所爲皆得諸心，然後發之于外，則无不中于道也。故此『謙謙』皆由中心得之，以至于聲聞流傳于人，而獲至正之『吉』也。」（周易口義卷三）

九三：勞謙，君子有終，吉。〔一〕

「謙」者，有而不居之謂。陽之德實，是有其實而能謙者也，故曰「勞謙」。此爻卦之主，故其占與彖同。

【校箋】

〔一〕王弼云：「處下體之極，履得其位，上下无陽以分其民，衆陰所宗，尊莫先焉。居謙之世，何可安尊？上承下接，『勞謙』匪懈，是以『吉』也。」（見周易正義卷二）王宗傳云：「謙之成卦，在此一爻也。故卦之德曰『君子有終』，而九三實當之。」（童溪易傳卷八）

象曰：「『勞謙君子』，萬民服也。」

「萬民服」，取「羣陰歸之」之義。得人心服，是以「有終」也。

六四：无不利撝謙。〔一〕

不言「撝謙无不利」，而曰「无不利撝謙」，程傳云：「動作施爲，无所不利於撝謙也。」居上位而近，故其占戒如此。

【校箋】

〔一〕李光地云：「『无不利撝謙』，本義作兩句，程傳作一句。觀夫子象傳，則程説近是。」（周易折中卷三）

象曰：「『无不利撝謙』，不違則也。」

「不違則」，明非過分之撝，乃事事不違於禮法耳。

六五：不富以其鄰，利用侵伐，无不利。

虚中居尊而當謙時，不有其崇高富貴，以德服人者也，故曰「不富以其鄰」。必如是而後「利用侵伐」，而於他事亦「无不利」。蓋兵者，上人之事，惟謙之至，則無上人之心。其侵伐也，不得已而動，所以「利」也。

象曰：「『利用侵伐』，征不服也。」〔一〕

「不富以其鄰」，則人皆服之矣。不服者自外於德，侵伐其所自取也。

【校箋】

〔一〕何楷云：「『侵伐』非黷武，以其不服，不得已而征之，正以釋征伐用謙之義。」（古周易訂詁卷二）

上六：鳴謙，利用行師，征邑國。〔一〕

二言「鳴謙」者，德之純也；上言「鳴謙」者，順之極也。謙德之盛如此，可以「行師」矣。然道先自治而後治人，故用師則唯征其邑國。蓋終始自修，不務于遠之意。

【校箋】

〔一〕王弼云：「夫『吉凶悔吝，生乎動者也』。動之所起，興於利者也。故飲食必有訟，訟必有衆起。未有居衆人之所惡，而爲動者所害；處不競之地，而爲爭者所奪。是以六爻雖有失位無應乘剛而皆无凶咎悔吝者，以謙爲主也。『謙尊而光，卑而不可踰』，信矣哉！」（見周易正義卷二）案：王氏引「吉凶」至「者也」，周易繫辭下傳文；「謙尊」至「可踰」，周易謙彖辭文。

象曰：「『鳴謙』，志未得也。可『用行師，征邑國』也。」〔一〕

言盛德之人雖至於「鳴謙」，而其志不自以爲得也，故雖可「用行師」，亦唯自治其私邑而已。夫謙德之光至於遠播，然微有責人之意，則猶未謙也。五言「以其鄰」而「利用侵伐」，先近而後遠也；上言「利用行師」而「征邑國」，後遠而先近也，兩爻互發，其實一意。

【校箋】

〔一〕谷家杰云：「上之『鳴謙』，外雖有聲譽，而其心則歉然不自滿足，志猶未得也。『志未得』，正是謙處。」（見周易折中卷十一）何楷云：「『志未得』者，上居謙之極，方自視歉然，而猶以其謙爲未足，如益贊于禹『滿損謙益』之意。」（古周易訂詁卷二）李光地云：「象傳意，言上六之『鳴謙』，由其中心之志欲然不自滿足故也，是以雖可『用行師』，而但征其『邑國』。蓋始終自治之意，亦猶同人之上，其志未得者，乃未能遂其大同之心，故亦欿然而未足也。無同人之上之心，則未極乎大同之量矣；無謙之上之心，則未極乎謙德之虚矣。谷氏、何氏之説，獨見大意。」（周易折中卷十一）案：何氏引「益贊于禹」，文見尚書大禹謨。

16 ䷏坤下震上

豫：利建侯行師。（一）

一陽居上體而上下應之，居上則其志得行，衆應則人心和附，豫之象也。内順外動，爲順乎理而動，亦致豫之道。又，雷出地而聲氣暢達，以動萬物之和，皆所以爲豫也。

○「建侯行師」，事之最大者，人心和豫，則無不樂從。又，「建侯」以宣德澤，「行師」以除暴亂，亦莫非致豫之道。

【校箋】

〔一〕孔穎達云：「謂之『豫』者，取『逸豫』之義。以和順而動，動不違衆，衆皆説豫，故謂之『豫』也。動而衆説，故可『利建侯』也。以順而動，不加无罪，故可以『行師』也。」（周易正義卷二）

彖曰：「豫，剛應而志行，順以動，豫。〔一〕

【校箋】

〔一〕李光地云：「彖傳中凡稱卦德，皆先内而後外，而其文義又各不同。其曰『而』者，兩字並重。如訟之『險而健』，既險又健也；小畜之『健而巽』，既健又巽也；大有『剛健而文明』，既剛健而又文明也。其曰『以』者，則重在上一字。如同人『文明以健』，重在『文明』字；此卦『順以動』，重在『順』字。其或以下一字爲重者，則又變其文法，如復卦『動而以順行』之類。」（周易折中卷九）

豫順以動，故天地如之，而況『建侯行師』乎？天地以順動，故日月不過而四時不忒。聖人以順動，則刑罰清而民服。豫之時義，大矣哉！」〔二〕

贊卦皆言「時」，贊爻皆言「位」。「時」、「位」兩字，乃卦、爻之所以立也。自豫以下，贊卦之「大」者凡十二，有言「時義」者，有言「時用」者，有但言「時」者。豫、隨、遯、姤、旅，或得人心之歸，或處所遇之難，故皆以「義」言之。險、睽、蹇，〔二〕則義皆不善，而有時而用，故言「用」也。養人、解難、大過、改革，〔三〕則其得人之歸、所遇之難又有大焉者，但言其「時」，而「義」與「用」皆舉之矣。

【校箋】

〔一〕程頤云：「諸卦之時與義、用大者，皆贊其『大矣哉』，豫以下十一卦是也。豫、遯、姤、旅言『時義』，坎、睽、蹇言『時用』，頤、大過、解、革言『時』，各以其大者也。」（伊川易傳卷三）項安世云：「豫、隨、遯、姤、旅，皆若淺事而有深意，故曰『時義大矣哉』，欲人之思之也。坎、睽、蹇，皆非美事，而聖人有時而用之，故曰『時用大矣哉』，欲人之別之也。頤、大過、解、革，皆大事大變也，故曰『時大矣哉』，欲人之謹之也。」（周易玩辭卷四）吴澄云：「專言『時』者重在『時』字，『時義』重在『義』字，『時用』重在『用』字。」（易纂言卷三）蔡清云：「『時』之一字，貫六十四卦皆有，不止豫等諸卦耳。有『時』則有『義』，有『義』則有『用』。單言『時』，則『義』與『用』在其中矣。言『義』未嘗無『用』，言『用』未嘗無『義』，各就所切而言。」（易經蒙引卷三上）

〔二〕「險」，榕村本、陳本同。陳祖武校記云：「『險』字係『咸』之誤，當作『咸』。」案：陳說非是。咸卦無關「時用」，與「大」亦無涉。「險」，謂坎卦。坎彖辭云：「險之時用，大矣哉！」

〔三〕「養人、解難、大過、改革」，謂頤、解、大過、革四卦。並豫、隨、遯、姤、旅，坎、睽、蹇，凡十二卦。

象曰：「雷出地奮，豫。先王以作樂崇德，殷薦之上帝，以配祖考。」

風雨露雷，無非所以動萬物之和者，而雷爲盛；禮樂刑政，無非所以感人心之和者，而樂爲盛也。

初六：鳴豫，凶。〔一〕

本義言：「卦以『衆樂』爲義，爻以『自樂』爲義，唯九四爻辭義與卦同。」〔二〕

愚謂：自樂而以禮，則爲「和豫」矣；衆樂而不以禮，亦爲「逸豫」矣，蓋其義一也。陰柔則無立，處下則志卑，當豫得應，喜而聲鳴，「凶」之道也。

【校箋】

〔一〕石介云：「四爲豫之主，初與之相應，小人得志，必極其情欲以至於『凶』，形於聲鳴，豫之甚也。」（見周易義海撮要卷二）蘇軾云：「所以爲豫者四也，而初和之，故曰

『鳴』。己无以自樂，而恃其配以爲樂，不得不凶。」（東坡易傳卷二）王應麟云：「『鳴謙』則『吉』，『鳴豫』則『凶』。『鳴』者，心聲之發也。」（困學紀聞卷一）龔焕云：「豫之初六，即謙上六之反對，故謙之上六曰『鳴謙』，豫之初六曰『鳴豫』也。謙之上六應九三，故『鳴其謙』。豫之初六應九四，故不勝其豫以自鳴。此所以謙而鳴則『吉』，豫而鳴則『凶』也。」（見周易本義集成卷一）

〔三〕「卦以」至「卦同」，乃李光地撮舉本義之意。朱熹云：「陰柔小人，上有强援，得時主事，故不勝其豫而以自鳴，凶之道也，故其占如此。卦之得名，本爲『和樂』，然卦辭爲『衆樂』之義，爻辭除九四與卦同外，皆爲『自樂』，所以有『吉』、『凶』之異。」（周易本義卷一上經第一）

象曰：「初六『鳴豫』，志窮凶也。」

豫未至「凶」，志意窮滿以至於鳴則「凶」矣。

六二：介于石，不終日，貞吉。〔一〕

「不終日」，言其處逸豫之不耽也。二之德中正堅確，故無欲而能知幾。占者亦如是之正固，則「吉」也。

【校箋】

〔一〕朱熹云：「豫雖主樂，然易以溺人，溺則反而憂矣。卦獨此爻中而得正，是上下皆溺於豫，而獨能以中正自守，其介如石也。其德安静而堅確，故其思慮明審，不俟終日，而見凡事之幾微也。大學曰『安而後能慮，慮而後能得』，意正如此。占者如是，則正而『吉』矣。」（周易本義卷一上經第一）邱富國云：「豫諸爻以无所係應者爲『吉』。豫初應四，而三、五比四，皆有係者也，是以爲『凶』、爲『悔』、爲『疾』。獨六二陰静而中正，與四无係，特立於衆陰之中而无遲遲耽戀之意。方其静也，則確然自守而『介于石』；及其動也，則見幾而作，不俟終日。蓋其所居得正，故動静之閒不失其正，『吉』可知矣。」（見周易大全卷七）

象曰：「『不終日，貞吉』，以中正也。」

明其所以介如石也。

六三：盱豫，悔，遲有悔。〔一〕

卦唯九四一陽，故初應之則「鳴」，三近之則「盱」。以盱爲豫，可悔甚矣。惟悔而速去之則可，遲則必至於「有悔」也。

【校箋】

〔一〕朱熹云：「『盱』，上視也。陰不中正而近於四，四爲卦主，故六三上視於四而下溺於豫，宜有悔者也。故其象如此，而其占爲：事當速悔，若悔之遲，則必有悔也。」（周易本義卷一上經第一）胡炳文云：「二中而得正，三陰不中正，故『盱豫』與『介石』相反，『遲』與『不終日』相反，中正與不中正故也。六三雖陰，其位則陽，猶有能悔之意，然悔之速可也，『悔』之『遲』則必『有悔』矣。」（周易本義通釋卷一）

象曰：「『盱豫』有『悔』，位不當也。」〔一〕

以不中正之德，當近陽之位。

【校箋】

〔一〕程頤云：「自處不當，失中正也，是以進退有悔。」（伊川易傳卷三）王申子云：「此爻與六二相反，『盱』則不能『介于石』，『遲』則不能『不終日』，中正與不中正故也。」（大易緝說卷四）

九四：由豫，大有得。勿疑，朋盍簪。〔一〕

爲卦之主，故曰「由豫」。得應於上下，是「大有得」也。以其居上位而近，乃危疑之地，故其占又曰「勿疑，朋盍簪」。蓋當其任則當至誠而不可自疑，任之者亦當待之以至誠而不疑，然後德孚交深而朋類盍聚也。

【校　箋】

〔一〕朱熹云：「九四，卦之所由以爲豫者也，故其象如此，而其占爲『大有得』。然又當至誠不疑，則朋類合而從之矣，故又因而戒之。『簪』，聚也，又速也。」（周易本義卷一上經第一）梁寅云：「『人心之和豫，由四而致也。處近君之地，以剛而能柔，衆陰之所順附，此所謂『大有得』也。然人既樂從，則當開誠心、布公道，待以曠大之度，不爲物我之私，然後有以致人心之皆服，故曰『勿疑，朋盍簪』。」（周易參義卷一）

象曰：「『由豫，大有得』，志大行也。」

所謂「剛應而志行」。〔一〕

【校　箋】

〔一〕「剛應而志行」，周易豫彖辭文。

六五：貞疾，恒不死。〔一〕

「貞」，常也。「恒」，亦常也。言因多疾之故，而得以終其性命而不死也。蓋當豫之時，柔而不正，必溺於豫矣。居得尊位，易溺之甚者也。然乘剛則是常有危難之象，得中則是有德之象。常有危難，則警戒震動而不得以宴安；有德，則能恐懼修省而不溺于宴安。如人之有病者，每能謹疾愛身，則不至於大病而傷其壽年矣，是因常疾而常不死也。孟子所謂「生於憂患，而死於安樂」者，〔二〕正合此爻之意。

【校箋】

〔一〕何楷云：「六五以柔居尊，當豫之時，易於沈溺，必戰兢畏惕，常如疾病在身，乃得恒而不死，所謂『生於憂患』者也。」（古周易訂詁卷二）

〔二〕「生於」至「安樂」，孟子告子下文。

象曰：「六五『貞疾』，乘剛也。『恒不死』，中未亡也。」

「乘剛」，是「貞疾」也。唯有中德則能因疾謹戒，故不至於死亡。

上六：冥豫，成有渝，无咎。〔一〕

陰柔處豫之終，湛溺於豫，〔二〕至於昏冥，其咎大矣。然動極有「變」之義，故又言：既成而能改悔，則可以「无咎」也。

或曰：「上冥於豫，止於得『咎』，初六涉豫未深，何以遽言『凶』乎？」曰：得應而至於鳴，心移權勢，非昏沉於豫者比也。

三亦「盱」於四，而猶繫以「悔」辭，何也？曰：三、四異體，雖近而情不親，豈初、六正應可同乎？即此三爻之辭，足以見觀象之權衡、體物之極至矣。

【校箋】

〔一〕李光地云：「『貞疾』與『成有渝』兩爻之義，亦相爲首尾。如人之耽於逸樂，而不能節其飲食起居者，是致死之道也。苟使縱其欲而無病，則將一病不支，而亡也無日矣。惟其常有疾也，故常能憂懼儆戒，而得不死也。然所貴乎憂懼儆戒者，以其能改變爾。向也耽於逸樂，昏冥而不悟，殆將習與性成矣。今乃一變所爲，而節飲食，慎起居，則可以復得其性命之理，豈獨不死而已乎？故於五不言『无咎』，而於上言之，所以終卦義而垂至戒也。」（周易折中卷三）

〔二〕「湛」，深也。

象曰：「『冥豫』在上，何可長也？」

居上而「冥豫」，豈可長久而不變乎？

周易觀象卷四

大學士李光地撰

上經四

17䷐震下兑上

隨：元亨，利貞，无咎。〔一〕

卦之上下兩體及兩體之六爻，皆以剛而下柔。以剛下柔，則是能降尊屈貴，忘其賢智，以下於人。我能隨物，物必隨我，有隨之義。其德内動外説，中誠足以動物，而外以和説行之，亦隨之義。其象澤中有雷，以至剛之性伏於至柔之下，皆所以爲隨也。

○隨之道，可以「元亨」，然必利於貞，乃得「无咎」。蓋不以正，則我之隨物者必有違道之私，物來隨我者未免朋從之感，安能使天下隨之而極大通之善乎？

或問：「隨與比、同人之義何異？」曰：比者，人來比我也，而我往比人之義次之。同人者，人、我相同也，而我往同人之義次之。〔二〕隨則主於我往隨人，而人來隨我之義則次之。此其所以異也。比言「吉」不言「亨」，同人曰「亨」，隨曰「元亨」者，深著以己下人之美。

【校箋】

〔一〕李光地云：「以二體言之，震剛下兑柔；以卦畫言之，剛爻下於柔爻，六十四卦中惟此一卦，此卦名爲隨之第一義也。其象則如以貴下賤，以多問於寡，乃堯、舜所謂『舍己從人』者。其義最大，故其辭曰『元亨』。又曰『利貞，无咎』者，明所隨必得其正，所以終『元亨』之義也。然則卦義所主，在以己隨人。至於物來隨己，則其效也。若以爲物所隨爲卦名之本義，則非也。」（周易折中卷三）案：尚書大禹謨云：「稽于衆，舍己從人，不虐無告，不廢困窮，惟帝時克。」「帝」，謂堯也。孟子公孫丑上云：「大舜有大焉，善與人同，舍己從人，樂取於人以爲善。」

〔二〕榕村本、陳本「義」下有「亦」字。

彖曰：「隨，剛來而下柔，動而説，隨。〔一〕

【校　箋】

〔一〕孔穎達云：「『剛』，謂震也；『柔』，謂兑也。震處兑下，是『剛來下柔』。震動而兑説，既能下人，動則喜説，所以物皆隨從也。」（周易正義卷三）朱熹云：「以卦變、卦德釋卦名義。」（周易本義卷三彖上傳第一）王宗傳云：「夫陽剛，非在下之物也，今也得『隨時』之義，來下於陰柔，則是能以上下下、以貴下賤者也，物安得不隨之乎？震，動也；兑，説也。『動而説』，則此有所動而彼无不説之謂也。彼无不説，則亦无不隨矣。或曰：『易家以隨自否來，蠱自泰來，其義如何？』曰：非也。乾、坤重而爲泰、否，故隨、蠱无自泰、否而來之理。世儒惑於卦變，殊不知『八卦成列，因而重之』，而内外、上下、往來之義，已備乎其中。自八卦既重之後，又烏有所謂内外、上下、往來之義乎？」（童溪易傳卷九）李光地云：「王氏説最足以破卦變之支離，得易象之本旨。」（周易折中卷九）案：王氏引「八卦」至「重之」，周易繫辭下傳文。

大亨，貞无咎，而天下隨時。

「時」，是也。隨固「大亨」，然必「貞」乃「无咎」，而天下皆隨於是也。

隨時之義，〔一〕大矣哉！」

當作「隨之時義」，傳經者因上文有「隨時」而誤爾。〔二〕

【校箋】

〔一〕朱熹云：「王肅本『時』字在『之』字下，今當從之。」（周易本義卷三彖上傳第一）

〔二〕朱、李所言是也。易彖辭贊卦之時義「大矣哉」者凡五，即豫、隨、遯、姤、旅。豫、遯、姤、旅皆「時義」連文，如豫彖辭云「豫之時義，大矣哉」。此云「隨時之義」，「時之」乃「之時」誤倒。參本書卷三豫彖辭注。

象曰：「澤中有雷，隨。君子以嚮晦入宴息。」〔一〕

陽氣斂而藏於澤中，陽隨陰也。君子嚮晦，神隨形息。

【校箋】

〔一〕朱熹云：「問：『程先生云澤隨雷動，君子當隨時宴息，是否？』曰：既曰『雷動』，何不言『君子以動作』，卻言『宴息』？蓋其卦震下兑上，乃雷入地中之象。雷隨時伏藏，故君子亦『嚮晦入宴息』。」（朱子語類卷七十易六隨）

初九：官有渝，貞吉。出門交，有功。〔一〕

初剛下於二柔，五剛下於上柔，此兩爻成卦之主也。又震剛下於兑柔，初爲震主，於義尤重，故於此發明陰陽唱隨之理。蓋「官」者，主也。陽爲主而陰隨之，正也。今以剛下柔，以陽隨陰，則主之道變矣，是「官有渝」也。然時義當然，隨然後合於義。惟所守者正道，所從者正人，則無詭隨之失，有親而可久，無比匪之傷，有功而可大，吉而且獲廣交之益矣。

【校箋】

〔一〕李光地云：「陽爲陰主，故曰『官』。夫陽爲主而陰隨之者，正也。今以剛而下柔，是其變也，故曰『官有渝』。然當隨而隨，變而不失其正者也，故可以得『吉』而『出門交，有功』。」（周易折中卷三）

象曰：「『官有渝』，從正吉也。『出門交，有功』，不失也。」〔一〕

所從者正，則不失己、不失人矣。故「出門交」而「有功」也。

【校箋】

〔一〕程頤云：「既有隨而變，必所從得正，則吉也。所從不正，則有悔吝。出門而交，非牽於

私，其交必正矣，正則无失而『有功』。」（伊川易傳卷三）

六二：係小子，失丈夫。

初、五既下二、上，則二、上必從而係之，時義如此，自然之象也。二、五正應而係於初，自初言之則有善下之美，自二言之則失所從之正矣。二有中正之德而義與時遷，故其取象如此。

象曰：「『係小子』，弗兼與也。」

義不可兼，故係初則失五。〔一〕

【校箋】

〔一〕李光地云：「九五、六二之應同也，在比、萃則『吉』，在同人則『吝』，在隨則『係小子』，而『吝』亦可知矣。所以然者，皆因卦義而變。卦義以剛下柔，柔必係之。故推之爻義，而知其『弗兼與』也。」（周易折中卷十一）

六三：係丈夫，失小子。隨有求得，利居貞。〔一〕

六三一陰，去初既遠，則不爲陽所下，而上從於九四，是「係丈夫」而「失小子」也。

以下從上，以陰從陽，則雖係之，而實隨之。四有德位，故三有求而必得，然與卦「以剛下柔」之義相反，懼有苟合不正之嫌，惟以正道自居，則無不利矣。

【校箋】

〔一〕朱熹云：「『丈夫』，謂九四。『小子』，亦謂初也。三近係四而失於初，其象與六二正相反。四陽當任而己隨之，有求必得，然非正應，故有不正而爲邪媚之嫌。故其占如此，而又戒以『居貞』也。」（周易本義卷一上經第一）

象曰：「『係丈夫』，志舍下也。」

卦之陰皆下係，三獨舍下而從上也。〔一〕

【校箋】

〔一〕李光地云：「此爻何以知其『志舍下』？以無剛來下之，則必從上之剛矣，四近而初遠故也。卦義以剛下柔，而此爻以柔從剛，於時義則不合，而不失乎陽唱陰隨之常理，故聖人猶嘉其志焉。」（周易折中卷十一）

九四：隨有獲，貞凶。有孚在道，以明，何咎？〔一〕

九四一剛，無下柔之象，惟爲三之所係，而三實隨之，上得下隨，是「有獲」矣。陽爲陰隨，正也，而與卦義相反，是以「凶」也。然使所交孚者，一出於道義之正，則以我隨物、物來隨我皆道之所當然。惟以明而行之，可以无咎。蓋明則察理也辨，而知人也審矣。

○卦惟三、四不正，又其相隨也，剛上柔下，反乎卦義，故其占戒如此。然不純爲凶咎之爻者，以陰隨陽，於唱隨之道獨得其常也，故卦惟兩爻言「隨」，餘則陽爻言「交」、言「孚」，陰爻言「係」而已。蓋剛雖下柔，而陽無隨陰之義；陰爲陽所下，又不可以隨陽爲言。聖人於辭義之間，其嚴如此。

【校箋】

〔一〕郭雍云：「六三『隨有求得』，蓋隨人而有得者。九四『隨有獲』，蓋以得人之隨爲獲也。夫尊近之臣，勢疑于君，又獲天下之隨，守此爲『貞』則『凶』矣。是必有至誠之道大明于天下，足以使天地人鬼萬世無疑焉，斯无咎矣。」（郭氏傳家易説卷二）徐幾云：「六三、九四，相比相從。三言『有得』者，得乎四也；四言『有獲』者，獲乎三也。」（見周易本義集成卷一）龔焕云：「隨卦諸爻皆以陰陽相隨爲義，三、四皆无正應，相比而相隨者也。」（同上）李光地云：「郭氏、徐氏、龔氏之説，皆與卦意、爻義相合，龔氏尤簡明也。」（周易

折中卷三）

象曰：「『隨有獲』，其義凶也。〔一〕『有孚在道』，明功也。」

「義」，謂卦義。「有孚」能在於道者，明理知人之功也。

【校箋】

〔一〕李光地云：「『義』者，謂卦義也。卦義剛下於柔，而四剛爲柔隨，且處近君之地，尤有招納之嫌，故曰『其義凶』也。」（周易折中卷十一）

九五：孚于嘉，吉。

卦以下柔爲義，五下上六者也。又以正中之德而居尊位，義得兼統羣爻，非餘爻一唱一隨者比。故總言其所孚者皆善，而占則「吉」，蓋兼上六之比、六二之應在其中也。

象曰：「『孚于嘉，吉』，位正中也。」〔一〕

【校箋】

〔一〕李光地云：「當隨之時，居尊位而有正中之德，則所孚者皆善矣。初、五皆言『吉』，而五尤『吉』，以其『正中』故爾。」（周易折中卷十一）

上六：拘係之，乃從維之。王用亨于西山。〔一〕

上六卦外，不與人相隨者也。以卦義九五下柔，故上爲所拘係而不能去。係之不足，又從而縶維之。蓋上有下賢之君，則雖逸遯高舉之士，無不爲所羅致。

又，言此義也，乃文王之所以「亨于西山」者也。〔二〕文王求賢，下及兔罝屠釣，此神明之所以亨，而王業之所以興也。

【校箋】

〔一〕朱熹云：「居隨之極，隨之固結而不可解者也。誠意之極，可通神明，故其占爲『王用亨于西山』。『亨』亦當作『祭享』之『享』。自周而言，岐山在西。凡筮祭山川者得之，其誠意如是，則『吉』也。」（周易本義卷一上經第一）王宗傳云：「隨之六爻，其半陰也，其半陽也。陽剛之才，則有所隨而无所係，初九、九四、九五是也。故初之『有渝』，四之『有獲』，五之『孚于嘉』，此有所隨而无所係者也。以柔從之才而當隨之時，則均不免於有所係矣，六二、六三、上六是也。故二則『係小子，失丈夫』，三則『係丈夫，失小子』，上則曰『拘係之』，此均不免於有所係者也。」（童溪易傳卷九）

〔二〕「亨」，陳本同，是也。榕村本作「享」，疑涉下文「神明之所以享」而誤。

象曰：「『拘係之』，上窮也。」〔一〕

窮上則有往而不返之象，故必用「拘係之」。

【校箋】

〔一〕朱熹云：「『窮』，極也。」（周易本義卷五象上傳第三）李光地云：「上窮則有高亢之意，在人如絶世離羣、往而不返者是也。卦之陰爻皆云『係』，至上六獨曰『拘係之』，故朱子發明其義，以爲因上六之不易係也。」（周易折中卷十一）

18 ䷑ 巽下艮上

蠱：元亨，利涉大川。先甲三日，後甲三日。〔一〕

卦之上下兩體，及兩體之爻畫，皆剛上而柔下，有上下不交之象焉。不交，則積而至於敝壞矣。又，其德巽而止。巽者，入也。凡事能入而察之，則必能斷而行之，入焉而止壞之道也。其象山下有風。山者，草木發生之處；其下有風，亦零落敝壞之意。物壞極則必有事，無終壞之理，故曰「蠱者，事也」。〔二〕

○物壞而事起焉，乃「元亨」之道。蓋振敝興壞，則易亂而治矣。「涉大川」，事之大者也。當蠱之時，非歷危險，不足以濟也。「甲」者，日之始。易壞而治，更始之象也。「先甲三日」，棄舊以圖新；「後甲三日」，丁寧而不倦。

【校箋】

〔一〕馬融云：「十日之中惟稱『甲』者，『甲』爲十日之首，『蠱』爲造事之端，故舉初而明事始也。」（見周易集解卷五）褚仲都云：「『蠱』者，惑也。物既惑亂，終致損壞，當須有事也，有爲治理也。故序卦云：『蠱者，事也。』謂物蠱必有事，非謂訓『蠱』爲『事』。」（見周易正義卷三）孔穎達云：「『蠱』者，事也。有事營爲，則大得亨通。有爲之時，利在拯難，故『利涉大川』也。『甲』者，創制之令。既在有爲之時，不可因仍舊令。今用創制之令，以治於人，人若犯者，未可即加刑罰。以民未習，故先此宣令之前三日，殷勤而語之；宣令之後三日，更丁寧而語之。其人不從，乃加刑罰也。」（周易正義卷三）李光地云：「二體則陽卦居上，陰卦居下；六位則剛爻居上，柔爻居下。六十四卦中，亦惟此卦。陰陽剛柔不相交，尊卑上下不相接，則隔絶而百弊生、萬事墮矣，亦此卦名『蠱』之第一義也。壞極則有復通之理，但當弘濟艱難而不可狃於安，維始慎終而不可輕於動，故以『利涉大川』、『先甲』、『後甲』爲戒。」（周易折中卷三）

〔二〕「蠱者，事也」，周易序卦文。

彖曰：「蠱，剛上而柔下，巽而止，蠱。〔一〕

【校　箋】

〔一〕朱熹云：「以卦體、卦變、卦德釋卦名義。蓋如此則積弊而至於蠱矣。」（周易本義卷三彖上傳第一）又云：「『剛上而柔下，巽而止，蠱』，此是言致蠱之由，非治蠱之道。」（朱子語類卷七十易六蠱）俞琰云：「巽固進退不決，苟非艮之止，亦未至於蠱。惟其『巽而止』，所以蠱也。巽則无奮迅之志，止則无健行之才，於是事事因循，苟且積弊，而至於蠱，故曰『巽而止，蠱』。蓋以卦德言致蠱之由，非飭蠱之道也。」（周易集説卷十五）

『蠱元亨』，而天下治也。『利涉大川』，往有事也。『先甲三日，後甲三日』，終則有始，天行也。」〔一〕

蠱，壞也；壞則前之終。蠱，有事也；有事則後之始。「終則有始」，釋「甲」字之意也。爲前之終，故當「先甲」而圖其所以始；爲後之始，則當「後甲」而慮其所以終。蠱雖有事之卦，然未有不因天時而起事者。

【校　箋】

〔一〕朱熹云：「釋卦辭。治蠱至於『元亨』，則亂而復治之象也。亂之終，治之始，天運然

也。」（周易本義卷三象上傳第一）

象曰：「山下有風，蠱。君子以振民育德。」

風雖陰氣，然乃陰凝於内，陽氣入而散之者也。陰氣盛，故物之形必壞，陽氣散之，故物之氣能滋。山下有風，所以爲蠱壞之象，而又有振動培育之象也。振民如風，育德如山。作新民俗，而養育民德，亦「先甲」、「後甲」之意。

初六：幹父之蠱，有子，考无咎，厲，終吉。〔一〕

諸爻皆言父母者，明所以與革不同之理。蓋雖更始，而其緒有承，非全然改革之比。故易中更改之卦莫大乎革，其次蠱，其次巽，玩彖、爻、象皆可見也。處蠱之初，蠱未甚也。蠱未甚，而有子能幹之，則親過未彰，而考亦不至於有咎矣。幹蠱非易，卑而居初，尤其難者，然爲之豫而處之善，故雖危而「終吉」。

○凡事親之道，有隱無犯而幾諫不違，故當以剛柔並濟爲善。初以柔居剛，能幹蠱，若一於剛則激，一於柔則廢。〔二〕諸爻之義，以此推之。

【校箋】

〔一〕蘇軾云：「器久不用而蟲生之謂之蠱，人久宴溺而疾生之謂之蠱，天下久安无爲而弊生之謂之蠱。蠱之災，非一日之故也，必世而後見，故爻皆以父子言之。」（東坡易傳卷二）胡炳文云：「爻辭有以時位言者，有以才質言者。如蠱初六以陰在下，所應又柔，才不足以治蠱。以時觀之，則於蠱爲初，蠱猶未深，事猶易濟，故其占爲：『有子』，則其『考』可『无咎』矣。然謂之『蠱』，則已危厲，不可以蠱未深而忽之也。故又戒占者知危而能戒，則『終吉』。」（周易本義通釋卷一）

〔三〕榕村本、陳本「幹蠱」下有「者也」二字，「廢」下有「矣」字。

象曰：「『幹父之蠱』，意承考也。」〔一〕

言不襲父之事，而善繼父之志，此「考」之所以「无咎」也。

【校　箋】

〔一〕楊啓新云：「前人以失而致蠱，未必無悔過之心。『幹父之蠱』，乃『承考』之『意』，而置之無過之地也。此聖人以子之賢善歸之於父，爲訓之義大矣。」（見周易折中卷十一）李光地云：「『意承考』，釋『考』所以『无咎』，如楊氏之説。」（周易折中卷十一）

九二：幹母之蠱，不可貞。〔一〕

以陽上應於陰，有「幹母之蠱」之象，喻母於道視父尤難，故不可一於貞固，巽順以入之，然後可以孚格。〔二〕九二居柔得中，故因爻德以設戒也。

【校箋】

〔一〕蔣悌生云：「九二以陽剛而承六五之陰柔，有母子之象，但戒以『不可貞』，則與『幹父』小異。然以巽順而得中道，亦善幹蠱者也。」（五經蠡測卷一）

〔二〕「孚」，信也。「格」，至也。

象曰：「『幹母之蠱』，得中道也。」

九三：幹父之蠱，小有悔，无大咎。

過剛則有傷恩之事，能无悔乎？然時當「幹蠱」，故「无大咎」也。

象曰：「『幹父之蠱』，終无咎也。」

六四：裕父之蠱，往見吝。〔一〕

「裕」者，寬緩之意。三以剛居剛，是幹之而過於果決；四以柔居柔，是裕之而失於優游。然裕之，則蠱日深矣，故三「小有悔」，而四以裕而往必「見吝」也。

【校箋】

〔一〕朱熹云：「此兩爻説得『悔吝』二字最分明。九三『有悔』而無咎，由凶而趨吉也；六四雖目下無事，然卻終『吝』，由吉而趨凶也。」（朱子語類卷七十易六蠱）

象曰：「『裕父之蠱』，往未得也。」

六五：幹父之蠱，用譽。

治蠱至此而成矣，而五以柔中之德居之，幹蠱而以譽聞者也。

或曰：「『幹蠱而『用譽』，如顯親之過何？」曰：吾不失德，則親之德不失矣，吾之譽即親之譽也。

象曰：「『幹父用譽』，承以德也。」

不承以事而「承以德」，所以爲孝。

上九：不事王侯，高尚其事。〔一〕

上無所承，無復父母之象，又在事之外，無事者也，故其象爲「不事王侯」。然當蠱之時，莫不有事，不事王侯，則其行彌「高」而義彌「尚」矣。

【校箋】

〔一〕項安世云：「居蠱之終，則无事之時也；在蠱之外，則不當事之人也。然當事者以幹蠱爲事，不當事者以高尚爲事，亦各其事也，故不曰『无事』，而曰『高尚其事』。」（周易玩辭卷四）

象曰：「『不事王侯』，志可則也。」

人知以事爲事，而不知以志爲事。蠱在事者，以事幹之也。蠱在人心，非事之所能幹也。以志爲事者，豈不謂之「高尚其事」乎？

○父母，尊者也，故下卦則取諸所應，上卦則取諸所承。凡以陰遇陰、以陽遇陽及以陰遇陽，皆曰「父」，無嫌於稱「父」也。獨以陽遇陰，則曰「母」，不可以稱「父」也。上雖無復「父母」之象，然不可言「不事父母」，故曰「不事王侯」也。易於上下之位、陰陽之分、義理倫常之間，其稱名之必謹有如此者。

19 ䷒兌下坤上

臨：元亨，利貞。至于八月，〔一〕有凶。

凡物中，則滿而向衰；及過中，則已衰矣。故惟二陽之卦，居内爲主而勢盛大。爲主則物從之，盛大則物下之，臨之義也。其象澤上有地。地、澤之情相親，而高下有等。又，臨下者常存畏懼，詩所謂「如臨深淵」是也，〔二〕故爲「臨」。

或曰：「臨主於上臨下，二陽居下，何以爲『臨』？」曰：觀之義，主乎君者也。臨之義，不專主乎君者也。二陽浸長，理足以服從於物。凡有臨人之責者，皆可以當之也。

〇陽剛盛大，則有大通之理而宜於正。若其不正，則不合於天道，雖君子而有恃勢之心，亦德之衰也，故又言「至于八月，有凶」，〔三〕以見盛大之勢不可恃如此。「八月」、「七日」之説，〔四〕以卦氣推者多鑿。蓋陰窮於六而進，則少陽生於七；陽窮於九而退，則少陰生於八。七、八者，陰、陽始生之數也，陽則曰日，陰則曰月。

【校箋】

〔一〕「至于八月」，注疏本同，榕村本、陳本「于」誤作「於」。下臨彖辭同。

〔二〕「如臨深淵」，毛詩小雅小旻文。

〔三〕「于」原作「於」，此乃引用臨卦辭，今據注疏本改。榕村本、陳本亦誤作「於」。

〔四〕「七日」，周易復卦辭云：「反復其道，七日來復。」

彖曰：「臨，剛浸而長，説而順，剛中而應，大亨以正，天之道也。

卦所以爲臨，「剛浸而長」也。如此，則應再著「臨」字，如蒙卦之例。不然，亦應著「也」字，如履卦之例。而與下文不復離别者，蓋根釋名之義，兼以釋辭。如後復、无妄諸卦彖傳，皆此例也。「剛長」，所以「亨」也。「説順」、「剛中」，所謂「正」也。當浸長之時，體和説而行順道，剛而得中，以應於物。如此，然後爲「大亨」而能以「正」，合乎天道也。

『至于八月，有凶』，消不久也。」〔一〕

【校箋】

〔一〕陸振奇云：「日，陽象也；月，陰象也。八，少陰之數也；七，少陽之數也。故言陰來之期曰『八月』，言陽〔來〕之期曰『七日』。」（易芥卷三）李光地云：「『八月』、『七日』，説者多鑿。陸氏之説，最爲得之。蓋陽數窮於九，則退而生少陰之八；陰數窮於六，則進而生少陽之七。七、八者，陰、陽始生之數也。若拘拘於卦氣、月候之配，則震、既濟之『七日』，與夫『三日』、『三年』、『十年』之類，皆多不可通者矣。」（周易折中卷九）

象曰：「澤上有地，〔一〕臨。君子以教思无窮，容保民无疆。」

臨人如此，則不以盛大之勢而以久大之德，勢有時而消，德無時而盡也。

【校箋】

〔一〕「有」原作「於」，今據注疏本、榕村本、陳本改。

初九：咸臨，貞吉。

「咸」有「周遍」之義，又有「感通」之義。蓋無心之感，無不周遍，故二義一也。初剛而正，是能以德感物而爲臨者，得臨之正矣，故臨人者如是則「吉」。

象曰：「『咸臨，貞吉』，志行正也。」

凡初爻多言「志行正」者，在事之初，觀其所志。

九二：咸臨，吉，无不利。〔一〕

二正當「浸長」之位，且剛中而應，則正不必言矣。故亦曰「咸臨」，而其占「吉，无不利」。

【校箋】

〔一〕蔡清云：「初九曰『貞吉』，二不言『貞』者，初之剛而得正，二之剛中又盛於初之剛正，其『貞』已無待於言也。剛中，最易之所善。初九以剛得正而『吉』，九二以剛得中而『吉』。

其『无不利』，特以其勢上進也。蓋已進至二，駸駸乎有純剛之勢矣。故初僅得『吉』，而二則兼得『无不利』。」（易經蒙引卷三下）

象曰：「『咸臨，吉，无不利』，未順命也。」〔一〕

臨之盛大，天之命也。君子但知「大亨以正」之爲天道，不知「浸長」之爲天命也。順乎道，則有无窮无疆之業；順乎命，而消不久矣，是故君子「未順命」也。

【校箋】

〔一〕李光地云：「君子道長，天之命也。然命不於常，故彖言『八月有凶』，而傳言『消不久』。君子處此，惟知持盈若虛，所謂『大亨以正，天之道』者，則順道而非順命矣。以二爲剛長之主，即卦主也，故特發此義，以與彖意相應。凡天之命，消長焉而已。方其長也，則不順命、不受命，知盈不可久而進不可恃也。及其消也，則志不舍命，知物不可窮而往之必復也。易之大義，盡在於斯。」（周易折中卷九）

六三：甘臨，无攸利。既憂之，无咎。〔一〕

臨雖盛大，然消亦不久，可憂而不可甘也。三不中正，爲説之主，居下之上，以勢臨物而以爲甘，失臨之道者也，何利之有？然甘、苦之介，一念之間，故苟能知憂懼，則必不以臨爲甘，而咎可免矣。此卦以「説順」爲善，爻德非純凶，故又發此義。

【校箋】

〔一〕李光地云：「臨卦本取勢之盛大爲義。因其勢之盛大，又欲其德業之盛大，是此卦象、爻之意也。初、二以德感人，故曰『咸』。以德感人者，蓋以盛大爲憂，而未嘗樂也。六三説主，德不中正，以勢爲樂，故曰『甘臨』。夫恣情於勢位，則何利之有哉？然説極則有憂之理，既憂則知勢位之非樂，而咎不長矣。此爻與節三『「不節」之「嗟」』正相似，皆兑體也。」（周易折中卷三）案：節六三象辭云：「『不節』之『嗟』，又誰咎也？」

象曰：「『甘臨』，位不當也。『既憂之』，咎不長也。」〔一〕

【校箋】

〔一〕李光地云：「三之爻位不當，而四之爻位當，故其德有善、否。然三之所處，位高勢盛，不可甘也而甘之，此其所以爲『不當』也。四之所處，與下相親，最切至也，而能至焉，此其所以爲『當』也。是爲借爻位之當、不當，以明所處位之當、不當，易之例也。」（周易折中卷十一）

六四：至臨，无咎。〔一〕

凡臨物者，以切近而能周至，故臨有「逼」義。四以柔正與下體相切近，臨之周至者也，以非卦主，又非尊位，故僅曰「无咎」。

【校箋】

〔一〕王宗傳云：「四以上臨下，其與下體至相親，故曰『至臨』。以言上下二體，莫親於此也。」（童溪易傳卷十）

象曰：「『至臨，无咎』，位當也。」〔一〕

三、四皆臨人之位，而其德有當、不當。

【校箋】

〔一〕鄭汝諧云：「其位在上下之際，臨之切至也。凡上之臨下，惟患其遠之不相通。四既近於下，而初實感之，其所處之位至當，是以『无咎』。」（易翼傳卷一）

六五：知臨，大君之宜，吉。〔一〕

六五虛中，有「知」之象。居上之道，莫大乎知。知則明理知人，而所行無不當矣。

所謂「聰明睿知」，〔二〕足以有臨，故其占如此則「吉」。

【校箋】

〔一〕朱熹云：「以柔居中，下應九二，不自用而任人，乃『知』之事，而『大君之宜』，『吉』之道也。」（周易本義卷一上經第一）

〔二〕「聰明睿知」，周易繫辭上傳文。

象曰：「『大君之宜』，行中之謂也。」

以其中而有知之美，則是所行皆中，故謂之「大君之宜」也。

上六：敦臨，吉，无咎。

坤體至厚，居臨之終，敦厚於臨者也。臨之道，有終爲難，非厚德以行久道，不能「吉」且「无咎」。凡言「吉，无咎」者，皆「吉」而後得「无咎」也。

象曰：「『敦臨』之『吉』，志在内也。」〔一〕

因上居事外而發明之。言敦厚於臨，乃心存天下，非在事外者也。

〇或疑：「觀以二陽爲主，則觀於人者，此二爻而已，餘皆觀人者也。臨亦以二陽爲主，而六爻皆有『臨人』之義，何也？」曰：觀之陽在上，上爲下觀，其義正矣。又，觀人、觀於人皆必有道焉，故因卦位而兩備其辭也。臨陽在下，卦雖取「臨物」爲義，而撰德於爻者，不可以上位爲所臨之人。又，道專在臨人，臨於人者訓戒所不及也，故但以卦義統之，而不以主爻爲分別。

【校箋】

〔一〕李光地云：「此『志在内』，當與泰初『志在外』反觀。同是天下、國家也，自初言之則爲『外』，自上言之則爲『内』。伊尹躬耕，而自任以天下之重，可謂『志在外』矣；堯、舜耄期倦勤，而念不忘民，可謂『志在内』矣。」（周易折中卷十一）案：易傳「志在内」凡二見，即臨上六象辭、蹇上六象辭。「志在外」凡三見，即泰初九象辭、咸初六象辭、渙六三象辭。

20 ䷓ 坤下巽上

觀：盥而不薦，有孚顒若。〔一〕

二陽在上，四陰在下，陽爲陰觀，以重畫之卦論之，有艮「門闕」之象。〔二〕古人「門闕」謂之「觀」，取其爲人所觀，所謂「兩觀」者也。〔三〕此取「下觀上」爲義也。其象風行地上，有風化萬物，巡歷而振動之之象，又取「上觀下」爲義也。然上而觀下，則下愈得所觀矣，是以名「觀」。

〇下之觀上，理也，然必有爲觀之德，然後可以稱觀之義。凡祭祀，盥手而未薦之初，孚誠内存，顒然可仰。聖人之心，齋戒於密，未動而敬，至於誠中形外，此爲觀之德也，故舉祭時一端言之。

【校箋】

〔一〕朱熹云：「『觀』者，有以示人而爲人所仰也。九五居上，四陰仰之；又内順外巽，而九五以中正示天下，所以爲觀。『盥』，將祭而潔手也。『薦』，奉酒食以祭也。『顒然』，尊嚴之貌。言致其潔清而不輕自用，則其孚信在中而顒然可仰。戒占者宜如是也。或曰：『「有孚顒若」，謂在下之人，信而仰之也。』此卦四陰長而二陽消，正爲八月之卦，而名卦繫辭，更取它義，亦扶陽抑陰之意。」（周易本義卷一上經第一）林希元云：「盥將以薦，豈有『不薦』之理？曰『盥而不薦』，特以明敬常在之意耳。『盥而不薦』，就祭祀上説，則『有孚顒若』，亦是就祭祀上説。爲觀之意，則在言表。」（易經存疑卷四）

〔二〕周易説卦傳云：「艮爲門闕。」

〔三〕定二年左傳：「夏五月壬辰，雉門及兩觀災。」孔疏云：「釋宫云：『觀謂之闕。』郭璞曰：『宫門雙闕。』周禮大宰：『正月之吉，縣治象之法于象魏，使萬民觀治象。』鄭衆云：『象魏，闕也。』劉熙釋名云：『闕在門兩旁，中央闕然爲道也。』然則其上縣法象，其狀魏魏然高大，謂之『象魏』；使人觀之，謂之『觀』也。是『觀』與『象魏』、『闕』，一物而三名也。觀與雉門俱灾，則兩觀在雉門之兩旁矣。」（春秋左傳正義卷五十四）

象曰：「大觀在上，順而巽，中正以觀天下。『觀盥而不薦，有孚顒若』，下觀而化也。〔一〕

此釋名、辭，如泰卦之例而倒其文。「大觀在上」，以二陽居上言之，釋卦名也。卦德「順而巽」，則是内積中和而養德也至，外能巽入而感人也深。九五以中正居尊，則是有中正之德以觀示天下，釋卦辭也。先舉卦義於前，然後連引名、辭於後，此又一例。然又申之曰「下觀而化也」者，蓋大觀在上則下觀之矣，有順巽中正之德則觀之而化矣，又合名、辭而總釋其意也。

【校箋】

〔一〕虞翻云：「『孚』，信。『顒』，有威容貌。『若』，順也。容止可觀，進退可度，則下觀其德而順其化。詩曰：『顒顒卬卬，如圭如璋。』君德之義也。」（見周易集解卷五）案：虞氏引「顒顒」至「如璋」，毛詩大雅卷阿文。

觀天之神道，而四時不忒。聖人以神道設教，而天下服矣。」

「四時」者，天之教，天之所以爲觀者也。聖人設教，仁育義正，與天之四時配，聖人之所以爲觀者也。然其設教之本，則皆神道之所爲。「神道」者，孟子所謂「所存者神」，〔一〕即卦辭「盥而不薦」，聖人所以「神明其德」者是也。〔二〕此卦以三才之象言之。兩陽居上，如天垂象，以「門闕」之象言之。古人懸象布法之處，如聖人設教。

【校箋】

〔一〕「所存者神」，孟子盡心上文。

〔二〕「神明其德」，周易繫辭上傳文。

象曰：「風行地上，觀。先王以省方觀民設教。」

此記所謂王者巡守，「命太師陳詩，以觀民風」者也。〔一〕設教於朝廷，則爲民觀而設者也；設教於邦國，則因觀民而設者也。

【校箋】

〔一〕禮記王制云：「天子五年一巡守。命大師陳詩，以觀民風。」

初六：童觀，小人无咎，君子吝。〔一〕

爻以正應爲重，常也，然有因時義而變者，則主於相近而不主於相應。如隨義「相隨」、觀義「相觀」，皆以近而取義，遠則不相及矣。初居下，去五、上極遠，「童觀」之象也。小人所見，宜其淺近，君子則可羞矣。

【校箋】

〔一〕朱熹云：「卦以『觀示』爲義，據九五爲主也。爻以『觀瞻』爲義，皆觀乎九五也。初六陰柔在下，不能遠見，『童觀』之象，小人之道，君子之羞也。故其占在小人則『无咎』，君子得之則可羞矣。」（周易本義卷一上經第一）

象曰：「初六『童觀』，小人道也。」

六二：闚觀，利女貞。〔一〕

二亦去五、上遠，雖與五相應，「闚觀」之象也。所見不出閨門之外，女之貞也，而非丈夫之道。

【校　箋】

〔一〕胡炳文云：「初位陽，故爲『童』。二位陰，故爲『女』。『童觀』，是茫然无所見，小人日用而不知者也。『窺觀』，是所見者小而不見全體，仁者見之謂之仁，知者見之謂之知者也。占曰『利女貞』，則非丈夫之所爲可知矣。」（周易本義通釋卷一）

象曰：「『闚觀，女貞』，亦可醜也。」〔一〕

【校　箋】

〔一〕郭雍云：「男女吉凶不同，故恒卦曰：『婦人貞吉，夫子凶。』則此『利女貞』者，固知爲君子之醜也。」（郭氏傳家易説卷二）

六三：觀我生進退。〔一〕

「觀我生」，猶言「觀我之平生」，謂德行也。處觀之時，近於上體，雖有可進之道，然必内度其身，以爲進退也。德行既完，然後觀人而不失己焉，觀於人而民不失望焉。

【校箋】

〔一〕孔穎達云：「三居下體之極，是有可進之時；又居上體之下，復是可退之地。遠則不爲『童觀』，近則未爲『觀國』。居在進退之處，可以自觀我之動出也，故時可則進，時不可則退。觀風相幾，未失其道，故曰『觀我生進退』也。」（周易正義卷三）

象曰：「『觀我生進退』，未失道也。」

不觀我生以爲進退，則必有失道之事。

六四：觀國之光，利用賓于王。〔一〕

四比九五，近天子之光者也，處位已高，故又有作賓王家之象。

【校箋】

〔一〕劉定之云：「九五大君，觀己所爲，欲以儀型天下。而三之爲臣也，居遠近之間，故觀己所爲，欲進任君之事。上之爲臣也，在師保之地，故觀己爲，欲能同君之德。初居陽而去五遠，所觀不明如童子。二居陰而去五遠，所觀不明如女子。惟四得正而去五近，所觀至明，故曰『國光，利用賓王』。蓋諸爻皆就五取義也。」（易經圖釋卷一）

象曰：「『觀國之光』，尚賓也。」

「尚」，上也。言由上能賓臣，故賢者來賓也。

九五：觀我生，君子无咎。〔一〕

五、上二爻，所謂「大觀在上」，而五則「中正以觀天下」者也。居此位者，但當觀我之生平何如爾。〔二〕君子處此，則無忝於爲觀之德，所以「无咎」。

【校箋】

〔一〕孔穎達云：「九五居尊，爲觀之主。四海之内，由我而觀。而教化善，則天下有君子之風；教化不善，則天下著小人之俗。故觀民以察我道，有君子之風著，則『无咎』也。」（周易正義卷三）

〔二〕「生平」，榕村本、陳本改作「平生」。下觀上九爻辭注同。

象曰：「『觀我生』，觀民也。」〔一〕

「觀民」，言爲民所觀也。居觀民之位，故必内省其觀民之德。

【校箋】

〔一〕程頤云：「『我生』，出於己者。人君欲觀己之施爲善否，當觀於民，民俗善則政化善也。

王弼云『觀民以察己之道』，是也。」（伊川易傳卷三）朱熹云：「此夫子以義言之。明人君觀己所行，不但一身之得失，又當觀民德之善否，以自省察也。」（周易本義卷一上經第一）案：程子引王弼云「觀民以察己之道」，出處未詳。清馮經以此爲詩小雅天保「羣黎百姓，徧爲爾德」王注。（周易略解卷二）

上九：觀其生，君子无咎。〔一〕

因觀之終而言觀道，其辭與九五同。五以爻義言之，以五爲主者也，故曰「我」。上以卦義言之，泛言爲觀之道，故曰「其」。觀道之終，德已著於天下矣。然聖賢之心，不敢一日而忘修省，故必觀其生乎，謹終如始，惟君子處之，爲「无咎」也。

【校箋】

〔一〕王弼云：「『觀我生』，自觀其道者也。『觀其生』，爲民所觀者也。不在於位，最處上極，高尚其志，爲天下所觀者也。處天下所觀之地，可不慎乎？故君子德見，乃得『无咎』。」（見周易正義卷三）李光地云：「上九『觀其生』，似只是承九五之義而終言之爾。蓋九五正當君位，故曰『我』。上非君位，而但以君道論之，故曰『其』。辭與九五無異者，正所以見聖人省身察己，始終如一之心。故象傳發明之曰『志未平』也。」（周易折中卷三）

象曰：「『觀其生』，志未平也。」〔一〕

「志未平」，言心未敢自安也。五則明其責之甚重，居尊位也；上則著其心之不息，處卦終也。

【校箋】

〔一〕程頤云：「雖不在位，然以人觀其德，用爲儀法，故當自慎省。觀其所生，常不失於君子，則人不失所望而化之矣。不可以不在於位，故安然放意无所事也，是其志意未得安也，故云『志未平也』。『平』，謂安寧也。」（伊川易傳卷三）

21 ䷔ 震下離上

噬嗑：亨，利用獄。〔一〕

兩陽四陰，外實中虛，頤卦也。此卦如頤中銜物，必噬而後合，故爲噬嗑。賁亦有此象而不取此義者，頤動物也，此卦麗於動，而賁麗於止也。其象電上雷下。天地之氣閉塞不交，必有雷電摧擊之威，然後二氣訢合，亦噬而後合之義。

〇物有間者，噬而合則通矣，故其占「亨」。「用獄」者，所以去天下之間也。噬嗑之事，莫大於此。

【校箋】

〔一〕王弼云：「『噬』，齧也。『嗑』，合也。凡物之不親，由有閒也；物之不齊，由有過也。有閒與過，齧而合之，所以通也。刑克以通獄之利也。」（見周易正義卷三）

彖曰：「頤中有物，曰噬嗑。〔一〕

【校箋】

〔一〕王宗傳云：「易之立卦，其命名立象也，蓋亦各有所指矣。鼎有『鼎』之象，井有『井』之象，大過有『棟橈』之象，小過有『飛鳥』之象，若此類者，『遠取諸物』而然也。艮有『背』之象，頤有『頤』之象，噬嗑有『頤中有物』之象，若此類者，『近取諸身』而然也。」（童溪易傳卷十一）案：王氏引「近取諸身，遠取諸物」，周易繫辭下傳文。

噬嗑而亨，剛柔分，動而明，雷電合而章。柔得中而上行，雖不當位，利用獄也。」〔一〕

噬之而合則通矣，故曰「噬嗑而亨」。此義既宜於用獄，又卦之爻畫剛柔相半，卦德動而能明，卦象雷威電照，相合而章。六五柔而得中，以居尊位，有剛柔不偏、威明並用、慈惠能斷之象。雖以六居五爲不當位，而於用獄之道爲宜，故以卦義及卦之善，總釋「利用獄」者如此。

【校箋】

〔一〕朱熹云：「又以卦名、卦體、卦德、二象卦變釋卦辭。」（周易本義卷三彖上傳第一）崔憬云：「物在頤中，隔其上下，因嗑而合，乃得『亨』焉。以喻人於上下之閒有亂羣者，當用刑法去之，故言『利用獄』。」（見周易集解卷五）

象曰：「雷電，噬嗑。先王以明罰勑法。」〔一〕

明其刑罰，則民畏而不陷；申其法令，則民曉而知警。體雷電初動之象也。

【校箋】

〔一〕侯果云：「雷所以動物，電所以照物，雷電震照，則萬物不能懷邪。故先王則之，明罰敕法，以示萬物，欲萬方一心也。」（見周易集解卷五）

初九：屨校滅趾，无咎。〔一〕

九四於卦，噬齧之物也；在爻，則反爲用刑之主。初、上象頤，噬物者也；在爻，則反爲受刑之人。蓋卦論統體，爻則有上下貴賤之位，故其取象不同如此。止惡於初，則不入於罪，「无咎」之道也。

【校箋】

〔一〕俞琰云：「『校』，獄具也。初在下，『趾』象也。『滅』，没而不見也。以剛物加于著屨之足而没其趾，故曰『屨校滅趾』。懲之於小，戒之於初，則不進於惡，故『无咎』。」（周易集説卷四）

象曰：「『屨校滅趾』，不行也。」

「趾」，所以行。釋象「滅趾」者，取「使其不行」之義。

六二：噬膚滅鼻，无咎。〔一〕

中四爻皆取「噬」爲義。初在下易制，而質剛强。六二近而治之，故雖如「噬膚」之易，而用力深切，至於滅没其鼻。當噬嗑之時，居中得正，故占「无咎」。

【校箋】

〔一〕孔穎達云：「六二處中得位，是用刑者。所刑中當，故曰『噬膚』。『膚』是柔脆之物，以喻服罪受刑之人也。乘剛而刑未盡順道，噬過其分，故至『滅鼻』，言用刑太深也。刑中

其理，故『无咎』也。」（周易正義卷三）

象曰：「『噬膚滅鼻』，乘剛也。」〔一〕

【校箋】

〔一〕孔穎達云：「『乘剛』者，釋『噬膚滅鼻』之義。以其『乘剛』，故用刑深也。」（周易正義卷三）

六三：噬腊肉，遇毒，小吝，无咎。〔一〕

三與上應，强梗怙終，治則難服，故有「噬腊肉」而「遇毒」之象。當噬嗑之時，以柔居剛，動而麗明，故雖所治至難，不免於「小吝」而「无咎」。

【校箋】

〔一〕胡炳文云：「『肉』因六柔取象，『臘』因三剛取象。六二柔居柔，故所噬象膚之柔；六三柔居剛，故所噬象『腊肉』。柔中有剛，三比之二則難矣。二、三皆『无咎』，而三『小吝』，中正、不中正之分也。」（周易本義通釋卷一）

象曰：「『遇毒』，位不當也。」

以六居三，而當上九難治之應。〔一〕

【校箋】

〔一〕李光地云：「此亦借爻位之不當，以明其所處之難爾，非其所行有不當也。若所行有不當，則施之刑獄，其失大矣，安得『无咎』，又豈獨『小吝』而已乎？」（周易折中卷十一）

九四：噬乾胏，得金矢，利艱貞，吉。〔一〕

四、五皆居高位，故取「乾胏」、「乾肉」爲象。謂奏當之成，如煆煉之肉熟而可食者也。胏難而肉易。「訟」入「矢」，「獄」入「金」。四，臣位劇易，大小兼之，故曰「乾胏」、曰「金矢」。受下之成，以獻於君，任莫重焉，故必艱難居心，守法之正，然後得「吉」也。中四爻惟四剛德，故獨曰「吉」，而餘皆曰「无咎」。

【校箋】

〔一〕胡炳文云：「離爲乾卦，故爲『乾胏』。『腊肉』，肉内藏骨，柔中有剛。六三柔居剛，故所噬如之。『乾胏』，骨連肉，剛中有柔。九四剛居柔，故所噬如之。三『遇毒』，以治之人不服也。四『得金矢』，其人服矣，然必艱難正固乃『吉』。」（周易本義通釋卷一）

象曰：「『利艱貞，吉』，未光也。」

教化不明，而民陷焉。刑非光大之道，故必哀矜勿喜，艱以處之。

六五：噬乾肉，得黄金，貞厲，无咎。〔一〕

五，尊位，受成執要，故曰「乾肉」、曰「黄金」。然「用獄」，危道也，必處之無不正，則雖危而「无咎」。五有柔中之德，以行其正，故因以戒占者。

【校箋】

〔一〕程頤云：「五在卦愈上而爲『噬乾肉』，反易於四之『乾胏』者，五居尊位，乘在上之勢，以刑於下，其勢易也，在卦將極矣，其爲閒甚大，非易嗑也，故爲『噬乾肉』也。『得黄金』，『黄』，中色；『金』，剛物。五居中爲得中道，處剛而四輔以剛，『得黄金』也。五无應而四居大臣之位，得其助也。『貞厲，无咎』，六五雖處中剛，然實柔體，故戒以必正固而懷危厲，則得『无咎』也。以柔居尊，而當噬嗑之時，豈可不貞固而懷危懼哉？」（伊川易傳卷三）胡炳文云：「『噬膚』、『噬腊肉』、『噬乾胏』，一節難一節。六五『噬乾肉』，易矣。五，君位也，以柔居剛，柔而得中，用獄之道也，何難之有？訟則出矢，獄則出金。訟爲小，獄則大矣。九四於獄、訟兼得，大、小兼理之也。五，君位也，非大獄不敢以聞，書所謂『罔攸兼于庶獄』是也。」（周易本義通釋卷一）案：胡氏引「罔攸」至「庶獄」，尚書立政文。

象曰：「『貞厲，无咎』，得當也。」〔一〕

五不當位，而曰「得當」，蓋指「用獄」，非爻位也。

【校箋】

〔一〕林希元云：「『得當也』，不可作『位得中』説。若果是説位得中，則聖人當以解『得黄金』，不宜以解『貞厲，无咎』矣。蓋必『貞厲』以處之，然後所治『得當』而人服之也。」（易經蒙引卷三下）林希元云：「『得當』，即是得用刑之道，不就爻位説。」（易經存疑卷四）

上九：何校滅耳，凶。〔一〕

【校箋】

〔一〕程頤云：「上過乎尊位，无位者也，故爲受刑者。居卦之終，是其間大，噬之極也，繫辭所謂『惡積而不可揜，罪大而不可解』者也。故『何校』而滅其耳，『凶』可知矣。『何』，負也，謂在頸也。」（伊川易傳卷三）

象曰：「『何校滅耳』，聰不明也。」

「耳」，所以聽。釋象「滅耳」者，懲其不納誨而無悛心。

或曰：「卦、爻多取初、終爲義，如蒙、如師是也。此卦初、上取於受刑，何也？」

曰：蒙與師，在上之責多；訟與獄，警民之意切。故噬嗑初、上，示民畏法，猶之訟卦之意。此易所以周於民用也。然於初曰「不行」，則必有以禁民可知矣；於上曰「不明」，則必有以明民可知矣。用刑弼教之始終，蓋未嘗不具焉。

22 ䷕ 離下艮上

賁：亨。小利有攸往。〔一〕

凡剛爲質，柔爲文；質爲本，文爲末。此卦内離外艮。離，柔也，宜在外而居内，是「柔來文剛」。又卦畫六二之「柔來」，文初、三之剛也。艮，剛也，宜在内而居外，是「剛上文柔」。又卦畫上九之「剛上」，文四、五之柔也。剛、柔相變，乃天地自然之文。其德文明以止，爲有文章威儀，以各止乎其事之分，又人道之至文也。其象山下有火。火在山下，則草木得其光耀，亦文之意也，故爲賁。

已。○無文不行，故賁之義可以亨通。然文不可過也，宜有以節之，故「小利有所往」而已。

【校箋】

〔一〕梁寅云：「賁者，文飾之道也。有質而加之文，斯可以『亨』矣。朝廷文之以儀制而亨焉，賓主文之以禮貌而亨焉，家人文之以倫序而亨焉，官府文之以教令而亨焉。推之事物，凡有質者，无不待於文也，文則无不亨也。然既『亨』矣，而曰『小利有攸往』，何也？文飾之道，但加之文采耳，非能變其質也。故文之過盛，非所利也，但小利於有往而已矣。世之不知本者，或忘其當務之急，而屑屑焉於文飾，雖欲其亨，亦安得而亨乎？」（周易參義卷一）

彖曰：「『賁亨』，柔來而文剛，故『亨』。分剛上而文柔，故『小利有攸往』，天文也。〔二〕

此釋名、辭，如屯卦之例，皆以卦義爲名、辭所共取，然乃先釋辭而後釋名者，蓋「文剛」、「文柔」、「賁」字之義已顯，是「文剛」、「文柔」即釋名義，而因以釋辭義也。其復曰「天文也」者，則足釋名義之意。

或疑：「『剛上』、『文柔』言『分』，何也？」曰：末附於本，理也，豈可謂本附於末乎？使末反於本，而其中之本自在也，豈非其一本之分乎？如枝葉則附於根種，及枝葉成實，而復歸於種。無非一種之分而已，其中之根種固在也。

【校箋】

〔一〕何楷云：「剛爲質，柔爲文。『柔來文剛』，是本先立矣，而文載行焉，故『亨』。『分剛上而文柔』者，非以剛爲文也，分剛畫居上，而柔始得成其文。不然，无質之文非文已。」（古周易訂詁卷三）張振淵云：「『柔來文剛』，是當質勝之餘，而以文濟之；『剛上文柔』，是當文勝之後，而以質救之。二者皆以質爲主，故彖傳並用『文』字。」（周易說統卷四）李光地云：「『亨』與『小利有攸往』，皆指『文』而言之。故『柔來而文剛』者，見剛當以柔濟之，而後可通也；『剛上文柔』者，見柔當以剛節之，而柔之道不可純用以行也。何氏、張氏『質文』之說極明。○又案：『剛上文柔』而曰『分』者，本於内之誠實，以爲節文之則，乃是由中而分出者，故曰『分』也。」（周易折中卷九）

文明以止，人文也。〔一〕

此又專釋卦名。然「文明」則「亨通」，「止」則「小利有攸往」矣，辭義在其中也。

【校箋】

〔一〕孔穎達云：「『文明』，離也，以止艮也。用此文明之道，裁止於人，是人之文、德之教。」（周易正義卷二）

觀乎天文，以察時變；觀乎人文，以化成天下。」〔一〕

「時變」者，如春夏之敷華，「柔來文剛」也；秋冬之成實，「剛上文柔」也。「化成」者，如禮樂之明備，「文明」之功也；性命之各得，「以止」之效也。

【校箋】

〔一〕程頤云：「『天文』，謂日月星辰之錯列，寒暑陰陽之代變。觀其運行，以察四時之遷改也。『人文』，人理之倫序。觀人文以教化天下，天下成其禮俗，乃聖人用賁之道也。」（伊川易傳卷二）朱熹云：「極言賁道之大也。」（周易本義卷二彖上傳第一）

象曰：「山下有火，賁。君子以明庶政，无敢折獄。」〔一〕

「庶政」則宜密其節文，是賁可用也；「折獄」則宜專乎誠意，是賁不可用也。「明庶政」以喻民，而重於「折獄」，法離明、艮止之義也。

【校箋】

〔一〕王弼云：「處賁之時，止物以文明，不可以威刑，故『君子以明庶政』，而『无敢折獄』。」（見周易正義卷三）朱熹云：「問『明庶政，无敢折獄』。曰：此與旅卦都説刑獄事，但爭艮與離之在内、外，故其説相反。止在外，明在内，故明政而不敢『折獄』；止在内，明在外，故明謹用刑而不敢『留獄』。如今州縣治獄，禁勘審覆，自有許多節次，過乎此而不決，便是『留獄』；不及乎此而決，便是敢於『折獄』。此一段與周禮秋官同意。」（朱子語類卷七十一易七賁）

初九：賁其趾，舍車而徒。

六爻三陽，有質素之德者也，陰所求也；三陰，文也，依陽德以立者也。初九有剛正之德，當賁之初，質素不渝，居於下位，不援上應，故取象如此。

象曰：「『舍車而徒』，義弗乘也。」

六二：賁其須。

人之一身，皆爲質幹，其華而文者，須耳。然文依質而立，須亦附人而美，詩所謂「其人美且偲」也。〔一〕二爲文明之主，而來附於初、三之剛，且卦有頤體，故取「賁須」

爲象。

【校箋】

〔一〕「偲」原作「思」，今據毛詩正義改。榕村本、陳本亦誤作「思」。案：毛詩齊風盧令云：「其人美且偲。」毛傳云：「偲，才也。」鄭箋云：「才，多才也。」

象曰：「『賁其須』，與上興也。」〔一〕

須在頤下，故曰「與上興」，喻其附於陽也。

【校箋】

〔一〕程頤云：「以『須』爲象者，謂其與上同興也。隨上而動，動止惟繫所附也，猶加飾於物，因其質而賁之，善惡在其質也。」（伊川易傳卷二）

九三：賁如濡如，永貞吉。〔一〕

一陽陷於二陰之間，雖有剛質，不免於濡溺矣。文之時，不可濡溺也。終守剛質，永其正固，則「吉」矣。

【校　箋】

〔一〕何楷云："以一剛介二柔之閒，錯雜成文，賁之盛者也。曰『濡如』者，猶詩言『六轡如濡』，謂所飾之文采鮮澤也。然謂之『濡』，則亦有『陷』義，若既、未濟言『濡首』、『濡尾』，皆濡而陷者也。受物之飾，恐爲物溺，故戒之曰『永貞吉』，戒其文之過也。長守其陽剛之正，而不爲陰柔所溺，則不至以文滅質；而陰之賁我者，且爲潤澤之濡，不爲陷溺之濡矣。"（古周易訂詁卷三）案：何氏引"六轡如濡"，毛詩小雅皇皇者華文。

象曰："『永貞』之『吉』，終莫之陵也。"〔一〕

守其剛正，不可陵犯。

【校　箋】

〔一〕蔡淵云："『陵』，侮也。三能『永貞』，則二柔雖比己而『濡如』，然終莫之陵侮，而不至陷溺也。"（見易本義附録纂注卷五）

六四：賁如皤如，白馬翰如，匪寇婚媾。〔一〕

陰求陽德，以自賁者也。四與初正應，當賁之時。時義相求，而四有正德，故能致其質素之心，以從質素之應。初賁趾於下，質素者也。四與之相賁，則皤然其白，而所乘之馬亦白矣。「寇」，相害者也。「婚媾」，相求者也。初「匪寇」而實「婚媾」，故求之如此其切也。不言「吉」者，義當然爾。

【校箋】

〔一〕朱熹云：「六四『白馬翰如』，言此爻無所賁飾，其馬亦白也，言無飾之象如此。」（朱子語類卷七十一易七賁）李光地云：「程傳沿注疏之說，本義又沿程傳之說，皆以爲初、四相賁而爲三所隔，故未得其賁而皤然也。然朱子語類以『無飾』言之，則已自改其說矣。故以後諸儒，皆以『皤白』爲『崇素返質』之義，實於卦意爲合。○又案：易中凡重言『如』者，皆兩端不安之辭。故『屯如邅如』者，欲進而未徑進也。此三爻『賁如濡如』者，得陰自賁，又慮其見濡也。此爻『賁如皤如』者，當賁之時，既外尚乎文飾，而下應初剛，又心崇乎質素，兩端未能自決，象傳謂之『疑』者，此也。『白馬翰如』，指初九也。己有『皤如』之心，故知『白馬翰如』而來者，『匪寇』也，乃己之『婚媾』也。凡言『匪寇婚媾』，皆就上文所知之物而言，屯二、睽上與此正同。」（周易折中卷三）

象曰：「六四當位，疑也。『匪寇婚媾』，終无尤也。」〔一〕

以六居四，柔質而在上位，當賁之時，而欲返質從道，能無疑乎？惟知初之「匪寇」而爲「婚媾」，故終無過尤也。因爻曰「匪寇」，故以「疑」字發其意。

【校箋】

〔一〕朱震云：「純白无僞，誰能閒之？始疑而終合，故曰『終无尤』也。」（漢上易傳卷三）

六五：賁于丘園，束帛戔戔，吝，終吉。

以柔居尊，當賁之時，文之盛者也。然卦有「剛上文柔」之義，六五位近上九，能尊尚之，故有「賁于丘園」之象。上九艮主，而在卦外山野之地，故曰「丘園」。當賁居尊，而能以丘園自賁，誠餘於文，故曰「束帛戔戔」。五之「吝」，猶四之「疑」也。賁之時，惑於心則有所係吝，阻於衆則有所羞吝也，然能決意從道，是以「終吉」。

象曰：「六五之『吉』，有喜也。」〔一〕

居尊位而能去文就質，不曰「有慶」，但曰「有喜」者，從善之初，未及乎化成天下之盛也。

【校箋】

〔一〕李光地云：「傳於五位多言『有慶』，『慶』大而『喜』小也。此爻居尊而返樸崇儉，亦可以易俗移風，而但曰『有喜』者，且就一身無過言爾。如无妄五、損四、兑四之例，皆以無疾爲喜。若推其用，則化成天下，『慶』在其中矣。」（周易折中卷十一）案：象傳言「有慶」者，凡八見。言於二位者，有困九二；於四位者，有兑九四；於五位者，有大畜六五、晉六五、睽六五、豐六五；於上位者，有履上九、頤上九。李氏云：「凡象傳言『有慶』者，多上三爻也。」（見本書卷九兑九四象辭注）其言是也。

上九：白賁，无咎。〔一〕

剛上文柔，卦之主也。以剛文柔，則是文窮返質，「白賁」之象也。賁之道在无色，以白爲賁，則敦本尚實，華靡之習不足以累之，何咎之有？

【校箋】

〔一〕邱富國云：「陰、陽二物，有應者以應而相賁，无應者以比而相賁。四與初應，求賁於初，故初『賁趾』而四『翰如』也。二比三而賁乎三，故二『賁須』而三『濡如』也。五比上而賁乎上，故五『賁丘園』而上『白賁』也。初與四，應而相賁者也；二與三，五與上，比而相賁者也。此賁六爻之大旨也。」（見周易大全卷九）龔焕云：「賁之爲言『飾』也，謂飾以文華也。然以六爻考之，初之『舍車而徒』，五之『賁于丘園』，上之『白賁』，皆質實而不事文華者也。四之『皤如』，則欲求賁初而未得；二之『賁須』，亦附於三而爲賁者也。惟三之『賁如濡如』，乃賁飾之盛，而即有『永貞』之戒者，懼其溺於文也。如是，則古人之所謂賁者，未始全事文華也，亦務其本實而已。本實既立，文華不外焉。徒事文華，不務本實，非古人所謂賁。」（見周易本義集成卷一）

象曰：「『白賁，无咎』，上得志也。」〔一〕

君子之志，在乎反古之道。居卦上文窮之時，還於質素，「得志」可知矣。

【校　箋】

〔一〕「得」下原脱「志」字，今據注疏本、榕村本、陳本補。

23 ䷖ 坤下艮上

剥：不利有攸往。

五陰盛長，一陽垂盡，其卦爲剥。又，山高起於地，而反附著於地，亦「頹剥」之象。

○程傳云：「衆小人剥喪於君子，故君子不利有所往。惟當巽言晦迹，隨時消息，以免小人之害也。」

象曰：「剥，剥也，柔變剛也。〔一〕

【校箋】

〔一〕陳友文云：「夬彖曰『剛決柔』，此曰『柔變剛』，何也？曰：此君子、小人之辨也。君子剛明果斷，小人陰賊險很。君子去小人，聲其罪，與天下共棄之，名正言順，故曰『決』。小人之欲去君子，辭不順，理不直，必萋菲浸潤以侵蝕之，故曰『變』。一字之間，君子、小人之情狀皦然矣。」（見周易會通卷五）

『不利有攸往』，小人長也。順而止之，觀象也。君子尚消息盈虛，天行也。」

易之爲象者，消息盈虛而已，故觀象而順止，乃所以「尚消息盈虛」。

象曰：「山附于地，剥。上以厚下安宅。」

所謂「小人」、「君子」者，不止邪正之朋而已，上下、君民皆是也。民心散，則剥其上矣。故姤卦亦有「遠民」之象。

初六：剥牀以足，蔑貞凶。

剥自下升，惡自小積。蔑正理者積小成大，豈有不「凶」者乎？

象曰：「『剥牀以足』，以蔑下也。」〔一〕

【校箋】

〔一〕虞翻云：「『蔑』，滅也。坤所以載物，牀所以安人，在下故稱『足』。先從下剥，漸及於上，故曰『以滅下』也。」（見周易集解卷五）

六二：剥牀以辨，蔑貞凶。

象曰：「『剥牀以辨』，未有與也。」〔一〕

二之爻德優於三，故傳發其義，謂其無剛德之應與，故蔑正而凶。若三之有與於上，則不至於蔑正，而「无咎」矣。

【校箋】

〔一〕崔憬云：「『辨』當在第、足之間，是牀梐也。『未有與』者，言至三則應，故二『未有與』也。」（見周易集解卷五）吴澄云：「若六三之『剥之』，惟其『有與』也。」（易纂言卷五）龔焕云：「六二陰柔中正，使上有陽剛之與，則己必應之助之而不爲剥矣。惟其无與，所以雜於羣陰之中而爲剥。若三則有與，故雖不如二之中正而反得『无咎』。」（見周易本義集成卷五）李光地云：「崔氏、吴氏、龔氏之説，皆得文意。六三不中正，而辭優於二，故

聖人以『未有與』失上下明之。」（周易折中卷十一）

六三：剥之，无咎。〔一〕

獨與上應，當剥之時，爲「无咎」。

【校箋】

〔一〕荀爽云：「衆皆剥陽，三獨應上，無剥害意，是以『无咎』。」（見周易集解卷五）王弼云：「與上爲應，羣陰剥陽，我獨協焉，雖處于剥，可以『无咎』。」（見周易正義卷三）

象曰：「『剥之，无咎』，失上下也。」〔一〕

【校箋】

〔一〕王弼云：「三上下各有二陰，而三獨應於陽，則『失上下』也。」（見周易正義卷三）邱富國云：「『上』謂四、五，『下』謂初、二。違夫四陰而獨從剛，故曰『失上下』也。」（見周易會通卷五）

六四：剥牀以膚，凶。〔一〕

剥牀而及於人之肌膚，在國則禍已深，在身則惡已積。

【校箋】

〔一〕程頤云：「始剥於『牀足』，漸至於『膚』。『膚』，身之外也。將滅其身矣，其『凶』可知。陰長已盛，陽剥已甚，貞道以消，故更不言『蔑貞』，直言『凶』也。」（伊川易傳卷三）

象曰：「『剥牀以膚』，切近災也。」

六五：貫魚，以宫人寵，无不利。〔一〕

剥至五，陰極矣。然五有柔中之德，上承上九，非剥陽者，故取「貫魚，以宫人寵」爲象。蓋統率其類，以承於陽，不特無所剥損，而且有所利助矣。〔二〕此卦以一陽爲主，三應而五比之，皆善也。

【校箋】

〔一〕朱熹云：「『魚』，陰物。『宫人』，陰之美而受制於陽者也。五爲衆陰之長，當率其類，受制於陽，故有此象。而占者如是，則『无不利』也。」（周易本義卷一上經第一）

〔二〕「有」下原無「所」字，今據榕村本、陳本補。

象曰：「『以宫人寵』，終无尤也。」〔一〕

【校　箋】

〔一〕李光地云：「五以陰居尊，取『后妃』之象，而爲『貫魚，以宫人寵』，則豈有妒害潰亂，以剥其君之尤哉？」（周易折中卷十一）

上九：碩果不食，君子得輿，小人剥廬。〔一〕

上之一陽，所剥者也。然陽在天地間，不可剥，故民心之公至亂而益見，道義之重至窮而益尊。陰而剥陽者，徒自失其所覆庇而已。理既如此，又爻有陽得陰載、陰剥其廬之象，故因以爲占戒。

【校　箋】

〔一〕朱熹云：「一陽在上，剥未盡而能復生。君子在上，則爲衆陰所載。小人居之，則剥極於上，自失所覆，而無復『碩果』、『得輿』之象矣。取象既明，而君子、小人其占不同，聖人之情益可見矣。」（周易本義卷一上經第一）

象曰：「『君子得輿』，民所載也。『小人剥廬』，終不可用也。」〔一〕

此傳與豐三象傳「用」字，疑皆「害」字之誤，叶韻可知，或因文似而致譌也。小人雖欲剥廬，而君子終不可害，此所以爲「碩果不食」。

【校箋】

〔一〕程頤云：「正道消剥既極，則人復思治，故陽剛君子，爲民所承載也。若小人處剥之極，則小人之窮耳。『終不可用也』，非謂九爲小人，但言剥極之時，小人如是也。」（伊川易傳卷三）朱熹云：「惟君子乃能覆蓋小人，小人必賴君子以保其身。今小人欲剥君子，則君子亡，而小人亦無所容其身，如自剥其廬也。且看自古小人欲害君子，到害得盡後，國破家亡，其小人曾有存活得者否？」（朱子語類卷六十六易二）

周易觀象卷五

大學士李光地撰

上經五

24䷗震下坤上

復：亨。出入无疾，朋來无咎。反復其道，七日來復。利有攸往。〔一〕

一陽在下，是陽氣盡而又生、既往而還之象，故謂之「復」。雷在地中，陽爲陰壓，欲動而未奮發，亦復之義也。

○陽復生，則有亨通之勢矣，故占得之者，己之出入既得無疾，朋類之來亦得无咎。「反復其道」，猶言反覆計其程路也。計其往返之道，七日當得來復，而自此則有所往而无不利。中「復亨」二字之意也。

【校　箋】

〔一〕孔穎達云：「陽氣反復而得亨通，故云『復亨』也。出則剛長，入則陽反，理會其時，故无疾病也。『朋』，謂陽也。反復衆陽，朋聚而來，則『无咎』也。欲速反之與復而得其道，不可過遠。惟『七日』則『來復』，乃合於道也。以陽氣方長，往則小人道消，故『利有攸往』也。」（周易正義卷三）

彖曰：「『復亨』，剛反，動而以順行，是以『出入无疾，朋來无咎』。〔一〕

以「剛反」兼釋「復亨」，與「師貞」、「比吉」同例。又根此義及動順之德，以釋「出入无疾，朋來无咎」，與臨卦同例。「動而以順行」，謂震動有爲而以和順行之。

【校　箋】

〔一〕孔穎達云：「『復亨』者，以陽復則亨，故以『亨』連『復』而釋之也。『剛反，動而以順行』者，既上釋『復亨』之義，又下釋『出入无疾，朋來无咎』之理。」（周易正義卷三）

『反復其道，七日來復』，天行也。『利有攸往』，剛長也。〔一〕

【校箋】

〔一〕邱富國云：「『剛反』，言剝之一剛，『窮上反下』而爲復也。『剛長』，言復之一剛，自下進上，爲臨、爲泰，以至爲乾也。以其既去而來反也，故『亨』；以其既反而漸長也，故『利有攸往』。『剛反』，言方復之初；『剛長』，言已復之後。」（見周易大全卷九）案：邱氏引「窮上反下」，周易序卦傳文。

復，其見天地之心乎？」

性者，體也；情者，用也。心者，統性、情而兼體、用者也。言其體，則曰「天地之大德曰生」；〔一〕言其用，則曰「天地感而萬物化生」。〔二〕此卦一陽初反，動靜之間，謂之「性」則已發，謂之「情」則未著，故特以「心」言之。蓋全體於是而呈露，大用於此乎端倪，言「心」以括性、情之妙也。〔三〕

【校箋】

〔一〕「天地」至「曰生」，周易繫辭下傳文。

〔二〕「天地」至「化生」，周易咸彖辭文。

〔三〕李光地云：「『天地之心』，在人則爲道心也。道心甚微，故曰：『復，小而辨於物。』於是而『惟精』以察之，『惟一』以守之，則道心流行而微者著矣。顔子『有不善未嘗不知』，是其『精』也；『知之未嘗復行』，是其『一』也。夫子以初爻之義當之者，此也。『惟精惟一』者，所以執中而已矣。二、五皆中，故二則『休復』而『吉』，五則『敦復』而『无悔』。初爻之外，惟此兩爻最善。三則『頻復』而『厲』者，所謂人心危而難安也；四之『中行』而『獨』者，所謂道心微而難著也，然皆能自求其心者也。至於上六，則不獨微而且『迷』，不獨危而且『敗』，『迷』而以至於『敗』。則所謂天君者，不能以自主矣。故夫子咎之曰：『反君道也。』堯、舜相傳之心學，皆於復卦見之。」（周易折中卷九）案：李氏引「復，小而辨於物」、「有不善未嘗不知」、「知之未嘗復行」，周易繫辭下傳文。「惟精惟一」，尚書大禹謨文。「反君道也」，周易復象辭文。

象曰：「雷在地中，復。先王以至日閉關，商旅不行，后不省方。」〔一〕

以冬至配復卦者，於此象見之。先儒兼謂冬、夏至者，不是。

【校箋】

〔一〕王弼云：「『方』，事也。冬至，陰之復也；夏至，陽之復也。故爲復，則至於寂然大静，先王則天地而行者也。動復則静，行復則止，事復則无事也。」（見周易正義卷三）孔穎達云：「『方，事』者，恐『方』是四方境域，故以『方』爲『事』也。言至日不但不可出行，亦不可省視事也。『冬至，陰之復；夏至，陽之復』者，『復』謂反本，靜爲動本。冬至一陽生，是陽動用而陰復於靜也；夏至一陰生，是陰動用而陽復於靜也。『動復則靜，行復則止，事復則无事』者，動而反復則歸靜，行而反復則歸止，事而反復則歸於无事也。」（周易正義卷三）

初九：不遠復，无祗悔，元吉。〔一〕

失而後有復，非失則無復。一陽爲卦之主，處卦之初，失之不遠而復者也。覺之早，反之易，則不至陷於過失而悔矣。悔且無之，況吝凶乎？故其占曰「元吉」。

【校　箋】

〔一〕楊時云：「初九陽始生而未形，動之微也。『吉凶悔吝，生乎動者也』，未形而復，其復不遠矣，故不至於悔而『元吉』。」（見大易粹言卷二十四）俞琰云：「初居震動之始，方動即復，是不遠而復，復之最先者也，故不至於悔而『元吉』。」（周易集説卷四）案：楊氏引「吉凶」至「者也」，周易繫辭下傳文。

象曰：「『不遠』之『復』，以修身也。」〔一〕

修身之道，改過遷善之速而已。

【校箋】

〔一〕孔穎達云：「所以不遠速復者，以能修正其身，有過則改故也。」（周易正義卷三）

六二：休復，吉。〔一〕

復之時，主於陽復，故諸爻皆以遠近於初爲義。二有中正之德，最近於初，在人爲好德而親仁，涵養薰陶，日反於善，休休然而有餘裕，故其辭曰「休復」，而占則「吉」也。

【校箋】

〔一〕程頤云：「二雖陰爻，處中正而切比於初，志從於陽，能下仁也，復之休美者也。『復』者，復於禮也。復禮則爲仁。初陽復，復於仁也。二比而下之，所以美而『吉』也。」（伊川易傳卷四）

象曰：「『休復』之『吉』，以下仁也。」〔一〕

二在初上而曰「下」者，下交於初，是「下仁」也。

【校箋】

〔一〕孔穎達云：「陽爲仁行，已在其上，附而順之，是降下於仁。以其下仁，所以『吉』也。」（周易正義卷三）

六三：頻復，厲无咎。

三與初稍遠而相背，又不中不正，其失「頻」矣。然居内卦，與初同體，故猶有「頻復」之象。頻失則危復，故「无咎」。

象曰：「『頻復』之『厲』，義无咎也。」

卦義應復，故能復則「无咎」。

六四：中行獨復。〔一〕

衆陰惟四與初應，是能中道而行、獨復於善者。不言吉凶，本義盡之。

【校箋】

〔一〕王弼云：「四上下各有二陰而處厥中，履得其位而應於初，獨得所復，順道而反，物莫之犯，故曰『中行獨復』也。」（見周易正義卷三）孔穎達云：「處於上卦之下，上下各有二陰，已獨應初。居在衆陰之中，故云『中行』；獨自應初，故云『獨復』。從道而歸，故象云『以從道』也。」（周易正義卷三）朱熹云：「四處羣陰之中而獨與初應，爲『與衆俱行，而獨能從善』之象。當此之時，陽氣甚微，未足以有爲，故不言『吉』。然理所當然，吉凶非所論也。董子曰：『仁人者，正其義不謀其利，明其道不計其功。』於剥之六二及此爻見之。」（周易本義卷一上經第一）案：朱子引「仁人」至「其功」，文見漢書董仲舒傳。「義」，漢書作「誼」，二字音同義通。

象曰：「『中行獨復』，以從道也。」

下仁者中心悦，而下之從道者知其當從而從之。

六五：敦復，无悔。〔一〕

當復之時而有中德，又坤體敦厚，故有「敦復」之象，而其占「无悔」。

【校　箋】

〔一〕項安世云：「臨以上六爲『敦臨』，艮以上九爲『敦艮』，皆取積厚之極。復於五即言『敦復』者，復之上爻迷而不復，故復至五而極也。卦中『復』者五爻，初最在先，故爲『不遠』；五最在後，故爲『敦』。」（周易玩辭卷五）胡炳文云：「『不遠復』者，善心之萌；

『敦復』者，善行之固。故初九『无祇悔』，『敦復』則其復也无轉移，自然『无悔』矣。『不遠復』，入德之事也。『敦復』，其成德之事歟？」（周易本義通釋卷一）

象曰：「『敦復，无悔』，中以自考也。」〔一〕

五與初無比、應，故曰「中以自考」。孟子曰：「子歸而求之，有餘師。」〔二〕學莫要於自考。以中道自考驗，則雖不中，不遠矣。

【校箋】

〔一〕程頤云：「以中道自成也。五以陰居尊，處中而體順，能敦篤其志，以中道自成，則可以『无悔』也。自成，謂成其中順之德。」（伊川易傳卷四）邱富國云：「二、四待初而復，故曰『下仁』、曰『從道』。五不待初而復，故曰『自考』。」（見周易大全卷九）梁寅云：「『中以自考』，言以其有中德，故能自考其善不善也。」（周易參義卷五）

〔二〕「子歸」至「餘師」，孟子告子下文。

上六：迷復，凶，有災眚。用行師，終有大敗，以其國君凶，至于十年不克征。〔一〕

居復之終，去初已遠，陰柔不能自振，迷於復者也。迷於復則凶，而且有以召夫災眚。「凶」自己作，「災眚」自外至。「眚」謂過誤，「災」謂不幸。「災」「眚」對言，亦分内外；與「凶」對，則皆自外也。以此行師，必至大敗而凶及其國君，至於十年猶不可以有行。在人則爲私欲横流而失其心者也，天命不祐，行矣哉！

【校箋】

〔一〕胡炳文云：「『迷復』與『不遠復』相反，初不遠而復，『迷』則遠而不復。『敦復』與『頻復』相反，『敦』无轉易，『頻』則屢易。『獨復』與『休復』相似，『休』則比初，『獨』則應初也。『十年不克征』，亦『七日來復』之反。」（周易本義通釋卷一）

象曰：「『迷復』之『凶』，反君道也。」〔一〕

爻言「以其國君凶」者，〔二〕連累之辭，傳則歸咎於君也。

【校箋】

〔一〕程頤云：「復則合道；既迷於復，與道相反也，其凶可知。『以其國君凶』，謂其『反君道也』。人君居上而治衆，當從天下之善；乃迷於復，反君之道也。非止人君，凡人迷於復者，皆反道而凶也。」（伊川易傳卷四）

〔二〕「其」下原脱「國」字，榕村本、陳本同，今據復上六爻辭補。

25 ䷘震下乾上

无妄：元亨，利貞。其匪正有眚，不利有攸往。〔一〕

无妄，天德也。人、物同得之以爲性，故性之德皆无妄。此卦乾上震下，乾爲天德，震得乾之初畫，得天之初，有无妄之象。又其象爲天下雷行，天氣動而雷始發之，萬物之所資以始者也，亦无妄之義也。

或曰：「必以『得天之初』言之，何也？」曰：人、物同得天命以爲性，而其最初者尤同得之，如四德之仁、五倫之孝之類，雖氣昏者莫不發見，而其發見亦在最初，如幼穉、始事、初心皆是。

○无妄之德可以大通，然必利於正，乃爲「无妄」。「匪正」，則有妄矣；有妄，則「有眚」矣。災自外來，眚由己作。「无妄」，災也，自外來者也。「匪正」之「眚」，由己作者也，如是則不利有所往矣，況「元亨」乎？

【校箋】

〔一〕朱熹云：「『无妄』，實理自然之謂。史記作『無望』，謂無所期望而有得焉者，其義亦通。爲卦自訟而變，九自二來而居於初，又爲震主，動而不妄者也，故爲『无妄』。又，二體震動而乾健，九五剛中而應六二，故其占大亨而利於正。若其不正，則有眚而不利有所往也。」（周易本義卷一上經第一）案：史記春申君列傳載：「春申君相二十五年，楚考烈王病。朱英謂春申君曰：『世有毋望之福，又有毋望之禍。』」正義曰：「『無望』，謂不望而忽至也。」索隱曰：「周易有无妄卦，其義殊也。」

彖曰：「无妄，剛自外來而爲主于内，動而健，剛中而應，大亨以正，天之命也。〔二〕

此釋名、辭，亦與臨同例。蓋以「剛來爲主」釋卦名義，又根此義及卦德、爻應釋「元亨，利貞」之義也。以剛「爲主於内」，則心實矣；「動而健」，則動作而能自强；「剛中而應」，則無私應物。此皆大亨至正之道，天之命也。天命，蓋天德之流行而發見者。或疑：「他卦皆直言『剛來』、『柔來』，此言『自外來』，何也？」曰：「『外』者，外卦也。欲假乾之卦象以爲天德，故言『自外來』，見『爲主於内』者之爲天德爾。『内』者，内卦也。内卦震，以初之一陽爲主，故曰『爲主於内』。」

『其匪正有眚，不利有攸往』，无妄之往，何之矣？天命不祐，行矣哉？」

「匪正」則妄矣，而猶自以爲无妄而往，不合乎天而天不祐之矣，其可行乎？

【校箋】

〔一〕王宗傳云：「初九之剛，乾一索於坤而得之，是以爲震。而无妄之外體又乾也，則初九之剛，實自乾來，故曰『剛自外來』。震以初爻爲主，其在无妄則内體也，故曰『爲主於内』。」（童溪易傳卷十二）趙彦肅云：「『剛自外來』，寄象爾。其實天之所賦，我固有也。」（復齋易説卷三）胡炳文云：「本義謂自訟而來，二之剛來居初也。或謂外卦爲乾，震之剛自乾來也，亦通。无妄釋『元亨，利貞』，與臨同。『命』，即道也。『无妄之往』，程子以爲无妄而又往，本義只順上文本意解。蓋『无妄之往』，與泰卦『包荒，得尚于中行』句相似，舉首尾句而包中間也，不可泥文而失意。」（周易本義通釋卷十二）何楷云：「震初一剛，其所從來，即乾之初畫。无妄外乾内震，初九得外卦乾剛初爻，以爲内卦之主，故曰『剛自外來而爲主於内』。」（古周易訂詁卷三）李光地云：「彖言『剛來』、『柔來』，未有言『自外來』者，則王氏諸家謂指外卦乾體者，信矣。在卦爲震得乾最初之畫，在人爲吾心得天最初之理，此所以爲无妄也。天理非由外鑠我者，此特指卦象言之，見『自乾來』之意。趙氏之説是矣。」（周易折中卷九）

象曰：「天下雷行，物與无妄。先王以茂對時、育萬物。」〔一〕

物物而與之无妄者，天之因時以生物也。使物各得其性者，聖人之對時以育物也。「對」，猶「配」也。聖人順天時以養育民物，道與天配，以其所育者繁盛，故又曰「茂」也。卦、爻之義在盡其性，大象之義則兼乎盡人之性、盡物之性也。

【校箋】

〔一〕九家易云：「『天下雷行』，陽氣普遍，無物不與，故曰『物與』也。物受之以生，无有災妄，故曰『物與无妄』也。」（見周易集解卷六）蔡清云：「『物與无妄』者，萬物各正其性命也。『對時育物』者，因其所性而不爲私，乃聖人盡物之性也。」（易經蒙引卷四上）

初九：无妄，往吉。〔一〕

初以一陽爲主於内，无妄之主也，居動之初，有爲之時也。當有爲之時，以无妄而往，「吉」可知矣。卦惟此爻占「吉」，卦主故也。

【校箋】

〔一〕蘭庭端云：「初則當行，終則當止，行止適當則无妄，不妄則『吉』。无妄之初，當行者也，故『往』則有『吉』。无妄之終，當止者也，故『行』則『有眚』。」（見周易會通卷六）

象曰：「『无妄』之『往』，得志也。」

六二：不耕穫，不菑畬，則利有攸往。〔一〕

二居下體，亦有爲之時也。然爲之而有計較謀望之心，則妄矣。耕必有穫，菑必有畬。然方其耕也，不計其穫也；方其菑也，不計其畬也。若曰：「吾耕而必穫，吾菑而必畬。」心既雜矣，功又分焉。此先事後得，德所以崇；有事勿正，義所以充也。二有虚中之德，故因以爲占戒。

【校箋】

〔一〕胡炳文云：「『耕穫』者，種而斂之也；『災畬』者，墾而熟之也。諸家以爲不耕而穫，不災而畬，是從外添一『而』字。『不耕穫，不菑畬』，六二柔順中正，始終无所作爲之象。而必曰因時順理者，理本自然，无所作爲。自始至終，絶无計功謀利之心，无所往而有得焉者也。故其占曰『利有攸往』。」（周易本義通釋卷一）何楷云：「人之有妄，在于期望。『不耕穫』者，不方耕而即望有其穫也；『不菑畬』者，不方菑而即望成其畬也。學者之除妄心而必有事焉，當如此矣，故曰『則利有攸往』，言必如此而後利也。」（古周易訂詁卷三）李光地云：「何氏説與傳、義頗異，質諸夫子『先事後得，先難後獲』之訓，則於理尤長。且象傳以『未富』釋之，正謂其無望穫之心，未必以耕爲可廢也。」（周易折中卷四）案：「先事」至「後獲」，乃張載語，見張子正蒙卷二三十篇第十一。

象曰：「『不耕穫』，未富也。」〔一〕

萊田一歲曰「菑」，三歲曰「畬」。春耕秋穫猶且不計，況菑畬乎？

【校箋】

〔一〕豐寅初云：「『未』，猶『非』也。『富』，謂利也。不於力耕之際遽有望穫之心，乃仁人不計功謀利，而天德全矣，其行之所以利也。」（見周易折中卷十一）

六三：无妄之災，或繫之牛。行人之得，邑人之災。〔一〕

凡時窮則有災。三居内卦之極，故有「无妄之災」。行人得牛，而牽連及於邑人，在邑人，可謂「无妄之災」矣。然災自外作，故無凶害之辭。

【校箋】

〔一〕胡炳文云：「『匪正有眚』，人自爲之也。『无妄之災』，天實爲之也。六爻皆无妄，三之時，則无妄而有災者也。雜卦曰：『无妄，災也。』其此之謂與？」（周易本義通釋卷一）

象曰：「行人得牛，邑人災也。」〔一〕

【校箋】

〔一〕豐寅初云：「『邑人之災』，所謂『无妄之災』。然無故被誣者，反己無怍。君子求其无妄而已，禍福聽之於天，悉置度外也。」（見周易折中卷十一）

九四：可貞，无咎。〔一〕

內卦動體，有「進爲」之象。外卦健體，有「固守」之象。四居健體之初，能正而固，可以「无咎」矣。

【校箋】

〔一〕胡炳文云：「『貞』，正而固也。曰『利貞』，則訓『正』字，而兼『固』字之義。曰『可貞』，則專訓『固』字，而无『正』字之義。九四陽剛乾體，下无應與，僅可貞固守之，而其占不可有爲，僅得『无咎』而已。」（周易本義通釋卷一）何楷云：「四剛陽而居乾體，復无應與，本自无妄者也，可貞固守此，則『无咎』。初九之『无妄，往吉』，行乎其所當行者也；九四之『可貞，无咎』，止乎其所當止者也。」（古周易訂詁卷三）

象曰：「『可貞，无咎』，固有之也。」

以其固有者而固守之，本分之外無所容心焉，无妄之道也。

九五：无妄之疾，勿藥有喜。〔一〕

「勿」者，戒辭也。既无妄矣，則不可以禍福利害動其心。若少有災患之來，而即求所以解免，則因以生妄，且從而益災者有矣。如人之內氣充和者，無致疾之道；而忽得疾，則惟「勿藥」可以「有喜」。苟欲速其愈而藥之，則是反傷其氣而重其疾也。五有中正之實德，故亦因而設戒。

【校　箋】

〔一〕李光地云：「『勿』者，禁止之辭。言无妄矣，而偶有疾，則亦順其自然而氣自復，勿復用藥以生他候。如人有无妄之災，則亦順其自然而事自平，勿復用智以生他咎也。凡易中言『勿』者，皆同義。此爻之『疾』，與六三之『災』同。然此曰『有喜』者，剛中正而居尊位，德、位固不同也。」（周易折中卷四）

象曰：「无妄之藥，不可試也。」

非特無所用藥，而必不可藥也。

上九：无妄，行有眚，无攸利。〔一〕

處時之窮不可以動，動則妄矣，故行則有眚而無所利，惟無動爲大也。

【校箋】

〔一〕胡炳文云：「六爻皆无妄也，特初九得位而爲震動之主，時之方來，故『无妄，往吉』；上九失位而居乾剛之極，時已去矣，故其行雖无妄，『有眚，无攸利』。是故善學易者在識時。初曰『吉』，二曰『利』，時也；三曰『災』，五曰『疾』，上曰『眚』，非有妄以致之也，亦時也。初與二皆可『往』，時當動而動也；四『可貞』，五『勿藥』，上『行有眚』，時當靜而靜也。」（周易本義通釋卷一）

象曰：「『无妄』之『行』，窮之災也。」

妄動之過在己，故爻曰「有眚」。然有眚則召災矣。以其當時之窮，非必有取災之道，而動輒生災，故「災」即爲「眚」也。

〇夫子釋卦義，總之曰「无妄，災也」者，〔二〕凡凶害悔吝，皆人爲之妄有以取之。无妄之卦不當有凶害悔吝，但有災爾。明此義者，知无妄而不免災，則受命之正也；又知因災而省其妄，則修身之密也。

【校箋】

〔一〕「无妄，災也」，周易雜卦傳文。

26 ䷙乾下艮上

大畜：利貞。不家食，吉。利涉大川。

以艮蓄乾。乾，天德也。莫大於天德，而惟艮之篤實有以蓄之，所蓄之大也。三陽自下上升，以極於上，爲六五所尊尚，有賢人登進崇禮於君之象，亦所蓄之大也。又，剛健之性，最難制者。二陰并力蓄乾，且艮德爲止，能止其健，亦所蓄之大也。蓋「畜」者，聚也，止也。在己者，養其天德之剛，制其血氣之壯；在人者，養陽德之君子，制强頑之小人，乃「聚」與「止」之義也。其象天在山中。天氣在山，爲所包蓄，亦有大畜之象焉。

○大畜非正固不能，故曰「利貞」。養德既厚，乃可以禄於朝而受賢禮，故又曰「不家食，吉」。制其剛壯，則持重而不苟進，不至陷於險矣，故又曰「利涉大川」。

彖曰：「大畜，剛健篤實輝光，日新其德，剛上而尚賢，能止健，大正也。〔一〕

釋「畜」義，而兼釋「貞」義。「剛健篤實」，所蘊者大矣；「剛上尚賢」，所養者大矣；「止健」，所止者大矣。然皆順乎正理，故「大」而「正」也。内有剛健之德，然必以篤實而輝光，所謂「闇然而日章」也。此卦與无妄正相對。「剛上尚賢」，謂自下乾體而上，以極於上。猶无妄言「剛來爲主」，謂自外乾體而來，以主於内也。凡言卦德者，皆先内後外。此言「止健」者，蓋「畜」爲「止」義。小畜亦「止健」者，而巽體有未能止之勢，此則艮體能止健矣。止雖艮德，而實卦義，與他處言卦德者不同也。

【校　箋】

〔一〕鄭汝諧云：「『畜』有三義：以『畜養』言之，畜賢也；以『畜止』言之，畜健也；以『蘊畜』言之，畜德也。養賢而推之以及萬民，『畜養』之大者。乾剛天下之至健，四、五能畜之，『畜止』之大者。『剛健篤實輝光』，而其德日新，『蘊蓄』之大者。三者所以爲大畜也。」（易翼傳卷一）

『不家食，吉』，養賢也。〔一〕

又分「尚賢」之義，以釋「不家食，吉」。變「尚」言「養」，以「食」言也。

【校　箋】

〔一〕梁寅云：「『養賢』者，亦取『尚賢』之象。自『剛上』而言，則謂之『尚賢』，所以盡其禮也；自『不家食』而言，則謂之『養賢』，所以重其禄也。」（周易參義卷三）

「『利涉大川』，應乎天也。」

又分「止健」之義，以釋「利涉大川」。能止其健，天之德也。〔一〕

【校　箋】

〔一〕李光地云：「『尚賢』、『止健』之義，六爻中皆可見。然夫子釋卦，必以『剛健篤實』一句居首者，蓋莫大於天德。『剛健』者，天德也。人欲畜其天德，非『篤實』則不能。『篤實』者，論語所謂『重』，大學所謂『靜』，中庸所謂『闇』。雖至於達天德，而必有以固其聰明聖智。故『篤實』者，學之所以成始成終，如艮爲『萬物之所成終而所成始』也。此義最大，故首發之。」（周易折中卷九）案：「重」者，論語學而篇云：「君子不重則不威。」「靜」者，禮記大學云：「知止而後有定，定而後能靜，靜而後能安。」「闇」者，中庸云：「君子之道，闇然而章。」「萬物」至「始也」，周易説卦傳文。

象曰：「天在山中，大畜。君子以多識前言往行，以畜其德。」〔一〕

剛健篤實輝光，以新其德，誠則明矣。多識前言往行，以蓄其德，明則誠矣。

【校箋】

〔一〕朱熹云：「『天在山中』，不必實有是事，但以其象言之耳。」（周易本義卷五象上傳第三）邱富國云：「大畜言『畜德』，小畜言『懿文德』，畜德雖同，而『文德』則『德』之小者也。」（見周易大全卷十）

初九：有厲，利已。〔一〕

下卦以「自止」爲義，如小畜之下卦也。所止既大，則時不可進矣。進必有危，故利於已也。

【校箋】

〔一〕蔡清云：「初九不可進，而未必能自不進，故戒之云：進則『有厲』，惟利於已也。若九二之處中，能自止而不進者也，則以其所能言之，曰『輿説輹』。」（易經蒙引卷四上）

象曰：「『有厲，利已』，不犯災也。」

九二：輿説輹。

小畜之三，過剛冒進，故輻説而不得行。此爻有中德而知時，故自説其輹而不進。項氏曰：「『輻』，車轑也。『輹』，軸轉也。輻以利輪之轉，輹以利軸之轉。然輻无説理，必輪破轂裂，然後説耳。若輹，則有説時，車不行則説之矣。」〔一〕

【校箋】

〔一〕李光地引「項氏曰」云云，乃項安世語，見胡廣周易大全卷四，彼書引「然後説耳」作「而後可説」。「輻以」至「軸之轉」，此數語亦見項氏周易玩辭卷六。

象曰：「『輿説輹』，中无尤也。」

小畜初、二，以理自止也，故皆「吉」。大畜初、二，勢不得不止矣，免於災尤而已。

九三：良馬逐，利艱貞。日閑輿衛，利有攸往。〔一〕

所畜者小，故至三而猶説輻；所畜者大，至三則將通之時矣。其象如良馬之追逐，可以進也。然當畜時，故猶必艱貞防閑，而後利有所往。

【校箋】

〔一〕項安世云：「初九在初，故稱『童牛』。九二以剛居柔无勢，故爲『豶豕』。」（周易玩辭

卷六）

象曰：「『利有攸往』，上合志也。」〔一〕

小畜三、上，亦同德而義異者。此卦有「剛上」之象，三近上體而與上應，所以爲「合志」。

【校箋】

〔一〕程頤云：「所以『利有攸往』者，以與在上者合志也。上九陽性上進，且畜已極，故不下畜三，而與合志上進也。」（伊川易傳卷四）趙汝楳云：「他卦陰陽應爲得，此則爲畜；他卦陰陽敵爲不胥與，此則爲合。」（周易輯聞卷三）案：覆元至正本伊川易傳「而」下有小注云：「一有『三』字。」

六四：童牛之牿，元吉。〔一〕

上卦以「止人」爲義，如小畜之上卦也。此爻取能止初之進。止之於初，「童牛之牿」之象也。未發而禁，「吉」斯大矣。

【校箋】

〔一〕朱熹云："『童』者，未角之稱。『牿』，施横木於牛角以防其觸，詩所謂『楅衡』者也。止之於未角之時，爲力則易，大善之吉也，故其象、占如此。學記曰『禁於未發之謂豫』，正此意也。"（周易本義卷一上經第一）案："楅衡"，毛詩魯頌閟宫文。

象曰："六四『元吉』，有喜也。"〔一〕

【校箋】

〔一〕"元"原作"之"，今據注疏本改。榕村本、陳本亦作"之"，形近而譌。陳祖武云："『之』字誤，當作『元』。"是也。

六五：豶豕之牙，吉。

取能止二之進也。止之於著，"豶豕之牙"之象。消惡於本，亦"吉"道也。

象曰："六五之『吉』，有慶也。"

四先而五後，故"元吉"優於"吉"；四卑而五尊，故"慶"大於"喜"。小畜之四、五無吉辭，而大畜備焉，時義然也。

上九：何天之衢，亨。〔一〕

「天衢」，謂天路。「何」者，荷也，猶詩所謂「何天之休」、「何天之寵」也。〔二〕畜極則通矣。又卦有「尚賢」之義，而上適當之。小人止而君子進，非荷天路之蕩平不及此，故其占曰「亨」。

【校箋】

〔一〕張浚云：「剛在上爲『何』。『何』，謂勝其任。」（紫巖易傳卷三）吴澄云：「『何』，與噬嗑上九『何校』之『何』同。後漢王延壽魯靈光殿賦云『荷天衢以元亨』，『何』作『荷』。『何天之衢』，其辭猶詩言『何天之休』、『何天之龍』。大畜者，一陽止於外，而三陽畜藏於內。畜極則散，止極則行。故上九雖艮體，至畜之終，則不止而行也。」（易纂言卷一）李光地云：「『何』字，程傳以爲誤加，本義以爲發語。而諸家皆以『荷』字爲解，義亦可從。蓋『剛上』、『尚賢』者，惟上九一爻當之，且爲艮主，是卦之主也，故取『尚賢』之義。則是賢路大通，卦所謂『不家食』者此已。取艮主之義，則能應天止健，卦所謂『涉大川』者此已。故『天衢』者，喻其通也。『荷天之衢』者，言其遇時之通也。雜卦云『大畜，時也』，正謂此也。吴氏引商頌之詩者，語意尤近。」（周易折中卷四）

〔二〕毛詩商頌長發文。「何天之寵」，毛詩作「何天之龍」。毛傳云：「龍，和也。」鄭箋云：

「『龍』當作『寵』。寵，榮名之謂。」釋文云：「龍，毛如字，鄭作『寵』。」

象曰：「何天之衢，道大行也。」

小畜之象曰「密雲不雨」，其上爻曰「既雨既處」，不雨者至是而雨也。大畜之象曰「不家食，吉。利涉大川」，其上爻曰「何天之衢」，家食者至是而不家食，涉川者至是而無險阻也。二爻皆以終「畜」之義，而「道」之「大行」，與「有所疑」而「征凶」者異矣。

27 ䷚震下艮上

頤：貞吉。觀頤，自求口實。〔一〕

頤卦體有「口」象。其象甚明，故彖傳不釋，而直釋辭義。且噬嗑卦有「頤中有物」之文，可以推而曉也。其象山下有雷。草木根荄得陽氣而滋養，亦頤之象。○頤之道，得正則「吉」。若所養者非所當養，而務求必得之術以自饜其欲，則失頤道之正矣。故必觀其所養者，然後求其養之之方以自養，是「養正」之義也。

【校箋】

〔一〕程頤云：「『頤』，養也。人口所以飲食，養人之身，故名爲頤。頤之道，以正則『吉』也。

人之養身、養德、養人、養於人，皆以正道則『吉』也。」（伊川易傳卷四）朱熹云：「『頤』，口旁也。口食物以自養，故爲『養』義。爲卦上下二陽，內含四陰，外實內虛，上止下動，爲『頤』之象、『養』之義。『貞吉』者，占者得正則『吉』。『觀頤』，謂以其所養之道；『自求口實』，謂觀其所以養身之術，皆得正則『吉』也。」（周易本義卷一上經第一）陸銓云：「『觀頤』，即『考其善不善』；『自求口實』，即『於己取之而已矣』。」（見周易折中卷四）李光地云：「陸氏說與傳、義異，蓋云：觀其所養者，以自求養而已。如所養者德乎？則當自求其所以養德之道。如所養者身乎？則當自求其所以養身之方。與夫子彖傳語意尤合也。」（周易折中卷四）案：陸氏引「考其善不善」、「於己取之而已矣」，孟子告子上文。

彖曰：「『頤，貞吉』，養正則吉也。『觀頤』，觀其所養也。『自求口實』，觀其自養也。〔一〕

「觀頤」者，觀其所養。如養人則公，養己則私，養心則大，養體則小，是不可以不辨也。「自求口實」者，觀其自養。蓋謀食亦生人之理，而口腹非尺寸之膚，但當業於本分，而求所當得。如小人則食其力，君子則食其勞，於己取之而已矣。「自求」者，如詩所謂「自求多福」，〔二〕對小人而言之也。

【校箋】

〔一〕李舜臣云：「古之觀人，每每觀其所養。而所養之大小，則必以其所『自養』者觀之。夫重道義之養而略口體，此養之大者也；急口體之養而輕道義，此養之小者也。養其大體，則爲大人；養其小體，則爲小人。天之賦予，初无小大之別，而人之所養各殊，則其所成就者亦異。」（見厚齋易學卷十六）谷家杰云：「『觀頤』者，當於所養觀之，又當於所養中『自養』處觀之。」（見周易折中卷九）李光地云：「李氏、谷氏説，皆得孟子『考其善不善』之意。」（周易折中卷九）案：李氏引「考其善不善」，孟子告子上文。

〔二〕「自求多福」，毛詩大雅文王文。

天地養萬物，聖人養賢以及萬民。頤之時，大矣哉！」〔一〕

極言養道，皆養而得其正者也。以卦言之，雷在山下，陽氣發生，「天地養萬物」也。五居尊位，有養人之責，而順從上九之賢，「聖人養賢以及萬民」也。凡彖傳中，雖推類廣説，而每根本卦義者多類此，故常可以爲爻辭斷例，不可不知。

【校箋】

〔一〕李光地云：「卦有曰『尚賢』、『養賢』者，皆是六五、上九相遇，大有、大畜、頤、鼎是也。此卦頤爲『養』義，而六五又賴上九之養以養人，故曰『聖人養賢以及萬民』也。」（周易折中卷九）

象曰：「山下有雷，頤。君子以慎言語，節飲食。」〔一〕

雷收其聲，如「慎言語」；山閟其氣，如「節飲食」。

【校箋】

〔一〕俞琰云：「『頤』乃口頰之象，故取其切於『頤』者言之，曰『慎言語，節飲食』。充此『言語』之類，則凡號令、政教之出於己者，皆所當『慎』，而不可悖出；充此『飲食』之類，則凡貨財、賦税之入於上者，皆所當『節』，而不可悖入。」（周易集説卷十二）

初九：舍爾靈龜，觀我朵頤，凶。〔一〕

以德，則陽養陰，不以陰養陽；以位，則上養下，不以下養上。此卦上三爻義皆善，謂養人正也；下三爻義皆不善，謂求養非正也。初有剛德，能養人者，以居下位，爲動之主，得應於上，有求必得。又口之食物，上止下動，而初適當其處。是自舍其靈龜，乃觀人而朵頤，失養之正，「凶」之道也。

【校箋】

〔一〕王弼云：「『朵頤』者，嚼也。以陽處下而爲動始，不能令物由己養，動而求養者也。夫安身莫若不競，修己莫著自保，守道則福至，求禄則辱來。居養賢之世，不能貞其所履以全其德，而舍其『靈龜』之明兆，羨我『朵頤』而躁求，『凶』莫甚焉。」（見周易正義卷三）項安世云：「頤卦惟有二陽，上九在上，謂之『由頤』，固爲所養之主；初九在下，亦足爲自養之頤。『靈龜』伏息而在下，初九之象也；『朵頤』在上而下垂，上九之象也。上九爲卦之主，故稱『我』。羣陰從我而求養，固其所也。初九本无所求，乃亦仰而『觀我』，有靈而不自保，有貴而不自珍，宜其『凶』也。初九本靈本貴，聖人以其爲動之主，居養之初，故深戒之，以明自養之道。」（周易玩辭卷六）李光地云：「項氏以『觀我朵頤』爲上九，亦備一説。」（周易折中卷四）

象曰：「『觀我朵頤』，亦不足貴也。」

六二：顛頤，拂經于丘頤，征凶。〔一〕

凡上而求養於下者，皆曰「顛」。二，顛而凶者，居下卦，求人以自養者也。四，顛而吉者，居上卦，求人以養人者也。非常理、正理，則曰「拂」。二、五有中德，居中位，而資上九無位之養，反於常道者也，故曰「拂經」。「顛頤」者，下求初之養也；「拂經于丘頤」者，上求上之養也。二者皆失類，故曰「征凶」也。

【校箋】

〔一〕項安世云：「二、五得位得中，有可養之勢，而不能自養，反由養於不中无位之爻，與常經相悖，故皆爲『拂經』。易中『丘』皆爲『聚』。渙以三陰相聚，爲『有丘』。頤四陰皆聚於上，上又艮體，故爲『于丘』。」（周易玩辭卷六）黄幹云：「頤之六爻，只是『顛拂』二字，求養於下則爲『顛』，求養於上則爲『拂』。六二比初而求上，故『顛頤』當爲句，『拂經于丘頤』句，『征凶』即其占辭也。六三『拂頤』，雖與上爲正應，然畢竟是求於上以養己，所以有『拂頤』之象，故雖正亦『凶』也。六四『顛頤』，固與初爲正應，然是賴初之養以養人，故雖『顛』亦『吉』。六五『拂經』，即是比于上，所以有『拂經』之象；然是賴上九之養以養人，所以居正爲『吉』；但不能自養，所以『不可涉大川』。」（見周易傳義附録卷八）李光地云：「項氏、黄氏説，深得文意，可從。」本義雖從程傳以『征凶』屬之『丘頤』，然至其解象傳『六二「征凶」，行失類也』，則曰『初、上皆非其類也』，則亦以『征凶』總承

兩義矣。」（周易折中卷四）

象曰：「六二『征凶』，行失類也。」

無比、應之義，則非其類也。

六三：拂頤貞，凶。十年勿用，无攸利。〔一〕

上九爲頤之主，而三應之。卦之得養，無如此爻者。然居動之極，不中不正，上交必諂，從欲維危。卦之拂乎養道，亦無如此爻者。以此爲常，其凶甚矣。「十年勿用」，無時而可也；「无攸利」，無一而可也。

○頤道所謂「貞」者，觀其所養與自求口實而已。三居下體，則所養者己而已，應上而有求焉，則非自求者也，與頤之正道正相反，故曰「拂頤貞」。初亦如是，故「凶」之詞同，然不曰「拂頤貞」，又不曰「十年勿用」者，以其本有剛德也。舍剛德而狥人，〔二〕是以「凶」爾，非夫不中不正、逐利不顧者比也，故至三而後養道大悖。

【校　箋】

〔一〕鄭汝諧云：「三應於上，若得所養，而凶莫甚於三。蓋上之養下，下之養於上，皆貴於正。三不中不正，而居動之極，所以求養於人者，必无所不至。是謂拂於頤之貞，凶之道也。

『十年勿用，无攸利』，戒之也。因其有多欲妄動之心，示之以自反之理，作易之本意也。」（易翼傳卷一）

〔三〕「狥」，同「徇」。「徇」，順也。

象曰：「『十年勿用』，道大悖也。」

非大悖於道，則或待時而可用。

六四：顛頤，吉。虎視眈眈，其欲逐逐，无咎。

四、五皆居養人之位，而其才皆陰，故四取應初而資其養，五取尚上而資其養也。居養人之位而求於下，則非求自養也，故雖「顛頤」而「吉」。然求賢而資以養人者，又不可不專且勤。故必如虎視之眈眈而求食之逐逐，嗜善之不倦如彼嗜利者之無厭，則可以稱其職而「无咎」矣。

象曰：「『顛頤』之『吉』，上施光也。」

六五：拂經，居貞，吉。不可涉大川。〔一〕

居尊位而資養物於人，雖拂經常，然乃所以爲正也。故當此位者，安守其正則「吉」。不可妄動涉險，以違時義也。

【校箋】

〔一〕林希元云：「不能養人，而反賴上九以養於人，故其象爲『拂經』，言反常也。然在己不能養人，而賴賢者以養人，亦正道也，故『居貞』而『吉』。若不用人而自用，則任大責重，終不能勝，如『涉大川』，終不能濟，故『不可』。」（易經存疑卷四）

象曰：「『居貞』之『吉』，順以從上也。」

上九：由頤，厲吉。利涉大川。〔一〕

初既在上，無養人之義，則卦惟上九一陽，頤之所由也。非尊位而頤由己，危道也。然時當養物，故雖危而吉。而以之濟艱履險，亦無不利。

或疑：「『由豫』無危辭，何也？」曰：豫四當其任而承五者也，頤上不當其任而爲五所尚者也，其位則不同矣。然豫四之「勿疑」，猶頤上之「厲吉」，皆言當是責者宜坦然於危疑之間，而自任以天下之重也。

【校箋】

〔一〕吴慎云：「養之爲道，以養人爲公，養己爲私。自養之道，以養德爲大，養體爲小。艮三爻皆養人者，震三爻皆養己者。初九、六二、六三，皆自養口體，私而小者也；六四、六

五、上九，皆養其德以養人，公而大者也。公而大者『吉』，得頤之正也；私而小者『凶』，失頤之貞也。可不觀頤而自求其正耶？」（見周易折中卷四）

象曰：「『由頤，厲吉』，大有慶也。」〔一〕

【校箋】

〔一〕項安世云：「六五、上九二爻，皆當以小象解之。六五之『居貞』，非自守也，貞於從上也，故曰『「居貞」之「吉」，順以從上也』。上九之『厲吉』，非能自吉也，得六五之委任而吉也，故曰『「由頤，厲吉」，大有慶也』。」（周易玩辭卷六）

28 ䷛ 巽下兑上

大過：棟橈。利有攸往，亨。〔一〕

陽大陰小，陽内陰外，四陽居中，大者過也。在人，則爲大事之過。人於大事而有過者，以其時之所處者難，事之所關者大，以道自守則或矯於俗，以義自任則或違於衆，雖理之當然，然亦謂之過矣。至於好剛而亢，用壯而窮，往往以傷物而債事，則又凡人

之大過也。其象澤在木上。澤之盈虚，以地爲節，泛濫之甚，至於滅木，亦大過之義也。〔二〕

○大事之過，每過於剛，故有「棟橈」之象。然持危定傾，存乎其人。當此之時，必善其所行，乃可通達。故其占爲：宜有所往，然後得「亨」也。

【校　箋】

〔一〕胡炳文云：「或曰：『既言「棟橈」，又曰「利有攸往，亨」，何也？』曰：『「棟橈」，以卦象言也。「利往」而後「亨」，是不可无大有爲之才，而天下亦无不可爲之事也，以占言也。』」（周易本義通釋卷一）何楷云：「『棟』，説文謂之『極』，爾雅謂之『桴』，其義皆訓『中』也，即屋之脊欞。惟大過，是以『棟橈』。惟『棟橈』，是以『利有攸往』。惟『有攸往』，是以『亨』。卦辭言『棟』，概指二、三、四、五言也。爻辭專及三、四者，舉中樞也。」（古周易訂詁卷三）

〔二〕「也」，陳本同，榕村本無此字。

彖曰：「大過，大者過也。〔一〕

謂四陽居中，在人則爲處大事而有過者。

【校箋】

〔一〕俞琰云：「『大過』，謂陽之過也。在人事，則泛言萬事大者之過，凡大者皆是，非一端也。」（周易集説卷十六）

棟橈，本末弱也。〔一〕

謂二陰在外。四陽象棟，則二陰者，楹柱之象也。棟强楹弱，必有橈患。在人則用剛之過，而物情不堪，事勢不順，亦有橈敗之道焉。

【校箋】

〔一〕朱熹云：「以卦體釋卦辭。『本』，謂初。『末』，謂上。『弱』，謂陰柔。」（周易本義卷三象上傳第一）何楷云：「剛過始致本末之弱。本末既弱，剛亦不能獨支。本末弱，即大過之象，乃『棟』所由『橈』也。」（古周易訂詁卷三）

剛過而中，巽而説行，利有攸往，乃亨。〔一〕

卦體剛過，而二、五得中。卦德内巽入，而外以和説行之。過而不過，〔二〕足以處大事而不橈。以是而有所往，則「亨」之道也。

【校箋】

〔一〕程頤云：「言卦才之善也。剛雖過，而二、五皆得中，是處不失中道也。下巽上兑，是以巽順和説之道而行也。在大過之時，以中道巽説而行，故『利有攸往』，乃所以能『亨』也。」（伊川易傳卷四）

〔二〕「過而不過」，謂大過卦體剛過而卦德不過也。後皆倣此。

大過之時，大矣哉！」〔一〕

【校箋】

〔一〕蔡清云：「大過之時，非時大過也，人當大過之時也，以其時事宜於大過也。其理正小過所謂『過以利貞，與時行』者也。『大過』二字屬人。」（易經蒙引卷四下）

象曰：「澤滅木，大過。君子以獨立不懼，遯世无悶。」〔一〕

「獨立」、「遯世」，可謂剛矣；然「不懼」則有以養其氣，「无悶」則有以裕其心：此君子大過之行也。「獨立不懼」，如木之根也深；「遯世无悶」，如澤之説也至。

【校箋】

〔一〕劉牧云：「用之則『獨立不懼』，舍之則『遯世无悶』。」（見厚齋易學卷三十九）李簡云：「君子當此之時，或進則大有爲，返本末之衰，『獨立不懼』可也；或退而窮居，則堅貞不移，『遯世无悶』可也。」（學易記卷三）

初六：藉用白茅，无咎。〔一〕

居初未過也，質柔非剛也。然剛以柔爲基，任大事者以小心爲本。柔才巽主，有慎密之象焉。敬慎沉密之至，乃大有爲之基本也。「藉用白茅」者，如將置重物於上，而先設柔物於下以承藉之，則不虞於傾橈矣。當大過之初而如此，所以「无咎」。

【校箋】

〔一〕程頤云：「初以陰柔巽體而處下，過於畏慎者也。以柔在下，用茅藉物之象。不措諸地而藉以茅，過於慎也，是以『无咎』。茅之爲物雖薄，而用可重者，以用之能成敬慎之道也。」（伊川易傳卷四）李光地云：「蓋大過者，大事之卦也。自古任大事者，必以小心爲基，故聖人於初爻發義。任重大者，『棟』也；基細微者，『茅』也。棟支於上，茅藉於下。故繫傳云『茅之爲物薄，而用可重也』，正對『棟』爲重物、重任而言。」（周易折中卷四）

象曰：「『藉用白茅』，柔在下也。」〔一〕

「柔」，「茅」象。「在下」，「藉」象。

【校　箋】

〔一〕程頤云：「以陰柔居卑下之道，惟當過於敬慎而已。以柔在下，爲『以茅藉物』之象，敬慎之道也。」（伊川易傳卷四）

九二：枯楊生稊，老夫得其女妻，无不利。〔一〕

「楊」，水畔之木。二、五近陰，〔二〕故變「楝」象「楊」也。當過之時，故有「枯老」之象。然二以剛居柔而得中，又比初六未過之陰，故其象爲：楊雖枯而生根，猶可以萌蘖也；夫雖老而得女妻，猶可以孕育也。蓋困於外而亨於中，剥於今而復於後，處過如此，不與時偕極矣，何不利之有哉？

【校　箋】

〔一〕胡炳文云：「巽爲木，兑爲澤。『楊』，近澤之木，故以取象。『枯楊』，大過象；『稊』，根也，初在下象。『老夫』，九象；『女妻』，初柔在下象。九二陽雖過，而下比於陰，如枯陽雖過於老，稊榮於下，則復生於上矣。老夫而得女妻，雖過以相與，終能成生育之功。无

他，以陽從陰，過而不過，生道也。雖然，女嫁士夫，常也；遇老夫，過也。」（周易本義通釋卷二）

〔三〕「五」原作「女」，今據榕村本改。陳本亦誤作「女」。案：大過九二、九五近陰，皆以「枯楊」爲象。作「女」非是。

象曰：「『老夫女妻』，過以相與也。」〔一〕

行過，則宜若無相與者。「過以相與」，所以爲善。

【校箋】

〔一〕王申子云：「老夫而女妻，雖過乎常，然陽陰相與，以成生育之功，則无不利也。」（大易緝説卷五）

九三：棟橈，凶。〔一〕

中四陽皆卦所謂之「棟」者，而三、四尤居中，故獨取其象。九三以剛居剛而不中，過乎剛矣，又居下體，「橈」之象也。任大而橈，其「凶」可知。

【校箋】

〔一〕朱熹云：「三、四二爻居卦之中，『棟』之象也。九三以剛居剛，不勝其重，故象『橈』而占『凶』。」（周易本義卷一上經第一）

象曰：「『棟橈』之『凶』，不可以有輔也。」〔一〕

剛之過，則人不得而輔之，如棟之莫之承，故橈也。

【校箋】

〔一〕項安世云：「全卦有『棟橈』之象，而九三乃獨有之；全卦有『利往』之象，而九二乃獨有之，何哉？蓋九二當剛過之時，獨能居柔而用中，又與柔比，在六爻之中，獨此一爻不爲過甚之事，故『无不利』也。卦體本以中太强而本末弱，是以爲『橈』。九三以剛居剛，又處巽之極爲躁，在六爻之中，獨此一爻爲過於强，故『棟』愈『橈』而不可輔也。」（周易玩辭卷六）

九四：棟隆，吉。有它，吝。〔一〕

以剛居柔，過而不過，又居上體，故有「隆」象。然應初六，又有「下橈」之象，故復以「有它」爲戒。當大任者，不二其心，致一其事，豈可以「有它」乎？

【校箋】

〔一〕朱熹云：「以陽居陰，過而不過，故其象『隆』而占『吉』。然下應初六，以柔濟之，則過於柔矣，故又戒以『有它』則『吝』也。」（周易本義卷一上經第一）

象曰：「『棟隆』之『吉』，不橈乎下也。」〔一〕

【校箋】

〔一〕程頤云：「棟隆起則『吉』，不橈曲以就下也。謂不下係於初也。」（伊川易傳卷四）

九五：枯楊生華，老婦得其士夫，无咎无譽。〔一〕

當過之時，以剛居剛而處尊位，又比上六已過之陰，故其象爲：楊已枯而生華，適以竭其氣也；士夫而爲老婦所得，適以蠱其心也。蓋志窮而有小喜，則益之災；德亢而無彊輔，則重之疾。縱其无咎，而亦无令譽之足稱矣。以五居中，故猶有「无咎」之占。

【校　箋】

〔一〕沈該云：「九二比於初，近本也，『生稊』之象也。九五承於上，近末也，『生華』之象也。」（易小傳卷三下）何楷云：「『生稊』則生機方長，至『生華』則洩且竭矣。二所與者初，初，本也，又巽之主爻，爲木、爲長、爲高；木已過而復芽，又長且高，故有往亨之理。五所與者上，上，末也，又兑之主爻，爲剛鹵、爲毁折、爲附決，皆非木之所宜；木已過而生華，又毁且折，理无久生已。」（古周易訂詁卷三）

象曰：「『枯楊生華』，何可久也？『老婦士夫』，亦可醜也。」

枯木而華，是速其枯。老婦惑男，必有醜行。

上六：過涉滅頂，凶，无咎。〔一〕

當過之極，處兑澤之盈，故有「過涉滅頂」之象。大事過當，非柔才所能濟，其凶必矣。然爻義爲「无咎」也。蓋柔爲説主，時窮無位，時窮則無可爲之理，無位則非當事之大。於是以柔處之，和順不爭而養晦以俟，「无咎」之道也。

【校　箋】

〔一〕李光地云：「此爻程傳以爲履險蹈禍之小人，本義以爲殺身成仁之君子。本義之説，固比程傳爲長。然又有一説，以爲：『大過之極，事無可爲者。上六柔爲説主，則是能從容隨順，而不爲剛激以益重其勢，故雖處「過涉滅頂」之「凶」，而「无咎」也。況上六居無位之地，委蛇和順，君子弗非也。』此説亦可並存。」（周易折中卷四）

象曰：「『過涉』之『凶』，不可咎也。」〔一〕

先儒説「无咎」有兩例，故於此爻及萃上、節三，皆以「無所歸咎」爲釋。今玩爻義，參以象傳之意，悉從「補過」之訓，以一占例云。

【校　箋】

〔一〕蘇軾云：「『過涉』至於『滅頂』，將有所救也，勢不可救而徒犯其害，故『凶』。然其義則『不可咎』也。」（東坡易傳卷三）

29 ䷜坎下坎上

習坎，有孚維心，亨。行有尚。〔一〕

「坎」，陷也，陽陷於陰也。陽陷於陰，則險莫甚焉。故其德爲陷、爲險，其象爲水。

水者，陽氣在中，爲陰所閉者也。在人，則心之剛德拘於形質之中，亦爲「有所陷而險」之義也。此卦二體皆坎，是謂「重險」。「重險」，則所更歷者皆險，有「習」之象焉。「習」須依古注訓「便習」。「便習」者，習之不已，以至於便熟也。蓋八卦皆人心之德，獨險非善道，不可以心德言，故加「習」字以名之。能更習於險，即人心之德也。

○更習於險之道，在乎内有實德；無實德，則無習之之本。又驗於心之亨通；非亨通，則亦無以見習之之效。其中至實而其道不窮，則無入而不自得，故「行」則「有尚」。

【校箋】

〔一〕王弼云：「『坎』，險陷之名也。『習』，謂便習之。」（見周易正義卷三）孔穎達云：「險難之事，非經便習，不可以行，故須便習於坎，事乃得用。故云『習坎』也。案：諸卦之名，皆於卦上不加其字。此坎卦之名特加『習』者，以坎爲險難，故特加『習』名。」（周易正義卷三）朱熹云：「『習』，重習也。『坎』，險陷也。其象爲水，陽陷陰中，外虚而中實也。此卦上下皆坎，是爲『重險』。中實，爲『有孚，心亨』之象。以是而行，必有功矣，故其占如此。」（周易本義卷一上經第一）

彖曰：「習坎，重險也。〔一〕

言險體相重，有「更歷備嘗」之象焉。解「習」之意，非以「重」訓「習」也。

【校箋】

〔一〕孔穎達云：「釋『習坎』之義。『險』，難也。若險難不重，不爲至險，不須便習，亦可濟也。今險難既重，是險之甚者，若不便習，不可濟也。故注云：『「習坎」者，習重險也。』」（周易正義卷三）

水流而不盈，

坎爲陷，而其象水也。物之陷於險而能行險者，莫如水。故先言水德，以起下文「行險」之義。蓋五行之性，惟水流行。

又，凡物皆能爲驟盈之勢，如以斗斛盛粟米，或平地積沙土，皆可以頓然隆起；及稍就堅實，則必遽耗矣。惟水之流無驟溢之勢，而又不可復爲消滅，是其德之流通而至實也。惟流通，故其行險也，不爲所困；惟至實，故其行險也，不踰越以出於險，而積累以充於中。卦辭「孚」、「亨」之義，〔二〕由此而取爾。

【校　箋】

〔一〕「卦辭」原作「彖辭」，今改。榕村本、陳本亦誤作「彖辭」。

行險而不失其信，維心亨，乃以剛中也。〔一〕

人之「行險而不失其信」者，如水之不盈而有常；「維心亨」者，如水之流通而不困。卦體二、五剛而得中，兼有其義，蓋剛則實而有信，中則虛而能通矣。

【校　箋】

〔一〕程頤云：「陽剛中實，居險之中，『行險而不失其信』者也。坎中實，水就下，皆爲『信』義，『有孚』也。維其心可以亨通者，乃以其『剛中』也。」（伊川易傳卷四）

行有尚，往有功也。〔一〕

【校　箋】

〔一〕程頤云：「以其剛中之才而『往』，則『有功』，故可嘉尚。坎以能行爲功。」（伊川易傳卷四）

天險，不可升也。地險，山川丘陵也。王公設險，以守其國。險之時用，大矣哉！」〔一〕

險非善也，而有險之用，故不言「時義」，而曰「時用」也。

【校箋】

〔一〕俞琰云：「『時用』，謂有時乎用，而非用之常也。」（周易集説卷十六）李光地云：「彖辭發『習險』之義，彖傳又發『用險』之義。『習險』者，練習於艱難之事而無所避，立身之大本也。『用險』者，自然有嚴峻之象而不可干，禦物之大權也。天之崇窿不可升，地之修阻不可越，此天、地用險之著者。在人，則所謂『忠信以爲甲胄，禮義以爲干櫓』，皆此意也。其大者，則又莫如王公之設險守國。蓋用天之道而刑賞之威，莫敢以干犯；因地之利而河山之固，莫敢以窺伺。險之用，豈不大哉？大抵八卦之德，皆有其善。坎之德險，雖微與諸卦不同，然以其用言之，則亦與諸卦之德同歸矣。」（周易折中卷九）案：李氏云「彖辭發『習險』之義」，「彖辭」當作「卦辭」。其引「忠信」至「干櫓」，禮記儒行文。

象曰：「水洊至，習坎。君子以常德行，習教事。」〔一〕

「教事」，謂道藝也。德行則常久，道藝則習熟。進德修業，不舍晝夜，如水之繼至而增長也。

【校箋】

〔一〕王宗傳云：「『坎』者，水之科也。二坎相仍，『習復』之義也，故以『水洊至』爲『習坎』之象。『洊』，亦『重』也。以謂上之坎既盈，則重至於下坎故也。此孟子所謂『盈科而後進』也。天盈科而後進，不舍其晝夜之功也。故曰：君子之德行貴乎有常，而教事貴於習熟。」（童溪易傳卷十三）俞琰云：「『常德行』，謂德行有常而不改。『習教事』，謂教事練習而不輟。」（周易集説卷十二）案：王氏引「盈科而後進」，孟子離婁下文。趙岐注云：「科，坎。」

初六：習坎，入于坎窞，凶。〔一〕

「習坎」者，將以出坎也。初六陰柔居下，非能習坎者，而以其才習坎，則惟有入於坎窞而已。蓋小人之行，往往以避就之私、僥幸之術相勝，自謂能習乎險者，習之愈熟，其陷愈深。故中庸曰：「人皆曰『予智』，驅而内諸罟獲陷阱之中，而莫之知辟也。」「習坎」、「入坎」之謂也。六爻惟此言「習坎」，蓋因卦之初而發戒。

【校箋】

〔一〕張浚云：「陰居重坎下，迷不知復，以習於惡，故『凶』，失正道也。傳曰『小人行險以徼幸』，初六之謂。」（紫巖易傳卷三）李光地云：「如張氏説，『習坎』兩字纔不虚設，時俗所謂『機深禍轉深』者。」（周易折中卷四）案：張氏引「小人」至「徼幸」，禮記中庸文。

象曰：「『習坎，入坎』，失道，凶也。」〔一〕

習坎有道。失其道，故凶。

【校箋】

〔一〕朱震云：「君子處險，當以正道，乃可出險。初六不正，不能出險，反入于重坎之底，『失道』而『凶』也。」（漢上易傳卷三）

九二：坎有險，求小得。〔一〕

卦惟兩陽有剛中之德，能習坎者也。九二内卦之中，涉險方始，故曰「坎有險」。習險之道無他，惟曰「有孚」而已。孚者，實也。凡實德、實行之積，自小而大，如水之盛滿，始於涓涓，無驟大之勢也。故欲更習乎險者，必先求其小得，蓋所得雖小而有可大之基。虛實之辨，辨以此爾。

【校　箋】

〔一〕楊時云：「『求』者，自求也。外雖有險而心常亨，故曰『求小得』。」（見大易粹言卷二十九）陳仁錫云：「求其小，不求其大，原不在大也。涓涓不已，流爲江河。如掘地得泉，不待溢出外，然後爲流水也。」（見周易折中卷四）李光地云：「楊氏、陳氏之説極是。凡人爲學作事，必自『求小得』始。如水雖涓涓而有源，乃行險之本也。」（周易折中卷四）

象曰：「『求小得』，未出中也。」

務大則「出中」矣。

六三：來之坎坎，險且枕。入于坎窞，勿用。〔一〕

三居重險之間，來往皆險，其險深矣。惟剛德處之，則不爲險所困而有出險之道，豈陰柔之所能乎？其「入于坎窞」，必矣。然初曰「凶」而三曰「勿用」者，初以習而致凶，道之失也；三來往皆險，遇之窮也，遇之既窮，則惟有守靜勿用而已。

【校　箋】

〔一〕程頤云：「六三在坎陷之時，以陰柔而居不中正，其處不善，進、退與居皆不可者也。來下則入于險之中，之上則重險也，退來與進之皆險，故云『來之坎坎』。既進、退皆險，而居亦險。『枕』，謂支倚。居險而支倚以處，不安之甚也。所處如此，惟益入於深險耳，故云『入于坎窞』。如三所處之道，不可用也，故戒『勿用』。」（伊川易傳卷四）朱熹云：「以陰柔不中正，而履重險之閒，來往皆險，前險而後枕，其陷益深，不可用也，故其象、占如此。『枕』，倚着未安之意。」（周易本義卷一上經第一）王申子云：「下卦之險已終，上卦之險又至，進退皆險，則寧於可止之地而暫息焉。『且』者，聊爾之辭。『枕』者，息而未安之義。能如此，雖未離乎險，亦不至深入于坎窞之中也。其進而入，則陷益深，爲不可用。『勿』者，止之之辭也。」（大易緝説卷五）李光地云：「『險且枕』，傳、義與王氏分爲三説。王氏以爲戒處險者順聽之意，似與需之六四義足相發。」（周易折中卷四）

象曰：「『來之坎坎』，終无功也。」

失道則凶。「无功」，故惟「勿用」。

六四：樽酒簋貳用缶，納約自牖，終无咎。（一）

近君多懼，至險者也。惟極其誠素，乃處之之道。一樽貳簋而用瓦器，至儉約之物也。納此至約之物，奠之牖下，蓋交於神明之禮。以喻人臣謙讓，不盈積其孚誠，以自薦於君，則克保其終，雖危无咎也。

【校箋】

〔一〕王弼云：「處重險而履正，以柔居柔，履得其位。以承於五，五亦得位。剛柔各得其所，不相犯位，皆无餘應，以相承比，明信顯著，不存外飾，處坎以斯，雖復一樽之酒、二簋之食、瓦缶之器，納此至約，自進於牖，乃可羞之於王公，薦之於宗廟，故終『无咎』也。」（見周易正義卷三）崔憬云：「於重險之時，居多懼之地，近三而得位，比五而承陽，修其潔誠，進其忠信，則終『无咎』也。」（見周易集解卷六）何楷云：「『貳』，副也。謂樽酒而副以簋也。禮，天子大臣出會諸侯，主國樽梡簋副，是也。」（古周易訂詁卷三）李光地云：「『簋貳』之説，何氏得之。」（周易折中卷四）

象曰：「『樽酒簋貳』，剛柔際也。」〔一〕

謂以柔正而承剛中。

【校箋】

〔一〕王弼云：「剛柔相比而相親焉，『際』之謂也。」（見周易正義卷三）

九五：坎不盈，祇既平，〔一〕无咎。〔二〕

居至尊之位，尤天下之最險者也。人心忌於易盈，況居尊者乎？水德至實無虛，滿而盈者，但能至於平而已。君子之心無盈滿之時，而其德自有充實之驗。居尊位者若此，則滿而不溢，高而不危，何咎之有乎？九五爲卦之主，故象傳以其辭釋卦，與需大象用九五之辭同。

【校箋】

〔一〕「祇」原作「祗」，今改。阮元周易注疏校勘記云：「『祗既平』，閩、監、毛本同。石經、岳本『祗』作『祇』，是也。釋文：『祇，京作「禔」。』」

〔二〕俞琰云：「『坎不盈』，以其流也。象傳云『水流而不盈』，是也。『不盈』則適至于『既平』，故『无咎』。」（周易集説卷五）何楷云：「『祇』，適也，猶言『適足』也。言適于平而已，即象傳所謂『水流而不盈』也。」（古周易訂詁卷三）李光地云：「如程傳説，則『不盈』爲未能盈科出險之義，與象傳異指矣。須以俞氏、何氏之説爲是。蓋『不盈』，水德也。有源之水，雖涓微而不舍晝夜，雖盛大而不至盈溢，惟二、五剛中之德似之。此所以始於『小得』而終於『不盈』也。」（周易折中卷四）

象曰：「『坎不盈』，中未大也。」〔一〕

「未大」，釋「不盈」之義。言由有中德，故不盈滿而自大也。二曰「小得」，而五猶曰「未大」，蓋終始不盈者也。人之無實得而心易大者，可不玩其占乎？〔二〕

【校箋】

〔一〕項安世云：「『水流而不盈』，謂不止也。『坎不盈』，謂不滿也。不止故『有孚』，不滿故『中未大』。凡物盈則止，水盈則愈行，故坎有時而盈，水无時而盈也。」（周易玩辭卷六）陸振奇云：「知二之得小，則知五之『未大』矣。」（易芥卷三）陳仁錫云：「水流不盈，纔盈便横流泛溢。五爻曰『不盈』，象曰『未大』，以五有中德，故不侈然自大。『未大』，明其所以『不盈』。」（見周易折中卷十一）

〔二〕「不」原作「以」，今據榕村本、陳本改。

上六：係用徽纆，寘于叢棘，三歲不得，凶。〔一〕

古者，罪人納之叢棘三年，使之思善改過。是亦所以習之於險也。三年而不改，則其凶必矣。陰柔居卦終險極，故其象、占如此。

【校　箋】

〔一〕王弼云：「囚執寘于思過之地，自修三歲，乃可以求復，故曰『三歲不得，凶』。」（見周易正義卷三）吴澄云：「周官司圜：『收教罷民，能改者，上罪三年而舍。其不能改而出圜土者，殺。』『三歲不得』，其罪大而不能改者與？」（易纂言卷一）李光地云：「『不得』者，不能得其道也。如悔罪思愆，是謂得道，則其困苦幽囚，止於三歲矣。」（周易折中卷四）

象曰：「上六失道，凶三歲也。」

言惟其失道，故有此三歲之凶。三歲而不得，則終於凶矣；三歲而得，則凶止於三歲也。

30 ䷝ 離下離上

離：利貞亨。畜牝牛，吉。〔一〕

離，麗也，陽麗於陰也。陽麗於陰，則必發其光明。故其德爲明，其象爲火。火者，陽氣麗於陰質而明者也。在人，則形既生矣，神發知矣，神麗形而明也。此卦二體皆離，是謂「重明」。明必有繼，不繼則其明息矣，「重明」之義也。

○明之道，宜於以正，不正則明不可用矣，故曰「利貞亨」。「畜牝牛，吉」者，言養順德則吉也。正而以順德行之，則内不役照，外不傷物。書所謂「高明柔克」，是也。

【校箋】

〔一〕胡炳文云：「坎之明在内，以剛健而行之於外。離之明在外，當柔順以養之於中。」（周易本義通釋卷二）吴慎云：「坎性就下，下不已則『入坎窞』；離性炎上，炎之盛則『突如焚如』。坎陷，欲之類也；離炎，忿之類也。坎『維心亨』，以剛中則不陷；離『畜牝牛』，以中順則不突。」（見周易折中卷四）李光地云：「『畜牝牛』，胡氏、吴氏之説爲切。蓋離，明也。『高明柔克』，則用明而不傷矣。」（周易折中卷四）案：李氏引「高明柔克」，尚書洪範文。

彖曰：「離，麗也。日月麗乎天，百穀草木麗乎土，重明以麗乎正，乃化成天下。」

此釋離之義，而并及於「貞」也。明必有所麗以爲質，觀火之爲物可見矣。故日月至明也，而必麗乎天；百穀草木至文也，而必麗乎土。人君有重明之德，可以無所不照

矣，而以之麗乎正道，乃可以化成天下也。無本之明，其照窮矣。〔一〕

【校箋】

〔一〕張載云：「陽陷於陰爲水，附於陰爲火。」李光地注云：「説者皆謂一陽陷於二陰之間爲坎，一陰麗於二陽之間爲離，非也。凡能出入、上下、動靜、發斂者，皆陽也。顧非陰，則陽之出入、上下、動靜、發斂不可得而見耳。是故震，陽動也；坎，陽陷也；艮，亦陽止也。巽，陽入也；離，陽麗也；兑，亦陽説也。易卦所以分陰、陽者，蓋以陽爲主而遇陰，則爲陽卦；以陰爲主而遇陽，則爲陰卦也。今謂巽陰入於二陽之下，離陰麗於二陽之中，是以『入』與『麗』屬陰，故曰其説非也。」（注解正蒙卷一參兩篇第二）

柔麗乎中正，故『亨』，是以『畜牝牛，吉』也。」〔一〕

「柔麗中正」，指二、五。剛麗於柔者，卦之德也；柔麗中正者，爻之善也。麗乎中正，所以爲「貞」而「亨」；柔麗中正，所以爲「畜牝牛」而「吉」也。

或疑：「『牝牛』坤象，而離取之，坤反爲『牝馬』，〔二〕何也？」曰：惟坤之非馬，故曰「牝馬」，取其順而能健也。惟離之非牛，故曰「牝牛」，取其明而能順也。坎外陰，其德險，險必以健習之，而中畫之陽則健也。離外陽，其德明，明必以順養之，而中畫之陰則順也。故坎曰「剛中」，離曰「柔麗中正」，而其爻辭二、五皆「吉」也。

【校箋】

〔一〕項安世云：「『重明以麗乎正』，此統論一卦之義，以釋卦名也。『柔麗乎中正』，此以二、五成卦之爻釋卦辭也。」（周易玩辭卷六）胡炳文云：「坎之剛中，九五分數多，故九五曰『坎不盈』；卦辭釋『有孚』，亦曰『水流而不盈』。離之中正，六二分數多，故卦辭曰『畜牝牛，吉』，而六二爻辭亦曰『黃離，元吉』。」（周易本義通釋卷十二）案：胡氏云「卦辭釋『有孚』」，「卦辭」當作「彖辭」。

〔二〕易坤卦辭云：「元亨，利牝馬之貞。」

象曰：「明兩作，離。大人以繼明照于四方。」

「繼明」者，其明不息。詩所謂「緝熙于光明」者，〔一〕是也。人君自明其德，則可以照於四方。彖傳「化成天下」，即其義也。

【校箋】

〔一〕「緝熙」至「光明」，毛詩大雅敬之文。「于」原作「於」，今據毛詩正義改。榕村本、陳本亦誤作「於」。

初九：履錯然，敬之，无咎。〔一〕

當事之始，物之交至而亂吾明者多矣。其象如履舄之交錯。蓋古者賓將入室，則脱其履，故曰户外履滿。「履錯然」者，喻應接煩雜也。又初居下，爲足趾，故噬嗑與此皆取屨履之象。人之明易蔽於物，惟敬以待之，則清明在躬而物不能蔽，可以免咎矣。離之卦，萬物相見，以剛德居初，能敬者也，故因以發占戒。

〇兩體取晝夜相繼。二，日中之象也。五，夜中之象也。三，日昃之象也。四，暗暮之象也。初、上之交，昏、晨之際之象也。「敬」者，人心之朝氣也。人能常敬，則常不昏矣。

【校箋】

〔一〕王昭素云：「處萬物相見之初，履錯雜之時。」（見周易義海撮要卷三）馮當可云：「日方出，人夙興之辰也。自寢而興，以足及履錯然有聲，是動之始也。於其始而加敬，則終必吉。禍福幾微，每萌於初動之時。離性炎上躁急，戒於其初。」（見厚齋易學卷十七）胡一桂云：「『錯然』是事物紛錯之意。能敬，則心有主宰，酬應不亂，可免於咎。不能敬，則反是。」（見周易會通卷六）李光地云：「『履錯然』，王氏、馮氏、胡氏之説爲是。蓋錯雜者，處應物之初也。敬者，養明德之本也。人心之德，敬則明，不敬則昏。於應物之初

而知敬，其即於咎者鮮矣。」（周易折中卷四）

象曰：「『履錯』之『敬』，以辟咎也。」

凡傳言「以辟咎」者，皆以接物而言。〔一〕

【校箋】

〔一〕易傳言「以辟咎」者凡兩見，即離初九象辭、睽初九象辭。睽初九爻辭云：「見惡人，无咎。」象辭云：「『見惡人』，以辟咎也。」

六二：黄離，元吉。〔一〕

以中德爲明，故曰「黄離」。所謂「黄中通理」，〔二〕明之最盛者也。故其占「元吉」。

【校箋】

〔一〕程頤云：「二居中得正，麗於中正也。『黄』，中之色，文之美也。文明中正，美之盛也，故云『黄離』。以文明中正之德，上同於文明中順之君，其明如是，所麗如是，大善之『吉』也。」（伊川易傳卷四）

〔三〕「黄中通理」，周易坤文言文。彼文李光地注云：「『黄中通理』，釋『黄』字。曰『黄』，又曰『中』，明中德之在内也。『通理』，所謂虚而明通也。」

象曰：「『黄離，元吉』，得中道也。」

以中德爲明，則用明而「得中道」，所以「元吉」也。

九三：日昃之離，不鼓缶而歌，則大耋之嗟，凶。〔一〕

日過中則昃，喻人之德衰而向昏也。君子常明不昏，故其性不移於情，時有消息而志無盛衰。凡人不然，非鼓歌以娱樂，則嘆老而悲傷，哀樂無常，是其向昏之驗也。衰徵及之，故其占「凶」。

【校箋】

〔一〕荀爽云：「初爲日出，二爲日中，三爲日昃。」（見周易集解卷六）梁寅云：「三居下離之終，乃『日昃』之時也。夫持滿定傾，非中正之君子不能。三處日之夕，而過剛不中，其志荒矣，故『不鼓缶而歌，則大耋之嗟』。其歌也，樂之失常也；其嗟也，哀之失常也。哀樂失常，能无『凶』乎？君子值此之時，則思患之心與樂天之誠並行而不悖，是固不暇於歌矣，而亦何至於嗟乎？」（周易參義卷一）李光地云：「梁氏之説，獨得爻義。蓋『日

昃』者，喻心之昏，非喻境之變也。」（周易折中卷四）

象曰：「『日昃』之『離』，何可久也？」

心昏則不能恒久，故哀樂之變速。

九四：突如其來如，焚如，死如，棄如。〔一〕

前明已過，昏之甚者也。「突如其來」者，爲至昏所迫，不能安詳堅定之狀。天理熄則人欲熾，如日入則火用事，昏者赴之而自燼者多矣。故或趨一時之利而蹈於害，或狥一朝之忿而忘其身，〔二〕皆昏之極、躁妄之至也。「焚、死、棄」不言「凶」，而「凶」甚矣。

【校　箋】

〔一〕章潢云：「明之於人，猶火之于木。火宿于木而能焚木，明本於人而能害人，顧用之何如耳。九四不中不正，剛氣燥暴，其害若此。」（周易象義卷二）何楷云：「三處下卦之盡，似日之過中。四處上卦之始，似火之驟烈。」（古周易訂詁卷三）李光地云：「離，明德也。繼明者，所謂『有緝熙于光明』，其明不息也。與『繼世』之義，全無交涉。因先儒有以『明兩』爲『繼世』者，故程傳用説九四爻義，於經意似遠。章氏、何氏謂『燥暴』、『驟烈』者得之，不能以順德養其明之過也。」（周易折中卷四）案：李氏引「有緝熙于光明」，毛詩周頌敬之文。鄭箋云：「緝熙，光明也。」

〔三〕「狥」，同「徇」。「徇」，順也。

象曰：「『突如其來如』，无所容也。」

非有人迫之來也，昏者若自無所容爾。凡言「无所容」者，皆此意。〔一〕

【校　箋】

〔一〕易傳言「无所容」者凡三見，即離九四象辭、恒九三象辭及序卦傳。恒九三象辭云：「『不恒其德』，无所容也。」序卦傳云：「旅而无所容，故受之以巽。」

六五：出涕沱若，戚嗟若，吉。〔一〕

前明已極、後明將生之際，在人，則夜氣所息，良心復萌之端也。又有中順之德，故其悔悟深切，至於出涕興嗟。如此，則雖昏必明，雖弱必振，「吉」之道也。

【校　箋】

〔一〕劉定之云：「坎者，陰險之卦，故惟剛足以濟之，『沈潛剛克』也。離者，陽躁之卦，故惟柔足以和之，『高明柔克』也。二之文明大善，五之涕嗟憂懼，同歸於『吉』，以柔而然焉。」（易經圖釋卷一）李光地云：「惟六二爲得明德之正。三之歌嗟，四之突來，則明德昏而性情蕩，忿慾仍而災患至矣。能返之者，其惟哀悔之心乎！五有中德，又適昏極將明之候，故取象如此。三之『嗟』，樂過而悲也；五之『嗟』，自怨自艾也。」（周易折中卷四）案：劉氏引「沈潛剛克」、「高明柔克」，尚書洪範文。

象曰：「六五之『吉』，離王公也。」

悔者，吉之端。況居王公之位而能如是，其致「吉」必矣。

上九：王用出征，有嘉折首，獲匪其醜，无咎。〔一〕

處離之終，重明復生之時也。而上以剛德明極居之，故有出征而獲大首之象。蓋在世則覆昏暴而除其元惡，在人心則去利欲而拔其根株，皆去昏而得重明，善補過矣，故曰「无咎」。

【校　箋】

〔一〕李光地云：「上九承四、五之後，有重明之象，故在人心則爲克己而盡其根株，在國家則爲除亂而去其元惡。詩云：『如火烈烈，則莫我敢遏。苞有三蘖，莫遂莫達。』此爻之義也。」（周易折中卷四）案：李氏引「如火」至「莫達」，毛詩商頌長發文。「遏」字誤，當據詩作「曷」。毛傳云：「曷，害也。」

象曰：「『王用出征』，以正邦也。」

明非以示威武，爲其昏亂而正之爾。

周易觀象卷六

大學士李光地撰

下經一

31 ䷞艮下兑上

咸：亨，利貞。取女，吉。〔一〕

「柔上剛下」，情之交也。二體皆少，則其相與交感也，其情至專。又，「止而説」，則感之正；「男下女」，則交之道。山上有澤，泉源下流而滋潤上升，亦交相感通之象。所以爲「咸」。

○感則能通，故咸有「亨」道。然感者，情也，必正而固，則其情不流矣。故感道利在於「貞」，如「取女」然則「吉」。「取女」者，以理合，以情與，以義終焉者也。又咸

「貞」之道，「取女」如是則「吉」。

【校箋】

〔一〕鄭玄云：「『咸』，感也。艮爲山，兑爲澤。山氣下，澤氣上，二氣通而相應，以生萬物，故曰『咸』也。其於人也，嘉會禮通，和順於義，幹事能正。三十之男有此三德，以下二十之女，正而相親説，娶之則『吉』也。」（見周易集解卷七）胡炳文云：「『咸』，感也。不曰『感』而曰『咸』，『咸』，皆也，无心之感也。无心於感者，无所不通也。感則必通，而利在於『貞』。凡言感之道如此。『取女，吉』，專言取女者當如是也。」（周易本義通釋卷二）

彖曰：〔一〕「咸，感也。柔上而剛下，二氣感應以相與，止而説，男下女，是以『亨，利貞。取女，吉』也。〔二〕

釋卦名、辭，與屯相似，蓋卦名兼此三義。又，分而觀之，則「柔上剛下，二氣感應」者，所以爲「亨」也；「止而説」者，所以爲「貞」也；「男下女」者，所以爲「取女，吉」也。「止」者，止於禮義也。

【校箋】

〔一〕「彖」原作「象」，今據注疏本、榕村本、陳本改。

〔二〕朱熹云：「以卦體、卦德、卦象釋卦辭。或以卦變言『柔上』、『剛下』之義，曰『咸自旅來，柔上居六，剛下居五也』，亦通。」（周易本義卷四彖下傳第二）蔡清云：「大抵卦體、卦德、卦象三段，意皆歸於『咸』之一字内。而所謂『亨，利貞。取女，吉』者，義蓋從此而出，故本意以通釋卦名、卦辭。而夫子彖傳乃獨以屬之卦辭者，所見非不同也，命辭之際偶不同耳。」（易經蒙引卷五上）

天地感而萬物化生，聖人感人心而天下和平。觀其所感，而天地、萬物之情可見矣。」

苟其理不相屬，則漠然無感。故觀其所感，而天地、萬物之情可見。

象曰：「山上有澤，咸。君子以虚受人。」

山上有澤，則復注而爲澤矣。山虚，故能升澤之潤；澤虚，故能納山之流。

初六：咸其拇。〔一〕

咸以人身取象，而初當拇之位，陰柔有應，志在於動，「咸拇」之象也。不言吉凶者，與上六爻意同。

【校箋】

〔一〕朱熹云：「『拇』，足大指也。咸以人身取象，感於最下，『咸拇』之象也。感之尚淺，欲進未能，故不言吉凶。此卦雖主於感，然六爻皆宜靜而不宜動也。」（周易本義卷二下經第二）

象曰：「『咸其拇』，志在外也。」〔一〕

「外」，外卦也。指九四之應，與九五「志末」同。

【校箋】

〔一〕虞翻云：「『志在外』，謂四也。」（見周易集解卷七）

六二：咸其腓，凶。居吉。〔一〕

二當腓位而有中正之德，故兩發其義，以爲：「咸其腓」，則「凶」矣；若安靜而順理，則「吉」而不害也。頤初九剛正，當「朵頤」之位而無「居吉」之辭，彼爲動主，而此艮體也。

【校箋】

〔一〕王弼云:「咸道轉進,離『拇』升『腓』。『腓』,體動躁者也。感物以躁,『凶』之道也。由躁故『凶』,居則『吉』矣。處不乘剛,故可以『居』而獲『吉』。」(見周易正義卷四)朱熹云:「『腓』,足肚也,欲行則先自動,躁妄而不能固守者也。二當其處,又以陰柔不能固守,故取其象。然有中正之德,能居其所,故其占動『凶』而靜『吉』也。」(周易本義卷二下經第二)

象曰:「雖『凶』,『居吉』,順不害也。」

九三:咸其股,執其隨,往吝。〔一〕

程傳以爲隨上,本義以爲隨二。

愚謂:凡言「隨」者,皆以後隨前、以下隨上而相比邇之謂,以隨卦之義及艮二之辭推之可知。蓋謂隨四也。自三以下爲下體,自四以上爲上體。下體必隨上體而動,不能自主也。隨人以動而不能自主,「吝」之道也。腓「凶」而股止於「吝」者,三居下之上,可以動矣,不應内無所主,隨人而動爾。

【校箋】

〔一〕王宗傳云：「九三處下體之上，所謂『股』也。三雖艮體，然以陽居陽，又有應在上，非能止也，故曰『咸其股』。夫『股』，隨上體而動者也。以剛過之才，不能爲主於内，而其所秉執者，在於隨上體而動焉，則躁動而失正矣，故曰『往吝』。」（童溪易傳卷十四）

象曰：「『咸其股』，亦不處也。志在隨人，所執下也。」

「隨人」亦未害，惟志在隨人，則所執者卑下矣。

九四：貞吉，悔亡。憧憧往來，朋從爾思。〔一〕

三陽居中，而九四又居三陽之中，心之象也。且自下而上，正當心位，故因之而明感應之理。人心之用，感應而已，故不言「咸其心」，以別於諸爻也。人心之用，守其正而固焉，則有以極感應之善，而無愧怍悔恨之累。此所以「吉」而「悔亡」也。「憧憧」，煩擾之意。「往來」，即感應也。「憧憧往來」，非「往來憧憧然」之謂，言其憧憧然用意於往來之間也。「往來」自不可無，但加以私意，思慮計度，則爲「憧憧」矣。「朋從爾思」，不獨專而不咸而已。朋黨則害於大公，偏私則失於正理，其爲害也大矣。

【校箋】

〔一〕朱熹云：「九四居股之上、脢之下，又當三陽之中，心之象，咸之主也。心之感物，當正而固，乃得其理。今九四乃以陽居陰，爲失其正而不能固，故因占設戒，以爲：能正而固，則『吉』而『悔亡』。若『憧憧往來』，不能正固而累於私感，則但其朋類從之，不復能及遠矣。」（周易本義卷二下經第二）

象曰：「『貞吉，悔亡』，未感害也。『憧憧往來』，未光大也。」

「未感害」，非「憧憧」也。「未光大」，謂「朋從」也。

九五：咸其脢，无悔。〔一〕

上六陰柔説主，而五比近之，當感之時，志爲之動。凡兑居上體者，五、上多有相説之情，隨、咸、夬、兑皆是也。然五有剛中正之德，又其位背也，不受物感，故爲「咸其脢」之象，而其占可以「无悔」。

【校箋】

〔一〕孔穎達云：「『脢』者，心之上、口之下者。子夏易傳曰：『在脊曰脢。』馬融云：『脢，背也。』鄭玄云：『脢，脊肉也。』王肅云：『脢，在背而夾脊。』説文云：『脢，背肉也。』雖諸説不同，大體皆在心上。」（周易正義卷四）朱熹云：「脢，背肉。在心上而相背，不能感物，而无私係。九五適當其處，故取其象。而戒占者以能如是，則雖不能感物，而亦可以『无悔』也。」（周易本義卷二下經第二）

象曰：「『咸其脢』，志末也。」

凡卦上爲「末」。「末」，指上六也。與上六相比，而志爲之動，故必如脢之與心相背，不受物感，而後「无悔」也。

上六：咸其輔頰舌。〔一〕

陰柔當口之位，故其象如此。

【校箋】

〔一〕朱熹云：「『輔頰舌』，皆所以言者而在身之上。上六以陰居説之終，處感之極，感人以言而無其實，又兑爲口舌，故其象如此，凶咎可知。」（周易本義卷二下經第二）

象曰：「『咸其輔頰舌』，滕口説也。」〔一〕

【校箋】

〔一〕王弼云：「『輔頰舌』者，所以爲語之具也。『咸其輔頰舌』，則『滕口説』也。『憧憧往來』，猶未光大，况在『滕口』，薄可知也。」（見周易正義卷四）

32 ䷟巽下震上

恒：亨，无咎，利貞。利有攸往。〔一〕

剛上柔下，分之定也。二體皆長，則定位而有常。蓋咸語其情，〔二〕故二少之交，專而不貳；恒言其理，故二長之分，定而不移也。又，八卦之情，變化無常者，莫如雷風，然其相與之理，終古不變。觀其至無常者，然後至常者可見也。卦德巽而動。凡躁動，則無常；若沉潛謹審而動，有常可知矣。天地寒暑之化，所以爲有常者，潛移默運故也。卦畫又剛柔皆應，所以爲恒。

○凡事未有可久而不可通者，是恒有「亨」義也。又，積久則必通，亦「恒亨」之義。卒然之通與卒然而通，雖通，或有咎也。恒之「亨」，「亨」且「无咎」矣。其占又利於守正，而「利有攸往」。蓋守正貴於能恒。又，守正然後可以謂之恒也。恒，故利有所往。又，能守能行，然後可以爲恒也。

【校　箋】

〔一〕程頤云：「『恒』者，常久也。恒之道，可以亨通。恒而能『亨』，乃『无咎』也。恒而不可以亨，非可恒之道也，爲有咎矣。如君子之恒於善，可恒之道也；小人恒於惡，失可恒之道也。恒所以能『亨』，由貞正也，故云『利貞』。夫所謂恒，謂可常久之道，非守一隅而不知變也，故利於有往。惟其有往，故能恒也，一定則不能常矣。又，常久之道，何往不利？」（伊川易傳卷五）

〔二〕「咸」，榕村本、陳本作「感」。案：此取卦名行文，作「咸」爲是。

彖曰：〔一〕「恒，久也。剛上而柔下，雷風相與，巽而動，剛柔皆應，恒。〔二〕

【校　箋】

〔一〕「彖」原作「象」，今據注疏本、榕村本、陳本改。

〔二〕朱熹云：「以卦體、卦象、卦德釋卦名義。或以卦變言『剛上』、『柔下』之義，曰『恒自豐來，剛上居二，柔下居初也』，亦通。」（周易本義卷四彖下傳第二）

『恒亨，无咎，利貞』，久於其道也。天地之道，恒久而不已也。〔一〕

釋「利貞」之義。「道」，即正之所在也。惟天地之道，恒久不已。「久於其道」者，法天地而已矣。

【校箋】

〔一〕朱熹云：「恒固能『亨』且『无咎』矣。然必利於正，乃爲久於其道；不正，則久非其道矣。天地之道，所以常久，亦以正而已矣。」（周易本義卷四象下傳第二）

『利有攸往』，終則有始也。〔一〕

釋「利有攸往」之義。物不可以久於其所，故「利有攸往」。居所而遷，終而始也。終始相生，常之至也。

【校箋】

〔一〕朱熹云：「『久於其道』，終也；『利有攸往』，始也。動静相生，循環之理，然必静爲主也。」（周易本義卷四象下傳第二）

日月得天，而能久照。四時變化，而能久成。聖人久於其道，而天下化成。觀其所

恒，而天地、萬物之情可見矣。」〔一〕

「久照」、「久成」，所以恒久不已者也。天地之用在日月，日月之用在四時。「得天」則其體不息，「變化」則其用不窮。聖人所久之道，亦若是而已矣。凡天地、萬物之偶然不常者，非其情也。故觀其所恒，而天地、萬物之情可見。

【校箋】

〔一〕李光地云：「釋『利貞』云『久於其道』，則居所不遷之謂也。釋『利有攸往』云『終則有始』，則動靜不窮之謂也。然兩義並行，初不相悖。動靜雖不窮，而所謂居所不遷者，未嘗變也。然則天地之道，恒久不已，與終則有始之義，一而已矣。下文天地日月，即根此意而申明之。『日月得天，而能久照』者，恒久不已也。『四時變化，而能久成』者，終則有始也。日月爲之體，四時爲之用。四時者，日月之所爲，合之皆天地之道也。聖人久於其道，如日月之得天而久照；化天下而成之，如四時之變化而久成。此恒道之大者也。推而廣之，則凡在天地之閒者，其情皆可見。」（周易折中卷十）

象曰：「雷風，恒。君子以立不易方。」〔一〕

雷風交作，變而不失其常，天地之恒也。「立不易方」，亦變而不失其常，君子之恒也。

【校箋】

〔一〕李光地云：「説此象者，用烈風雷雨弗迷；説震象者，用迅雷風烈必變，皆非也。『雷風』者，天地之變而不失其常也；『立不易方』者，君子之歷萬變而不失其常也。『洊雷』者，天地震動之氣也；『恐懼修省』者，君子震動之心也。」（周易折中卷十二）案：周易震象辭云：「洊雷，震。君子以恐懼修省。」

初六：浚恒，貞凶，无攸利。〔一〕

居恒之初，故因論常久之理。凡人立心行事所以能恒久者，循始終之序而爲之以漸也。事無速效，學無小成，治無近功。故事而欲速則不達，學而進鋭則退速，治而始急則終怠，皆「浚恒」之謂也。以爲常理而浚之，反不能常矣。故以是爲貞則「凶」，而無所利也。

或曰：「卦德以『巽而動』爲善。初爲巽主，反『凶』，何也？」曰：卦論巽體，則沉潛漸漬之義，所以爲善。以柔居初爲巽主，是始事而欲深入，非其序矣。蓋持久堅重者，惟剛德能之，柔則不能故也。

【校箋】

〔一〕程頤云：「初居下而四爲正應，柔暗之人，能守常而不能度勢。四震體而陽性，以剛居高，志上而不下，又爲二、三所隔，應初之志，異乎常矣。而初乃求望之深，是知常而不知變也。『浚』，深之也。『浚恒』，謂求恒之深也。守常而不度勢，求望於上之深，堅固守此，『凶』之道也。泥常如此，无所往而利矣。」（伊川易傳卷五）

象曰：「『浚恒』之『凶』，始求深也。」〔二〕

「求深」非不善也，惡夫「始」而「求深」也。

【校箋】

〔二〕程頤云：「居恒之始，而求望於上之深，是知常而不知度勢之甚也，所以『凶』，陰暗不得恒之宜也。」（伊川易傳卷五）王申子云：「可恒之道，以久而成。始而求深，是施諸己則欲速不達，施諸人則責之太遽者也，故『凶』。」（大易緝説卷六）蘇濬云：「凡人用功之始，立志太鋭，取效太急，便有欲速助長之病，故曰『始求深』。孟子言『深造必以道』，正是此意。」（見周易説統卷五）案：孟子離婁下云：「君子深造之以道，欲其自得之也。」趙岐注云：「造，致也。言君子學問之法，欲深致極竟之以知道意，欲使己得其原本，如性自有之然也。」蘇氏引孟子文，「必」當作「之」。

九二：悔亡。〔一〕

恒之道，非剛不能以持久，非中不足以爲常，故六爻惟此爻爲善。處失其正，故或有悔。惟其得中，故「悔」可「亡」。

【校箋】

〔一〕程頤云：「在恒之義，居得其正，則常道也。九陽爻，居陰位，非常理也。處非其常，本當有『悔』。而九二以中德而應於五，五復居中，以中而應中，其處與動皆得中也，是能恒久於中也。能恒久於中，則不失正矣。中重於正，中則正矣，正不必中也。九二以剛中之德而應於中，德之勝也，足以『亡』其『悔』矣。人能識重輕之勢，則可以言易矣。」（伊川易傳卷五）程迥云：「大壯九二、解初六及此爻，皆不著其所以然，蓋以爻明之也。」（見周易折中卷五）李光地云：「恒者，常也。中則常矣。卦惟此爻以剛居中。大壯之壯，戒於太過，而四陽爻惟二得中。解『利西南』，貴處後也，而卦惟初六爲最後。此皆合乎卦義而甚明者，故直繫以吉占而辭可略也。」（周易折中卷五）

象曰：「九二『悔亡』，能久中也。」〔一〕

【校　箋】

〔一〕程頤云：「所以得『悔亡』者，由其能恒久於中也。人能恒久於中，豈止亡其悔？德之善也。」（伊川易傳卷五）

九三：不恒其德，或承之羞，貞吝。〔一〕

三有剛德，宜能恒矣。然卦惟二、五中也，可常之位也。未至，則有「不可常而常」之象；過，則有「反乎常而不常」之象。三過二之中，「不恒其德」也。行無常度，則己不安；事無常法，則物不順。「或承之羞」，不知其所自來也。以此爲貞，能無「吝」乎？

【校　箋】

〔一〕李光地云：「易所最重者中。故卦德之不善者，過乎中則愈甚，睽、歸妹之類是也；卦德之善者，過乎中則不能守矣，復、中孚之類是也。況恒者，庸也，常也。惟中故庸，未有失其中而能常者也。三、上之爲『不恒』、『振恒』者，以此。」（周易折中卷五）

象曰：「『不恒其德』，无所容也。」〔一〕

動若無所容者，乃無恒之驗。

【校　箋】

〔一〕李光地云：「此『无所容』，與離四相似，皆謂德行無常度，自若『无所容』，非人不容之也。」（周易折中卷十二）

九四：田无禽。〔一〕

剛爲動主而居上位，勇於有爲者也。然不中不正，爲而不善，求而不得，行而無成，如獵非其地而欲得禽，是以難也。後之爲政願治，孜孜汲汲，而操非其術者，其此爻之義矣。

【校　箋】

〔一〕李光地云：「『浚恒』者，如爲學太鋭而不以序，求治太速而不以漸也。『田无禽』者，如學不衷於聖而失其方，治不準於王而乖其術也。如此則雖久何益哉？」（周易折中卷五）

象曰：「久非其位，安得禽也？」〔一〕

【校　箋】

〔一〕程頤云：「處『非其位』，雖久，何所得乎？以田爲喻，故云『安得禽』也。」（伊川易傳卷五）李光地云：「爻既以田爲喻，則非處『非其位』也，乃所往者『非其位』耳。謂所動而施爲者，不得其方也。」（周易折中卷十二）

六五：恒其德，貞。婦人吉，夫子凶。〔一〕

恒之道，以剛德恒之，則有守而後有爲，乃所謂「貞」而「利有攸往」也。六五居中，能常者也，而質則陰柔，不能極恒德之善；況處尊位，於道尤有未盡。故其占爲：雖能恒其德而固守之，然婦人則「吉」，而夫子則「凶」也。

【校　箋】

〔一〕朱熹云：「以柔中而應剛中，常久不易，正而固矣。然乃婦人之道，非夫子之宜也，故其象、占如此。」（周易本義卷二下經第二）邱富國云：「二以陽居陰，五以陰居陽，皆位不當而得中者也。在二則『悔亡』，而五有『夫子凶』之戒者，蓋二以剛中爲常，而五以柔中爲常也。以剛處常，能常者也，其『悔』可『亡』。以柔爲常，則是婦人之道，非夫子所尚，

此六五所以有從婦之『凶』。」（見周易大全卷十二）

象曰：「婦人貞吉，從一而終也。夫子制義，從婦凶也。」〔一〕

【校箋】

〔一〕項安世云：「九二以剛中爲常，故『悔亡』。六五以柔中爲恒，在二可也；在五，則夫也、父也、君也，而可乎？婦人從夫則『吉』，夫子從婦則『凶』矣。」（周易玩辭卷七）楊啓新云：「爻辭只曰『婦人吉』，象傳添一『貞』字，明『恒其德』爲婦人之『貞』也。」（見易經存疑卷五）

上六：振恒，凶。〔一〕

陰柔无守，恒極震終，振動不安，其凶甚矣。在人，則爲變古亂常，安得有功乎？

【校箋】

〔一〕王弼云：「夫静爲躁君，安爲動主。故安者，上之所處也；静者，可久之道也。處卦之上，居動之極，以此爲恒，无施而得也。」（見周易正義卷四）王申子云：「『振』者，運動而无常也。居恒之終，處震之極，恒終則變而不能恒，震極則動而不能止，故有『振恒』之

象。在上而動无恒，其『凶』宜矣。」（大易緝説卷六）

象曰：「『振恒』在上，大无功也。」〔一〕

【校箋】

〔一〕程頤云：「居上之道，必有恒德，乃能有功。若躁動不常，豈能有所成乎？居上而不恒，其『凶』甚矣。象又言其不能有所成立，故曰『大无功』也。」（伊川易傳卷五）

33 ䷠ 艮下乾上

遯：亨，小利貞。〔一〕

二陰浸長，陽當退避，故曰「遯」。又，天下有山，拔出平地之上而勢與天近，亦違世特立之象，所以爲遯也。

○當遯之時，遯而後亨，不遯則身與道俱困矣。「小利貞」者，言當此之時，固當不失其貞，然非可直躬以行其志。論語所謂「危行言遜」，〔二〕此大象所謂「不惡而嚴」，皆「小利貞」之義也。

【校箋】

〔一〕程頤云：「『遯』者，陰長陽消，君子遯藏之時也。君子退藏以伸其道，道不屈則爲亨，故遯所以有『亨』也。在事，亦有由遯避而『亨』者。雖小人道長之時，君子知幾退避，固善也；然事有不齊，與時消息，无必同也。陰柔方長而未至於甚盛，君子尚有遲遲致力之道，不可大貞而尚利小貞也。」（伊川易傳卷五）朱熹云：「『遯』，退避也。爲卦二陰浸長，陽當退避，故爲遯，六月之卦也。陽雖當遯，然九五當位，而下有六二之應，若猶可以有爲，但二陰浸長於下，則其勢不可以不遯。故其占爲：君子能遯，則身雖退而道亨；小人則利於守正，不可以浸長之故，而遂侵迫於陽也。『小』，謂陰柔小人也。此卦之占，與否之初、二兩爻相類。」（周易本義卷二下經第二）李光地云：「『小利貞』之義，傳、義説各不同。據易例，則似傳説爲長。蓋至於三陰之否，則直曰『不利君子貞』矣。遯猶未至於否，但當遜避以善處之，不可過甚以激成其勢，故曰『小利貞』也。」（周易折中卷五）

〔二〕「危行言遜」，論語憲問篇文。注疏本「遜」作「孫」。阮元論語注疏校勘記云：「皇本『孫』作『遜』，注同。釋文出『言孫』，云：『音遜。』」

彖曰：〔一〕「『遯亨』，遯而亨也。〔二〕剛當位而應，與時行也。〔三〕

「遯」，指卦之陽爻。「遯而亨」，以卦體釋卦名而連辭義也。當位則行皆合義，應則動不失幾，此所以能「遯而亨」也。

【校箋】

〔一〕「彖」原作「象」，今據注疏本、榕村本、陳本改。

〔二〕孔穎達云：「『遯而亨』者，此釋遯之所以得『亨通』之義。小人之道方長，君子非遯不通，故曰『遯而亨』也。」（周易正義卷四）

〔三〕王弼云：「謂五也。『剛當位而應』，非否亢也。遯不否亢，能『與時行』也。」（見周易正義卷四）孔穎達云：「舉九五之爻，釋所以能『遯』而致『亨』之由。艮由九五以剛而當其位，有應於二，非爲否亢。遯不否亢，即是相時而動，所以『遯』而得『亨』。」（周易正義卷四）

小利貞，浸而長也。〔一〕

「浸長」無「陰」字，故朱子以爲：「『蒙』『小』字，而戒小人以『利貞』。」然恐易無爲小人謀者，但當爲「戒君子」之義。

【校箋】

〔一〕朱震云：「二陰浸長，方之於否，不利君子貞，固有間矣。然不可大貞，『利小貞』而已。先儒謂『居小官，幹小事』，『其患未害，我志猶行』。蓋遯非疾世避俗、長往而不反之謂也，去留遲速，惟時而已。非不忘乎君，不離乎羣，消息盈虛，循天而行者，豈能盡遯之時義哉？」（漢上易傳卷四）張清子云：「二陽爲臨，二陰爲遯。遯者，臨之反對也。臨之彖曰『剛浸而長』，遯之彖不曰『柔浸而長』而止曰『浸而長』者，蓋剛之長可言也，柔之長不可言也。」（見周易大全卷十二）案：朱氏引「居小官，幹小事」，鄭玄語，見周易集解卷七；「其患未害，我志猶行」，見子夏易傳卷四。

遯之時義，大矣哉！〔一〕

否、剥則時已無可爲者。獨姤、遯之際，處之爲難，故特贊其義之大。

【校箋】

〔一〕郭雍云：「遯之『小利貞』，睽之『小事吉』，不知者遂以爲小而不思也。故孔子明其大，而後知『小利貞』者，有大義存焉；『小事吉』者，有大用存焉。」（郭氏傳家易説卷四）

象曰：「天下有山，遯。君子以遠小人，不惡而嚴。」〔一〕

山不絶人，而高不可躋。君子不絶小人，而嚴不可犯。

【校箋】

〔一〕程頤云：「『天下有山』，山下起而乃止，天上進而相違，是『遯避』之象也。君子觀其象，以避遠乎小人。遠小人之道，若以惡聲厲色，適足以致其怨忿；惟在乎矜莊威嚴，使知敬畏，則自然遠矣。」（伊川易傳卷五）楊時云：「『天下有山』，健而止也。其藏疾也无所拒，然亦終莫之陵也，此『君子遠小人，不惡而嚴』之象也。」（見大易粹言卷三十三）李光地云：「『天下有山』，以『山』喻小人，以『天』喻君子，似未切。蓋『天下有山』，山之高峻極於天也。山之高峻者，未嘗絶人而自不可攀躋，故有『不惡而嚴』之象。楊氏之説，蓋是此意。」（周易折中卷十二）

初六：遯尾，厲，勿用有攸往。〔一〕

「勿用有攸往」，朱子所謂「晦處靜俟」者是也。程傳之意，亦在其中矣。

【校箋】

〔一〕王弼云：「『遯』之爲義，辟内而之外者也。『尾』之爲物，最在體後者也。處遯之時，不往何災？而爲『遯尾』，禍所及也。危至而後行，難可免乎？『厲』則『勿用有攸往』也。」（見周易正義卷四）程頤云：「它卦以下爲初。遯者，往遯也，在前者先進，故初乃爲『尾』。『尾』，在後之物也。遯而在後，不及者也，是以危也。初以柔處微，既已後矣，不可往也，往則危矣。微者易於晦藏，往既可危，不若不往之无災也。」（伊川易傳卷五）朱熹云：「遯而在後，『尾』之象，危之道也。占者不可以有所往，但晦處靜俟，可免災耳。」（周易本義卷二下經第二）李光地云：「易例多取初爻爲居先，何獨遯而取在後之義？曰：因卦義而變者也。初於序則先，然於位則内也。遯者，遠出之義也，故以外卦爲善。初居最内，豈非在後者乎？或曰：『明夷之初九居内，何以爲先幾乎？』曰：明夷則以上卦爲内，以上六爲主故也，是以六四入左腹而六五當内難也。如是，則初又爲最遠，與遯之義正相反也。」（周易折中卷五）

象曰：「『遯尾』之『厲』，不往何災也？」〔一〕

【校　箋】

〔一〕程頤云：「見幾先遯，固爲善也。遯而爲尾，危之道也。往既有危，不若不往而晦藏，可免於災，處危故也。古人處微下、隱亂世而不去者，多矣。」（伊川易傳卷五）李光地云：

「程傳以不遯爲免災，朱子以晦處勿有所行爲免災。故朱子嘗欲劾韓侂胄，占得此爻而止。」（周易折中卷十二）

六二：執之用黄牛之革，莫之勝説。〔一〕

二應五，有心膂之臣之象，不可遯者也。故諸爻皆言「遯」，而此爻不言，明不當遯也。固執其中順之志而不可解，箕子所謂「我不顧行遯」是也。

【校　箋】

〔一〕孔穎達云：「二處中居内，非遯之人也。既非遯之人，便爲所遯之主。物皆棄己而遯，何以執固留之？惟有中和厚順之道，可以固而安之也。能用此道，則不能勝己解脱而去也。」（周易正義卷四）吴綺云：「六二居人臣之位，任國家之責，不當遯者也，故六二不言『遯』。」（見周易大全卷十二）龔焕云：「五爻皆言『遯』，惟六二不言『遯』者，二居大臣之位，上與五應，雖當遯時，固結而不可遯者也，故有『執用黄牛之革』之象，正與革卦初九之義同。本義謂其有必遯之志，似未必然。」（見周易本義集成卷二）蔡清云：「就『隱遯』上説，如何見是『中順』？蓋收斂其德，不形於外，不危言激論，不矯矯伸節，惟知自守而已，此之謂『中順』。」（易經蒙引卷五上）李光地云：「此爻傳、義説亦不同，吴氏、龔氏則暢程傳之説，謂六二爲五正應，如肺腑之臣，義不可去，箕子所謂『我不顧行遯』是也。蔡氏則申本義之説，謂處遯以中順之道，如所謂『危行言遜』者，亦與『不惡而嚴』之義合。至孔氏，則別爲一説，謂其能羈縻善類而不使去。『執』，如雅詩『執我仇仇』之『執』，於經文『執之』兩字語氣，亦自恰合也，故並存其説。」（周易折中卷五）案：李氏引「我不顧行遯」，尚書微子文；「危行言遜」，論語憲問篇文；「執我仇仇」，毛詩小雅正月文。

象曰：「『執用黄牛』，固志也。」〔一〕

【校箋】

〔一〕孔穎達云：「『固志』者，堅固遯者之志，使不去已也。」（周易正義卷四）

九三：繫遯，有疾厲，畜臣妾，吉。〔一〕

迫近二陰，牽繫於遯者也，如此則有疾而危矣。「臣妾」者，近之不遜，遠之則怨。惟「不惡而嚴」，畜之之道也。君子之於小人，既有所牽繫而未得遯，則惟行其「畜臣妾」之道乃「吉」。蓋既不失吾貞，而又不干彼怒，處遯之吉也。

【校　箋】

〔一〕胡瑗云：「爲遯之道，在乎遠去小人則吉。九三居内卦之上，切比六二之陰，不能超然遠遯，是有疾病而危厲者也。『畜臣妾，吉』者，言九三既不能遠小人而不可遠遯，然後以畜羣小『臣妾』之道，即得其『吉』。蓋『臣妾』至賤者也，可以遠則遠之，可以近則近之，如此則『吉』可獲也。」（周易口義卷六）蘇濬云：「『畜臣妾，吉』，示之以待小人之道，見其不可繫也。蓋小人之易親，如臣妾之易以惑人。畜之法，止有個『不惡而嚴』，『嚴』以杜其狎邪之奸，而『不惡』以柔伏其忿戾之氣。用畜臣妾之法以畜之，庶可以免疾憊而『吉』耳。」（見周易説統卷五）李光地云：「孔子曰：『惟女子與小人爲難養也，近之則不遜，遠之則怨。』然則不遠不近之間，豈非『不惡而嚴』之義乎？故當遯之時，有所係而未得去者，待小人以『畜臣妾』之道則可矣。胡氏、蘇氏説明白。」（周易折中卷五）案：李氏引「惟女子」至「則怨」，論語陽貨篇文。

象曰：「『繫遯』之『厲』，有疾憊也。『畜臣妾，吉』，不可大事也。」〔一〕

「不可大事」，即「小利貞」之意。

【校　箋】

〔一〕李光地云：「『不可大事』，言未可直行其志，危言危行也，與象『小貞吉』、大象『不惡而嚴』之意皆相貫。」（周易折中卷十二）案：李氏引遯象辭，「小貞吉」當作「小利貞」。「小貞吉」乃屯九五爻辭。

九四：好遯，君子吉，小人否。〔一〕

「好」者，「不惡」之義也。四居外卦，遯之時矣，而下與初應，有「善其遯而不惡」之象。此惟君子能之，小人則將悻悻見於其面，而不合乎此義矣。「否」者，不然也。

【校箋】

〔一〕李光地云：「『好』者，『惡』之反也。『好遯』，言其不惡也，從容以遯，而不爲忿戾之行。孟子曰：『予豈若是小丈夫然哉？怒悻悻然見於其面。』正『好遯』之義也。『小人否』者，即孟子所謂『小丈夫』者也。○又案：『君子吉，小人否』，若以『小人』與『君子』相敵者言之，則『否』字解如泰、否之義，謂『好遯』者身退道亨，在君子固『吉』矣，然豈小人之福哉？自古君子退避，則小人亦不旋踵而履敗。是君子之遯者，非君子之『凶』，乃君子之『吉』。而致君子之遯者，非小人之泰，乃小人之否也。此義與剥上『小人剥廬』之指正同。蓋易雖不爲小人謀，而未嘗不爲小人戒也。本義以『小利貞』爲戒小人之辭，似與此意亦合。」（周易折中卷五）案：李氏引「予豈」至「其面」，「小丈夫」，皆孟子公孫丑下文。

象曰：「君子好遯，小人否也。」

明小人不能「好遯」也。此「小人」，如孟子所謂「小丈夫」者，〔一〕非與「君子」敵之「小人」也。壯之「用壯」者，亦然。

【校 箋】

〔一〕孟子公孫丑下云：「予豈若是小丈夫然哉？諫於其君而不受，則怒悻悻然見於其面，去則窮日之力而後宿哉？」

九五：嘉遯，貞吉。〔一〕

居尊當位而下有應，當遯之時，遯之嘉美者也。進則有退者，正也。故伊尹復政告歸，而周公欲讓後人於丕時，〔二〕功成身退，可謂美矣，故占曰「貞吉」。

【校 箋】

〔一〕李光地云：「此爻雖不主君位，然居尊，則亦臣之位高者也。凡功成身退者，人臣之道。故伊尹曰：『臣罔以寵利居成功。』豈非遯之嘉美者乎？『嘉』之義，比『好』又優矣。」

（周易折中卷五）案：李氏引「臣罔」至「成功」，尚書太甲下文。

〔三〕「丕」原作「否」，今據榕村本、陳本改。「否」，不通也，與「泰」相對。「丕」，大也。

象曰：「『嘉遯，貞吉』，以正志也。」〔一〕

不以寵利居成功，其志然也。

【校箋】

〔一〕張載云：「五居正處中，能正其志，故獲『貞吉』。」（見大易粹言卷三十三）李光地云：「君子之志，不在寵利，故進以禮而退以義，所謂『正志』也。」（周易折中卷十二）

上九：肥遯，无不利。〔一〕

處遯之極，在事之外，超然自得，綽然而有餘裕者也，故曰「肥遯」。「肥」者，道充身安，足已而無求於外也。遯之下體，居内而未遂其遯者也，故曰「尾」、曰「執」、曰「繫」。及乎上體，則在外之象，遯之時也。然四、五在事之中，有應於内，則事猶有所難處而志未平。上居外無應，故坦然无所疑，而「无不利」也。

【校箋】

〔一〕王弼云：「最處外極，无應於内，超然絶志，心无疑顧，憂患不能累，矰繳不能及，是以『肥遯，无不利』也。」（見周易正義卷四）朱熹云：「以剛陽居卦外，下無係應，遯之遠而處之裕者也，故其象、占如此。『肥』者，寬裕自得之意。」（周易本義卷二下經第二）項安世云：「下三爻艮也，主於止，故爲不往、爲『執革』、爲『係遯』；上三爻乾也，主於行，故爲『好遯』、爲『嘉遯』、爲『肥遯』也。」（見周易會通卷七）

象曰：「『肥遯，无不利』，无所疑也。」〔一〕

【校箋】

〔一〕侯果云：「最處外極，无應於内，心无疑戀，超世高舉，果行育德，安時无悶，遯之肥也，故曰『肥遯，无不利』。」（見周易集解卷七）趙汝楳云：「四陽之中，三係于陰，四、五應于陰，皆不能不自疑，至上則疑慮盡亡，蓋无有不利者矣。」（周易輯聞卷四）李心傳云：「『无所疑也』，此及升之九三並言之，此決於退，彼決於進，時之宜耳。」（丙子學易編）

34 ䷡乾下震上

大壯：利貞。

陽長過中，故爲大壯，言大者壯，又壯之大也。雷在天上，陽氣發達滿盈，亦「大者壯」及「壯之大」之意。

○正道盛之謂大壯。如非以正，則非所謂大壯矣。故大壯之占，在於「利貞」。蓋貞則其壯也，以理而非氣力之謂。孟子曰：「自反而縮，雖千萬人，吾往矣。」〔一〕傳曰：「師直爲壯。」〔二〕此之謂也。

【校箋】

〔一〕「自反」至「往矣」，孟子公孫丑上文。

〔二〕「師直爲壯」，僖二十八年左傳載子犯語。

彖曰：「大壯，大者壯也。剛以動，故壯。〔一〕

「大者壯」，釋名卦之本義也。「剛以動」，又舉一義言之，而非正釋。凡言「故」者，其義皆同。

【校箋】

〔一〕王弼云:「『大』者,謂陽爻。小道將滅,大者獲正,故『利貞』也。」(見周易正義卷四)朱熹云:「釋卦名義。以卦體言,則陽長過中,大者壯也。以卦德言,則乾剛震動,所以壯也。」(周易本義卷四彖下傳第二)李光地云:「『大』,謂陽也。四陽盛長,故爲大壯,二月之卦也。陽壯,則占者吉亨不假言,但利在正固而已。」(周易折中卷十)

『大壯利貞』,大者正也。正大而天地之情可見矣。」〔一〕

天地之間,陽大陰小,君子大而小人小,皆以其正也,無正則非大。莫大於天地,而無幾微之不正者。故以「正大」而觀天地,則「天地之情可見」。

【校箋】

〔一〕程頤云:「大者既壯,則利於貞正。正而大者,道也。極『正大』之理,則『天地之情可見矣』。天地之道,常久而不已者,至大、至正也。『正大』之理,學者默識心通可也。不云『大正』而云『正大』,恐疑爲一事也。」(伊川易傳卷五)

象曰:「雷在天上,大壯。君子以非禮弗履。」〔一〕

雷在天上，極其震動威嚴。君子之「克己復禮」，〔二〕亦如之。

【校箋】

〔一〕程頤云：「雷震於天上，大而壯也。君子觀大壯之象，以行其壯。君子之大壯者，莫若克己復禮。古人云：『自勝之謂强。』中庸於『和而不流』、『中立而不倚』，皆曰『强哉矯』。赴湯火，蹈白刃，武夫之勇可能也；至於克己復禮，則非君子之大壯不可能也，故云『君子以非禮弗履』。」（伊川易傳卷五）案：「自勝之謂强」，韓非子喻老篇文。中庸「强哉矯」，鄭玄注云：「矯，强貌。」孔疏云：「『矯』是壯大之形，故云『强貌』也。」

〔二〕「克己復禮」，論語顏淵篇文。

初九：壯于趾，征凶，有孚。〔一〕

「趾」，在下而動者也。以陽居陽，當壯之初，爲「壯于趾」之象。程傳曰：「以剛處壯，雖在上猶不可行，況在下乎？」胡氏曰：「初與三以陽居陽，正也，而曰『凶』、曰『厲』，當壯之時，不可過於剛也。」

【校箋】

〔一〕王弼云：「在下而壯，故曰『壯于趾』也。居下而用剛壯，以斯而進，窮凶可必也，故曰

『征凶，有孚』。」（見周易正義卷四）王申子云：「卦雖以剛壯爲義，然爻義皆貴於用柔，蓋以剛而動，剛不可過也。趾在下而主於行，初乾體而居剛、用剛，是壯於行而不顧者也。在上猶爲過，況在下乎？其『凶』必矣。」（大易緝説卷六）

象曰：「『壯于趾』，其孚窮也。」〔一〕

言其必窮也，可信而無疑。

【校箋】

〔一〕程頤云：「在最下而用壯以行，可必信其窮困而『凶』也。」（伊川易傳卷五）王申子云：「居下而用壯，任剛而决行，信乎其窮而『凶』也。」（大易緝説卷六）

九二：貞吉。〔一〕

二與四皆以剛居柔，不過於剛，故「貞吉」之辭同。蓋以剛居柔非正也，然乃處壯之宜，則正道在是矣。四曰「悔亡」，此爻直曰「貞吉」者，中以行正故也。

【校箋】

〔一〕王弼云：「居得中位，以陽居陰，履謙不亢，是以『貞吉』。」（見周易正義卷四）

象曰：「九二『貞吉』，以中也。」

九三：小人用壯，君子用罔，貞厲。羝羊觸藩，羸其角。〔一〕

凡爻有發兩義者，如「小人吉，大人否亨」、「君子吉，小人否」之類，〔二〕皆以其爻之義，觀其用之者何人也。此爻「君子」、「小人」亦當與否、遯同例。蓋「用壯」者，小人之事也。君子則惟理是視，其心無所謂壯者。以無心應物，故曰「用罔」。若以壯爲貞，則必危，而至於羸角自困矣。以九三過剛，故發此戒。

【校箋】

〔一〕京房云：「壯一也，小人用之，君子有而不用也。」（見漢上易傳卷四）劉牧云：「『罔』，不也。君子尚德而不用壯。若固其壯，則危矣。」（見周易義海撮要卷四）胡瑗云：「九三處下卦之上，當乾健之極，以陽居陽，是强壯之人也。以小人乘此，則必恃剛强，陵犯于人，雖至壯極而不已，是用壯者也。君子則不然，雖壯而不矜，雖大而不伐，罔而不用其壯也。小人居强壯之時，動則過中，進則不顧。是猶剛狠之羊，雖藩籬在前，亦觸突而進，以至反『羸其角』、『凶』之道也。」（周易口義卷六）李光地云：「京氏以下諸家説『用罔』，與傳、義異，以夫子小象文意參之，諸説近是。」（周易折中卷五）

〔二〕「小人」至「否亨」，周易否六二爻辭。「君子」至「人否」，周易遯九四爻辭。

象曰：「小人用壯，君子罔也。」

文意與遯四同。言惟小人用壯，君子則無是也。

九四：貞吉，悔亡。藩決不羸，壯于大輿之輹。〔一〕

前遇陰而復乘乾，故有「藩決不羸，壯于大輿之輹」之象。

或曰：「泰之三則有戒詞。壯至四，陽極矣，何以反無戒詞而決其往也？」曰：凡卦諸爻，皆相備爲義。〔二〕泰前有「拔茅」、「馮河」之象矣，故於三戒之。此卦初、三既以「壯趾」、「觸藩」爲「凶」、「厲」，二又貞固自守而已，苟非有壯于進者，乘時之義安在乎？卦之爲壯，進其義也，要在於「貞」而已。

【校箋】

〔一〕朱熹云：「『貞吉，悔亡』，與咸九四同占。『藩決不羸』，承上文而言也。『決』，開也。三前有四，猶有藩焉；四前二陰，則藩決矣。『壯于大輿之輹』，亦可進之象也。以陽居陰，不極其剛，故其象如此。」（周易本義卷二下經第二）鄭汝諧云：「居四陽之終，其壯易過，故必正吉則『悔亡』。羣陽並進，非二陰之所能止。『藩決不羸』，其道通也；『壯于大輿之輹』，其行健也。」（易翼傳卷二）

〔二〕「備」原作「傋」，今據陳本改。榕村本作「傋」，亦形近而譌。

象曰：「『藩決不羸』，尚往也。」

六五：喪羊于易，无悔。〔一〕

壯卦以羊爲象。羊，壯物也。以柔居中，失其壯矣，是「喪羊」也。當壯之時而失其壯，宜有悔也。然四陽已過，則五非用壯之時，故失其壯而可以「无悔」。

【校　箋】

〔一〕胡炳文云：「旅上九『喪牛于易』，牛性順，上九以剛居極，不覺失其所謂順。此曰『喪羊于易』，羊性剛，六五以柔居中，不覺失其所謂剛。自失其壯，故爻獨不言『壯』。」（周易本義通釋卷二）

象曰：「『喪羊于易』，位不當也。」〔一〕

言所處之位不當用壯也。

【校　箋】

〔一〕李光地云：「『位當』、『位不當』，易例多借爻位，以發明其德與時、地之相當、不相當也。此『位不當』，不止謂以陰居陽、不任剛壯而已，蓋謂四陽已過矣，則五所處非當壯之位也。於是而以柔中居之，故爲『喪羊于易』。」（周易折中卷十二）

上六：羝羊觸藩，不能退，不能遂。无攸利，艱則吉。〔一〕

上六之才，非能觸者，蓋以卦有羊象，而上適當其角故也。然曰「觸藩」，不曰「羸角」者，陰之才不至羸角，但「不能退」而「不能遂」耳。質柔，則終於能退；壯極，則時在必返。故又有「艱則吉」之戒。

【校箋】

〔一〕李光地云：「五與上皆陰爻，而當陽壯已過之時，五猶曰『喪羊』，而上反曰『羝羊觸藩』，何也？蓋易者，像也。羊之觸也以角，卦似兑，有羊象，而上六適當角位，故雖陰爻而亦云『觸藩』也。陰柔不至於羸角，但不能退、不能遂而已。『艱則吉』者，知其難而不敢輕易以處之也，故可進則進，不可進則退。雜卦謂『大壯則止』，是也。」（周易折中卷五）

象曰：「『不能退，不能遂』，不詳也。『艱則吉』，咎不長也。」

凡妄行取困者，皆「不詳」之故也。既不詳審於先，又不艱難於後，豈獨無利，咎必及之矣。操心危，慮患深，不復蹈不詳之失，是艱難之道也。

35 ䷢坤下離上

晉：康侯用錫馬蕃庶，晝日三接。〔一〕

明出地上，陽氣上升，光耀及物，故爲晉。内順外明，爲有恭順之德，而功名顯著於外。下卦柔體，一陰升居五位，爲人臣自下漸進而履公侯之尊。皆晉之義也。

○彖辭無占戒，與觀卦同，蓋占戒在其中也。有安國之功、之德，然後可以當此寵遇。言君子進則有爲，當如此也。

【校箋】

〔一〕朱熹云：「『晉』，進也。『康侯』，安國之侯也。『錫馬蕃庶，晝日三接』，言多受大賜，而被親禮也。蓋其爲卦，上離下坤，有『日出地上』之象、『順而麗乎大明』之德。又其變自觀而來，爲六四之柔，進而上行，以至於五。占者有是三者，則亦當有是寵也。」（周易本義卷二下經第二）李光地云：「易有晉、升、漸三卦，皆同爲『進』義而有別。晉如日之方出，其義最優；升如木之方生，其義次之；漸如木之既生，而以漸高大，其義又次之。觀其彖辭，皆可見矣。」（周易折中卷五）

彖曰：「晉，進也。明出地上，順而麗乎大明，柔進而上行，是以『康侯用錫馬蕃庶，晝日三接』也。」〔一〕

釋名、辭，與咸卦同。三者皆所以爲晉，而有功德宣著、寵遇光榮之象也。「順而麗乎大明」者，以順爲主，而大明麗之。蓋「明」、「麗」皆離德，離之明必有所麗故也。○案：彖辭有「康侯」之象，卦惟九四一陽，進而近君，其義當之矣。然爻辭「凶」、「厲」，則知所取在五而不在四。「柔進上行」，所以發明卦意而起爻義也。

【校箋】

〔一〕李光地云：「離之德，爲麗、爲明，是明與麗皆離也。『順而麗乎大明』，蓋以順德爲本，而爲大明所附麗，則明者離，而麗者亦離矣。若曰『以順而附麗於大明』，則『麗』字乃爲坤所借用，其義不亦贅乎？火之爲物，不能孤行也，必有所附，猶人心之明，不可孤行也，必有所附。離曰『畜牝牛』者，明附於順也。睽、旅之象亦然，皆以說止爲主而明附之也。此文義之誤，不可不正。」（周易折中卷十）

象曰：「明出地上，晉。君子以自昭明德。」〔二〕

「明德」者，人之所得乎天之理，具於心而昭明不昧者也。人之所以不能常明者，氣昏而物蔽之也。君子敬勝怠，以去其昏；義勝欲，以撤其蔽，此所以自昭其明德之道也。「明出地上」，則羣陰退伏。人心之德，蓋亦如是。推之於世，則君子進而小人退，正盛而邪消也。

【校箋】

〔一〕俞琰云：「『明德』，君子固有之德也。『自昭』者，自有此『明德』而自明之也。夫人之德本明，其不明者，人欲蔽之耳。人欲蔽之，不能不少昏昧，而其本然之明，固未嘗息也。忽爾省察而知所以自明焉，則吾本然之明，亦如日之出地，而其明昭著，初無增損也。大學所謂『明明德』、所謂『自明』，與此同旨。」（周易集説卷十二）胡炳文云：「至健莫如天，君子以之『自强』；至明莫如日，君子以之『自昭』。」（周易本義通釋卷四）

初六：晉如摧如，貞吉。罔孚，裕无咎。〔一〕

凡晉之初，未有即遂其晉者。故「晉如」而復「摧如」，事之常也。於是而能不失其貞，則始進之道得矣。然自守其貞，人未必信也，故又必安於義命，處之裕如，然後可以保其所守之貞而「无咎」。

〇進升之道，以柔順爲善。蓋柔則安靜，而無躁進之嫌；順則循理，而無妄動之失。卦之爻非無剛也，而其象傳曰「柔進而上行」，明其善在柔也，故凡柔爻皆「吉」。

【校箋】

〔一〕胡炳文云：「進之初，人多有未信者。然『摧如』在彼，而吾不可以不正；『罔孚』在人，而吾不可以不裕。初以陰居陽，非正，才柔志剛，不足於裕。『貞』與『裕』，皆戒辭也。」（周易本義通釋卷二）

象曰：「『晉如摧如』，獨行正也。『裕无咎』，未受命也。」〔一〕

「獨行」，則信者寡。「獨行正」，所以「罔孚」也。「未受命」，與臨之「未順命」相似。〔二〕進退之際，命雖塞而心亨，則命不足爲我制矣。

【校箋】

〔一〕李光地云：「『未受命』，與臨九二同。臨、晉皆君子道長向用之卦也。然君子無急於乘勢趨時之意，當其臨也，至誠感物，如忘其勢；當其進也，守道優游，若將終身然。故一則曰『未順命』，一則曰『未受命』。」（周易折中卷十二）

〔二〕「未順命」，周易臨象辭文。

六二：晉如愁如，貞吉。受茲介福，于其王母。〔一〕

進而稍上，有天下治亂之憂，有一己安危之慮。故「晉如」而復「愁如」，亦事之常也。然二有中正之德，當晉之時，與六五同德相應。故其占爲：能固守其占則「吉」，而將受大福於其「王母」也。〔二〕不取母象而曰「王母」者，以陰應陰，如孫婦祔於祖妣，〔三〕母則非其班也。

【校箋】

〔一〕胡炳文云：「小過六二曰『遇其妣』。彼言『祖妣』，即此言『王母』也。」（周易本義通釋卷二）李光地云：「二、五，相應者也。以陰應陽，以陽應陰，則有君臣之象；以陰應陰，則有妣婦之象。不曰『母』而曰『王母』者，禮重昭穆，故孫祔於祖，則孫婦祔於祖姑，蓋以昭穆相配。易爻以相配喻相應也。此明其爲『王母』，而小過只言『妣』，蒙上『過其祖』之文爾。六五卦之主，而二應之，故有『受福』之義。」（周易折中卷五）

〔二〕「於」，榕村本、陳本改作「于」。案：此不必改。

〔三〕「祔」，榕村本作「袝」，形近而譌。說文云：「祔，後死者合食於先祖。」

象曰：「『受茲介福』，以中正也。」

六三：衆允，悔亡。〔一〕

居二陰之上而近上體，爲衆所推而上進之象也。初曰「罔孚」，二則以精誠格於「王母」而已。至三，則人皆信之，故曰「衆允」。凡進而非其時，必有悔也。「衆允」而進，是以「悔亡」。

【校箋】

〔一〕吴慎云：「初『罔孚』，未信也；三『衆允』，見信也。信於下斯信於上，故弗信乎友，弗獲於上矣。」（見周易折中卷五）

象曰：「『衆允』之志，上行也。」〔一〕

人臣之志，未易遽達於上。衆人信之，則其志亦上達而信於君矣。故曰「弗信于友，弗獲乎上」，〔二〕此之謂也。

【校箋】

〔一〕李過云：「初之『罔孚』，衆未允也。二之『愁如』，猶有悔也。三居上位，德孚于衆而『衆允』，進德所願而『悔亡』。」（西谿易説卷七）

〔二〕孟子離婁上云：「獲于上有道，不信于友，弗獲于上矣。」禮記中庸云：「獲乎上有道，不信乎朋友，不獲乎上矣。」

九四：晉如鼫鼠，貞厲。〔一〕

四不中正，以處高位，瞻慮顧畏，「鼫鼠」之象也。占者能自決於進退，可矣。若以保位持禄爲常，能無「厲」乎？

【校箋】

〔一〕朱熹云：「不中不正，以竊高位，貪而畏人，蓋危道也，故爲『鼫鼠』之象。占者如是，雖正亦危也。」（周易本義卷二下經第二）李光地云：「此卦以象辭觀之，則九四以一陽而近君，『康侯』之位也。參之爻義，反不然者，蓋卦義所主在柔，則剛正與時義相反。當晉時，居高位，而失靜正之道，乖退讓之節，貪而畏人，則非『鼫鼠』而何？『貞厲』者，戒其以持禄保位爲常，而不知進退之義也。」（周易折中卷五）

象曰：「『鼫鼠，貞厲』，位不當也。」

無德而處高位。

六五：悔亡。失得勿恤，往，吉无不利。〔一〕

柔進上行，爲明之主，卦之所謂「康侯」者也。視三之時又異矣，故直曰「悔亡」。然遇時居尊，任專責重，當此之際而以「失得」爲念，可乎？故惟「勿恤」而「往」，則「吉」而「无不利」也。

【校箋】

〔一〕李光地云：「彖辭言『康侯』之被遇，而傳以『柔進上行』釋之，則聖人之意，以此爻當『康侯』而爲卦主，明矣。蓋凡卦皆有主，其合於彖辭者是也。九四高位，而爻辭不善如此，則彖辭之義，誠非六五不足以當之。『晉如鼫鼠』者，患得患失，鄙夫之行也；『失得勿恤』者，竭誠盡忠，君子之志也。」（周易折中卷五）

象曰：「『失得勿恤』，往有慶也。」

上九：晉其角，維用伐邑，厲，吉无咎，貞吝。〔一〕

進至於極，「晉角」之象。上九以剛居之，是危地也。然維勤於自治其私，則雖危而「吉无咎」。蓋功名盛，則所務者遠而反蔽於近；勢位極，則所統者衆而多暱於私。於此不謹，以至危身而隕名者，多矣。「貞吝」，言若以進爲常，而不知戒懼修省，則有「吝」也。

【校箋】

〔一〕李光地云：「『晉其角』者，是知進而不知退者也。知進而不知退者，危道也。然亦有時事使然，而進退甚難者。惟内治其私，反身無過，如居家則戒子弟、戢僮僕，居官則杜交私、嚴假託，皆『伐邑』之謂也。如此，則雖危而『吉无咎』矣。若以進爲常，縱未至於危也，寧無愧於心乎？」（周易折中卷五）

象曰：「『維用伐邑』，道未光也。」〔一〕

因其道未光明，故不可以不攻治其私。

【校箋】

〔一〕李光地云：「『道未光』，乃推原所以『伐邑』之故。蓋進之極，則於道必未光也。如勢位重，則有居成功之嫌；爵禄羈，則失『獨行願』之志。故必克治其私，然後高而不危，免於亢悔也。夬五之『中未光』同。」（周易折中卷十二）案：李氏引「獨行願」，周易履初九象辭；「中未光」，周易夬九五象辭。

36 ䷣離下坤上

明夷：利艱貞。〔一〕

明入地中，明而見傷，至昏之時也。易之爲憂患之卦多矣，如否、如剥、如困，皆是也。然明而見傷，則是聖賢而被傷害之象。故周公之辭、孔子之傳獨於此卦而多言殷之末世、周之盛德也。

○明而見傷，無他道也，惟艱難以守其貞而已。

【校箋】

〔一〕朱熹云：「『夷』，傷也。爲卦下離上坤，日入地中，明而見傷之象，故爲『明夷』。又其上六爲暗之主，六五近之，故占者利於艱難以守正，而自晦其明也。」（周易本義卷二下經第二）胡炳文云：「以二體，則離明也，傷之者坤；以六爻，則初至五皆明也，傷之者上。上爲暗主，而五近之，故本義從彖傳，以『利艱貞』爲五。」（周易本義通釋卷二）

彖曰：「明入地中，明夷。〔一〕**内文明而外柔順，以蒙大難，文王以之。**〔二〕

此以文王當卦名「明夷」之義也。

【校箋】

〔一〕孔穎達云：「此就二象以釋卦名。故此及晉卦皆彖、象同辭也。」（周易正義卷四）

〔二〕朱熹云：「以卦德釋卦義。『蒙大難』，謂遭紂之亂而見囚也。」（周易本義卷四彖下傳第二）俞琰云：「『大難』，謂羑里之囚也。其難關係天下之大，民命之所寄，故曰『大難』。」（周易集說卷十七）

『利艱貞』，晦其明也。内難而能正其志，箕子以之。」〔一〕

「明」，故「貞」；「晦」，故「艱」。此以箕子當卦辭「艱貞」之義也。傳曰：「易之興也，其當文王與紂之事耶？」〔二〕書曰：「惟十有三祀，王訪于箕子。」〔三〕夫自河圖、洛書出而文明開，得其道者，文王、箕子也，而皆作於殷商之衰、憂患之際。蓋身厄於一時，而道光於萬世，如日之入地而晦甚，乃能東出而中天也。

【校箋】

〔一〕朱熹云：「以六五一爻之義釋卦辭。『内難』，謂爲紂近親，在其國内，如六五之近於上也。」（周易本義卷四彖下傳第二）俞琰云：「『内難』，謂家難也。其難關係一家之内，宗社之所寄也，箕子爲紂之近親，身處其國内而切近其難，故曰『内難』。」（周易集說卷十

七）

〔二〕「易之」至「事耶」，周易繫辭下傳文。

〔三〕「惟十」至「箕子」，尚書洪範文。

象曰：「明入地中，明夷。君子以莅衆，用晦而明。」〔一〕

「用晦」，疑於不明矣。然至明在内，故用晦而益明。若用明以爲明，則其明也，察察而已矣。

【校箋】

〔一〕何楷云：「象傳言『晦其明』，謂藏明于晦；此言『晦而明』，謂生明于晦，意實相發。」（古周易訂詁卷四）

初九：明夷于飛，垂其翼。君子于行，三日不食。有攸往，主人有言。〔一〕

程子以「見幾遠避」釋此爻義，其論甚美。當讀程傳而反復之。

【校箋】

〔一〕程頤云：「初九明體，而居明夷之初，見傷之始也。九，陽明上升者也，故取『飛』象。昏暗在上，傷陽之明，使不得上進，是『于飛』而傷其翼也。翼見傷，故垂朵。凡小人之害君子，害其所以行者。『君子于行，三日不食』，君子明照，見事之微，雖始有見傷之端，未顯也，君子則能見之矣，故行去避之。『君子于行』，謂去其禄位而退藏也。『三日不食』，言困窮之極也。事未顯而處甚艱，非見幾之明不能也。夫知幾者，君子之獨見，非衆人所能識也。故明夷之始，其見傷未顯而去之，則世俗孰不疑怪？故有所往適，則『主人有言』也。然君子不以世俗之見怪而遲疑其行也。若俟衆人盡識，則傷已及而不能去矣。」（伊川易傳卷五）

象曰：「『君子于行』，義不食也。」

六二：明夷，夷于左股，用拯馬壯，吉。

凡卦下爲右，上爲左。此卦下爲明，上爲晦。左股有傷，急往以拯之，〔一〕適當其時，故「吉」。其義亦惟文王之事足以當之。蓋此爻「文明」之主也。〔二〕

【校箋】

〔一〕「拯」，榕村本同，陳本改作「救」。案：「拯」、「救」字同。毛詩小雅谷風「匍匐救之」，漢書谷永傳引詩作「匍匐拯之」。

〔二〕李光地云：「明夷與豐卦略相似，然豐者明中之昏，明夷則昏極而不復明也。兩卦皆以上六爲昏之主，六二爲明之主。既爲明之主，豈可不以救昏爲急？故此之『夷于左股』者，與豐二之『往得疑疾』同也；此之『用拯馬壯』者，與豐之『有孚發若』同也。蓋未至於豐三之『折其右肱』，則猶有可爲之理也。」（周易折中卷五）

象曰：「六二之『吉』，順以則也。」

敬順不失常法也。

九三：明夷于南狩，得其大首，不可疾貞。〔一〕

先儒以爲武王之事也。書曰：「陳于商郊，俟天休命。」〔二〕記曰：「久立於綴，以待諸侯之至也。」〔三〕蓋「不可疾貞」之義。

【校箋】

〔一〕胡炳文云：「二之救難，可速也；三之除害，不可速也，故有『不可疾貞』之戒。」（周易本義通釋卷二）

〔二〕「陳于」至「休命」，尚書武成文。

〔三〕「久立」至「至也」，禮記樂記文。

象曰：「『南狩』之志，乃大得也。」

六四：入于左腹，獲明夷之心，于出門庭。〔一〕

上卦爲「左」，坤體爲「腹」。六四雖與上六同體而相背，故猶可以自得其心而避去。近離，有向明之象，故曰「于出門庭」。

【校箋】

〔一〕楊時云：「『腹』，坤象也。坤體之下，故曰『左腹』，地尊右故也。『獲明夷之心』，所謂『求仁而得仁』也。此微子之明夷。」（見大易粹言卷三十六）胡炳文云：「初、二、三明在暗外，至四則明將入其暗中。然比之六五，則四暗尚淺，猶可得意於遠去。『獲明夷之心』者，微子之『自靖』；『出門庭』者，微子之『行遯』也。」（周易本義通釋卷二）案：楊氏引「求仁而得仁」，論語述而篇文。胡氏引「自靖」、「行遯」，尚書微子文。

象曰：「『入于左腹』，獲心意也。」

六五：箕子之明夷，利貞。〔一〕

位最近於上六，其傷最甚，而義無可避，故以箕子之事當之。

【校箋】

〔一〕朱熹云：「居至闇之地，近至闇之君，而能正其志，箕子之象也，貞之至也。『利貞』，以戒占者。」（周易本義卷二下經第二）

象曰：「箕子之貞，明不可息也。」〔一〕

程子曰：「雖遭患難，其明自存，不可滅息。若逼禍患，遂失其所守，則是亡其明，乃滅息也。古之人如揚雄者是也。」

【校箋】

〔一〕蘇軾云：「六五之於上六，正之則勢不敵，救之則力不能，去之則義不可。此最難處者也，如箕子而後可。箕子之處於此，身可辱也，而『明不可息』者也。」（東坡易傳卷四）

上六：不明，晦。初登于天，後入于地。〔一〕

明夷者，有明德而見傷也。下五爻皆言「明夷」，上六則夷人之明者，故變文曰「不明，晦」。以其晦，故傷人之明也。殷之未喪師，克配上帝，「初登于天」也。惟不敬厥德，乃蚤墜厥命，「後入于地」也。

【校　箋】

〔一〕蘇軾云：「六爻皆晦也，而所以晦者不同。自五以下，明而晦者也。若上六，不明而晦者也，故曰『不明，晦』。言其實晦，非有託也。明而晦者，始晦而終明；不明而晦者，强明而實晦：此其辨也。」（東坡易傳卷四）

象曰：「『初登于天』，照四國也。『後入于地』，失則也。」〔一〕

【校　箋】

〔一〕程頤云：「『初登于天』，居高而明，則當照及四方也。乃被傷而昏暗，是『後入于地』，失明之道也。『失則』，失其道也。」（伊川易傳卷五）

37 ䷤離下巽上

家人：利女貞。〔一〕

自既濟外，惟此卦自初至五皆得其正，故爲「男女正位」之象。蓋卦之上爻，外也。若陰居上，則非「男位乎外」之義。故惟此卦之象爲合也。又，風之氣，本自火出。邵子所謂「火爲風」者，〔二〕是也。風化自家而出，故卦爲「家人」。

○家人貴乎「女貞」，周子所謂「家人離，必起於婦人」也。〔三〕然女之貞，又存乎己之儀刑教率而已。故曾子固曰：「家人之義，歸於反身。二南之業，本於文王。」〔四〕

【校箋】

〔一〕朱熹云：「家人者，一家之人。卦之九五、六二，外、内各得其正，故爲家人。『利女貞』者，欲先正乎内也。内正，則外無不正矣。」（周易本義卷二下經第二）

〔二〕「火爲風」，文見邵雍皇極經世書卷十一觀物篇第五十一。

〔三〕「家人」至「婦人」，文見周敦頤濂溪集卷四通書家人睽復无妄第三十二。

〔四〕「家人」至「文王」，文見曾鞏元豐類稿卷十一列女傳目録序。「二南」，謂毛詩國風周南、召南。「業」原作「化」，今據元豐類稿改。

彖曰：「家人，女正位乎内，男正位乎外。男女正，天地之大義也。〔一〕

以卦之爻位釋卦名也。先言「女正位乎内」，則「利女貞」之意已見。

【校箋】

〔一〕孔穎達云：「此因二、五得正，以釋家人之義，並明『女貞』之旨。家人以内爲本，故先説女也。」（周易正義卷四）程頤云：「象以卦才而言，陽居五，在外也，陰居二，處内也，男女各得其正位也。尊卑内外之道正，合天地陰陽之大義也。」（伊川易傳卷五）朱熹云：「以卦體九五、六二釋『利女貞』之義。」（周易本義卷四象下傳第二）吴慎云：「先言『女正位乎内』，釋『利女貞』也。」（見周易折中卷十）

家人有嚴君焉，父母之謂也。父父子子，兄兄弟弟，夫夫婦婦，而家道正。正家而天下定矣。」〔一〕

承「男女正位」之意而申言之，以盡「利貞」之義。「嚴君」，尊嚴之君也。欲言父子兄弟之得其正，而先言父母之爲「嚴君」者，明父母爲一家之綱，教之所由成也。恩之深、分之嚴，莫如父子，其次兄弟，其次夫婦。然盡父子之道者，必於兄弟。書所謂「克諧以孝」〔二〕是也。盡兄弟之道者，必於夫婦。詩所謂「妻子好合，兄弟既翕」、「刑于寡妻，至于兄弟」〔三〕是也。始之以父母，而母必與父同其嚴；終之以夫婦，而婦必與夫同其正。此君子之道，所以造端夫婦。而家人之「利女貞」者，此也。

【校　箋】

〔一〕朱熹云：「上父，初子；五、三夫，四、二婦；五兄，三弟。以卦畫推之，又有此象。」（周易本義卷四彖下傳第二）李光地云：「六十四卦，六爻剛柔皆得位者，惟既濟而已。此外，則中四爻得位者三卦，家人、蹇、漸也。然家人名義，獨取於風火之卦者，一則風自火出，爲『風化有原』之象；二則蹇、漸之中爻雖得位，而初、上不皆陽爻。凡易取類，上爻有『父』之象，故蠱卦下五爻皆曰『父』、『母』，至上爻則變其文也；初爻有『子』之象，故蠱曰『有子』，觀曰『童觀』，隨、漸曰『小子』，中孚曰『其子』，皆指初爻也。二爲女，正位乎內，母道也；五爲男，正位乎外，父道也。然必初、上皆陽，然後父子之象備；又必三陽、四陰各得其位，然後兄弟、夫婦粲然於一卦之中矣。彖傳先舉二、五，始明其爲男女之正，繼明其爲父母之嚴，以兩爻爲卦主也。然後悉推家人以切卦位，既以盡『正家』之義，又以見『家人』之象。推配於爻畫者，獨此卦爲合也。本義精且當矣。」（周易折中卷十）

〔二〕「克諧以孝」，尚書堯典文。

〔三〕「妻子」至「既翕」，毛詩小雅常棣文。「刑于」至「兄弟」，毛詩大雅思齊文。

象曰：「風自火出，家人。君子以言有物而行有恒。」〔一〕

「有物」，有實事也。「有恒」，有常法也。「言有物」，如火之發明而必有所麗；「行有恒」，如風之行漸而必有所入。

【校箋】

〔一〕俞琰云：「齊家之道，自修身始。此風自火出，所以爲家人之象也。君子知風之自，於是齊家以修身爲本，而修身以言行爲先。言必有物而无妄，行必有恒而不改。『物』，謂事實。言而誠實則有物，不誠實則无物也。『恒』，謂常度。行而常久則有恒，不常久則无恒也。」（周易集説卷十二）

初九：閑有家，悔亡。〔一〕

家人之初，正家之始也。正家之始，莫大乎以禮法爲之閑，則其本立矣。又初居下，爲「少小」之象。故取妻者自六禮至於廟見，教子者自姆傅至於三冠，必嚴其防，必豫其教，皆正始之要、閑家之道也。不言「无悔」者，程子曰「羣居必有悔，以能閑故亡」，是也。

【校箋】

〔一〕王弼云：「凡教在初而法在始。家瀆而後嚴之，志變而後治之，則『悔』矣。處家人之初，爲家人之始，故宜必以『閑有家』，然後『悔亡』也。」（見周易正義卷四）程頤云：

「初，家道之始也。『閑』，謂防閑法度也。治其有家之始，能以法度爲之防閑，則不至於悔矣。九，剛明之才，能閑其家者也。不云『无悔』者，羣居必有悔，以能閑故亡耳。」（伊川易傳卷五）

象曰：「『閑有家』，志未變也。」〔一〕

志未變而閑之，故爲力也易。若志之既變，則在己尚有不可閑者，況家人乎？

【校箋】

〔一〕蘇軾云：「忘閑焉，則志變矣。及其未變而閑之，故『悔亡』。」（東坡易傳卷四）楊簡云：「治家之道，當防閑其初。及其心志未變，而閑之以禮，使邪僻之意無由而興，而悔可亡矣。」（楊氏易傳卷十二）

六二：无攸遂，在中饋，貞吉。〔一〕

「无攸遂」，猶言「無遂事」也。婦人之道，酒食是議，故以「在中饋」爲得正而「吉」。

或曰：「『女貞』之道盡於此乎？」曰：二南之詩，惟有事於卷耳、蘋、蘩之屬。周禮天官掌治内政，亦惟飲食、服御是職。此修身齊家之實，治國平天下之基也。自説詩、禮者失其義，故后妃則欲其憫使臣、預外政，冢宰則病其不能持要職重，而以爲黷亂不經之書也。其去聖人之意遠矣。此爻柔順中正，正位乎内，故其象與占如此。

【校箋】

〔一〕孔穎達云：「六二履中居位，以陰應陽，盡婦人之義也。婦人之道，巽順爲常，无所必遂。其所職主，在於家中饋食、供祭而已，得婦人之正吉，故曰『无攸遂，在中饋，貞吉』也。」（周易正義卷四）王宗傳云：「『无攸遂』，示不敢有所專也。婦人之職守，不過奉祭祀、饋飲食而已，此外无他事也。詩曰『無非無儀，惟酒食是議』，是也。故詩有采蘩以奉祭祀，爲不失職；采蘋以供祭祀，爲能循法度。推而上之，推而下之，其職守莫不皆然也。夫是之謂『貞』而『吉』也。」（童溪易傳卷十七）案：王氏引「無非」至「是議」，毛詩小雅斯干文。

象曰：「六二之『吉』，順以巽也。」〔一〕

「順」者，柔順以從人也。「巽」者，巽入以事人也。

【校箋】

〔一〕李光地云：「六二、六四之爲『順』同。『順』者，女之貞也。四位高，故曰『順在位』；二位卑，故曰『順以巽』。」（周易折中卷十二）

九三：家人嗃嗃，悔厲吉。婦子嘻嘻，終吝。〔一〕

九三過剛，故有嗃嗃嚴厲之象。「嗃嗃」，則有「悔厲」矣。蓋以義勝恩，傷於情，故有悔；責善而離，故有危也。然久而安習，乃「吉」之道。若嘻嘻然廢禮義而狥情愛，〔二〕必致有可羞吝之事也。

【校箋】

〔一〕朱熹云：「以剛居剛而不中，過乎剛者也，故有『嗃嗃』嚴厲之象。如是，則雖有『悔厲』，而『吉』也。『嘻嘻』者，『嗃嗃』之反，『吝』之道也。占者各以其德爲應，故兩言之。」（周易本義卷二下經第二）胡炳文云：「『嗃嗃』，以義勝情，雖『悔厲』而『吉』。『嘻嘻』，以情勝義，『終吝』。『悔』自凶而吉，『吝』自吉而凶。九三以剛居剛，若能嚴於『家人』者；比乎二柔，又若易昵於『婦子』者。三其在吉、凶之閒乎？『悔』、『吝』之占兩言之，本義所以曰『占者各以其德爲應』也。」（周易本義通釋卷二）

〔三〕「狥」，同「徇」。「徇」，順也。

象曰：「『家人嗃嗃』，未失也。『婦子嘻嘻』，失家節也。」〔一〕

【校箋】

〔一〕王弼云：「以陽處陽，剛嚴者也。處下體之極，爲一家之長者也。行與其慢，寧過乎恭；家與其瀆，寧過乎嚴。是以家人雖『嗃嗃悔厲』，猶得其道；『婦子嘻嘻』，乃失其節也。」（見周易正義卷四）

六四：富家，大吉。〔一〕

凡陰爻皆言「不富」，此獨言「富家」者，柔在他卦，則爲虛中抑損之象，故言「不富」也；在此卦，則爲助陽治家、厚殖廣生之象，故曰「富」也。四之位，視二爲高，故「在中饋」者至此而「富家」矣；又爲巽之主，近利三倍，亦「富家」之象也。

或疑：「五爲卦主，不言『大吉』，四言『大吉』，何也？」曰：男之功成於女，猶天之功成於地，此家人所爲「利女貞」也。故「大吉」之辭，於四見之。

【校箋】

〔一〕李光地云：「四在他卦，臣道也，在家人卦，則亦妻道也。夫，主教一家者也；婦，主養一家者也。老子所謂『教父』、『食母』，是也。自二之『在中饋』，進而至於四之『富家』，則內職舉矣。」（周易折中卷五）案：李氏引「教父」，見老子第四十二章；「食母」，見老子第二十章。

象曰：「『富家，大吉』，順在位也。」

「在位」，言在上位也。釋所以爲「富家」之意。

九五：王假有家，勿恤，吉。〔一〕

「假」與「格」同，言感格而化之也。王者之道，至於能化其家，則天下之事可憂恤者雖多，而勿用憂恤，「吉」可必也。九五卦主，故其辭、占如此。

【校箋】

〔一〕龔煥云：「『假』與『格』同，猶『奏假無言』、『昭假烈祖』之『假』，謂感格也。九五以陽剛中正居尊位，爲『有家』之主，盛德至陰，所以假乎家人之心者至矣。然王者家大人衆，子孫臣庶之心難一，其有未假者，勿用憂恤而自『吉』也。蓋初之『閑有家』，是以法度防閑之;至『王假有家』,則躬行有以感化之矣。」(見周易本義集成卷二)何楷云:「『舜格于文祖』、『公假于太廟』,『格』、『假』互用可證。身範既端,故能感格其家。父父子子,兄兄弟弟,夫夫婦婦,各得其所,以相惇睦。正家而天下定,故不待憂恤而『吉』也。」(古周易訂詁卷四)游讓溪云:「九五尊位,故以『王』言。『假』者,『感格』之義。『奏假無言』、『王假有廟』,其義同也。」(見周易説統卷五)李光地云:「『假』字訓『感格』,諸説皆有明證可從。何氏之説,於象傳之義,尤爲浹洽也。」(周易折中卷五)案:龔氏引「奏假無言」,見禮記中庸,毛詩商頌烈祖作「鬷假無言」;「昭假烈祖」,毛詩魯頌泮水文。何氏引「舜格于文祖」,尚書舜典文;「公假于太廟」,禮記祭統文。游氏引「王假有廟」,周易萃卦辭。

象曰:「『王假有家』,交相愛也。」

使一家之人交相親愛,乃王者感格之效。

上九:有孚威如,終吉。〔一〕

五之感格,是「有孚」也;三之「嗃嗃」,是「有威」也。家人之終,是以合兩義而言之,蓋久遠無弊之道,故其占曰「終吉」。

【校箋】

〔一〕吴慎云：「家人之道，男以剛嚴爲正，女以柔順爲正。初曰『閑』，三曰『厲』，上曰『威』，男子之道也。二、四象傳皆曰『順』，婦人之道也。五剛而中，非不嚴也，嚴而泰也。」（見周易折中卷五）

象曰：「『威如』之『吉』，反身之謂也。」〔一〕

「反身」，所謂「言有物而行有恒」是也。〔二〕治家者閑之於始而「威如」於終，皆嚴之道也，故曰「家人有嚴君」焉。〔三〕

【校箋】

〔一〕朱震云：「威非外求，反求諸身而已。反身則正，正則誠，誠則不怒而威。後世不知所謂『威嚴』者正其身也，或不正而尚威怒，則父子相夷，愈不服矣，安得『吉』？」（漢上易傳卷四）郭雍云：「象既明『言有物而行有恒』，而此又言『反身之謂』者，家人之道，所以成始成終者，修身而已。」（郭氏傳家易説卷四）趙汝楳云：「爻於初言『閑』，三言『嗃嗃』，上言『威』。聖人慮後世以爲威嚴有餘而親睦不足，故特釋之以『反身』。謂『威如』云者，非嚴厲以爲威，不過反求諸己而已。」（周易輯聞卷四）

〔二〕「言有」至「有恒」，周易家人象辭文。

〔三〕「家人有嚴君」，周易家人彖辭文。

38 ䷥兌下離上

睽：小事吉。〔一〕

火上水下，不交者也。若澤，則其浸潤滲入，愈下愈深，所以爲睽也。家有長嫡，則分定矣。中、少二女，勢不相下，則情不相親，故其象亦爲睽。

○睽之時，上下之情不通，大事固不可爲也。若因此而遂不爲，則益其睽矣。故惟不略小事，無不爲之，則誠意既盡，感悟有機，必終致和合而得「吉」也。曰：「此主於在下者言也。若在上者，當何如？」曰：在上者若當臣民睽散，亦不可大事也。必自近而遠，自小而大，以竢其情之通、勢之合。屯之「小貞吉，大貞凶」，泰之「勿用師，自邑告命」，是也。

【校箋】

〔一〕程頤云：「睽者，睽乖離散之時，非吉道也。以卦才之善，雖處睽時而『小事吉』也。」（伊川易傳卷六）趙汝楳云：「睽蓋人情事勢之適然，聖人自有御時之方。『小事吉』者，就其睽異之中，有以善處之，則亦『吉』也。其屯之『小貞』、洪範之『作内』之時乎？」（周易輯聞卷四）何楷云：「業已睽矣，不可以忿嫉之心驅迫之也。惟不爲已甚，徐徐轉移，此合睽之善術也，故曰『小事吉』。『小事』，猶言『以柔爲事』，非『大事不吉而小事吉』之謂。」（古周易訂詁卷四）李光地云：「『小事吉』之義，以爻義『見惡人』、『遇巷』、『噬膚』之類觀之，則趙氏、何氏之説是也。蓋周旋委曲，就其易者爲之，皆『小事吉』之義。」（周易折中卷五）

彖曰：「睽，火動而上，澤動而下。二女同居，其志不同行。〔一〕**説而麗乎明，柔進而上行，得中而應乎剛，是以『小事吉』。**〔二〕

釋名而語勢未斷，即是其義亦與釋辭相連，臨、无妄等卦之例也。睽之時，恐其有拂逆之情，則愈乖戾矣，故當以説爲本。説而後明麗焉，則其明可以委曲審幾，而不至於猜察傷物矣。又，「柔」則和緩，「上行」則有合物之勢，「得中」則動皆中節，「應剛」則有和合之理，此所以能行「小事」而得「吉」也。行小事於睽之時，惟説柔得中者能之。然説柔得中用之以行小事，亦以睽之時故也。故連釋卦之義以釋辭也。

【校箋】

〔一〕程頤云：「彖先釋睽義，次言卦才，終言合睽之道，而贊其時用之大。火之性動而上，澤之性動而下，二物之性違異，故爲睽義。中、少二女雖同居，其志不同行，亦爲睽義。女之少也同處，長則各適其歸，其志異也。言睽者，本同也。本不同，則非睽也。」（伊川易傳卷六）朱熹云：「以卦象釋卦名義。」（周易本義卷四彖下傳第二）李光地云：「二女同居之卦多矣，獨於睽、革言之者，以其皆非長女也。凡家有長嫡，則有所統率而分定。其不同行、不相得而至於乖異變易者，無長嫡而分不定之故爾。」（周易折中卷十）

〔二〕朱熹云：「以卦德、卦變、卦體釋卦辭。」（周易本義卷四彖下傳第二）李光地云：「此彖言卦之善，與鼎略同。鼎曰『元亨』，而此卦但曰『小事吉』者，當睽之時故也。凡釋卦名畢，則文義略斷，而特舉卦辭釋之。其與此卦之義相似者，則革卦釋名、辭之例，尤爲顯著也。今釋卦名而文意不斷，直連釋辭之義而總結之。蓋明乎當睽之時，有此數善，是以『小事吉』；亦惟因睽之時，故有此數善，而惟『小事吉』也。凡彖傳名、辭之義不分者，皆此類。」（周易折中卷十）

天地睽，而其事同也；男女睽，而其志通也；萬物睽，而其事類也。睽之時用，大矣

哉！」〔一〕

天地尊卑之位至隔，所以陰陽會而「事同」。男女内外之辨至嚴，所以恩義盡而「志通」。萬物之貴賤上下、親疎遠近、大小精粗，其分至殊，所以有統攝、聯屬、會萃之道而「其事類」也。苟混然無别，則天地之化息，而人物之理亂矣。此就「睽」字而推其用，與「坎」義同，故皆言「時用」也。

【校箋】

〔一〕朱熹云：「極言其理而贊之。」（周易本義卷四彖下傳第二）趙汝楳云：「天地不睽，則清濁淆瀆；男女不睽，則外内无别；萬物不睽，則生化糅亂。睽者其體，合者其用。」（周易輯聞卷四）

象曰：「上火下澤，睽。君子以同而異。」〔一〕

「同」者，兑之和説；「異」者，離之明察也。

【校箋】

〔一〕朱熹云：「二卦合體，而性不同。」（周易本義卷六象下傳第四）項安世云：「『同』，象兑之説；『異』，象離之明。」（周易玩辭卷八）

初九：悔亡。喪馬勿逐，自復。見惡人，无咎。〔一〕

處卦之初，在事之外，不立同異，可免咎悔。故當睽之時，宜有悔也。以其居初處下，故得「亡」之象。如馬忽喪失而弗尋逐，是合者雖睽而不用心於合也。然終有自復之理，特無容其心可也。惡人欲見我，我在事外，雖見無傷，是睽者偶合，而亦不立意爲睽也。然亦偶見以辟咎則可耳，不惡而嚴可也。若遂與之和比，則有咎矣。

【校箋】

〔一〕項安世云：「『喪馬，勿逐自復』，往者不追也；『見惡人，无咎』，來者不拒也。此君子在下无應之時，處睽之道也。『見』，與『迫斯可見』之『見』同，非『往見』之『見』也。若『往見』，則違『勿逐』之戒矣。」（周易玩辭卷八）李光地云：「此爻所謂不立同異者也。不求同，故『喪馬勿逐』；不立異，故『見惡人』。然惟居初處下，其睽未甚者，用此道爲宜耳。立此心以爲之本，然後隨所處而變通也。此爻『悔亡』，乃因無應。程子所謂『合則有睽，本異則何睽』者，是也。與六五『悔亡』詞同而義異。」（周易折中卷五）案：項氏引「迫斯可見」，見孟子滕文公下，彼文云：「迫，斯可以見矣。」李氏引「合則」至「何睽」，見伊川易傳卷六睽初九。

象曰：「『見惡人』，以辟咎也。」

九二：遇主于巷，无咎。〔一〕

「巷」者，紆曲之路，卑下者之行也。睽之時，離異已甚，而爲徑直之事，可乎？雖内不失己，而外必以委曲謙遜行之，處睽之道也。此即彖辭「小事吉」之意。二剛中有應，故繫以此辭也。

【校箋】

〔一〕李光地云：「春秋之法，備禮則曰『會』，禮不備則曰『遇』。睽卦皆言『遇』，『小事吉』之意也。又禮，君臣、賓主相見，皆由庭以升堂。『巷』者，近宫垣之小徑。故古人謂『循牆而走』，則『謙卑』之義也。謙遜謹密，巽以入之，亦『小事吉』之意也。」（周易折中卷五）案：李氏引「循牆而走」，見昭七年左傳載正考父廟之鼎銘，杜預注云：「言不敢安行。」

象曰：「『遇主于巷』，未失道也。」

六三：見輿曳，其牛掣。其人天且劓，无初有終。〔一〕

三處上下之際，正卦之所以爲睽也。上下不交，其睽甚矣。處睽甚，則欲進合而勢不能，身且見傷，可謂「无初」矣。然以柔爲説之主，與上九正應，時過則有合之理，故曰

「有終」。朱子曰：「『天』當作『而』，篆文相似，剃須也。」

【校箋】

〔一〕胡瑗云：「『天』當作『而』字，古文相類，後人傳寫之誤也。然謂『而』者，在漢法，有罪，髡其鬢髮曰『而』。又周禮『梓人爲筍虡，作而』，亦謂髡其鬢髮也。」（周易口義卷七）案：李氏引「梓人爲筍虡，作而」，見周禮冬官梓人。彼文云：「梓人爲筍虡。凡攫繝援簭之類，必深其爪，出其目，作其鱗之而。」鄭玄注云：「『作』，猶『起』也。『之而』，頰頷也。」釋文云：「『頰頷』，許慎云：『秃也。』」

象曰：「『見輿曳』，位不當也。『无初有終』，遇剛也。」〔一〕

「輿曳」，則牛掣矣。

【校箋】

〔一〕李光地云：「爻有兩喻而象傳偏舉者，舉其重者也。此舉『見輿曳』，以乘剛也；困三舉『據于蒺藜』，亦以乘剛也。易例乘剛之危最甚。」（周易折中卷十二）

九四：睽孤。遇元夫，交孚，厲无咎。〔一〕

四居大臣之位，處睽之時而無應，「睽孤」者也。與初九同德相與，是「遇元夫，交孚」之象。雖非正應而助己者，然不合以私而合以公，不助以交而助以道，正得人臣無黨之義，雖危何咎乎？睽非善也，而處大位者以特立爲安，則「无咎」之道也。

【校箋】

〔一〕孔穎達云：「『元夫』，謂初九也。處於卦始，故云『元』也。」（周易正義卷四）朱熹云：「『睽孤』，謂无應。『遇元夫』，謂得初九。『交孚』，謂同德相信。然當睽時，故必危厲乃得『无咎』，占者亦如是也。」（周易本義卷二下經第二）李光地云：「四亦無應者也，然居大臣之位，則孤立無黨，乃正其宜，故以『睽孤』爲『无咎』。若『元夫』，則非其所親厚者，故雖遇之而『交孚』，不害其爲淡然而寡合。史稱諸葛亮、法正趨尚不同而『以公義相取』者，是也。」（周易折中卷五）案：李氏引史，見三國志卷三十七蜀書七法正傳。

象曰：「『交孚，无咎』，志行也。」〔一〕

【校箋】

〔一〕程頤云：「初、四皆陽剛君子，當睽乖之時，上下以至誠相交，協志同力，則其志可以行，不止『无咎』而已。卦辭但言『无咎』，夫子又從而明之，云可以行其志，救時之睽也。蓋

以君子陽剛之才，而至誠相輔，何所不能濟也？惟有君子，則能行其志矣。」（伊川易傳卷六）

六五：悔亡。厥宗噬膚，往何咎？〔一〕

凡物睽間而不合者，必噬以去間而後合。「膚」，則噬之易者也。五爲文明之主，柔而得中，故雖當睽之時，而在上位，宜有悔也，以其有德，可以亡之。九二正應，是「厥宗」也；來合於五，若「噬膚」然。五則往而合之，莫能爲之間矣，何咎之有？

【校　箋】

〔一〕王弼云：「非位，悔也；有應，故『悔亡』。『厥宗』，謂二也。『噬膚』者，齧柔也。三雖比二，二之所噬，非妨己應者也。以斯而往，何咎之有？」（見周易正義卷四）王申子云：「睽之諸爻皆言『睽』，獨二、五不言而言合。『膚』者，睽之淺；『噬』則合之深。君臣之合如此，可以往而有爲，何咎之有？」（見大易緝説卷六）龔焕云：「睽與同人所謂『宗』，皆以其應言也。然『同人于宗』則『吝』，而睽『厥宗噬膚』則无咎者，處同人之世，則欲其公，不可以有私應；處睽之世，則欲其合，不可以无正應，時義有不同也。」（見周易本義集成卷二）李光地云：「睽之時『小事吉』者，逕情直行則難合，委曲巽入則易通也。如食物然，齧其體骨則難，而噬其膚則易。九二遇我乎巷，是『厥宗』之來『噬膚』也。我往合之，睽者不睽矣，此其所以『悔亡』也，何咎之有？」（周易折中卷五）

象曰：「『厥宗噬膚』，往有慶也。」〔一〕

【校箋】

〔一〕程頤云：「爻辭但言『厥宗噬膚』，則可以往而无咎。象復推明其義，言人君雖己才不足，若能信任賢輔，使以其道深入於己，則可以有爲，是往而有福慶也。」（伊川易傳卷六）

上九：睽孤。見豕負塗，載鬼一車。先張之弧，後説之弧。匪寇婚媾，往遇雨則吉。〔一〕

上九有應，然處卦之極，亢而不交，故亦曰「睽孤」也。剛明之甚，用之於睽，則爲猜狠，故忽見豕之負塗，忽見鬼之一車。至於欲張弧而射之，其疑忌也至矣。至於説弧而知其爲婚媾，則有和合之機，故「往遇雨」而得「吉」也。

【校箋】

〔一〕朱熹云：「『睽孤』，謂六三爲二陽所制，而已以剛處明極、睽極之地，又自猜很而乖離也。『見豕負塗』，見其污也。『載鬼一車』，以无爲有也。『張弧』，欲射之也。『説弧』，疑稍釋也。『匪寇婚媾』，知其非寇而實親也。『往遇雨則吉』，疑盡釋而睽合也。上九之與六三，先睽後合，故其象、占如此。」（周易本義卷二下經第二）馮當可云：「内卦皆睽而有所待，外卦皆反而有所應。初『喪馬勿逐』，至四『遇元夫』，而初、四合矣。二委曲求遇，至五『往何咎』，而二、五合矣。三『輿曳』、『牛掣』，至上『遇雨』，而三、上合矣。天下之理，固不能久合，亦未有終睽也。」（見周易本義集成卷二）

象曰：「『遇雨』之『吉』，羣疑亡也。」〔一〕

朱子曰：「孔子不言象，如『見豕負塗，載鬼一車』之類，孔子但言『羣疑亡也』，則見數者皆是狐惑可疑之事而已。後人解説，率多牽强。」〔二〕

愚謂：朱子此論，深得學易之要。此所謂「得其義，則象數在其中」者，而具於太卜之官者，亦不必問矣。

【校箋】

〔一〕孔穎達云：「往與三合，如雨之和，向之『見豕』、『見鬼』、『張弧』之疑，並消釋矣，故曰『羣疑亡』也。」（周易正義卷四）

〔二〕見朱子語類卷七十五易十一上繫下，文辭略異。

39 ䷦艮下坎上

蹇：利西南，不利東北。利見大人，貞吉。

前險後止，是見險而止。止於險者，行之難也，故爲蹇。又，山上有水，水在地中，行則順易，自山而下，亦蹇之意。

○舊説「西南平易，東北險阻」者，蓋以坤、艮之方別之，坤爲地平易，艮爲山險阻也。然合坤、蹇、解三辭觀之，蓋皆以「先後」爲義。「東北」，陽也，居先者也；「西南」，陰也，居後者也。在坤則「先迷後得」，在蹇則「往蹇來譽」，在解則「其來復吉」，皆「處後」之義也。蹇之時，見險而止，故利於處後，不利於爭先。又必「見大人」，而後可以濟險，固守其正，俟時而動，「吉」之道也。〔一〕

【校箋】

〔一〕李光地云：「易『西南』、『東北』之義，先儒皆以坤、艮二卦釋之，故謂『西南』屬地而平易，『東北』屬山而險阻。然以文意觀之，所謂『西南』者，西方、南方；所謂『東北』者，東方、北方，非指兩隅而言也。此義自坤卦發端，而蹇、解彖辭申焉。參之諸卦大義，則坤者，宜後而不宜先者也；蹇者，宜來而不宜往者也；解或可以有往，而終以『來復』爲安者也。然則『西南』當爲退後之位，『東北』當爲進前之方。坤在後之地則可以『得朋』，在先之地則利於『喪朋』；蹇當退而居後，不可進而居先。此兩卦之義也。難既解矣，或可以有進往，故無『不利東北』之文；然曰『利西南』者，終以退復自治爲安也。蓋文王之卦，陽居『東北』，陰居『西南』，陽先陰後，陽進陰退，大分如此，似非『險』、『易』之說也。」（周易折中卷五）

象曰：〔二〕「蹇，難也，險在前也。見險而能止，知矣哉！」〔三〕

蹇之「難」，與屯之「難」不同。屯動於險，則不避險；蹇止於險，則不走險也。與需何以異乎？曰：健性能需，需之卦義甚廣。艮性能止，蹇之止主於一時之事而已。

【校箋】

〔一〕「彖」原作「象」，今據注疏本、榕村本、陳本改。

〔二〕朱熹云：「以卦德釋卦名義而贊其美。」（周易本義卷四彖下傳第二）項安世云：「『險而止』爲蒙，止於外也；『見險而能止』爲智，止於內也。止於外者，阻而不得進也；止於內者，有所見而不妄進也。此蒙與蹇之所以分也。屯與蹇皆訓『難』。屯者『動乎險中』，濟難者也；蹇者止乎險中，涉難者也。此屯與蹇之所以分也。」（周易玩辭卷八）

『蹇利西南』，往得中也；『不利東北』，其道窮也。『利見大人』，往有功也。當位『貞吉』，以正邦也。〔一〕

二、五皆居中，以是而往，則能度時審勢以得其中，而不冒進以陷於困窮矣。「當位」者，自二以上皆得正位也。當位所重者，在中四爻。故既濟之外，言正位、當位、得位，不系「剛柔」爲文者，獨家人、蹇、漸三卦爾。

【校箋】

〔一〕朱熹云：「以卦變、卦體釋卦辭，而贊其時用之大也。」（周易本義卷四彖下傳第二）李光地云：「彖傳於蹇、解言『得中』者，但取其進退之合宜，不躁動以犯難，爲『利西南』之義

耳。諸家必以坤、坎、艮之象求之，猶乎漢儒鑿智之餘也。」（周易折中卷十）

蹇之時用，大矣哉！」

言「時用」，與坎、睽之義同。坎、睽之用，在卦義之外，故推廣而後贊之。蹇之用，在卦義之中，則不待推廣而直贊之也。

象曰：「山上有水，蹇。君子以反身修德。」

「反身」者，艮之止；「修德」者，坎之習也。

初六：往蹇來譽。〔一〕

以柔居蹇之初，處後而得「西南」之義者也。蹇未深，故有「譽」。

【校箋】

〔一〕王弼云：「處難之始，居止之初，獨見前識，睹險而止，以待其時，『知』矣哉！故『往』則遇『蹇』，『來』則得『譽』。」（見周易正義卷四）何楷云：「此卦中言『來』者，皆就本爻言，謂來而止于本爻也，對『往』之辭。初六去險最遠，其止最先，獨見前識，正傳之所謂『智』也。」（古周易訂詁卷四）

象曰：「『往蹇來譽』，宜待也。」

六二：王臣蹇蹇，匪躬之故。〔一〕

「蹇蹇」者，如行路之難而又難，而不舍也。

或曰：「諸爻皆以『往』爲『失』，『來』爲『得』。二、五不然，何也？」曰：卦之辭固曰「利西南，不利東北」矣，不又曰「利見大人，貞吉」乎？爻之義，固以「往」爲「失」，「來」爲「得」矣，傳不又曰「往得中」、「往有功」乎？五爲「大人」，而二應之，有濟蹇之責；居得中正，有處蹇之道。其辭與他爻異者，以此。

【校箋】

〔一〕王弼云：「處難之時，履當其位，居不失中，以應於五，志匡王室者也，故曰『王臣蹇蹇，匪躬之故』。」（見周易正義卷四）蘇軾云：「初六、九三、六四、上六，彼四者或遠或近，皆視其勢之可否，以爲往來之節。獨六二有應於五，君臣之義深矣，是以不計遠近，不慮可否，无往无來，『蹇蹇』而已。君子不以爲不智者，以其非身之故也。」（東坡易傳卷四）

象曰：「『王臣蹇蹇』，終无尤也。」

己無過尤，人亦不得而尤之。

九三：往蹇來反。〔一〕

二、五得中，安之地也。三反就二，既不冒進，又得所安。九三過剛，非能反者，以其正遇險而居止極，所謂「見險而止」者，故其辭如此。

【校箋】

〔一〕孔穎達云：「九三與坎爲鄰，進則入險，故曰『往蹇』；來則得位，故曰『來反』。」（周易正義卷四）程頤云：「九三以剛居正，處下體之上，當蹇之時。在下者皆柔，必依於三，是爲下所附者也。三與上爲正應，上陰柔而无位，不足以爲援，故上往則蹇也。『來』，下來也；『反』，還歸也。三爲下二陰所喜，故來爲反其所也，稍安之地也。」（伊川易傳卷六）朱熹云：「反就二陰，得其所安。」（周易本義卷二下經第二）吴慎云：「九三剛正，爲艮之主，所謂『見險而能止』者，故來而能反，止於其所。」（見周易折中卷五）李光地云：「傳、義以『反』爲『反就二陰』，孔氏、吴氏則謂『止於其所』。以孔子象傳觀之，則傳、義理長，蓋三爲内卦之主故也。」（周易折中卷五）

象曰：「『往蹇來反』，内喜之也。」〔二〕

二、三相比，而其情相得，故曰「内喜之」。

【校箋】

〔一〕孔穎達云：「內卦三爻，惟九三一陽，居二陰之上，是內之所恃，故云『內喜之』也。」（周易正義卷四）

六四：往蹇來連。〔一〕

「連」者，連於五也。五有剛德，六四承而連之，可以濟險。

或疑：「連於五，則非『來』矣。」豈知往者冒進犯難，來者就其所安，非專以卦位取也，如初六又何所「來」，上六又何所「往」乎？

【校箋】

〔一〕荀爽云：「蹇難之世，不安其所，欲往之三，不得承陽，故曰『往蹇』也。來還承五，則與至尊相連，故曰『來連』也。」（見周易集解卷八）李光地云：「荀氏以『來連』爲承五，極爲得之。易例，凡六四承九五，無不著其美於爻象者，況蹇有『利見大人』之文乎！若三則於五無承應之義，而爲內卦之主，固不當與四並論也。」（周易折中卷五）

象曰：「『往蹇來連』，當位實也。」〔一〕

「當位實」〔一〕，言所當之位近於實德也。

【校箋】

〔一〕荀爽云：「處正承陽，故曰『當位實』也。」（見周易集解卷八）沈該云：「四當位可進也，而陰柔不能獨濟，來而承五，連於陽實，則得所附矣。」（易小傳卷四下）姜寶云：「以陰比於陽，陽爲實，故云。傳以爲『誠實』之『實』，未然。」（周易傳義補疑卷五）李光地云：「荀氏、沈氏、姜氏之説皆是。然如此，則『當位』兩字宜著九五説，言當尊位者有實德也，如『敵剛也』之例。」（周易折中卷十二）案：李氏引「敵剛也」，周易同人象辭文。

九五：大蹇朋來。〔一〕

居坎之中，爲蹇之主，故曰「大蹇」。禍難之興，所以開治，得道多助，難斯解矣。五與六二爲應，復獲上下二陰之助，皆「朋來」之象也。

【校箋】

〔一〕干寶云：「在險之中而當王位，故曰『大蹇』。」（見周易集解卷八）孔穎達云：「得位履正，不改其節，則同志者自遠而來，故曰『朋來』。」（周易正義卷四）胡炳文云：「諸爻皆以『往』爲『蹇』，聖人又慮天下皆不往，蹇无由出矣，二、五君臣復不往，誰當往乎？是以於二曰『蹇蹇』，於五曰『大蹇』。」（周易本義通釋卷二）李光地云：「二、五獨無『往來』之文，蓋君臣相與濟蹇者，其責不得辭，而於義無所避。猶之遯卦諸爻皆『遯』，六二獨以應五，而固其不遯之志也。胡氏之説得之。凡易之應，莫重於二、五。故二之稱『王臣』者，指五也；五之稱『朋來』者，指二也。如在下者占得五，則當念國事之艱難，而益致其『匪躬』之節；如在上者占得二，則當諒臣子之忠貞，而益廣其『朋來』之助。正如朱子説乾卦二、五相爲賓主之例也。推之蒙、師諸卦，無不皆然。」（周易折中卷五）

象曰：「『大蹇朋來』，以中節也。」〔一〕

當蹇之時，舉動一不中節，則人心散矣。五有中正之德，是以「中節」也。

【校箋】

〔一〕孔穎達云：「得位居中，不易其節，故致朋來，故云『以中節』也。」（周易正義卷四）李光地云：「蹇卦之義，在乎進止得宜。爻之『往來』，即進止也。九五雖不言『往來』，而傳明其爲『中節』，則進止之宜不失，可以濟難而不至於犯難矣。」（周易折中卷十二）

上六：往蹇來碩，吉，利見大人。〔一〕

程子曰："蹇之道，戹塞窮蹇。'碩'，寬裕之稱也。來則寬大，其蹇紓矣。"朱子曰："諸爻皆不言'吉'，蓋未離乎蹇中也。至上六'往蹇來碩'，蹇極，有可濟之理；必見九五之'大人'，與之共濟，則有碩大之功也。"

愚謂：易爻自乾之二、五外，未有言"利見大人"者，獨於此爻言之。蓋凡卦"大人"，多取九五之象，二應而四承之，每多"吉"者。其例至著，不必言也。獨上無從五之義，而此爻以時義往來而相從，故特表而出之。

【校箋】

〔一〕項安世云："上六之'往'，猶初六之'來'也。上六本无所往，特以不來爲'往'爾；初六本无所來，特以不往爲'來'爾。"（周易玩辭卷八）李光地云："易卦上與五雖相比，然無'隨從'之義者，位在其上，故於象如事外之人，不與二、三、四同也。惟有時取'尚賢'之義，則必六五遇上九乃可，大有、大畜、頤、鼎之類是也。然隨以九五遇上六，亦取'下賢'之義，則以卦義'剛來下柔'故耳。至於以上六遇九五，吉者絶少，而凶吝者多。蓋以漸染於陰，爲剛中正之累，大過、咸、夬、兑之類是也。惟是卦有'利見大人'之文，而以九五爲義者，則上六與五相近，可以反而相從。訟、巽之象，以九五爲'大人'矣，而上九以剛遇剛，則不相從也。升象亦言'用見大人'矣，而卦無九五，故言'用見'以别之。

獨蹇、萃之象，以九五爲『大人』，而遇之者上六也，以柔遇剛，則有『相從』之義。故萃則『齎咨』求萃於五而『无咎』，蹇則來就於五而得『吉』。蹇之上優於萃者，聚極則散，難極則解也。乾卦二、五而外，爻辭言『利見大人』者，惟此而已。」（周易折中卷五）

象曰：「『往蹇來碩』，志在内也。『利見大人』，以從貴也。」〔一〕

【校箋】

〔一〕蘇軾云：「『内』與『貴』，皆五之謂也。」（東坡易傳卷四）

易學典籍選刊

周易觀象校箋

下

〔清〕李光地 撰

梅軍 校箋

中華書局

周易觀象卷七

大學士李光地撰

下經二

40 ䷧坎下震上

解：利西南。无所往，其來復，吉。有攸往，夙吉。〔一〕

内險外動，以險故而動，動而出乎險外，解之義也。解之本義，是訓「解免」。然「解免」則消散而紓緩矣，故又爲「散」與「緩」之義也。雲雷爲屯，未解散之象也。雲升雨降，屯者散矣，亦解之象。

〇蹇「利西南」，解亦「利西南」者，安退處後以固根本，當難行之時，止於險中，固當守其止；及解散之時，動而出險，尤宜謹其動也。然蹇之時必不可進，故曰「不利東北」。解之時則異矣，无所往，固當以安守爲善；有所往，亦不可不往也。但不可務外忘內，而失其根本之圖耳，故不曰「不利東北」。而其説「往來」之意，與蹇爻殊者如此。

【校箋】

〔一〕李光地云：「解之時，異於蹇之時，故其辭小異。然處解之道，猶然處蹇之道，故其意大同。言『利西南』，不言『不利東北』，是辭小異也。然『西南』者，退後也，猶蹇所云『來』也；『東北』者，前進也，猶蹇所謂『往』也。今無事則來，固以『西南』爲『利』矣。有事雖可以往，而必以『夙』爲『吉』，不可以往而忘返也。是猶不以『東北』爲『利』，而終以『西南』爲『利』也。其與處蹇之道，意大同矣。蓋國家無論有事、无事，皆以退而自修爲本。以爻義與卦相參，皆可見矣。」（周易折中卷六）

彖曰：「解，險以動，動而免乎險，解。〔一〕

【校箋】

〔一〕朱熹云：「以卦德釋卦名義。」（周易本義卷四彖下傳第二）

『解利西南』，往得衆也。『其來復，吉』，乃得中也。『有攸往，夙吉』，往有功也。〔一〕

難解而與人休息，可以「得衆」矣。无所往而來復，「得中」之道也。度其有功而後往，則「夙」矣。久而無功，則不可往也。

【校箋】

〔一〕朱熹云：「以卦變釋卦辭。坤爲衆。『得衆』，謂九四入坤體。『得中』、『有功』，皆指九二。」（周易本義卷四彖下傳第二）李光地云：「之東北爲進前，之西南爲退後，然則『來復』即『利西南』之義也。而以『得衆』、『得中』重釋之者，『得衆』釋『利』字之義，言能修内固本，則得人心之歸也。『乃』字即承此意言之，謂惟其『利西南』，故必『來復』，乃得中道也。『得衆』、『得中』，亦但論義理，似不必牽合卦象。」（周易折中卷十）

天地解而雷雨作，雷雨作而百果草木皆甲坼。〔一〕解之時，大矣哉！」〔二〕

天地解，則物蒙其澤矣。人事解，則必使民遂其生也。不能使民遂其生，是雖解而不解也。

【校箋】

〔一〕「坼」原作「拆」，今據陳本、陸德明經典釋文、阮元周易注疏校勘記改。榕村本誤作「折」。王弼云：「天地否結，則雷雨不作。交通感散，『雷雨乃作』也。雷雨之作，則險

厄者亨，否結者散，故『百果草木皆甲坼』也。」（見周易正義卷四）

〔三〕胡炳文云：「解上下體易爲屯。『動乎險中』爲屯，動而出乎險之外爲解。屯象草穿地而未申，解則『雷雨作而百果草木皆甲坼』。當蹇之未解，必動而免乎險，方可以爲解。蹇之既解，則宜安靜而不可久煩擾。故蹇、解之時，聖人皆贊其大。」（周易本義通釋卷十二）

象曰：「雷雨作，解。君子以赦過宥罪。」〔一〕

「赦過」，如雨之潤枯也；「宥罪」，如雷之啓閉也。

【校　箋】

〔一〕孔穎達云：「『赦』，謂放免；『過』，謂誤失；『宥』，謂寬宥；『罪』，謂故犯。過輕則赦，罪重則宥，皆『解緩』之義也。」（周易正義卷四）

初六：〔一〕无咎。〔二〕

處於最後而陰柔能靜，爻義至明，故直言「无咎」。

【校　箋】

〔一〕「六」原作「九」，今據注疏本、榕村本、陳本改。

〔三〕胡炳文云：「恒九二『悔亡』，大壯九二『貞吉』，解初六『无咎』，三爻之占只二字，其言甚簡，象在爻中，不復言也。」（周易本義通釋卷二）蔡清云：「初六以柔在下，則能安靜而不生事以自擾，何『咎』之有？」（易經蒙引卷六上）李光地云：「彖『利西南』者，處後也。初應剛承剛而處其後，得卦義矣。義明，故辭寡。」（周易折中卷六）

象曰：「剛柔之際，義『无咎』也。」〔一〕

比、應皆剛，初但以柔順之而處其後，於卦之義爲「无咎」。

【校箋】

〔一〕李光地云：「初本以居最内、最後得『來復』之義，故『无咎』。孔子恐人謂其一無所爲也，故以從陽補其義。在後之例，與遯初同。」（周易折中卷十二）

九二：田獲三狐，得黄矢，貞吉。〔一〕

解以「解散」爲事。然卦、爻之義，所務解散者，皆内難也。故「狐」以象邪媚，「拇」以象親私，五則直言「小人」也。天下之難多矣，而聖人未之及，惟以解散小人爲急，此所以去難之本也。卦之所以「利西南」而「來復吉」者，此也。二剛中，固有「黄矢」之象，與三相近，爲「獲三狐」。「獲三狐」而「得黄矢」，是合乎中道，嫉惡而不傷者也，中則無不正矣。

【校　箋】

〔一〕朱熹云：「此爻取象之意未詳。或曰：『卦凡四陰，除六五君位，餘三陰，即「三狐」之象也。』大抵此爻爲卜田之吉占，亦爲去邪媚而得中直之象，能守其正，則無不吉矣。」（周易本義卷二下經第二）

象曰：「九二『貞吉』，得中道也。」

六三：負且乘，致寇至，貞吝。〔一〕

陰不中正，居下之上，無德竊位，宜解之人也。有如此之人，則盜思奪之矣。有國家者，使有如此倖位之徒而不之去，是之謂上慢下暴，則盜思伐之矣。奪猶可言也，伐則害及於國家矣，以此爲常，能無「吝」乎？

【校　箋】

〔一〕孔穎達云：「『乘』者，君子之器也；『負』者，小人之事也。施之於人，即在車騎之上而負於物也。故寇盜知其非己所有，於是競欲奪之。」（周易正義卷四）李光地云：「繫辭傳釋此爻云『盜斯奪之』者，奪負乘之人也。又云『盜斯伐之』者，非伐負乘之人，乃伐上慢下暴之國家也。蓋上褻其名器，則是『上慢』，如『慢藏』之『誨盜』；下肆其貪竊，則是『下暴』，如『冶容』之『誨淫』。夫是以賊民興而國家受其害，難又將何時而解乎？」（周易折中卷六）案：周易繫辭上云：「『負』也者，小人之事也；『乘』也者，君子之器也。小人而乘君子之器，盜思奪之矣。上慢下暴，盜思伐之矣。慢藏誨盜，冶容誨淫。」

象曰：「『負且乘』，亦可醜也。自我致戎，又誰咎也？」〔一〕

「自我」之「我」，非謂負乘者，謂使負而乘者。

【校箋】

〔一〕雷思云：「『負且乘』，小人自以爲榮，而君子所恥，故『可醜』。寇小則爲『盜』，大則爲『戎』。任使非人，則變解而蹇，天下起戎矣，己所致也，復誰咎哉？」（見周易會通卷八）李光地云：「雷氏説極得此傳及繫傳之意。此傳所謂『致戎』，繫傳所謂『盜斯伐之』，皆謂有國家者也。」（周易折中卷十二）

九四：解而拇，朋至斯孚。〔一〕

四居大臣之位，凡有所私者皆宜解也。大臣能解其私，則天下之難孰不解者？「拇」取應初爲象。凡瑣瑣姻婭及依附之小人，皆「拇」之類也。所私去，則同德之朋來矣。自然之驗，故曰「斯孚」，言可必也。

【校箋】

〔一〕何楷云：「解，去小人之卦也。卦惟二、四兩陽爻，皆任解之責者。『而』，汝也。『拇』，足大指也。九四居近君之位，苟暱近比之小人而不解，則君子之朋雖至，彼必將肆其離間之術，其誰與戮力而解天下之難乎？」（古周易訂詁卷四）

象曰：「『解而拇』，未當位也。」

言雖有剛德，以處高位而未得正，防其或有私情之溺爾。

六五：君子惟有解，吉。有孚於小人。〔一〕

六五雖居尊得中，然本陰柔也，故爲之占戒曰：「爲君子計者，維有能解則『吉』耳。何以驗之？驗之於小人之進退也。」四本剛德，故曰「朋至斯孚」，驗之於君子之進也。五柔質，故曰「有孚於小人」，驗之於小人之退也。

【校箋】

〔一〕鄭汝諧云：「益之戒曰：『任賢勿貳，去邪勿疑。』如使世之小人，皆信上之所用者必君子，而所解者必小人，則必改心易慮，不復有投隙抵巇之望。惟未孚于小人，此小人所以猶有覬幸之心也。五，解之主也，以其陰柔，故有『戒』意。」（易翼傳卷二）李光地云：「鄭氏說『有孚于小人』，與傳、義異，而其理尤精。蓋『朋至斯孚』者，君子信之也；『有孚于小人』者，小人亦信之也。君子信，故樂於爲善；小人信，故化而不爲惡。往往國家有舉錯，而小人未革心者，未信之也。信則枉者直，而不仁者遠矣。」（周易折中卷六）案：鄭氏引「任賢」至「勿疑」，尚書大禹謨文。「益」，伯益也。

象曰：「『君子有解』，小人退也。」〔一〕

【校箋】

〔一〕吴慎云：「君子能有解，則小人退矣。小人若未退，則是君子未能解也。以小人之退，驗君子之解，雖不言『有孚』，而『有孚』之義明矣。」（見周易折中卷十二）李光地云：「如鄭氏說，則須云：君子果能有解，則雖小人亦信之，而回心易行，不待黜抑而自退矣。」（周易折中卷十二）案：李氏云「如鄭氏說」，「鄭」當作「吴」。

上六：公用射隼於高墉之上，獲之，无不利。〔一〕

上以陰爻處卦外，「隼」之象也。内難既解，則在外者攘除不難，如登高以射隼，出而有獲，「无不利」也。諸爻皆治内之事，所謂「其來復，吉」者；至此則外難亦無不解矣，所謂「有攸往，夙吉」者也。

【校箋】

〔一〕鄭汝諧云：「所謂『公』者，非上六也，言公於此爻當用『射隼』之道也。『隼』，指上之陰而言也；『墉』，指上之位而言也。」（易翼傳卷二）王申子云：「『隼』，指上。以其柔邪謂之『狐』，以其陰鷙謂之『隼』。蓋上以陰柔處震之極，而居一卦之上，是陰鷙而居高者也。解之既極，尚何俟乎？故『獲之，无不利』。」（大易緝説卷六）李光地云：「此言『公用』，乃隨上、離上『王用』之例，皆非以本爻之位當王公也。鄭氏、王氏之説，似可從。或以『解終』言之，而不指『隼』之爲誰，亦可。蓋『狐』者，邪而穴於城社，在内之奸也；『隼』者，鷙而翔於坰野，化外之悍也。自二至五，所以解内難者備矣。於是而猶有外來之强猛，乘高墉以射之，動而有功矣。何則？内修者，外攘之具，所謂『藏器於身，待時而動』者也。前四爻，所謂『其來復，吉』；此爻，所謂『有攸往，夙吉』也。」（周易折中卷六）案：李氏引「藏器」至「而動」，周易繫辭下傳文。

象曰：「『公用射隼』，以解悖也。」〔一〕

【校箋】

〔一〕李光地云：「五以前所解者，但總名之爲『小人』耳，此則曰『悖』，内亂、外亂之别也。在有虞，則共、驩者，内亂也；三苗者，外亂也。」（周易折中卷十二）案：李氏云「共、驩」，謂共工、驩兜。尚書舜典云：「流共工于幽洲，放驩兜于崇山，竄三苗于三危。」

41 ䷨ 兑下艮上

損：有孚，元吉，无咎，可貞，利有攸往。曷之用？二簋可用享。〔一〕

陽實陰虚，實者益物，虚者受益，故以三陰、三陽之卦，裒其一陽以相與，謂之損、益。然非損其近上者，則不達於上；不至於上之上，亦未足以見其爲「益上」也。非損其近下者，則不達於下；不至於下之下，亦未足以見其爲「益下」也。

此卦損下卦之近上體者，以益上卦之上，是「損下益上」也。益卦損上卦之近下體者，以益下卦之下，是「損上益下」也。又，澤益深則山益高，亦「損下益上」之象。風之宣散，助雷發生之勢也，亦「損上益下」之象。

損下益上曰「損」，損上益下則曰「益」者，程子曰：「譬如累土，損於上以培厚其基本，則上下安固矣，豈非益乎？取於下以增上之高，則危墜至矣，豈非損乎？」〔一〕○損者，節損也。節損之道，必有實心存於内，又必其所處之理合於大善，然後无咎可常而「利有攸往」也。如二簋之薄，可謂節損矣，然而可以交於神明，則以内有孚信而處之有順時之善爾。彖辭自以「損」字起義，乃損所當損者，不可泥「損下益上」説也。益之義亦同。

【校箋】

〔一〕朱熹云：「損，減省也。爲卦損下卦上畫之陽，益上卦上畫之陰；損兑澤之深，益艮山之高。損下益上，損内益外，剥民奉君之象，所以爲損也。損所當損而有孚信，則其占當有此下四者之應矣。」（周易本義卷二下經第二）蔡清云：「『剥民奉君』之義，只可用之卦名。其卦辭『有孚，元吉，无咎，可貞，利有攸往』，只承『損』字泛説。言損所當損，人人皆可用，不專指上之損下也。益卦『利有攸往，利涉大川』亦然，豈專爲益下之事乎？」（易經蒙引卷六上）李光地云：「彖辭自『有孚』以下，泛説『損所當損』之義。蔡氏之説，極爲得之。蓋損、益者，時也。時在當損，不得不損，惟以誠意爲主，而行之又得乎大善之『吉』，則不但『无咎』，而且可以爲常道，而利有所往矣。舉一端以明之，則如『二簋』薄祭，固因乎時而節損者也，然能積誠盡禮，則可以致孝乎鬼神。而推之凡事之當損者，視此矣。卦義以『孚』而行損，程傳則因損以致『孚』，略有不同也。」（周易折中卷六）

〔二〕「譬如」至「損乎」，文見伊川易傳卷六。「累」原作「壘」，榕村本、陳本同，今據伊川易傳改。

彖曰：「損，損下益上，其道上行。」〔一〕

言「損下益上」，何以謂之「損」乎？既損其下，則上亦當深自挹損，是「其道上行」也。上下皆損，所以名「損」。

【校箋】

〔一〕程頤云：「損之所以爲損者，以損於下而益於上也。取下以益上，故云『其道上行』。夫損上而益下，則爲益；損下而益上，則爲損。損基本以爲高者，豈可謂之『益』乎？」（伊川易傳卷六）蔡清云：「蓋『損下益上』，利歸於上也，故曰『其道上行』。下損則上不能以獨益矣，卦所以爲損也。」（易經蒙引卷六上）林希元云：「『損下益上』，下損則上亦損，故曰『其道上行』。『道』者，損之道也。程傳小注，蒙引俱作『利歸於上』說。愚謂：卦以『損下』取名，所重不在于『利』，人難以『道』爲『利』，故不用其說。」（易經存疑卷六）李光地云：「蔡氏、林氏兩說，沿襲用之。今思之，於卦義皆未全。蓋說者但主『取民財』一事耳，豈知如人臣之致身事主、百姓之服役奉公，皆『損下益上』之事也？必如此，然後上下交而志同，豈非『其道上行』乎？『上行』，與『地道卑而上行』之義同。下能益上，則道上行矣；上能益下，則道大光矣。如此，則『道』字方有意味，而於兩卦諸爻之義亦合。」（周易折中卷十）案：李氏引「地道卑而上行」，周易謙彖辭文；所謂「兩卦」，指謙、損也。

損而『有孚，元吉，无咎，可貞，利有攸往。曷之用？二簋可用享』。二簋應有時，損剛益柔有時。損益盈虛，與時偕行。」〔一〕

損而「有孚，元吉」，則「无咎可貞，利有攸往」。且雖「二簋可用享」矣，「損剛益柔有時」，又以卦體明「二簋」之義。凡誠意爲質、爲剛，儀物爲文、爲柔。儀物或不備者，時也。卦之損陽實以益陰虛，以誠意之有餘補儀物之不足，是有孚誠之積而不失乎順時之善矣。又推言其理，以爲凡事物之「損益盈虛」，無有不與時而偕行者，以結「二簋有時」之意。

【校　箋】

〔一〕李光地云：「程傳之義，施於賁卦則可。此卦所謂『損』者，乃謂時當節損，如家則稱貧富之有無，國則視凶豐爲豐儉之類耳，故曰『損而有孚』。言時雖不得已而損，而以『有孚』行之，如祭祀雖不能備品，而以至誠將之也。『二簋』，喻節損之義。然下云『損剛益柔』者，非以『損剛』喻『二簋』也。剛爲本，喻孚誠；柔爲末，喻儀物。以孚誠之有餘，補儀物之不足，則雖『二簋』而不嫌於簡矣，此『損剛益柔』之義。」（周易折中卷十）

象曰：「山下有澤，損。君子以懲忿窒慾。」〔一〕

以兑之説「懲忿」，以艮之止「窒慾」。

【校箋】

〔一〕虞翻云：「兑説，故『懲忿』；艮爲山，故『窒欲』。」（見周易集解卷八）李光地云：「凡大象配兩體之德者，皆先内後外，故當以虞氏之説爲是，益象亦然。」（周易折中卷十二）

初九：已事遄往，无咎，酌損之。〔一〕

當損下之時，分當速往以益上。然處下居初，則猶不可不重己而度上也。故當已其事而後遄往，乃得「无咎」，又當斟酌其淺深以爲損也。

「已事」者，謂畢我之事而後急彼之事，如「學而優則仕」之類是也。〔二〕「酌」者，謂如事之未可遽、言之未可盡之類。

【校箋】

〔一〕孔穎達云：「損之爲道，損下益上。如人臣欲自損己奉上，然各有掌，若廢事而往，咎莫大焉；若竟事速往，乃得『无咎』。『酌損之』者，以剛奉柔，初未見親也，故須酌而減損之。」（周易正義卷四）朱熹云：「初九當損下益上之時，上應六四之陰，輟所爲之事而速往以益之，『无咎』之道也，故其象、占如此。然居下而益上，亦當斟酌其淺深也。」（周易本義卷二下經第二）李光地云：「孔氏説『已事』之義，謂如學優而後從政之類，於理亦精。」（周易折中卷六）

〔二〕「學而優則仕」，論語子張篇文。

象曰：「『已事遄往』，尚合志也。」〔一〕

「尚合志」者，明所以「遄往」之故。蓋非有上之合志，則雖止而不往，亦分之宜矣。

【校箋】

〔一〕程頤云：「『尚』，上也。時之所崇用爲『尚』。初之所尚者，與上合志也。四賴於初，初益於四，與上合志也。」（伊川易傳卷六）李光地云：「易例，初九與六四雖正應，卻無往

從之之義，在下位不援上也。惟損初爻言『遄往』，而傳謂『上合志』，蓋當損下益上之時故也。」（周易折中卷十二）

九二：利貞，征凶，弗損益之。

當益上之時，有應於上，宜速往者也。然或因損己而失己，則喪其所以益上之具。故利於貞固，而征行則「凶」。又重曰「弗損益之」，以申其義也。

或曰：「初處事始而曰『遄往』，二當事任而曰『征凶』，何也？」曰：初不言「遄往」，則在事外者，或不知益上爲所當然；二不言「征凶」，則當事任者，或不知損己爲所當慎。況初言「已事遄往」，而又曰「酌損之」，則亦不嫌於自失矣。「征凶」者，往而不返則有凶。蓋「征」與「往」不同，「往」近而「征」遠也。

象曰：「九二『利貞』，中以爲志也。」〔一〕

「中」則無不正。

【校箋】

〔一〕孔穎達云：「言九二所以能居而守貞，不損益之，良由居中，以中爲志，故損益得其節適也。」（周易正義卷四）

六三：三人行，則損一人。一人行，則得其友。〔一〕

六三一爻，最近上體，卦之所以爲損者也。故因成卦之象，而極論損益之道。蓋三爻而損一爻，是三人行損其一人也。一爻損以益上，是一人行而得其友也。若多所牽繫而不舍，則其得友也必不專矣。凡人國爾，則忘其家；公爾，則失其黨。苟私家、黨，與之是狥，〔二〕則何誠信以事君乎？

【校箋】

〔一〕林希元云：「此爻之辭，兼舉六爻，以三正是當損之爻，乃卦之所以爲損者，故於此言之。」（易經存疑卷六）

〔二〕「狥」，同「徇」。「徇」，順也。

象曰：「『一人行』，三則疑也。」〔一〕

惟一則專一。自三以上，至於十百，皆謂之「三」也。

【校箋】

〔一〕程頤云：「『一人行』而得一人，乃得友也；若『三人行』，則疑所與矣，理當損去其一人，損其餘也。」（伊川易傳卷六）李光地云：「自二以上，皆可以『三』概之，不必正『三人』

也，『季文子三思』、『南容三復』之類。」（周易折中卷十二）案：李氏引「季文子三思」，論語公冶長篇文；「南容三復」，論語先進篇文。

六四：損其疾，使遄有喜，无咎。〔一〕

四居上位，受益者也，然非自損，則不能受益。若居大臣之位，則改過不吝、從諫弗咈者，損其疾之道也。先君子曰：「下之益我者方遄往，我不自損其疾，無以勸彼之來矣。故使遄者有喜，受益之道也。」

【校箋】

〔一〕王弼云：「履得其位，以柔納剛，能『損其疾』也，疾何可久？故使速乃『有喜』，『有喜』乃『无咎』也。」（見周易正義卷四）蘇軾云：「『遄』者，初九也。『損其疾』，則初之從我也易，故『遄有喜』。」（東坡易傳卷四）楊萬里云：「六四以柔居柔，得初九之陽以爲應，『損其疾』者也。損其疾，則喜者速矣。」（見周易大全卷十五）張次仲云：「初言『遄往』，四言『使遄』，蓋初之『遄』，實四有以使之也。」（周易玩辭困學記卷九）李光地云：「蘇氏、楊氏說於『使』字語氣亦近是。」（周易折中卷六）案：李氏云「蘇氏、楊氏說」，「楊氏」當作「張氏」，謂張次仲也。周易折中引楊萬里曰：「六四以柔居柔，得初九之陽以爲應，

『損其疾』者也。初言『遄往』，四言『使遄』，蓋初之『遄』，實四有以使之也。」誤將張氏語歸於楊氏。今檢明胡廣周易大全卷十五引楊萬里語，隨即引張次仲語，不誤。張振淵周易説統卷六引「楊誠齋曰」云云，將張次仲語皆屬楊萬里，蓋抄撮大全時，疏忽脱行而致誤。疑折中此處因襲説統，李光地遂以爲楊氏説而不覺。其後，陸奎勳陸堂易學卷三、沈起元周易孔義集説卷十一、趙繼序周易圖書質疑卷十、張其淦邵村學易卷十皆沿此誤矣。

象曰：「『損其疾』，亦可喜也。」〔一〕

【校箋】

〔一〕程頤云：「損其所疾，固可喜也。云『亦』，發語辭。」（伊川易傳卷六）項安世云：「四能不吝其疾，自損以受之，使合志之臣得效其忠，豈非可喜之事哉？故曰『亦可喜』也。『亦』字，亦初九也。」（周易玩辭卷八）李光地云：「易多言『有喜』，而此傳云『亦可喜也』，則此喜不主己身，乃主於使遄來而益我者有喜，故變文曰『可喜』者，他人之辭也。」（周易折中卷十二）

六五：或益之，十朋之龜弗克違，元吉。〔一〕

居上而虛中以受益，益之盛者也。有德而受益，乃天之所祐，非人力所致，故曰「或益之」，言不知其所自來也。如此，則鬼神其依，龜筮協從，故曰「十朋之龜弗克違」。「十朋」，言衆多也。累十朋而不違，則其獲神人之助可知矣，「吉」孰大於是哉？

【校箋】

〔一〕楊時云：「柔得尊位，虛己而下人，則謙受益。時乃天道，天且不違，況於人乎？況於鬼神乎？宜其益之者至矣。」（見大易粹言卷四十一）楊簡云：「『或』者，不一之辭。『益之』者不一也，人心歸之也。『十朋之龜』皆從而弗違，天與鬼神祐之也。鬼神自祐之，故『龜筮協從』。」（楊氏易傳卷十三）案：楊簡引「龜筮協從」，尚書大禹謨文。

象曰：「六五『元吉』，自上祐也。」〔一〕

「自上祐」，釋「或益之」之意。天且弗違，況於鬼神乎？

【校箋】

〔一〕李光地云：「『自上祐』，以爲正釋龜筮弗違亦可。然觀益二言朋龜不違，下又云『享于帝，吉』，則『帝』者，又百神之主也，故此『上祐』，亦是言天心克享，人、神不能違也。」（周易折中卷十二)案：李氏云「天心克享」，用尚書咸有一德「克享天心」之文也。

上九：弗損，益之，无咎，貞吉，利有攸往。得臣无家。〔一〕

上九爲卦之主，受益之極也，故極論受益之道，而占辭與卦同。蓋必損下而後益上，則損者至矣，烏得益乎？弗損於下而益於上，然後謂之大益，而无咎可貞，且「利有攸往」也。「得臣」，則益我者大矣，然非以之爲私人也，故曰「无家」。王者奄有四海，而非富天下，「得臣无家」之謂也。既言「弗損，益之」，而占辭外又言此者，以見始無求益之心，終亦无受益之意，而王道始備也。

【校箋】

〔一〕李光地云：「蓋五、上二爻，相蒙爲義。五之虚中，既已格乎鬼神，而獲『元吉』，則彖所謂『有孚，元吉』者已備，故於此爻遂究其説，以終其義也。九二之『弗損』，謂損己；『益之』，謂益人。此爻之『弗損』，謂損人；『益之』，謂益己。辭同而指異者，卦義『損下益上』，故在下卦爲自損，在上卦爲受益。」（周易折中卷六）

象曰：「『弗損，益之』，大得志也。」〔一〕

【校箋】

〔一〕程頤云：「居上不損下而反益之，是君子大得行其志也。君子之志，惟在益於人而已。」（伊川易傳卷六）

42 ䷩震下巽上

益：利有攸往，利涉大川。〔一〕

名義見損卦。

○益者，進益也。求進益之道，利有所往，而又「利涉大川」。自一身之長益，以至濟人利物之事，未有不以爲而得，未有不以難而成者。

【校箋】

〔一〕孔穎達云：「損卦則損下益上，益卦則損上益下，得名皆就下而不據上者。向秀云：『明王之道，志在惠下，故取下謂之損，與下謂之益。』」（周易正義卷四）李光地云：「彖辭與損同，亦不專主損己惠下爲義。蓋益以興利，故利以圖大事而濟大難。天下事有動而後獲益者，不可坐以需時也。」（周易折中卷六）

象曰：「益，損上益下，民説无疆，自上下下，其道大光。〔一〕

「損上益下」者，必貴於自上而下下，言澤必下究也。「民説无疆」，則王道大光矣。

所以名「益」。

【校箋】

〔一〕朱熹云：「以卦體釋卦名義。」（周易本義卷四象下傳第二）胡炳文云：「損『其道上行』以上兩句，皆釋損義。益『其道大光』以上四句，皆釋益義。」（周易本義通釋卷十二）

利有攸往，中正有慶。利涉大川，木道乃行。〔一〕

「中正」，指九五、六二。「木道」，謂震、巽。有中正之德，則「往」而「有慶」矣。又有濟險之材，則雖涉危難而有功矣。

【校箋】

〔一〕朱熹云：「以卦體、卦象釋卦辭。」（周易本義卷四象下傳第二）朱震云：「凡『利涉大川』言『木』者三，益也，涣也，中孚也，皆巽也。」（漢上易傳卷四）

益動而巽，日進无疆。天施地生，其益无方。凡益之道，與時偕行。」〔一〕

爲學之道，志氣奮發，而有沉潛之功以濟之，則心與理互相發，其進无疆矣。地承天之施，天資地以生，則「其益无方」矣。此皆氣候之自然，不待助長而自至，故曰「凡益之道，與時偕行」。

【校箋】

〔一〕朱熹云：「『動』、『巽』，二卦之德。乾下施，坤上生，亦上文卦體之義。又以此極言贊益之大。」（周易本義卷四象下傳第二）李光地云：「『動』、『巽』，取卦德；『施』、『生』，取卦象。風者，天施也，故姤有『施命』之象；雷者，地生也，故解有『甲坼』之象。損之『與時偕行』者，時當損而損也；益之『與時偕行』者，時當益而益也。人事也，造化也，非氣候之至，則不能强爲益也。」（周易折中卷十）

象曰：「風雷，益。君子以見善則遷，有過則改。」

雷發動其陽氣，故有「遷善」之義。風消散其陰氣，故有「改過」之義。

初九：利用爲大作，元吉，无咎。〔一〕

以「益下」名卦，是初卦之主也。居下受益，必其才德有過人者。故居上者利用之，以爲大作。然居下而當厚責，能致「元吉」，乃可免咎耳。二之「王用」、四之「利用」，文意皆同也。

【校箋】

〔一〕李光地云：「卦以損四益初爲義，則初亦受益之極，卦之主也，故其辭亦與卦同。『利用爲大作』者，即象所謂『利有攸往，利涉大川』也。必大爲益人之事，然後可以自受其益。非然，則受大益者，乃所以爲大損矣。凡易中言『吉，无咎』者，皆謂得『吉』而後可以免『咎』。而損象辭及此爻，與萃四之辭爲尤著。」（周易折中卷六）

象曰：「『元吉，无咎』，下不厚事也。」

居下而受上恩禮，爲「厚」。「下不厚事」者，言不可徒然受之而無所報稱。

六二：或益之，十朋之龜弗克違，永貞吉。王用享于帝，吉。〔一〕

有虛中之德，當受益之時。其辭與損五同，然居下位，故以「永貞」爲戒。有此之德，王者用之以享于帝，則其「吉」又非一人之私也。蓋因其爲神所依，知其爲帝所眷，亦與損象「上祐」之意同。以在下，故曰「王用」也。

【校箋】

〔一〕郭雍云：「『或益之』，人益之也；『十朋之龜弗克違』，鬼神益之也；『王用享于帝，吉』，天益之也。天且弗違，況于人與鬼神乎？」（郭氏傳家易説卷四）鄭維嶽云：「『王用享帝』，言王用六二以享帝也。古人一德，『克享天心』，又曰『籲俊尊上帝』。」（見周易折中卷六）李光地云：「郭氏説於文意甚明。『益之』者，人也；『弗克違』者，鬼神也。然必克當天心，乃獲是應。故損五象傳，推本於『自上祐』，而此爻辭又更有『享於上帝』之義也。鄭氏謂『王用六二以享帝』者，極是。隨上、升四，其義皆同。但彼云『西山』、『岐山』而此云『上帝』者，彼但言鬼神享之而已；此爻上文既云『朋龜弗違』，則『鬼神其依』之義已見，故復推而上之至於上帝。若山川之神，則不大於蓍龜也。」（周易折中卷六）案：鄭氏引「克享天心」，尚書咸有一德文；「籲俊尊上帝」，尚書立政文。李氏引「鬼神其依」，尚書大禹謨文。

象曰：「『或益之』，自外來也。」〔一〕

「自外來」，以別於「自上祐」，然皆以見非人力而自致之意。

【校箋】

〔一〕孔穎達云：「『自外來』者，明『益之』者從外自來，不召而至也。」（周易正義卷四）楊簡云：「『或益之，自外來也』，亦猶損六五之『或益之』，『自上祐也』，皆言本無求益之意，而益自至也。曰『自外來』，言非中心之所期，自外而至也。」（楊氏易傳卷十四）案：楊氏引「或益之」，損六五爻辭；「自上祐也」，損六五象辭文。

六三：益之，用凶事，无咎。有孚中行，告公用圭。〔一〕

凶事之來，所以增益於人。三以多凶之位當之，應其義矣，故曰「无咎」。內積孚誠，外循中道，所以處凶事而受益之道也。又當致敬以禀命於上，則誠無不格。書曰：「禹錫玄圭，告厥成功。」〔二〕

【校箋】

〔一〕李光地云：「此爻與損之六四相反對。損四，受下之益者；此爻，受上之益者。然皆不言所益而曰『疾』、曰『凶事』，蓋三、四凶懼之位也，故其獲益，亦與他爻不同。在上位者而知損四之義，則不以下之承奉爲益，而能匡其過、能輔其所不逮者，乃益也；在下位者而知此爻之義，則不以上之恩榮爲益，而試之諸艱、投之以多難者，乃益也。然在損四，則宜速以改過；在此爻，則宜緩以通誠，乃有以爲受益之地。」（周易折中卷六）

〔二〕「禹錫」至「成功」，尚書禹貢文。

象曰：「『益用凶事』，固有之也。」〔一〕

與无妄四爻同，皆固守而安焉之意。

【校箋】

〔一〕熊良輔云：「『益之以凶事』，雖曰災自外來，而己反受益，乃其己分之所固有者，非自外來也。」（周易本義集成卷六）

六四：中行，告公從，利用爲依遷國。〔一〕

卦之爲「益下」者，以四也。然居人臣之位，義無專主。必凡事循於中道，以禀命而見從，則上孚而下信之。雖遷國以益民，其事甚大，且依之以濟矣。

【校箋】

〔一〕吴慎云：「四正主于益下者，然非君位，不敢自專，必告于公，『中行』則見從矣。」（見周易折中卷六）李光地云：「此爻亦與損三相反對。損三爲卦之所損以益上者，此爻爲卦之所損以益下者，故辭義相類。損三無私交而與上同德，乃可以益上；此爻不專己而與上同德，乃可以益下也。『用』，用六四也，與六二『王用』之『用』同。『遷國』，大事也，亦即卦之所謂『利有攸往，利涉大川』者也。」（周易折中卷六）

象曰：「『告公從』，以益志也。」〔一〕

以益爲志，故能孚於上下。

【校箋】

〔一〕龔煥云：「六四之『告公』，以益民爲志，故得見『從』也。」（見周易本義集成卷六）

九五：有孚惠心，勿問，元吉。有孚惠我德。〔一〕

五居尊位，「益下」之主也。故言益下之道，但能有信實惠下之心，則下之應否不必問之，乃得「元吉」。然誠感誠應，故下亦必有實心而惠我之德也。

【校箋】

〔一〕王弼云：「得位履尊，爲益之主者也。爲益之大，莫大於信；爲惠之大，莫大於心。因民所利而利之焉，惠而不費，『惠心』者也。信以惠心，盡物之願，固不待問而『元吉』。以誠惠物，物亦應之，故曰『有孚惠我德』也。」（見周易正義卷四）呂祖謙云：「人君但誠心惠民，不須問民之感，如此然後『元吉』，民皆交孚而惠君之德也。苟惠民而先問民之感與不感，是計功利，非誠心惠民者也，安能使民之樂應乎？」（麗澤論説集録卷二）李光地云：「『勿問』二字，呂氏説是，觀孔子象傳可見。」（周易折中卷六）

象曰：「『有孚惠心』，勿問之矣。『惠我德』，大得志也。」〔一〕

爻辭「勿問」，意若「元吉」之不待問者，故釋之曰「勿問之矣」。與无妄「勿藥」同。

【校箋】

〔一〕崔憬云：「損上之時，一以損己爲念，雖『有孚』于國，『惠心』及下，終不言以彰己功，故曰『有孚惠心，勿問』。『問』，猶『言』也。如是，則獲『元吉』，且爲下所信而懷己德，故曰『有孚惠我德』。君雖不言，人惠其德，則我『大得志』也。」（見周易集解卷八）

上九：莫益之，或擊之，立心勿恒，凶。〔一〕

上九，居上以益下者，然過尊位而處高亢，無「益下」之象，但爲「受損之極」之象而已。「立心勿恒」，言其亢也。

【校箋】

〔一〕孔穎達云：「上九處益之極，益之過甚者也。求益无厭，怨者非一，故曰『莫益之，或擊之』也。『勿』，猶『无』也。求益无已，是『立心无恒』者也。无恒之人，必凶咎之所集。」（周易正義卷四）李光地云：「卦義『損上益下』，則上者，受損之極者也。若以『受損』

爲『克己利下』亦可，而爻義不然者，蓋能『克己利下』，則受益莫大焉，不得云『受損』矣。故損上以處損之終，自『損之極而得益』爲義；此爻以處益之終，自『益之極而得損』爲義。書云：『滿招損，謙受益。』兩爻之意相備也。」（周易折中卷六）案：李氏引「滿招損，謙受益」，尚書大禹謨文。

象曰：「『莫益之』，偏辭也。『或擊之』，自外來也。」

43 ䷪ 乾下兑上

夬：揚于王庭，孚號有厲。告自邑，不利即戎。利有攸往。〔一〕

「夬」者，決也。「決」者，如水之漂物，其勢盛大而不可禦。以五陽去一陰，勢不可禦，故曰「決」也。又，其象澤上於天。巨浸浩瀚，至於連天，則必決之勢矣。皆夬之義也。

○「揚于王庭」，欲決之而名義之正也。「孚號」者，盡誠呼號。「有厲」者，言呼號之際，心懷危厲。方決之，而戒備之密也。既決之後，又必勤於自治，務爲德化，使根本固而疑貳消，然後利有所往，而正道日行，正氣日盛矣。

【校箋】

〔一〕李光地云：「以彖傳觀之，則『揚于王庭』者，聲罪正辭也；『孚號有厲』者，警戒危懼也。『有厲』，不指時事，謂其心之憂危也。夫既曰『揚于王庭』矣，則所宣告者衆，而治之務於武斷矣。而又曰『告自邑，不利即戎』，意似相反，何也？曰：雖宣告者衆，而其本則在於自修。雖治之貴剛，而神武則存乎不殺也。蓋『告自邑，不利即戎』，是終『孚號有厲』之意；『利有攸往』，是終『揚于王庭』之意。」（周易折中卷六）

彖曰：「夬，決也，剛決柔也。健而說，決而和。〔一〕

「剛決柔」，釋卦名。「健而說，決而和」者，言卦之善，以起釋辭之意。「健」故能「決」，「說」故能「和」。自「揚庭」、「孚號」以下，皆所謂「決而和」也。

【校箋】

〔一〕李光地云：「凡釋卦名之後復有贊語者，皆以起釋辭之端。此言『健而說，決而和』，起『揚于王庭』以下之意也。」（周易折中卷十）

『揚于王庭』，柔乘五剛也。『孚號有厲』，其危乃光也。『告自邑，不利即戎』，所尚乃窮也。『利有攸往』，剛長乃終也。」〔一〕

柔乘五剛，其迹著矣，故當揚于王庭，非未形之惡可以默消者比也。盡誠孚號而存危厲之心，則一於敬懼，而其道益光明矣。不自治而尚武，則有時而窮。「剛長乃終」，言須至陽剛長極，無復陰柔，乃可終耳。

【校箋】

〔一〕孔穎達云：「剛克之道，不可常行。若專用威猛，以此『即戎』，則便爲尚力取勝，即是決而不和，其道窮矣。所以惟『告自邑，不利即戎』者，只謂『所尚乃窮』故也。」（周易正義卷五）胡炳文云：「復『利有攸往』，『剛長』也。夬『利有攸往』，『剛長乃終』也。小人有一人之未去，猶足爲君子之憂；人欲有一分之未盡，猶足爲天理之累。必至於純陽爲乾，方爲『剛長乃終』也。」（周易本義通釋卷十二）

象曰：「澤上於天，夬。君子以施禄及下，居德則忌。」〔一〕

位不期驕，禄不期侈，皆潰決之勢也。施禄及下，所以發財；敬忌居德，所以持身，皆防其潰決之道。

【校箋】

〔一〕李光地云：「『澤上於天』，所謂『稽天之浸』也，必潰決無疑矣。財聚而不散則悖出，故『君子以施祿及下』。居身無所畏忌，則滿而溢，故君子之聚德也，則常存畏忌而已。禮曰：『積而能散。』書曰：『敬忌而罔有擇言在躬。』夫如是，則何潰決之患之有？」（周易折中卷十二）案：李氏引「稽天之浸」，文見呂祖謙左氏博議卷十七。莊子逍遥遊云：「大浸稽天而不溺。」成玄英疏云：「稽，至也。」「積而能散」，禮記曲禮上文。「敬忌」至「在躬」，禮記表記載甫刑文。

初九：壯于前趾，往不勝，爲咎。〔一〕

去陰尚遠，未可決之時也；一陽在下，未能決之勢也。而初有「壯趾」之象，故嚴爲之戒。「前」者，前進也。

【校箋】

〔一〕朱熹云：「『前』，猶『進』也。當決之時，居下任壯，不勝宜矣，故其象、占如此。」（周易本義卷二下經第二）

象曰：「『不勝』而『往』，咎也。」

九二：惕號莫夜，有戎勿恤。〔一〕

二亦去陰尚遠，然有剛中之德，能憂惕呼號，以豫爲戒備，卦之所謂「孚號有厲」者也。人之防寇戎者，多懈於暮夜。能惕號於暮夜，則雖有戎，亦可無憂矣。

【校箋】

〔一〕李光地云：「言『莫夜』，人所忽也，而猶『惕號』，則所以警懼者素矣；『有戎』，人所畏也，而不之恤，則所以持重者至矣。蓋即彖之所謂『孚號有厲，不利即戎』者也。夫惟无事而『惕號』，故有事而能『勿恤』。史稱『終日欽欽，如對大敵。及臨陳，則志氣安閒，若不欲戰』者，是也。此卦當以九五爲卦主，而彖辭之意獨備於九二者，蓋九二遠陰，主於平時，則發『孚號告邑，不利即戎』之義；九五近陰，主於臨事，則發『揚于王庭，利有攸往』之義。然其爲中行、中道則一也。」（周易折中卷六）案：李氏引「終日」至「欲戰」，出處未詳。三國志卷五十六吳書十一朱然傳云：「終日欽欽，常在戰場，臨急膽定，尤過絶人。」

象曰：「『有戎勿恤』，得中道也。」〔一〕

不用其壯，不忘其備，此所謂「中道」。

【校箋】

〔一〕蘇軾云：「能靜而不忘警，能警而不用，『得中道』矣。與大壯九二『貞吉』同，故皆稱其『得中』。」（東坡易傳卷五）李光地云：「『有戎勿恤』者，謂不輕於『即戎』也。此所以爲得中道。」（周易折中卷十二）

九三：壯于頄，有凶。君子夬夬，獨行遇雨，若濡有愠，无咎。〔一〕

三，與上相應者也。三以過剛當夬之時，故與之爲敵而用壯；又因相應而有所濡也，故益不勝其憤憤之心，而至剛壯見於面目也。決之道貴和，「壯于頄」則有凶矣。故聖人解之曰：「君子但能存其必決之志，則雖踪迹若爲所染，如獨行而遇雨，見濡而可愠，終必无咎也。」何必逞一決之氣，以避一日之嫌乎？三應上，五近上，故皆重言「夬夬」。

【校箋】

〔一〕朱熹云：「『頄』，顴也。九三當夬之時，以剛而過乎中，是欲決小人，而剛壯見于面目也。如是，則有凶道矣。然在衆陽之中，獨與上六爲應。若能果決其決，不係私愛，則雖合於上六，如『獨行遇雨』至於『若濡』，而爲君子所愠，然終必能決去小人而无所咎也。」

象曰：「『君子夬夬』，終无咎也。」〔一〕

【校箋】

〔一〕黄淳耀云：「『終』，對『始』言之。始雖『若濡有愠』，終必決去而『无咎』也。」（見周易折中卷十二）

九四：臀无膚，其行次且。牽羊悔亡，聞言不信。〔一〕

四與陰同體而相背，有「臀」之象焉。相背，則雖近而勢尚隔也，且可以坐待而不能安，如臀之无膚，不坐而行又不進也。當此之際，惟無急於前進，而自制其剛壯，則得所處之義矣。

「牽」，制也。「羊」，剛壯之物也。蓋位近則義所當爲，勢隔則幾所當審，而又恐當此時位者，「聞言」之「不信」也。

或曰：「易之卦、爻皆占戒者之辭也，獨於此爻恐其『不信』，何也？」曰：當夬之時，名義正，事勢順，鮮能審己從容，以合於所處之道者。故「聞言不信」，莫此爲甚也。

此占外之餘意，蓋丁寧深切之至，而反若緩其辭者。

【校箋】

〔一〕方應祥云：「『牽羊』之説，本義謂讓羊『使前而隨其後』，則羊乃衆君子之象。若就兑羊之象言之，則羊還是九四。羊性善觸，不至羸角不已。聖人教以自牽其羊，抑其狠性，則可以亡悔矣，是亦『壯頄，有凶』之意。」（見周易折中卷六）李光地云：「『臀』者，與陰相背之物也。夬四、姤三，皆與陰連體而相背，故皆以『臀』爲象。『牽羊』，方氏説善。」（周易折中卷六）

象曰：「『其行次且』，位不當也。『聞言不信』，聰不明也。」〔一〕

未當決陰之位，而又不能自止，所以「其行次且」。

【校箋】

〔一〕李光地云：「四與陰尚隔。『位不當』者，借爻位以明四之未當事任，而欲『次且』前進之非宜也。」（見周易折中卷十二）

九五：莧陸夬夬，中行无咎。〔一〕

五近於上，而同説體，感於陰者也。近陰而受其感，雖以剛健之質，亦不能不消蝕也，故其象爲「莧陸」。其占必能夬之又夬，而又以中道自治，乃「无咎」也。蓋決小人於外者，必反而自修於身。苟治己不嚴，失乎中道，雖夬之又夬，而其終豈可保乎？

【校箋】

〔一〕李光地云：「此言『莧陸夬夬』，猶姤言『包瓜』，皆以細草陰類喻小人也。時當『含章』則包之，時當『揚庭』則決之。然其包之也『以杞』，剛之體不失也；其決之也以『中行』，柔之用兼濟也。」（周易折中卷六）

象曰：「『中行无咎』，中未光也。」〔一〕

言所以必「中行」乃「无咎」者，由其感於陰邪而「中未光」，故必反身脩德，尚乎中行，正其本之要也。

【校箋】

〔一〕張載云：「陽近於陰，不能无累，故必正其行，然後免咎。」（見大易粹言卷四十三）李光地云：「張子之説極是。蓋因『中未光』，故貴於『中行』，非謂雖『中行』而猶『未光』也。」（周易折中卷十二）

上六：无號，終有凶。〔一〕

陽雖盛而陰雖衰，然警戒之心不可忘也。故卦辭曰「孚號」，二之爻辭曰「惕號」，此處決之道也。至於上六，陰既窮矣，然當此之時，猶未可忘戒懼。苟以爲陰既盡而无呼號之備，則其終必有凶。蓋慮怠於所安而患生於所忽，故亂本猶在則能復萌，害氣雖究而能復生。古之人有去小人而不盡者，王允、五王是也；〔二〕有以外寧致内憂者，唐憲宗、莊宗是也。

【校箋】

〔一〕朱熹云：「陰柔小人，居窮極之時，黨類已盡，无所號呼，終必『有凶』也。占者有君子之德，則其敵當之，不然反是。」（周易本義卷二下經第二）

〔二〕王允，東漢後期人，出身太原王氏，世代官宦。永漢元年（一八九年），董卓擁立漢獻帝即位，拜王允爲太僕，遷尚書令、司徒。初平三年（一九三年），王允密謀刺死董卓，聯合吕布共同執政。董卓餘黨李傕、郭汜等攻破長安，王允兵敗被殺。事詳後漢書卷六十六王允傳。「五王」，謂唐代張柬之、桓彦範、敬暉、袁恕己、崔玄暐。神龍元年（七〇五年），此五人密謀誅殺張易之、張昌宗，逼迫武則天退位，擁立太子李顯復位，是爲唐中宗，史稱「神龍政變」。中宗聽信韋皇后、武三思等人讒毁，封張柬之爲漢陽郡王、桓彦範爲扶陽郡王、敬暉爲平陽郡王、袁恕己爲南陽郡王、崔玄暐爲博陵郡王，令罷知政事，實奪其權。其後，五王皆被貶爲司馬，勛爵並削，敬、桓、袁被殺，張、崔憂憤病死。事詳舊唐書卷九十一桓彦範傳。

象曰：「『无號』之『凶』，終不可長也。」

44 ䷫巽下乾上

姤：女壯，勿用取女。

陰陽相遇，理之常也。然必陽先於陰，乃得倡和之義。此卦以一陰爲主而遇五陽，則非剛之遇柔，而柔之遇剛也。又，其象天下有風。凡陰聚之，陽必散之。天下有風，陰始遇也，故爲「姤」。

○以陰先倡而與陽遇，其女壯矣。以順爲正者，婦道也。女而壯，豈可取乎？故其占「勿用取女」也。

象曰：「姤，遇也，柔遇剛也。『勿用取女』，不可與長也。〔一〕

先儒説一陰始生，便是「女壯」，似失卦意。蓋主於陰先倡陽，以爲「女壯」，故不曰「剛遇柔」，而曰「柔遇剛」也。「柔遇剛」乃女之壯，故「女壯」不復釋。

【校箋】

〔一〕李光地云：「『柔遇剛』者，以柔爲主也。如臣之專制，如牝之司晨，得不謂『壯』乎？故不復釋『女壯』，而直釋『勿用取女』之義。」（周易折中卷十）

天地相遇，品物咸章也。剛遇中正，天下大行也。姤之時義，大矣哉！「〔一〕

獨陽不生，獨天不生。陽必有陰，理之常也。故天氣與地氣相接，然後品物章；陽剛之類際會中正之君，然後天下治。是遇之不可無也。然如此卦之以柔遇剛，則始不正而終有敝矣。此「遇」之時義所以爲大，而朱子謂「幾微之際，聖人所謹」也。〔二〕

【校箋】

〔一〕李光地云：「必如天地之相遇，而後『品物咸章』也。必如此卦，以羣剛遇中正之君，然後『天下大行』也。苟天地之相遇而有陰邪干於其閒，君臣之相遇而有宵類介乎其側，則在天地爲伏陰，在國家爲隱慝，而有『女壯』之象矣。」（周易折中卷十）

〔二〕「幾微」至「所謹」，文見朱子語類卷七十二易八姤。

象曰：「天下有風，姤。后以施命誥四方。」〔一〕

風非陰氣，散陰氣者也。以其所散者陰氣，故亦以風爲陰氣，而因風可以驗陰氣之至也。「施命」，與巽之「申命」相類，皆取風之號令。又，微陰潛伏，則貴有以振動發散之也。

【校箋】

〔一〕龔焕云：「『天下有風，姤』，與『風行地上，觀』相似，故在姤則曰『施命誥四方』，在觀則曰『省方觀民設教』。曰『施』、曰『誥』，自上而下，『天下有風』之象也；曰『省』、曰『觀』，周歷遍覽，『風行地上』之象也。」（見周易本義集成卷六）李光地云：「巽之『申命』，因有積弊而振飭之也。姤之『施命』，與巽正同。蓋在三畫之卦爲巽者，在六畫之卦即爲姤也。『施命』、『申命』，所以消隱慝、除積弊，法風之吹散伏陰也。」（周易折中卷十二）

初六：繫于金柅，貞吉。有攸往，見凶。羸豕孚蹢躅。〔一〕

程子曰：「止之以金柅，而又繫之固止之，使不得進，則吉。」

【校箋】

〔一〕李光地云：「一陰窮於上，衆以爲無凶矣，而曰『終有凶』，防其後之辭也。一陰伏於下，衆未覺其凶矣，而曰『見凶』，察於先之辭也。陰陽消息，循環無端。能察於先，即所以防其後；能防其後，即所以察於先也。」（周易折中卷六）案：李氏云「一陰窮於上」者，謂夬卦也。「終有凶」，夬上六爻辭。

象曰：「『繫于金柅』，柔道牽也。」〔一〕

謂柔道有所牽制，而不敢進。

【校箋】

〔一〕孔穎達云：「『柔道牽』者，陰柔之道，必須有所牽繫也。」（周易正義卷五）趙汝楳云：「姤之初言『繫』、言『牽』，惡陰之長而止之也。」（周易輯聞卷五）

九二：包有魚，无咎，不利賓。〔一〕

卦之諸爻每言「包」者。「包」，容也，制也。容之，故能制之，其義一也。二以剛中而遇初陰，能制而伏之，故曰「包有魚」。「不利賓」者，陰之義不可顯於衆。牝雞司晨、小人預政，皆「及賓」之謂也。制陰者不可不知斯義。

【校箋】

〔一〕李光地云：「制陰之義，不取諸九四之相應，而取諸九二之相比者，陰陽主卦，皆以近比者爲親切，而處之又有中、有不中焉。故復六四之『獨復』，亦不如六二『休復』之爲美也。『夬五近上，則有「莧陸」之嫌；姤二、比初，獨不以陰邪爲累乎？』曰：夬之陰，其勢極矣，如病之既劇，如亂之已成，非有以除去之不可。姤則陰始生也，如病將發，如亂初萌，豫防而早治之，則不至於盛長矣。觀乎『不利賓』之戒，未嘗不以陰邪之漸馴爲諄諄也。詩云：『敝笱在梁，其魚魴鰥。齊子歸止，其從如雲。』是不能制之而使『及賓』之驗矣。」（周易折中卷六）案：李氏引「敝笱」至「如雲」，毛詩齊風敝笱文。

象曰：「『包有魚』，義不及賓也。」〔一〕

【校箋】

〔一〕程頤云：「二之遇初，不可使有二於外，當如包苴之有魚。包苴之魚，義不及於賓客也。」（伊川易傳卷六）

九三：臀无膚，其行次且，厲，无大咎。〔一〕

三與初同體而相背，又居巽股之上，正「臀」之象。不與陰遇，又不能自止，故亦爲「臀无膚，其行次且」。當遇之時，獨行無遇，則亦危矣。然無陰之遇，則亦不受陰之害，所以「无大咎」也。

【校箋】

〔一〕李簡云：「居則臀在下，故困初六言『臀』。行則臀在中，故夬、姤三、四言『臀』。」（學易記卷五）李光地云：「『臀无膚』之義，與夬四同。『其行次且』，志欲制陰也。非其位任而欲制之，有危道焉，然於義則『无咎』。」（周易折中卷六）

象曰：「『其行次且』，行未牽也。」〔一〕

「未牽」者，病其次且欲進而不能自牽制，與夬四「牽羊」之戒相發。

【校箋】

〔一〕李光地云：「易中言『牽』者，自小畜至此，皆當爲『牽制』之義。」（周易折中卷十二）

九四：包无魚，起凶。〔一〕

四與初應，卦之所謂「取女」者也。初爲卦主而四應之，乃女壯而先陽者，四又烏能制之乎？故曰「包无魚」，言不能制之也。初曰「見凶」，四曰「起凶」，謂非顯然之凶也，凶由此見而由此起耳。

【校　箋】

〔一〕李光地云：「四與初正應，當制陰之任者也。然不能制之，而爲『包无魚』之象，何也？曰：此與夬之九三同，當決陰、制陰之任，而德非中正。故一則剛壯而懷慍怒，一則疾惡而胥絶遠，無包容之量、無制服之方故也。以是爻德而適犯卦義『取女』之戒，則其『起凶』宜矣。書曰『寬而有制』、『有容，德乃大』，又曰『爾無忿疾于頑』，是『包有魚』、『无魚』之所由分也。」（周易折中卷六）案：李氏引「書曰」云云，皆尚書君陳文。

象曰：「『无魚』之『凶』，遠民也。」〔一〕

民亦陰類，其不能包而制之者，由其不能親而安之也。書曰「民可近，不可下」，〔二〕此之謂也。

【校　箋】

〔一〕李光地云：「九四因與陰相應，故惡而欲遠之，正如夬三『壯于頄』之意；徒欲遠之而不能容之、制之，此所以『包无魚』也。君子之於小人也，惟其能容之，是以能制之；不能

容之，則彼自絶矣。欲以力制，不亦難乎？」（周易折中卷十二）

〔三〕「民可」至「可下」，尚書五子之歌文。

九五：以杞包瓜，含章，有隕自天。〔一〕

五爲羣陽之主，雖不與陰遇，而有制陰之責，故其象爲「以杞包瓜」。蓋其高大既足以容，而其堅實又足以久。使瓜雖延蔓而不可干，雖甘美而不可入，則包之之道盡矣。雖然，陰道方壯，未可以力爭也。故必含晦章美，不自發露，則天時之至，彼自隕落。此制陰之道也。

【校箋】

〔一〕李光地云：「五爲卦主，而與陰無比應，得卦『勿用取女』之義也。夫與陰雖無比應，而爲卦主，則有制陰之任焉，故極言修德回天之道。」（周易折中卷六）

象曰：「九五『含章』，中正也。『有隕自天』，志不舍命也。」〔一〕

言我雖含章，而其脩德俟命，無時不以回天爲至也。

【校　箋】

〔一〕李光地云：「詩云：『桑之落矣，其黄而隕。』故『有隕自天』，謂天時既至而瓜隕也。雖天命之必然，亦由君子積誠修德，與之符會，故曰『志不舍命』。」（周易折中卷十二）案：李氏引「桑之」至「而隕」，毛詩衛風氓文。

上九：姤其角，吝，无咎。〔一〕

與陰絶遠，「姤角」之象也。無所遇，故「吝」；亦无陰之害，故「无咎」。與九三之義同，然辭殺於三者，上在事外，三則與陰同體相近，故猶危其辭也。

【校　箋】

〔一〕胡炳文云：「九三以剛居下卦之上，於初陰无所遇，故雖『厲』而『无大咎』。上九以剛居上卦之上，於初陰亦不得其遇，故雖『吝』而亦『无咎』。遇本非正，不遇不足爲『咎』也。」（周易本義通釋卷二）李光地云：「此爻亦與夬初反對，皆與陰絶遠者也。不與陰遇，不能制陰，故可『吝』。然非其事任也，故『无咎』。此如避世之士，不能救時，而亦身不與亂者也。」（周易折中卷六）

象曰：「『姤其角』，上窮吝也。」〔一〕

【校箋】

〔一〕李光地云：「不與陰遇雖『无咎』，然君子終以不能濟時爲可羞，爲其身在事外，所處之窮故爾。」（周易折中卷十二）

45 ䷬坤下兑上

萃：亨。王假有廟。利見大人，亨利貞。用大牲，吉。利有攸往。〔一〕

萃與比相近。然水流而澤止，流必有所歸，歸必會於一，比之象也；止而滿者，其勢則聚，萃之象也。又，比惟九五一陽，亦統於一之象；萃則四、五二陽，亦轉相聚之象。

○凡物畜聚則必通，是萃有「亨」之義也。王者之聚，莫大乎感格於神明，故曰「王假有廟」。凡人之聚，莫大乎親比於君子，故曰「利見大人」。「亨利貞」者，承「利見大人」爲義。蓋「見大人」固有「亨」道，然其聚也尤當以正，乃無失己之嫌，而不爲德位君子之所棄也。「用大牲」，亦所以求聚於神；「有攸往」，亦所以求聚於人。此兩句又廣言之。

【校箋】

〔一〕何楷云：「『用大牲，吉』，承『王假有廟』言。『利有攸往』，承『利見大人』言。」（古周易訂詁卷五）李光地云：「以彖傳觀之，『利見大人，亨利貞』爲一事無疑。『王假有廟』者，神、人之聚也；『利見大人』者，上、下之聚也。『用大牲，吉』，廣言羣祀，由『假廟』而推之，皆所以聚於神也；『利有攸往』，廣言所行，由『見大人』而推之，皆所以聚於人也。」（周易折中卷六）

彖曰：「萃，聚也。順以説，剛中而應，故聚也。〔一〕『王假有廟』，致孝享也。『利見大人，亨』，聚以正也。『用大牲，吉。利有攸往』，順天命也。」〔二〕

名義在大象。其德體非正釋，則以「故」字别之。「順天命」者，致其隆敬則神明聚，往而求之則人物聚，皆天理之自然，而我順之爾。

【校箋】

〔一〕朱熹云：「以卦德、卦體釋卦名義。」（周易本義卷四彖下傳第二）李光地云：「『順以説，剛中而應』，亦非正釋卦名，乃就卦德而推原所以聚者，以起釋辭之端也。蓋『順以説』，是以順道感格，起『假廟』、『用牲』之意；『剛中而應』，是有德者居位而上下應之，起『見大人』、『有攸往』之意。」（周易折中卷十）

〔三〕程頤云：「王者萃人心之道，至於建立宗廟，所以致其孝享之誠也。祭祀，人心之所自盡也，故萃天下之心者，无如孝享。王者萃天下之道，至於『有廟』，則其極也。萃之時，『見大人』則能『亨』，蓋聚以正道也。『見大人』，則其聚以正道，得其正則『亨』矣。萃不以正，其能『亨』乎？『用大牲』，承上『有廟』之文，以享祀而言，凡事莫不如是。豐聚之時，交於物者當厚，稱其宜也。物聚而力贍，乃可以有爲，故『利有攸往』。皆天理然也，故云『順天命』也。」（伊川易傳卷六）朱熹云：「釋卦辭。」（周易本義卷四彖下傳第二）

觀其所聚，而天地、萬物之情可見矣。」〔一〕

苟與其情相違，則必離而去之。故「觀其所聚」，則「情可見」。

【校箋】

〔一〕李光地云：「『順天命』雖繫於『用大牲』、『利有攸往』之下，然連『假廟』、『見大人』之意，皆在其中矣。蓋萬物本乎天，人本乎祖，『方以類聚，物以羣分』，『聖人作而萬物覩』，是乃天地人物之所以聯屬而不散者，實天之命也。咸、恒皆推言造化人事，而後終之以天地萬物之情可見。此卦則天人之義已備，故言『順天命』而遂極贊之。」（周易折中卷十）

象曰：「澤上於地，萃。君子以除戎器，戒不虞。」〔一〕

「建萬國，親諸侯」者，〔二〕比而有以聯屬之也。「除戎器，戒不虞」者，聚而有以防制之也。非聯屬，則不能以終合；無防制，則不可以終聚。

【校箋】

〔一〕程頤云：「澤上於地，爲『萃聚』之象。君子觀萃象，以除治戎器，用戒備於不虞。凡物之萃，則有不虞度之事。故衆聚則有爭，物聚則有奪。大率既聚則多故矣，故觀萃象而戒也。『除』，謂簡治也，去弊惡也。除而聚之，所以『戒不虞』也。」（伊川易傳卷六）朱熹云：「『除』者，修而聚之之謂。」（周易本義卷六象下傳第四）

〔二〕「建萬」至「諸侯」，周易比象辭文。

初六：有孚不終，乃亂乃萃。若號，一握爲笑，勿恤，往无咎。〔一〕

爻義與比之初六相似。比、萃之初居下處微，其情未能上達，故必積其孚誠，致其專一。若有孚而不能終，則必至於亂所萃矣。上「乃」字，虚字也；下「乃」字，猶「汝」也。文意與「而康而色」同。凡易中「號」、「笑」兩字每相對，同人之五、旅之上是也。「握」者，所以轉移之機也。言惟積誠之極，至於號咷，則一轉移之間，將變而爲笑樂，即同人所謂「先號咷而後笑」也。凡上下親疎至於離異，不能相同相萃者，惟哀誠懇切，庶幾有所感動。故此卦之爻，尤多言「孚」。「號」、「嗟如」及「齎咨涕洟」之類。「往」者，往而求其所當萃者也。

【校箋】

〔一〕胡瑗云：「『號』，謂號咷也。萃聚之世，必上下相求和會，然後必有所濟。故始則有號咷之怨，終得與四萃聚而有歡笑也。」（周易口義卷八）王宗傳云：「初之於四，相信之志疑亂而不一也。然居萃聚之時，上下相求。若號焉，四必説而應之，則一握之頃，變號咷而爲笑樂矣，謂得其所聚也。故戒之曰『勿恤』，又勉之曰『往无咎』。」（童溪易傳卷二十一）姚舜牧云：「初、四相應，此心本自相孚，但孚須有終爲善。如『有孚』而『不終』，則『乃亂』而『乃萃』矣，萃其可亂乎哉？若念『有孚』之當終，勿恤衆號而往從之，則正應可合，而無妄萃之咎矣。」（見周易説統卷六）錢志立云：「萃與比同，所異者多九四一陽耳。比初无應，曰『有孚盈缶』者，一於五也。萃有二陽焉，初與四應，曰『有孚不終』者，不終於四也。及此時而號以求萃，猶可破涕爲笑，同人『先號咷而後笑』者是也。」（見田間易學卷五）李光地云：「胡氏、王氏、姚氏、錢氏諸説，皆於文義甚合。蓋易中『號』、『笑』二字，每每相對也。兩『乃』字不同，上『乃』字，虚字也；下『乃』字，猶『汝』也。正如書『而康而色』，上『而』字，虚字也；下『而』字，猶『汝』也。言『有孚不終』，則必亂汝之所萃也。其所以亂之故，則錢氏得之矣。『握』者，手所執持以轉移之機也。言能至誠迫切，則一轉移之間，必有和合之喜，故曰『若號，一握爲笑』。」（周易折中卷六）案：李氏引「而康而色」，尚書洪範文。

象曰：「『乃亂乃萃』，其志亂也。」

「有孚不終」，則是其志亂也。

六二：引吉，无咎。孚乃利用禴。〔一〕

九五，萃之主，而二應之，是上有引援者也。二者，中正之德，當萃之時，有「利見大人」之義，故不以引援爲嫌，而「吉」且「无咎」。又戒以「孚乃利用禴」者，蓋下之萃於上，如人之萃於神，内有孚誠，則可以質素自薦矣。

或曰：「卦『用大牲』而爻『利用禴』，何也？」曰：「『用大牲』，敬之盛也；『用禴』，誠之專也。二居下位，貴以素誠獲上，萃、升之義同也。

【校箋】

〔一〕李光地云：「彖言『利見大人』，九五者，卦之『大人』也；六二應之，得『見大人』之義矣。然『見大人』者，聚必以正，故必待其引而從之，乃『吉』而『无咎』。蓋聚而不正，則不亨也。『孚乃利用禴』者，言相聚之道，以誠爲本，苟有明信，雖用禴可祭矣，況大牲乎？亦根卦義而反其辭也。易曰：『可用汲，王明，並受其福。』傳曰：『在下位不援上。』此『引』字是『汲引』之『引』，非『援引』之『引』。」（周易折中卷六）案：李氏引「可用」至「其福」，周易井九三爻辭；「在下」至「援上」，禮記中庸文。

象曰：「『引吉，无咎』，中未變也。」〔一〕

以嫌於援引，故言其中之不變。與比二「不自失」同。〔二〕

【校箋】

〔一〕楊萬里云：「『中未變』者，蓋六二所守之中道，不以爲上所引而有所變也。」（見學易記卷五）李光地云：「此『中未變』，與比二『不自失』之意同。中庸所謂『不變塞焉』，孟子所謂『達不離道』者，是也。」（周易折中卷十二）案：李氏引「達不離道」，孟子盡心上文。

〔三〕周易比六二象辭云：「『比之自内』，不自失也。」

六三：萃如，嗟如，无攸利。往无咎，小吝。〔一〕

卦惟二陽，爲萃之主，而初、二應之。三無所應，故「萃如」而「嗟如」，无所利也。然承、比之間，有「相從」之義。其以異體相從者，隨之三、四是也。三與四比，則可以往而求萃矣。蓋當萃之時，利有攸往，故其「往」爲「无咎」，與初六同。然非正應也，故不免於「小吝」。

【校箋】

〔一〕吴澄云：「三與下二陰萃于下，而上无應，故嗟嘆不得志。三雖无應，而比近九四之陽，苟能往而上求九四，則可『无咎』。若但安于陰小，而不上往求陽，則『吝』矣。」（易纂言卷二）俞琰云：「萃之時，『利見大人』。三與五非應、非比，而不得其萃，未免有嗟嘆之聲，則『无攸利』矣。既曰『无攸利』，又曰『往无咎』，三與四比，則其往也，捨四可乎？三之從四，四亦巽而受之，故『无咎』。第无正應，而近比于四，所聚非正，有此小疵耳。」

（周易集説卷七）李光地云：「以象傳觀之，吴氏、俞氏之説是也。易例，三、四隔體，無相從之義。然亦有以時義而相從者，隨三之『係丈夫』及此爻是也；其不正而亦以時義相從者，豫三、咸三是也。皆因九四有主卦之義者，故然。」（周易折中卷六）

象曰：「『往无咎』，上巽也。」〔一〕

「上巽」者，明爲巽入於四。

【校箋】

〔一〕虞翻云：「動之四，故『上巽』。」（見周易集解卷九）鄭汝諧云：「下二陰皆萃於陽矣，三獨无附，故咨嗟怨嘆而『无攸利』。雖然，當萃之時，下欲萃於上，上亦欲下之萃於我。三不以无應之故，能往歸於上，雖『小吝』，而亦可以『无咎』。『上』，非上六，謂在上之陽也。」（易翼傳卷二）

九四：大吉，无咎。〔一〕

九五，萃之主，而四輔之。以大臣當天下之萃，危疑之地也，故必「大吉」，然後「无咎」。其義與益之初九同。

【校箋】

〔一〕項安世云：「无尊位而得衆心，故必『大吉』而後可以『无咎』。如益之初九，在下位而任厚事，亦必『元吉』而後可以『无咎』也。」（見周易本義集成卷二）胡炳文云：「比卦五陰，皆比五之一陽；萃四陰，皆聚歸五與四之二陽。五曰『萃有位』，以見四之萃非有位者也。无尊位而得衆心，非『大吉』安能『无咎』？」（周易本義通釋卷二）

象曰：「『大吉，无咎』，位不當也。」〔一〕

惟當尊位者，宜萃天下。四不當其位，而又有萃天下之責，非處之盡善，能「无咎」乎？

【校箋】

〔一〕鄭汝諧云：「其位近，其德同，其爲下之所歸亦同。自非所爲至善，則其君病之，烏能『无咎』？戒之也。凡言『位不當』，其義不一。此所謂『不當』者，爲其以剛陽迫近其君也。」（易翼傳卷二）李光地云：「鄭氏謂『凡言「位不當」，其義不一』者，是已。然須知是借爻位之當、不當，以發明其德與時位之當、不當。」（周易折中卷十二）

九五：萃有位，无咎。匪孚，元永貞，悔亡。〔一〕

居尊萃下，當萃之時，可以「无咎」。然徒以位萃天下，非所以孚信天下也。必大能永其貞固之德，則上以誠感，下以誠應，而「悔亡」矣。比、萃之義相似，故「元永貞」之辭同。

【校　箋】

〔一〕王宗傳云：「五，萃之主也。夫當萃之時，爲萃之主，莫大於有其位，又莫大於有其道。有是位而无是道，則天下不我信者亦衆矣，故曰『匪孚』。謂天下之人容有言曰：『上之人但以位而萃我也，而其道則未至也。』故必『元永貞』而後『悔亡』。」（童溪易傳卷二十一）李光地云：「萃九五，居尊以萃羣陰，與比略同。卦象澤上於地，與比象亦略同也。故其『元永貞』之辭亦同。『元永貞，悔亡』，即所謂『原筮，元永貞，无咎』也。」（周易折中卷六）案：李氏引「原筮」至「无咎」，周易比卦辭。

象曰：「『萃有位』，志未光也。」〔一〕

徒以位爲萃，未必其心之光明見信於天下也。故必有「元永貞」之德，而後其志光矣。

【校箋】

〔一〕龔焕云：「五，有其位者也。徒有其位，故人或『匪孚』，此志之所以『未光』也。」（見周易本義集成卷六）胡炳文云：「四必『大吉』而後『无咎』，『位不當』也。五『有位』矣，而『匪孚』，志猶『未光』也。然則欲當天下之萃者不可无其位，有其位者又不可无其德。」（見周易大全卷十六）

上六：齎咨涕洟，无咎。〔一〕

居卦外而無應，無萃者也。然萃有「利見大人」之義，而上近九五，與蹇之上六同。苟能不安於上，而「齎咨涕洟」以致其誠，則亦可以得所萃而「无咎」。不如蹇上之「吉」，亦不如比上之「凶」者，無「蹇往來」之義，亦無「比後夫」之象也。○易象言「見大人」者五，除升卦外，餘則皆以九五當之也。二應而四承之，皆吉。若上雖比近，而與二、四異矣。或以時義相從，然惟陰能從陽，陽則不能也。故蹇、萃皆有從五之義，而訟、巽則否。

【校箋】

〔一〕方應祥云：「此爻照『後夫凶』看，比之上六，以比之最後而凶；萃之上六，亦以萃之最後而有未安者，故其憂懼若此。此正所謂孤臣孽子也。」（見周易折中卷六）黃淳耀云：「上乃孤孽之臣子也。萃極將散，而不得所萃，乃不得於君親者。『齎咨涕洟』四字，乃極言怨艾求萃之情，故終得萃而『无咎』。」（同上）李光地云：「方氏、黃氏之說得之。蓋不止孤臣孽子，乃放臣屏子之倫也。方氏以比上相照，亦是。然比上直曰『凶』，此則『齎咨涕洟』而『无咎』者，比象有『後夫凶』之辭，故遂以上六當之；此象有『利見大人』之辭，正與蹇卦同例，故尚有積誠求萃之理也。」（周易折中卷六）

象曰：「『齎咨涕洟』，未安上也。」〔一〕

【校箋】

〔一〕李光地云：「『上』，猶『外』也。雖在外而不敢自安，如舜之耕歷山、周公之處東國，必號泣嘵嘵，求萃於君父而後已也。」（周易折中卷十二）

46 ䷭ 巽下坤上

升：元亨。用見大人，勿恤。南征，吉。〔一〕

地中生木，氣之方至，日夜而長，「升」之義也，故名「升」。

○升則賢人、君子得時登進之象也，故其占爲「元亨」，而用以「見大人」則無憂，「南征」則「吉」也。

案：卦下直言「元亨」，而無「利貞」之辭者三：大有、升、鼎也。皆自賢人取義，聖人之情見乎辭矣。然大有、鼎皆無他辭，升則申以吉利之占。蓋大有者，能有賢也；鼎者，能養賢也，皆主於在上者而言，則亨莫大焉，故言「元亨」，其辭已足。升之義兼乎在下者，故言「元亨」，又言其「見大人」之喜、「南征」之「吉」也。

○訟、蹇、萃、巽之彖皆曰「利見大人」，此曰「用見大人」者，四卦之「大人」皆以九五當之，故曰「利」者，有大人於此而利見之也；升則卦無九五，其六五之「升階」與晉之六五同，皆謂升進之人耳，故不曰「利」而曰「用」，言用此人以見大人也。隨之上、益之二、卦之四爻所謂「王用」者，〔二〕皆此義。

【校箋】

〔一〕程頤云：「『升』者，進而上也。升進則有『亨』義，而以卦才之善，故『元亨』也。用此道以『見大人』，不假優恤，前進則『吉』也。『南征』，前進也。」（伊川易傳卷六）代淵云：「尊爻无此人，故不云『利見』。」（見厚齋易學卷二十三）李光地云：「卦直言『元亨』而無他辭者，大有、鼎也；雖有他辭而非戒辭者，升也。歷選易卦，惟此三者。蓋大有與比相似，然所比者，陰也、民也；所有者，陽也、賢也。鼎與井相似，然『往來井井』者，民也；『大亨以養』者，賢也。升與漸相似，然漸者，賢之有所需待而進者也；升者，賢之無所阻礙而登者也。易道莫大於尚賢，而賢人得時之卦，莫盛於此三者。故其彖皆曰『元亨』，而無戒辭也。不曰『利見大人』而曰『用見』，代氏之説得之。」（周易折中卷六）案：李氏引「大亨以養」，「亨」當據周易鼎彖辭改作「亨」。

〔二〕周易爻辭「王用」凡五見，即比九五、隨上六、離上九、益六二、升六四。此云「卦之四爻」，謂升六四爻辭也。

彖曰：「柔以時升，〔一〕巽而順，剛中而應，是以大亨。〔二〕

「柔以時升」，據卦柔得上位而言，與「巽順」、「剛應」俱釋「元亨」之義。他卦亦有如此者，必起以卦名而連「亨」字。此則上以「時升」爲文，而下結以「大亨」，又一例也。

或疑：「二陽居下，勢必上進。彖傳不取陽升而取陰升，何也？」曰：凡升、晉之道，皆以柔靜順正爲善。故兩卦皆取「柔進」爲義，而柔爻皆吉。漸之義亦然。

【校箋】

〔一〕孔穎達云：「『升』之爲義，自下升高，故就六五居尊以釋名『升』之意。」（周易正義卷五）朱熹云：「以卦變釋卦名。」（周易本義卷四彖下傳第二）徐幾云：「升、晉二卦皆以柔爲主。剛則有躁進之意。」（見周易大全卷十六）李光地云：「『柔以時升』之義，或主四言，或主五言，或主上體之坤而言。然卦之有六四、六五及坤居上體者多矣，皆得名爲『升』乎？則其説似皆未確。蓋『時升』者，固以坤居上體而四、五得位言也，然惟巽爲下體，故其升也有根。蓋巽乃陰生之始也，陰自下生以極於上，如木之自根而滋生，以至於枝葉繁盛，此謂『升』之義矣。此卦與无妄反對。无妄者，陽爲主於内也，而其究爲健；升者，陰爲主於内也，而其究爲順。无妄之彖曰『剛自外來而爲主於内』，明剛德自内以達於外也；升彖曰『柔以時升』，明陰道自下以達於上也。然則『柔以時升』云者，尤當以初六之義爲重。故无妄六爻，獨初九曰『吉』；此卦六爻，亦惟初六曰『大吉』。則二卦之所重者，可知矣。其下云『巽而順，剛中而應』，亦與无妄『動而健，剛中而應』之辭相似，皆連釋名之義以釋『元亨』也。」（周易折中卷十）

〔二〕朱熹云：「以卦德、卦體釋卦辭。」（周易本義卷四彖下傳第二）

『用見大人，勿恤』，有慶也。『南征，吉』，志行也。」

象曰：「地中生木，升。君子以順德，積小以高大。」〔一〕

慎德，則積小而高大矣。

【校　箋】

〔一〕朱熹云：「王肅本『順』作『慎』。今案：它書引此，亦多作『慎』，意尤明白，蓋古字通用也。説見上篇蒙卦。」（周易本義卷六象下傳第四）胡炳文云：「木之生也，一日不長則枯；德之進也，一息不慎則退。必念念謹審，事事謹審，其德積小高大，當如木之升矣。」（周易本義通釋卷四）

初六：允升，大吉。〔一〕

「柔以時升」，雖主坤之三陰，然巽一陰始生於下，則升之始也。象以「地中生木」，則初，木之根也，其義最善，故其辭獨於諸爻爲「大吉」。「允升」者，爲上所信而升也。晉至三而後「衆允」，且僅曰「悔亡」，此則方初而曰「允升，大吉」者，晉三之「允」在下三陰，升初之「允」在上三陰也。故晉三之傳曰「志上行」，而此爻之傳曰「上合志」。

【校箋】

〔一〕王申子云：「以柔而升，升之義也。初以柔居下，即木之升言之，乃木之根。故信其升之必達，而獲『大吉』也。」（大易緝説卷七）何楷云：「初六巽主居下，猶木之根也，而得地氣以滋之，其升也允矣。『允升』者，信其必能升也。所以爲升者，巽也；所以爲巽者，初也。自初六之小升而爲九二、九三之『大吉』，孰如之？」（古周易訂詁卷五）李光地云：「此『允升』『允』字，當與晉之『衆允』同義。蓋不獲上信友，不可以升進也。然晉三言『衆允』，升初遂言『允升』，則王氏、何氏『巽主』、『木根』之説是也。」（周易折中卷六）

象曰：「『允升，大吉』，上合志也。」〔一〕

【校箋】

〔一〕吕大臨云：「初六以柔居下，當升之時，柔進而上，雖處至下，志與三陰同升，衆之所允，無所不利，故曰『允升，大吉』。」（見周易折中卷十二）李光地云：「吕氏以『上』爲上體三陰者是。」（周易折中卷十二）

九二：孚乃利用禴，无咎。〔一〕

有應於上，與萃二同，故其辭亦同，然此不言「引」者，剛柔之義也。二、五之應甚多，獨於兩卦言之者，升、聚之際，必盡其誠信也。升之陽爻，非時物也，以其「剛中而應」，故「无咎」。

【校箋】

〔一〕張清子云：「萃六二以中虚爲『孚』，而與九五應；升九二以中實爲『孚』，而與六五應。二爻虚、實雖殊，其『孚』則一也。孚則雖用禴而亦利，故二爻皆曰『孚乃利用禴』。彖言『剛中而應』，指此爻也。」（見周易大全卷十六）李光地云：「升、晉之時，以柔爲善。二剛而亦『利』者，以其中也。剛中有應，是『見大人』者也，故亦爲升之利。初言『吉』，以君子得時之遇言也；二言『无咎』，以君子進身之道言也。六四則兼之。」（周易折中卷六）

象曰：「九二之『孚』，有喜也。」

九三：升虚邑。〔一〕

過剛居下之上，當升之時，直進而無所疑，「升虚邑」之象也。然則其義善乎？曰：或躍在淵，進无咎也。進而无所疑，其可乎？比之升山、升階之漸而順，其義不同明矣。故諸爻皆有吉利之辭，而三獨否。以當升之時也，故亦不言凶咎。

【校箋】

〔一〕李光地云：「諸爻皆有吉利之占，三獨無之，則『升虚邑』者，但言其勇於進而無所疑畏耳。方升之時，故無凶咎之辭，然終不如二、五之中，初、四之順也。九三過剛，與『柔以時升』之義反，故其辭非盡善。」（周易折中卷六）

象曰：「『升虚邑』，无所疑也。」〔一〕

【校箋】

〔一〕蘇軾云：「九三以陽用陽，其升也果矣，故曰『升虚邑，无所疑也』。不言『吉』者，其爲禍福未可知也，存乎其人而已。」（東坡易傳卷五）李光地云：「乾四曰『或』之者，疑之也，故『无咎』。果於進而『无所疑』，可乎？蘇氏之説善矣。」（周易折中卷十二）

六四：王用亨于岐山，吉，无咎。

以柔正居上體之初，升之最順而善者。人有此德，乃神明所登進，所謂「雖欲勿用，山川其舍諸」者。〔一〕故王者當用之以「亨于岐山」，乃爲順事鬼神之道也。不曰「西山」者，〔二〕卦有「南征」之義，不欲錯其文也。不曰「亨于帝」者，言「亨于岐山」，則爲神明所亨可知矣。彼因上有「朋龜弗違」之辭，龜亦神也，故復推之於帝，不欲以山川與龜筮相複也。

【校箋】

〔一〕「雖欲」至「舍諸」，論語雍也篇文。

〔二〕周易隨九四爻辭云：「王用亨于西山。」

象曰：「『王用亨于岐山』，順事也。」〔一〕

【校箋】

〔一〕李光地云：「用賢以享於神明，是順神明之心而事之者也。」（周易折中卷十二）

六五：貞吉，升階。〔一〕

五，位升之極高者也。非中順之德，莫能致此。故言但當守其貞固，則吉；而又當於升進之極不忘退讓，如升階然，則善也。「階」者，一蹴而升堂，升之易者也；然雍容揖遜，三讓而登。君子當升之際，始終於禮義，固如此也。

【校箋】

〔一〕李元量云：「六五『貞吉』而後『升階』，蓋言於正既吉，升而有序。故以『階』言之，謂賓主以揖遜而升者也。」（見童溪易傳卷二十一）王宗傳云：「象曰『柔以時升』，蓋謂五也。」（童溪易傳卷二十一）熊良輔云：「升之道，在下爲難，在上爲易。在下必有剛德，然後可升在上。以順而升，如歷階然。然質本陰柔，必守貞固，乃得其『吉』。」（周易本義集成卷二）李光地云：「升至五而極，居坤地之中，亦有『南征』之象焉，乃卦之主也。不取君象，但爲臣位之極者，與晉、漸之五同也。『升階』，須從李氏、熊氏之説。蓋古者賓主三揖三讓，而後升階。將上堂矣，而猶退遜如此，以況君子始終之進以禮者也。升、晉之所以必貴於柔順者，以此。『升階』之戒，不在『貞』字之外，乃發明『貞吉』之意爾。」（周易折中卷六）

象曰：「『貞吉，升階』，大得志也。」〔一〕

【校箋】

〔一〕李光地云：「自初而升，至此而升極矣，故初曰『上合志』，此曰『大得志』。」（周易折中卷

十二

上六：冥升，利于不息之貞。〔一〕

以柔居升之極，故爲「冥升」。凡升、晉之道，不可極也；極則知進而不知退，悔厲難免矣。晉之上剛，故亢而有「角」之象；升之上柔，故溺而有「冥」之象。然時位有適當者，豈可無處之之道？故當晉極者，惟自治其私而已；當升極者，惟固守其正而已。自治守正，則高而不危，滿而不覆。保終之道，莫過於此。

【校箋】

〔一〕石介云：「已在升極，是昧於升進之理。若能知時消息，不務進往而守其正，即『利』也。『息』，如『生息』之『息』。但自消退，不更求進，乃『利』也。」（見周易義海撮要卷五）徐之祥云：「豫上樂極，故『冥豫』；升上進極，故『冥升』。」（見周易會通卷九）李光地云：「『冥升』與『晉其角』之義同，皆進而不能退者也。以其剛也，故曰『角』；以其柔也，故曰『冥』。『利于不息之貞』，其戒亦與『維用伐邑』之義同，皆勤於自治，不敢以盛滿自居者也。以其剛也，故曰『伐邑』；以其柔也，故曰『不息之貞』。」（周易折中卷六）案：李氏引「晉其角」、「維用伐邑」，周易晉上九爻辭。

象曰：「『冥升』在上，消不富也。」〔一〕

「消不富」，言上六以柔居柔，故雖「『冥升』在上」，而能自消損，不至盈滿。晉上之「伐邑」，亦以其有剛德故也。

【校箋】

〔一〕胡瑗云：「上六既不達存亡之幾，以至于上位，固當消虛自損，不爲尊大，以自至于富盛也。」（周易口義卷八）李光地云：「胡氏之説善矣。然不曰『「不息之貞」，消不富也』，而曰『「冥升」在上』者，以在上明其位勢之滿盛，故當以自消損爲『貞』也。」（周易折中卷十二）

47 ䷮ 坎下兑上

困：亨。貞大人吉，无咎。有言不信。〔一〕

以二體言，坎剛爲兑柔所掩。以六爻言，四、五爲上六所揜，九二爲六三所揜。剛揜於柔，困之義也。惟隨卦與此相似。然此卦初爻亦陰，則見陽居其中，而上下俱爲陰揜之象，故爲困。又，澤上水下，水不能出澤，是水之涸也，亦困之義。

○君子因困而心能通，則終必通矣，故困有「亨」義。要在守其正固，而惟「大人」處之，則「吉」而「无咎」也。默者，處困之道，故又戒以「有言不信」。〔二〕

【校箋】

〔一〕朱熹云：「『困』者，窮而不能自振之義。坎剛爲兑柔所揜，九二爲二陰所揜，四、五爲上六所揜，所以爲困。坎險兑説，處險而説，是身雖困而道則『亨』也。二、五剛中，又有『大人』之象。占者處困能『亨』，則得其正矣。非『大人』，其孰能之？故曰『貞』、又曰『大人』者，明不正之小人不能當也。『有言不信』，又戒以當務晦默，不可尚口益取窮困。」（周易本義卷二下經第二）

〔二〕李光地云：「『困亨』者，非謂處困而能『亨』也。蓋困窮者，所以動人之心、忍人之性，因屈以致伸，有必通之理也。然惟守正之『大人』，則能進德於困，而得其所以可通者爾，豈小人之所能乎？困者，君子道屈之時也，屈則不伸矣。『有言不信』，『信』字疑當作『伸』字解。蓋有言而動見沮抑，乃是困厄之極，不特人疑之而不信也。夬卦『聞言不信』，已不信人之言也。而夫子以『聰不明』解之，以『信』字對『聰』字，則『信』字當爲『疑信』之『信』。此卦『有言不信』，人不行己之言也。而夫子以『尚口乃窮』解之，以『信』字對『窮』字，則『信』字當爲『屈伸』之『伸』。」（周易折中卷六）

彖曰：〔一〕「困，剛揜也。〔二〕

【校箋】

〔一〕「彖」原作「象」，今據注疏本改、榕村本、陳本改。

〔二〕程頤云：「卦所以爲困，以剛爲柔所掩蔽也。陷於下而掩於上，所以困也。陷，亦『揜』也。剛陽君子而爲陰柔小人所掩蔽，君子之道困窒之時也。」（伊川易傳卷七）朱熹云：「以卦體釋卦名。」（周易本義卷四彖下傳第二）

險以説，困而不失其所亨，其惟君子乎？〔一〕

「險以説」者，非險而説也，因習險而有得於心，故曰「險以説」。凡困極，固有致「亨」之道，然惟習險有得，乃不失其所以「亨」也。

【校箋】

〔一〕李光地云：「此卦所以爲『剛揜』者，本義備矣。蓋諸卦之二、五剛中，皆爲陰揜者，惟困與節。然以二體言之，則節坎陽居上，兑陰居下，此困所以獨爲『剛揜』也。此義與卦象亦相貫。水在澤上，非澤之所能揜也；水在澤中，則爲所揜矣。『險以説』者，非處險而説也，險有致説之理。『以』字與『而』字，義不同也。惟險有致説之理，故困有所爲『亨』

者。然以小人處之，則困而困耳；不知其所爲『亨』，故不能因困而得『亨』。因困而得其所『亨』者，非君子其孰能之？下『剛中』之『大人』，即『不失所亨』之『君子』也，指二、五言。『尚口乃窮』者，處困之極，務説於人，指上六言。」（周易折中卷十）

『貞大人吉』，以剛中也。『有言不信』，尚口乃窮也。」

「剛中」，謂二、五。「尚口乃窮」，謂兑體居上。「剛中」，則守固而處順。「尚口」，則失處之之道，而所守奪矣。

象曰：「澤无水，困。君子以致命遂志。」〔一〕

「致命」者，委之於命，不以夷險貳其心，體「習坎」之象也。「遂志」者，必心安而理得，體「兑説」之象也。

【校箋】

〔一〕王弼云：「澤无水，則水在澤下；水在澤下，困之象也。處困而屈其志者，小人也。君子固窮，道可忘乎？」（見周易正義卷五）鄭汝諧云：「知其不可求而聽其自至焉，『致命』也。在命者不可求，在志者則可遂，所謂『從吾所好』也。」（易翼傳卷二）馮當可云：「君子之處困也，命在天而致之，志在我則遂之。困而安於困者，命之致也；困而有不困者，志之遂也。若小人處之，則凡可以求幸免者，無不爲也，而卒不得免焉，則亦徒喪其所守而已矣。體坎險以『致命』，體兑説而『遂志』。」（見周易折中卷十二）案：鄭氏引「從吾所好」，論語述而篇文。

初六：臀困于株木，入于幽谷，三歲不覿。〔一〕

卦以「剛揜」爲義，則惟剛者爲能處困，柔者不能也。又，惟君子之困爲時之窮，小人則往往自取之而已。此爻陰柔居下，當困之時，故有「困于株木，入于幽谷」之象。蓋塞而不知其所以通，昏而不求其所以明，有日就於昏、塞而已矣。

【校箋】

〔一〕項安世云：「初六在坎下，故爲『入于幽谷』，即坎初爻『入于坎窞』也。」（見周易會通卷九）張清子云：「人之體，行則趾爲下，坐則臀爲下。初六困而不行，此『坐困』之象也。」（見周易大全卷十七）李光地云：「詩云：『出自幽谷，遷于喬木。』初不能自遷于喬木，而惟坐困株木之下，則有愈『入于幽谷』而已。陰柔處困之最下，故其象如此。在人，則卑暗窮陋而不能自拔者。言『臀』者，況其坐而不遷也。」（周易折中卷六）案：李氏引「出自」至「喬木」，毛詩小雅伐木文。

象曰：「『入于幽谷』，幽不明也。」

九二：困于酒食，朱紱方來。利用亨祀。征凶，无咎。〔一〕

三陽，卦之所爲困也，而皆取飲食、車服之象者，貧賤患難不足以困君子，進退牽係、道閉行塞乃君子之困也。二居下體，困之初也，故其象爲「困于酒食」，而「朱紱」且「方來」。當此之時，辭避不能，惟有用此飲食、朱紱以承「亨祀」。如人臣既受爵禄，乃不以自奉，而以之竭其精誠，感格於上，則雖當困之時，征行必凶，而於義爲「无咎」矣。

【校箋】

〔一〕石介云：「『朱紱』，祭服。謂可衣朱紱而享宗廟也。『征凶』，既在險中，何可以行？『无咎』，以其居陽明之德，可以『无咎』。」（見周易折中卷六）李光地云：「小人以身窮爲困，君子以道窮爲困。卦之三陽，所謂『君子』也。所困者，非身之窮，乃道之窮也，故二、五則『紱』服榮於躬，四則『金車』寵於行。然而道之不通，則其榮寵也，適以爲困而已矣。然榮寵亦非無故而來，神明之意，必有在焉。惟竭誠以求當神明之意，則終有通時矣。故雖當困之時，征行必『凶』，而其要『无咎』也。『用亨祀』者，謂服此『朱紱』，用此『酒食』以享之。喻所得之爵禄，不敢以之自奉，而以爲竭誠盡職之具也。書曰『予不敢宿，則禋于文王、武王』，意義相近。」（周易折中卷六）案：李氏引「予不」至「武王」，尚書洛誥文。

象曰：「『困于酒食』，中有慶也。」

以其有中德，故「无咎」而「有慶」。

六三：困于石，據于蒺藜。入于其宫，不見其妻，凶。〔一〕

不中不正，以處險極而乘二剛，進退皆困，至於無所歸宿，凡皆自取之耳。卦之三陰皆困，此爻又所謂行險以儌幸者，故其困獨甚。

【校箋】

〔一〕李光地云：「三陰皆非能處困者。初在下，坐而困者也。三居進退之際，行而困者也。傷於外者，必反其家，而又無所歸，甚言妄行取困，其極如此。」(周易折中卷六)

象曰：「『據于蒺藜』，乘剛也。『入于其宫，不見其妻』，不祥也。」

進困于石者，取「險極」之象也，義明，故不釋。退據于蒺藜，則取「乘剛」之象。

【校箋】

〔一〕鄭汝諧云：「進厄于四，故『困于石』；退乘二之剛，故『據于蒺藜』。入其宫也，其宫可人，而以柔遇柔，非其配也。以此處困，『不祥』莫甚焉。」（易翼傳卷二）李光地云：「爻有衆喻而傳偏舉一者，舉其重者也。易『乘剛』之義最重，故睽三『見輿曳』，此爻『據丁蒺藜』，皆以其『乘剛』言之。」（周易折中卷十二）

九四：來徐徐，困于金車。吝，有終。〔一〕

四以陽在上位，當困之時，是雖無意於來，而已被招致，「來徐徐，困于金車」之象也。古者，車服以庸。四位愈高，而居坎體車輪之上，故取此象。困而居位，故「吝」。上與九五合德，故「有終」。

【校箋】

〔一〕胡瑗云：「『徐徐』者，舒緩不敢決進也。」（周易口義卷八）李光地云：「『來徐徐』者，喻君子當困時，不欲上進也。『困于金車』者，招我以車，不容不來也。如是，則可羞吝矣。然上近九五之剛中止，乃卦所謂『大人』者，與之同德，終有『亨』道。」（周易折中卷六）

象曰：「『來徐徐』，志在下也。雖不當位，有與也。」〔一〕

「志在下」者，當困之時，賢人、君子皆思隱於下位，不得已而來，故「徐徐」也。「不當位」，謂當困而在上位。「有與」，謂承五。

【校箋】

〔一〕蘇濬云：「四與五同爲上六所掩，進而見摧，豈君子直遂之時耶？惟沉潛以養其晦，從容以俟其幾，故五曰『乃徐』，四曰『徐徐』，其勢然也。四位雖上人，而心則下入，不敢自以爲賢而犯於難也。然四、五合德，天下之事，終以舒徐濟之，故曰『有與』，又曰『有終』。」（見周易說統卷七）何楷云：「五爲近比，則四之可與者。」（古周易訂詁卷五）

九五：劓刖，困于赤紱，乃徐有說。利用祭祀。〔一〕

五爲陽，困之極，至於遭受傷害而羈束愈深，「劓刖，困于赤紱」之象也。然致命遂志，不可以不寬裕其心，故惟「徐」則「有說」。而且積其精誠，以求感格，則處之之道盡矣。「用」，亦謂用此「赤紱」。二曰「朱紱」、曰「亨祀」，五曰「赤紱」、曰「祭祀」，尊卑之詞，其義一也。

【校箋】

〔一〕李光地云：「九五不取君象，但取位高而益困者耳。其象與九二同，但二則『朱紱』方將來，五則高位而已『困于赤紱』矣。『乃徐有說』者，五兑體，故能從容以處之而有餘裕

也。『利用祭祀』之義，亦與二同。」（周易折中卷六）

象曰：「『劓刖』，志未得也。『乃徐有説』，以中直也。『利用祭祀』，受福也。」

有中德，故「中直」。中直，則自反而縮，困而心亨矣。祭祀誠，則「受福」。

上六：困于葛藟，于臲卼。曰動悔，有悔，征吉。〔一〕

陰柔居困之極，繳繞而不自止，危動而不自安，其困也亦自取之也。苟能自思曰「吾動皆悔矣」，由是惕然而有悔焉，離而去之，勿復牽繫以自困，則吉之道也。此爻所以有「葛藟」之象者，爲兑之主，「尚口」者也；所以開其「吉」之門者，處困莫善於説也。

【校箋】

〔一〕項安世云：「此象所謂『尚口乃窮』也。若能斷『葛藟』而不牽，辭『臲卼』而不居，行而去之，『吉』孰加焉？」（周易玩辭卷九）吴慎云：「困非自己致而時勢適逢者，則當守其剛中之德，是謂『困而不失其所亨』也，其道主於『貞』。若困由己之柔暗而致者，則當變其所爲，以免於困也，其道主於『悔』。學者深察乎此，則處困之道，巽宜而各得矣。」（見周易折中卷六）李光地云：「處困貴於説；而上，説之主也。故雖當困極，而尚有『征吉』

之占，異乎初與三之坐困行蹇者也。然爲兑主，則又有『尚口』之象。『尚口』則支離繳繞，如『困于葛藟』然，將且『臲卼』不安，而失其所爲説矣。故必悔悟而離去之，則『吉』。」（周易折中卷六）

象曰：「『困于葛藟』，未當也。『動悔，有悔』吉，行也。」〔一〕

「未當」者，處困之道未當也。「動悔，有悔」所以「吉」者，以其行而不居也，釋「征」字之義。

【校箋】

〔一〕陸希聲云：「行而獲『吉』，故曰『變乃通』也。」（見周易義海撮要卷五）田疇云：「諸家皆以『吉行也』三字爲一句，非也。蓋『「動悔，有悔」吉』是句，『行也』是句。『動悔，有悔』之所以『吉』者，以能行而得之也。『行也』二字，乃是暗解『征吉』之義。」（見周易集説卷二十四）

周易觀象卷八

大學士李光地撰

下經三

48 ䷯巽下坎上

井：改邑不改井，无喪无得，往來井井。汔至，亦未繘井，羸其瓶，凶。〔一〕

木下水上爲井。或曰：「下木器以上水也。」或曰：「但取『入物於水而水上出』之義，不繫乎木也。」如後説，則於彖傳爲合。

○邑里有遷，泉源常在，是「改邑不改井」也。有源之水，注之不盈，挹之不竭，故「无喪无得」，而「往來井井」。王者養人之道，其有源不匱，何以異此？然井雖常在，而汲水者器也；器以汲水，而或壞其器，必無及物之功矣。猶法雖常存，而行法者人也；

人以行法，而或失其人，必無及人之澤矣。「汔至，羸瓶」，以喻事之垂成而廢，法之方行而亂，皆不得其人之故也。以在下者言之，在上引而用之，是其「繘」也。用之不終，膏澤不施，是「羸其瓶」也。汲罷則收繘而置之井上，故曰「繘井」。

【校箋】

〔一〕鄭玄云：「坎，水也；巽，木，桔槔也。互體離、兑。離外堅中虚，瓶也；兑爲暗澤，泉口也。言桔槔引瓶下入泉口，汲水而出，井之象也。井以汲人，水无空竭，猶人君以政教養天下，惠澤无窮也。」（見周易集解卷十）邱富國云：「『改邑不改井』，井之體也。『无喪无得』，井之德也。『往來井井』，井之用也。此三句言井之事。『汔至，亦未繘井』，未及於用也。『羸其瓶』，則並失其用也。此二句言汲井之事。」（見周易大全卷十七）李光地云：「『改邑不改井』句，解説多錯。文意蓋言所在之邑，其井皆無異制，如諸葛孔明行軍之處，『千井齊甃』者，以喻王道之行，國不異政，家不殊俗也。『无喪无得』，則言井無盈涸，以喻道之可久。『往來井井』，則言所及者多，以喻道之可大。此三句皆言井，在人事，則王者養民之政是也。然井能澤物，而汲之者器；政能養民，而行之者人。無器，則水之功不能上行；無人，則王者之澤不能下究。故『汔至』以下，又以汲井之事言之。」（周易折中卷七）案：李氏云「千井齊甃」，語出三國志卷三十五蜀書五諸葛亮傳裴松之注引蜀記載李興文。

象曰：「巽乎水而上水，井。井養而不窮也。」

「井養不窮」，〔一〕發卦義以起釋辭之意。

【校箋】

〔一〕「養」原作「義」，今據榕村本、陳本改。

『改邑不改井』，乃以剛中也。〔一〕

以其井之有源而不窮也，故「改邑」而「不改井」。在卦，則爲「剛中」之象。蓋剛中則内有實而不窮矣。此已包「无喪无得，往來井井」之義，故不釋。

【校箋】

〔一〕郭雍云：「不言『无喪无得，往來井井』者，蓋皆係乎剛中之德，聖人舉一以明之耳。」（郭氏傳家易説卷五）李光地云：「『井惟有常，故其體則『无喪无得』，其用則『往來井井』。王道惟有常，故其體則久而無弊，其用則廣而及物。故言『改邑不改井』，足以包下二者。」（周易折中卷十）

『汔至，亦未繘井』，未有功也。『羸其瓶』，是以『凶』也。」

象曰：「木上有水，井。君子以勞民勸相。」〔一〕

木根入於水而滋潤枝葉，水功上行，井之象也。「勞民」者，教民而慰勞鼓舞之，使自養也。「勸相」者，教之友助賙恤之誼，使相養也。「勞民」如風之鼓動，而使不倦；「勸相」如水之灌輸，而使不竭。

【校箋】

〔一〕朱熹云：「木上有水，津潤上行，井之象也。『勞民』者，以君養民；『勸相』者，使民相養，皆取『井養』之義。」（周易本義卷六象下傳第二）李光地云：「大象『木上有水』，須以朱子之説爲長。彖傳『巽乎水而上水』，則鄭氏『桔槔』之説，不妨並存也。『勞民』者，如巽風之布號令；『勸相』者，如坎水之相灌輸。」（周易折中卷十二）

初六：井泥不食，舊井无禽。〔一〕

陰柔爲「泥」，在下爲「不食」。「舊井」，申「井泥」之義。「无禽」，申「不食」之義。

【校箋】

〔一〕王弼云：「最在井底，上又无應，沈滯滓穢，故曰『井泥不食』也。井泥而不可食，則是久井不見渫治者也。久井不見渫治，禽所不嚮，而況人乎？」（見周易正義卷五）蔡清云：「井以陽剛爲泉，而初六則陰柔也，故爲『井泥』、爲『舊井』。井以上出爲功，而初六則居下，故爲『不食』、爲『无禽』。」（易經蒙引卷七上）

象曰：「『井泥不食』，下也。『舊井无禽』，時舍也。」〔一〕

【校箋】

〔一〕孔穎達云：「『下也』者，以其最在井下，故爲『井泥』也。『時舍也』者，以既非食，禽又不向，即是一時共棄舍也。」（周易正義卷五）

九二：井谷射鮒，甕敝漏。〔一〕

井谷有水，異於泥矣，然僅可「射鮒」而已。甕又敝漏，安能及於人乎？九二剛中，而近於初，上又無應，故取此象也。

【校箋】

〔一〕張振淵云：「以井言，則爲『井谷』之泉，僅下注於鮒。以汲井言，則爲敝壞之甕，水反漏於下也。」（周易説統卷七）李光地云：「『井谷』者，井中出水之穴竅也。井能出水，則非泥井也。而其功僅足以『射鮒』者，上無汲引之人，如瓶甕之敝漏然，則不能自濟於人用也決矣。在卦，則以井喻政，以汲之者喻行政之人。在爻，則下體以井喻材德之士，汲之者喻進用之君；上體以井喻德位之君，汲之者喻被澤之衆。三義相因，而取喻不同。」（周易折中卷七）

象曰：「『井谷射鮒』，无與也。」〔一〕

【校箋】

〔一〕程頤云：「井以上出爲功。二，陽剛之才，本可濟用，以在下而上无應援，是以下比而『射鮒』。若上有與之者，則當汲引而上，成井之功矣。」（伊川易傳卷七）谷家杰云：「謂有泉而『无與』，與無泉而時棄者，自不可同也。」（見周易折中卷十二）

九三：井渫不食，爲我心惻。可用汲，王明，並受其福。〔一〕

以剛德居下之上，井之渫者，然尚在下體，功未上行，則猶「不食」也，故觀者爲之心惻。以其渫而可以汲也，故遇王者之明，汲而用之，則人「並受其福」矣。三有應，故其辭如此。

【校箋】

〔一〕蔡清云：「『爲我心惻』，『我』指旁人，所謂『行惻』也，非謂九三自惻也。『可用汲』，帶連『王明，並受其福』，皆側之之詞也，非實詞也。」（易經蒙引卷七上）李光地云：「不曰『明王』而曰『王明』，乃惻者祈禱之辭。言王若明，則吾儕『並受其福』矣。」（周易折中卷七）

象曰：「『井渫不食』，行惻也。求『王明』，受福也。」〔一〕

「我」者，非井自我也，乃道路之人之辭爾。故欲「求王明」以「受福」，亦行道者之心也。

【校箋】

〔一〕趙汝楳云：「井不以不食爲憂，賢者不以不遇而惻。『心惻』者，行人也。行汲之人，爲之求王者之明也。求王之明，豈朋比以干禄？爲其見知於上，則福被生民，猶井汲而出，然後利及於人也。」（周易輯聞卷五）王申子云：「『井渫』而不爲人所食，縱井不自惻，行道之人亦爲之惻然矣。縱井不求上之我用，人亦爲之求之，以『並受其福』矣。」（大易緝説卷七）

六四：井甃，无咎。〔一〕

四雖陰柔而上承九五之剛，是「泉非己出而能修井以承泉」之象。修飭其身，以布上之恩澤，「无咎」之道也。

【校箋】

〔一〕邱富國云：「三在内卦，渫井内以致其潔；四在外卦，甃井外以禦其污。蓋不渫則污者不潔，不甃則潔者易污。」（見周易會通卷九）來知德云：「六四陰柔得正，近九五之君，蓋修治其井，以瀦畜九五之『寒泉』者也，故有『井甃』之象。占者能修治臣下之職，則可以因君而成『井養』之功，斯『无咎』矣。」（周易集注卷九）

象曰：「『井甃，无咎』，修井也。」〔一〕

【校箋】

〔一〕虞翻云：「『修』，治也。以瓦甓壘井稱『甃』。」（見周易集解卷十）蘇軾云：「『修』，潔也。陽爲動，爲實，陰爲静，爲虚。泉者，所以爲井也，動也，實也；井者，泉之所寄也，静也，虚也。初六最下，故曰『泥』。上六最上，故曰『收』。六四居其閒而不失正，故曰『甃』。『甃』之於井，所以禦惡而潔井也。井待是而潔，故『无咎』。」（東坡易傳卷五）

九五：井洌寒泉食。〔一〕

井潔而泉寒，中正之德也。見食於人，上行之功也。不言「吉」者，居尊位，職在養人，有孚惠心，勿問之矣。

【校箋】

〔一〕毛璞玉云：「三與五，皆泉之潔者也。三居甃下，未汲之泉也，故曰『不食』；五出乎甃，已汲之泉也，故曰『食』。」（見周易大全卷十七）

象曰：「『寒泉』之『食』，中正也。」

上六：井收勿幕，有孚元吉。〔一〕

不言「汲」而言「收」，「汲」小而「收」大也。上六陰虛，有「勿幕」之象。以其陰也，故又言「有孚」則「元吉」也。

或曰：「上六陰材，合乎『汔至，羸瓶』之象，何以得吉辭乎？」曰：居井之上，則非「汔至」也。坎口不揜而收者衆，其不「羸瓶」可知矣。六爻惟二有「羸瓶」之象，是賢人、君子其身側微而莫之汲引者也，故「井谷射鮒」。

【校箋】

〔一〕李光地云：「『勿幕』，謂取之無禁，所謂『往來井井』者也。『有孚』，謂有源不窮，所謂『无喪无得』者也。此爻得備卦之義者，巽乎水而上水，至此爻則上之極也。」（周易折中卷七）

象曰：「『元吉』在上，大成也。」

49 ䷰離下兑上

革：巳日乃孚，元亨，利貞，悔亡。〔一〕

澤，止水也。水止而火自下煎之則乾，決而注之則火滅。故澤火爲革，「二女同居」之卦。〔二〕如火風則一氣，風澤則相感，惟澤火非類也。故中上少下，則「不同行」而爲睽；以下陵上，則「不相得」而爲革。〔三〕

○「巳日乃孚」，非謂革之後，「巳日」而後見信也。言改革之道甚大，不可以易而爲，必遲之至於「巳日」之久，乃去其故，則人心孚信而可以得「元亨」矣。然必其道合於至正，然後革之時無有偏弊，革之後不復更張。一革而得其當，故「悔」可「亡」也。

【校箋】

〔一〕李簡云：「『巳日』者，已可革之時也。先時而革，則人疑而罔孚，故『巳日乃孚』。『元亨，利貞』者，謂窮則變，固有大通之道，而利於不失正也，正則其『悔亡』矣。」（學易記卷五）何楷云：「『巳日』，即六二所謂『巳日』也。『乃孚』，即九三、九四、九五所謂『有孚』也。『悔亡』，即九四所謂『悔亡』也。所以云『巳日』者，變革天下之事，不當輕遽，乃能孚信于人。『乃』，難辭也。下三爻，方欲革故而爲新，故有謹重不輕革之意。上三爻，則故者已革而爲新矣。九四當上下卦之交，正改命之時，故『悔亡』獨於九四見之，即象傳所云『革而當，其悔乃亡』者也。」（古周易訂詁卷五）李光地云：「『巳日乃孚』，李氏、何氏之説爲長。蓋卦辭、爻辭不應互異也。」（周易折中卷七）

〔二〕「二女同居」之卦有二，謂革、睽也。

〔三〕「不同行」，周易睽彖辭文。「不相得」，周易革彖辭文。

彖曰：「革，水火相息，二女同居，其志不相得，曰革。〔二〕

「不同行」者，家道睽乖而已。「不相得」，則必有變革之事。

【校　箋】

〔一〕程頤云：「澤火相滅息，二女志不相得，故爲革。『息』爲止息，又爲生息。物止而後有生，故爲生義。革之『相息』，謂止息也。」（伊川易傳卷七）朱熹云：「以卦象釋卦名義，大略與睽相似。然以相違而爲睽，相息而爲革也。『息』，滅息也，又爲生息之義，滅息而後生息也。」（周易本義卷四彖下傳第二）李舜臣云：「『不同行』，不過有相離之意，故止於睽。『不相得』，則不免有相克之事，故至於革。」（見周易會通卷九）胡炳文云：「既濟水在火上，不曰『相息』者，何也？坎之水，動水也，火不能息之。」（周易本義通釋卷十二）

『巳日乃孚』，革而信之。文明以説，大亨以正，革而當，其悔乃亡。〔一〕

「革而信之」者，言「巳日」而後革，則孚信也。「文明」則見理詳審，「説」則舉事和緩。此所以能見信於人，大亨而得其正也。所革者當，「其悔乃亡」，否則豈能免於後悔哉？

【校　箋】

〔一〕朱熹云：「以卦德釋卦辭。」（周易本義卷四彖下傳第二）胡炳文云：「彖未有言『悔亡』

者，惟革言之，革易有悔也。必革而當，其『悔』乃『亡』。『當』字即是『貞』字。一有不貞，則有不信、有不通，皆不當者也。」（周易本義通釋卷十二）李光地云：「『文明以說，大亨以正』，兩『以』字，上句重在『文明』，蓋至明則事理周盡，故以此而順人心，有所更改，則無不宜也；下句重在『正』，蓋其大亨也，以正行之，則無不順也。凡彖傳用『以』字者，文體正倒，皆可互用。如『順以動』及『動而以順行』，其義一也。」（周易折中卷十）案：李氏引「順以動」，周易豫彖辭文；「動而以順行」，周易復彖辭文。

天地革，而四時成。湯、武革命，順乎天而應乎人。革之時，大矣哉！」〔一〕

易之變，莫大乎革也。其餘如蠱、如巽，振飭更新而已。故獨贊其時之大。

【校箋】

〔一〕程頤云：「惟革之道，極乎天地變易、時運終始也。天地陰陽推遷變易而成四時，萬物於是生長成終，各得其宜，革而後四時成也。時運既終，必有革而新之者。王者之興，受命於天，故易世謂之『革命』。湯、武之王，上順天命，下應人心，『順乎天而應乎人』也。天道變改，世故遷易，革之至大也。」（伊川易傳卷七）朱熹云：「極言而贊其大。」（周易本義卷四彖下傳第二）又云：「革是『更革』之謂，到這裏須盡翻轉更變一番，所謂『上下與天地同流』，豈曰小補之哉？小補之者，謂扶衰救弊，逐些補緝，如錮鑒家事相似。若是更革，則須徹底重新鑄造一番，非止補其罅漏而已。湯、武順天應人，便是如此。」（見朱子語類卷七十三易九革）

象曰：「澤中有火，革。君子以治曆明時。」〔一〕

程子曰：「君子觀變革之象，推日月星辰之遷易，以治曆數，明四時之序也。夫變易之道，事之至大，理之至明，跡之至著，莫如四時。觀四時而順變革，則與天地合其序矣。」〔二〕

【校箋】

〔一〕朱熹云：「『治曆明時』，非謂曆當改革，蓋四時變革中，便有箇治曆明時底道理。」（見朱子語類卷七十三易九革）

〔二〕文見伊川易傳卷七。

初九：鞏用黃牛之革。〔一〕

革之爲「變」義，蓋取禽獸之皮毛能代换者也。故此卦多取禽獸之象。當革之初，時未至也，故未可有爲。如鞏固其物者，束以黄牛之革，中順固守而不可妄動之象也。

【校箋】

〔一〕干寶云：「在革之初而无應據，未可以動，故曰『鞏用黄牛之革』。」（見周易集解卷十）劉牧云：「下非可革之位，初非可革之時，要在固守中順之道，而不敢有革也。」（見周易折中卷七）吕大臨云：「初九當革之初，居下無位，比於六二，上無正應，雖有剛德，不當自任，惟結六二以自固，故『鞏用黄牛之革』。六二居中柔順，故曰『黄牛』，與遯六二同義。」（同上）龔焕云：「易言『黄牛之革』者二：遯之六二，居中有應，欲遯而不可遯者也；革之初九，在下无應，當革而不可革者也。所指雖殊，而意實相類，合而觀之可也。」（見周易本義集成卷二）李光地云：「『更改』之義，有取於革者。革，鳥獸之皮也。鳥獸更四時則皮毛改换，堯典『希革』、『毛毨』之類是也。六爻取象於牛、虎、豹者，以此。牛之皮至堅韌，難以更革者也。以之繫物則固，故遯二之『執用』者似之；以之裹物則密，故革初之『鞏用』者似之。」（周易折中卷七）

象曰：「『鞏用黄牛』，不可以有爲也。」〔一〕

【校箋】

〔一〕鄭汝諧云：「居位之下，革之而人未必從；當革之始，遽革而人未必信。固執中順之道，

循理而變通可也，自我有爲不可也。於革之初言之，欲其謹於始也。」（易翼傳卷二）

六二：巳日乃革之，征吉，无咎。〔一〕

六二中正，上與九五相應，是上下合德，可以有爲之時也，故爻義與卦同。蓋其爲文明之主則能審，柔順則不迫，中正則不偏。備革道之善，故往而有爲，「吉」且「无咎」也。

或疑：「二爲中順之爻，而『黄牛』之象在初，與遯不同。」曰：初與二近，資其中順之德以自固，故亦以「鞏用黄牛」爲義。

【校箋】

〔一〕王宗傳云：「六二以中正之德，上應九五中正之君，當革之時。卦德所謂『巳日乃孚，元亨，利貞，悔亡』，則六二與有勞焉，故曰『巳日乃革之，征吉，无咎』。」（童溪易傳卷二十二）熊良輔云：「六二爲内卦之主，故卦辭之『巳日』，見之於此。然卦曰『巳日乃孚』，爻曰『巳日乃革』者，『孚』而後『革』也。」（周易本義集成卷二）

象曰：「『巳日革之』，行有嘉也。」

「行有嘉」，釋「征吉」。

九三：征凶，貞厲。革言三就，有孚。〔一〕

三、四之間，改革之時也。九三過剛而不中正，故以「征凶，貞厲」爲戒。蓋當改革之時，妄動而往固凶，固守其常亦危也。然時則當革矣，故又言：苟能反覆詳審改革之言，至於三就，則人必信之，而可以革矣。亦「巳日乃孚」之意也。

【校　箋】

〔一〕吕大臨云：「九三居下體之上，自初至三，徧行三爻，革之有漸，革道以成，故曰『革言三就』。至於三，則民信之矣，故『有孚』。」（見周易折中卷七）胡炳文云：「以其過剛也，故恐其征而不已，則『凶』；以其不中也，又恐其一於貞固而失變革之義，則『厲』。故必革之言至於『三就』，審之屢，則『有孚』而可革矣。」（周易本義通釋卷二）

象曰：「『革言三就』，又何之矣？」〔一〕

【校　箋】

〔一〕徐幾云：「初未可革，二乃『革之』，三則『有孚』，而變革之事成矣。凡事詳審，至再至三，則止矣，又何往焉？」（見周易大全卷十七）

九四：悔亡，有孚。改命，吉。〔一〕

四之時，革而當矣，故在己爲「悔亡」，而在人爲「有孚」。其志見信於人，故以此「改命」而得「吉」。

【校箋】

〔一〕胡炳文云：「自三至五，皆言『有孚』。三議革而後『孚』，四『有孚』而後『改』，深淺之序也；五『未占』而『有孚』，積孚之素也。」（周易本義通釋卷二）

象曰：「『改命』之『吉』，信志也。」〔一〕

【校箋】

〔一〕龔煥云：「『信志』，即『有孚』之謂也。革以『有孚』爲本，信足以孚乎人心，則可以『改命』而得『吉』矣。」（見周易本義集成卷六）

九五：大人虎變，未占有孚。〔一〕

有德有位，當革之時，「大人虎變」之象也，所謂「順乎天而應乎人」者，〔二〕何待占決而後知人之孚信乎？

【校箋】

〔二〕鄭汝諧云：「革之道，久而後信。五與上，其革之成乎？五陽剛而中正，居尊而說體，盡革之美，是以『未占』而『有孚』也。其文曉然，見於天下；道德之威，望而可信。若卜筮，罔不是孚，『虎變』之謂也。」（易翼傳卷二）龔煥云：「革以孚信爲主，故象與三、四皆以『孚』爲言。至五之『未占有孚』，則不言而信，而無以復加矣。」（見周易本義集成卷二）

〔三〕「順乎」至「乎人」，文見周易革、兑彖辭。

象曰：「『大人虎變』，其文炳也。」〔一〕

【校箋】

〔一〕程頤云：「事理明著，若虎文之炳煥明盛也，天下有不孚乎？」（伊川易傳卷七）俞琰云：「虎之斑文，大而疏朗。革道已成，事理簡明，如虎文之炳然也。」（周易集說卷二十四）

上六：君子豹變，小人革面。征凶，居貞吉。〔一〕

變之大而文采可觀者曰虎，其次曰豹。「革面」者，凡野獸變化，皆能革其面也。聖作物覩，「虎變」之義。若象賢繼德，久道化成，則「豹變」之義也。世變風移，故雖小人，亦革面而聽從矣。斯時而復有所征行，則「凶」；居其正常，則「吉」。象所謂「利貞，悔亡」者，蓋革道之至，故爻義以此終焉。

【校箋】

〔一〕孔穎達云：「上六居革之終，變道已成。君子處之，雖不能同九五革命創制，如虎文之彪炳，然亦潤色鴻業，如豹文之蔚縟，故曰『君子豹變』也。『小人革面』者，小人處之，但能變其顔面容色，順上而已。革道已成，宜安靜守正，更有所『征』則『凶』，居而守正則『吉』。」（周易正義卷五）楊啓新云：「革道已成，非上六革之，有革之者也。上六特承其重熙累洽之後、治定功成之日耳。若九五，則必堯、舜、湯、武乃足以當之。首創之君，開大型範，耳目一新，若混沌初闢，其文疏朗闊大；繼體之後，則漸深邃遒密耳。周之頑民，既歷三紀，世變風移，則『革面』之謂。革而不守以貞，則所變者隨復變矣。天下事，未革患其不能革，既革患其不能守也，故戒以『居貞』。」（見周易折中卷七）李光地云：「五、上兩爻相承，虎、豹兩物相似。程傳以『君子』爲被王化之人，似不如孔氏、楊氏以爲繼體守成之爲安也。如文、武開基，肇造維新，豈非若虎之變而文采焕然者乎？成、康繼世，禮明樂備，豈非若豹之變而文理繁密者乎？言『君子』，雖稍別於『大人』，然革道必至此而後爲詳且備也。至『小人革面』，方以被王化者言之。所謂『革面』者，亦非但革其面而不能革心之謂。此卦以禽獸取義。凡禽獸之有靈性而近於人者，如猩猩、猿猴之類，皆革其面，故以此爲民風丕變之喻爾。王道之行，則仁義成俗，而心亦無不革矣。不然，何以爲『必世後仁』乎？」（周易折中卷七）案：李氏引「必世後仁」，見論語子路篇。彼文云：「如有王者，必世而後仁。」孔安國傳云：「三十年曰世。如有受命王者，必三十年仁政乃成。」

象曰：「『君子豹變』，其文蔚也。『小人革面』，順以從君也。」〔一〕

「炳」者，光輝發越之意，以象創始也。「蔚」者，文理潤密之意，以象增修也。

○象傳用韻，有似後世四聲之法轉以相叶者。「炳」之入聲爲「逼」，「逼」轉去聲則叶「志」字。「蔚」之平聲爲「氳」，則叶「君」字也。

【校箋】

〔一〕呂大臨云：「上六與九五，皆革道已成之時。虎之文修大而有理，豹之文密茂而成斑。其文炳然，如火之照而易辨也；其文蔚然，如草之暢茂而叢聚也。」（見周易折中卷十二〕俞琰云：「小人居革之終，幡然嚮道，以順從九五之君，无不心悦而誠服。或者乃謂面革而心不革，非也。」（周易集説卷二十四）

50 ䷱ 巽下離上

鼎：元吉亨。〔一〕

卦畫有鼎象，觀六爻之辭可見；又以木入火，烹飪之用，所以名「鼎」。

○「元吉亨」，當從彖傳作「元亨」，「吉」字衍也。凡卦名下直曰「元亨」而無他辭者二，大有、鼎也。大有之義與比相似，然比以一陽統衆陰，所有者民也；大有以一陰得衆陽，所有者賢也。鼎之義與井相似，然井在邑里之間，所養者民也；鼎爲朝廟貴器，所養者賢也。易之義，至於「尚賢」，則「吉」無以加，故其辭皆直曰「元亨」。〔二〕

【校箋】

〔一〕程頤云：「以卦才言也。如卦之才，可以致『元亨』也。止當云『元亨』，文羡『吉』字，卦才可以致『元亨』，未便有『元吉』也。彖復止云『元亨』，其羡明矣。」（伊川易傳卷六）朱熹云：「『鼎』，烹飪之器。爲卦下陰爲足，二、三、四陽爲腹，五陰爲耳，上陽爲鉉，有鼎之象；又以巽木入離火而致烹飪，鼎之用也，故其卦爲鼎。下巽，巽也，上離爲目而五爲耳，有内巽順而外聰明之象。卦自巽來，陰進居五而下應九二之陽，故其占曰『元亨』。『吉』，衍文也。」（周易本義卷二下經第二）易祓云：「易之諸卦皆言象，取諸物以名卦者，鼎與井而已。井以木巽水，鼎以木巽火，二卦以養人爲義，故皆以實象明之。」（見周易折中卷七）胡一桂云：「卦辭『元亨』之占凡四，大有、蠱、升、鼎是也。自『元亨』外无餘辭，惟大有與鼎。大有以一陰有五陽，而爲『大亨』。鼎有天下之重器，其占固宜與大有同矣，又非蠱、升所可同日語也。」（見周易會通卷九）

〔三〕李光地云：「上經頤卦言養道，曰『聖人養賢以及萬民』。然則王者之所當養，此兩端而已。下經井言『養』，鼎亦言『養』，然井在邑里之閒，往來行汲，『養民』之象也；鼎在朝廟之中，燕饗則用之，『養賢』之象也。養民者存乎政，行政者存乎人，是其得失未可知也，故井之象猶多戒辭。至於能養賢，則與之食天禄、治天職，而所以養民者在是矣，故其辭直曰『元亨』，與大有同。」（周易折中卷七）

彖曰：「鼎，象也。以木巽火，亨飪也。聖人亨以享上帝，而大亨以養聖賢。〔一〕

釋卦已明，而卦之用與善未著，故言鼎有「享帝」、「養賢」之義，以起釋辭之端，與井釋名後言「井養不窮」者同。

【校箋】

〔一〕朱熹云：「以卦體二象釋卦名義，因極其大而言之。享帝貴誠，用犢而已。養賢則饔飧牢禮，當極其盛，故曰『大亨』。」（周易本義卷四彖下傳第二）蔡淵云：「『亨飪』者，不過祭祀、賓客二事而已。祭之大者，無出於上帝；賓客之重者，無過於聖賢也。」（周易經傳訓解卷下）李光地云：「釋名之後，繼以『享帝』、『養賢』兩句，指明卦義之所主也。與井『養而不窮也』對觀之，便明。蓋彼主養民，此主『享帝』、『養賢』。而『享帝』之實，尤在於『養賢』也。」（周易折中卷十）

巽而耳目聰明，柔進而上行，得中而應乎剛，是以『元亨』。」〔一〕

卦德巽入聰明，卦體柔居尊位，得中應剛，有濬哲文明、虚心下交之象。是其能養賢者在此，所以「元亨」也。

【校箋】

〔一〕程頤云：「上既言鼎之用矣，復以卦才言。人能如卦之才，可以致『元亨』也。下體巽，爲巽順於理，離明而中虚於上，爲『耳目聰明』之象。凡離在上者，皆云『柔進而上行』。

柔，在下之物，乃居尊位，『進而上行』也。以明居尊而得中道、『應乎剛』，能用剛陽之道也。五居中，而又以柔而應剛，爲得中道。其才如是，所以能『元亨』也。」（伊川易傳卷七）朱熹云：「以卦象、卦變、卦體釋卦辭。」（周易本義卷四彖下傳第二）

象曰：「木上有火，鼎。君子以正位凝命。」

器之最正者鼎，故古人多取「鼎」字爲「正」字義。漢書「天子春秋鼎盛」、「匡鼎來」，〔一〕皆此義也。「凝命」，猶春秋傳所謂「定命」。〔二〕鼎器至正，故可以「享帝」。君子正位，則有以事天。

【校箋】

〔一〕「天子春秋鼎盛」，文見漢書賈誼傳。「匡鼎來」，漢書匡衡傳云：「匡衡字稚圭，東海承人也。父世農夫，至衡好學，家貧，庸作以供資用，尤精力過絶人。諸儒爲之語曰：『無説詩，匡鼎來；匡語詩，解人頤。』」服虔曰：「『鼎』，猶言『當』也。若言『匡且來』也。」應劭曰：「『鼎』，方也。」師古曰：「服、應二説是也。賈誼曰『天子春秋鼎盛』，其義亦同。」

〔二〕「定命」，文見成十三年左傳，亦見尚書洛誥、毛詩大雅抑篇。

初六：鼎顛趾，利出否，得妾以其子，无咎。〔一〕

初六無才德，有應於上，易之例無「吉」者；以當鼎之時，義可得養，故占與他卦異。居下，「鼎趾」之象也。「趾」而「顛」，喻居下而上交，於義雖失，然鼎可因以出否穢，人得因以免辱賤。猶之爲妾於人者，雖非配合之正，而有嗣息，則以子貴矣，「无咎」之道也。

【校箋】

〔一〕熊良輔云：「『鼎顛趾』，鼎之未用而傾仆也。未用而傾仆，則污穢不能留，反以『顛』爲『利』也。若九四之『折足』，則覆敗而『凶』矣。『得妾以其子』，又就『顛趾』、『出否』上取義。『得妾』者，『顛趾』也；『以其子』者，利『出否』也。疑於有咎，故曰『无咎』。」（周易本義集成卷二）李光地云：「易例，初六應九四，無『亨』、『吉』之義。蓋以初六乃材德之卑，應四有援上之嫌，故於義無可取者。其動於應而凶咎者，則有之矣，『鳴豫』、『咸拇』之類是也。惟晉有上進之義，萃有萃上之義，鼎有得養之義。此三者，則初六、九四之應，容有取焉。然晉初則『晉如摧如』，萃初則『乃亂乃萃』，蓋主於在下者之求進、求萃而言，則居卑處初、未能自達者，宜也。惟鼎之義，主於上之養下。上之養下也，大賢固養之矣。及其使人也器之，薄材微品，所不遺焉。當此之時，雖其就上也如『顛趾』，而因得去污穢，以自濯於潔清；雖其媒鬻也如『妾』，而因得廣嗣續，以薦身於嬪御。盛世所以無棄才，而人入於士君子之路者，此也。故觀易者，知時義之爲要。」（周易折中卷七）案：李氏引「鳴豫」，周易豫初六爻辭；「咸拇」，周易咸初六爻辭。

象曰：「『鼎顛趾』，未悖也。『利出否』，以從貴也。」

「顛趾」所以爲「未悖」者，以其「利」在「出否」，以從貴也。「從貴」兼釋「妾」義。

九二：鼎有實，我仇有疾，不我能即，吉。〔一〕

三陽居中，「鼎腹」之象。九二剛中，「鼎有實」矣。「仇」，猶「匹」也。有實而得應於上，其匹偶必有疾惡之者。惟能慎正自守，使疾我者無因可干而無隙可乘，則可以保所有而待時用矣，故「吉」。

【校箋】

〔一〕胡炳文云：「鼎諸爻與井相似。井以陽剛爲『泉』，鼎以陽剛爲『實』。井二无應，故其功終不上行；鼎二有應，而能以剛中自守，故『吉』。」（周易本義通釋卷二）李光地云：「此『疾』字是『妬害』之義，所謂『入朝見疾』是也。夫相妬害，則相遠而不相即矣。然小人之害人也，必託爲親愛以伺其隙。故必不惡而嚴，使之『不我能即』，而後無隙之可乘

也。此只據九二剛中能自守而取此象，不必定指一爻爲『我仇』也。」（周易折中卷七）

案：李氏引「入朝見疾」，「疾」當作「嫉」。「入朝見嫉」，漢書賈山傳文。

象曰：「『鼎有實』，慎所之也。『我仇有疾』，終无尤也。」〔一〕

我無過尤，則雖我仇，亦不得而尤之。

【校箋】

〔一〕李光地云：「『尤』者，己之過尤也，人之怨尤也。能慎其所行，則雖『我仇』有疾害之心，无過尤之可指，而怨尤之念亦消矣。」（周易折中卷十二）

九三：鼎耳革，其行塞，雉膏不食。方雨虧悔，終吉。〔一〕

三陽居中，而此爻又居三陽之中，實之美者也。然鼎以耳移，無應於上，有「鼎耳革」而「其行塞」之象。有雉膏之美，而不得以爲人之食，固可悔矣。然當鼎之時，賢人得養之時也。如天地陰陽和合，則方將降而爲雨，而膏澤下施，雖有悔恨，終且虧失，所以得「吉」也。

【校箋】

〔一〕朱熹云：「以陽居鼎腹之中，本有美實者也。然以過剛失中，越五應上，又居下之極，爲變革之時，故爲鼎耳方革而不可舉移。雖承上爻文明之腴，有『雉膏』之美，而不得以爲人之食。然以陽居陽，爲得其正，苟能自守，則陰陽將和，而失其悔矣。占者如是，則初雖不利，而『終』得『吉』也。」（周易本義卷二下經第二）

象曰：「『鼎耳革』，失其義也。」〔一〕

鼎以耳舉，時義然也。

【校箋】

〔一〕李光地云：「象傳凡言『義』者，謂卦義也。此『失其義』，非謂己之所行失義，蓋謂爻象无相應之義爾。」（周易折中卷十二）

九四：鼎折足，覆公餗，其形渥，凶。〔一〕

四居鼎腹之上，其實既盛，有滿盈而傾覆之理；又下應初陰，故有「折足」、「覆餗」之象。凡九四於初六苟取應，義例無「吉」者，而大過之「棟」懼其下之橈，此卦之「實」

懼其足之折，故尤以應初爲凶吝也。「形渥」作「刑剭」，説本漢書諸家。〔二〕然王注、程傳皆爲「赧汗」之義，亦通。詩所謂「渥丹」、「渥赭」，是也。愧則發面而顔丹赤。居大位而忝厥職如此，能無凶乎？

或曰：「大過之四雖以『有它』爲戒，〔三〕而其象則『隆』。此直曰『覆』，何也？」曰：棟在上則高，起隆之象也。實在上則滿，盈覆之道也。又，大過之四所承者剛，鼎之四所承者柔。易之例，九四承六五，率多凶懼。雖大有與豫得時勝任，亦有危辭也。

【校　箋】

〔一〕王弼云：「『渥』，沾濡之貌也。既『覆公餗』，體爲渥沾，知小謀大，不堪其任，受其至辱，災及其身，故曰『其形渥，凶』也。」（見周易正義卷五）朱熹云：「『晁氏曰：「形渥」，諸本作「刑剭」，謂重刑也。』今從之。九四居上，任重者也，而下應初六之陰，則不勝其任矣。故其象如此，而其占『凶』也。」（周易本義卷三下經第二）李光地云：「四之得『凶』，諸家之説備矣。蓋三陽爲實，而四適當其盈也，盈則有傾覆之象矣，又應初爲無輔，故有『折足』、『覆餗』之象。凡易例，九四應初六，皆有損而無助。大過之『不橈乎下』，解之『解而拇』，皆是也。『其形渥』，從王氏説爲是。詩曰『渥赭』、曰『渥丹』，皆以顔貌言之。愧生於中，則顔發赤也。」（周易折中卷七）案：李氏引「渥赭」，毛詩邶風簡兮文；「渥赭」，毛詩秦風終南文。

〔二〕漢書王商傳云：「商視事五年，官職陵夷，而大惡著於百姓，甚虧損盛德，有『鼎折足』之凶。」師古曰：「易鼎卦九四爻辭曰：『鼎折足，覆公餗，其形渥，凶。』『餗』，鼎實也，謂所亨之物也。『渥』，厚也。言鼎折其足，則覆喪其實。喻大臣非其任，則虧敗國典，故宜加以厚刑。」

〔三〕「它」原作「他」，今據周易大過九四爻辭改。

象曰：「『覆公餗』，信如何也？」〔一〕

虛其所以自任受托者，是謂失信，可愧之甚矣。

【校箋】

〔一〕楊簡云：「居大臣之位，是許國以大臣之事業也，而實則不稱，『折足』、『覆餗』，失許國之信矣。」（見周易折中卷十二）

六五：鼎黄耳，金鉉，利貞。〔一〕

卦有「養賢」之義，而六五尚上九之賢，位正當之。於象，則如耳之虛而受鉉，鉉之實而貫耳，故其辭爲「黄耳，金鉉」。然任賢勿貳，宜於堅久，故其占又曰「利貞」也。

或曰：「象傳言『得中而應乎剛』，則『金鉉』應謂九二。」曰：凡卦有「養賢」、「尚賢」之義，而遇六五與上九者，皆以二爻之義當之。蓋出乎君位之上，是尊尚之象。然非虚中之主，則不能尚；非剛德之材，則不足尚。非其卦有此義，又無緣而取此象也。故大有、大畜二、五正應，然所謂「尚賢」，皆謂上九，不謂九二。況此卦自「趾」至「鉉」，各有定象，則爻義所指明矣。

【校　箋】

〔一〕朱熹云：「五於象爲耳，而有中德，故云『黄耳』。『金』，堅剛之物；『鉉』，貫耳以舉鼎者也。五虚中以應九二之堅剛，故其象如此。而其占則利在貞固而已。或曰『金鉉』以上九而言，更詳之。」（周易本義卷二下經第二）王宗傳云：「在鼎之上，受鉉以舉鼎者，『耳』也，六五之象也。在鼎之外，貫耳以舉鼎者，『鉉』也，上九之象也。」（童溪易傳卷二十二）王申子云：「『黄』，中色，謂五之中也。『金』，剛德，謂上之陽也。主一鼎者，在乎耳。耳不虚中，則鼎雖有鉉而无所措；耳而无鉉，則鼎雖有實而无所施。故鼎之六五虚其中，以納上九陽剛之助，而後一鼎之實，得以利及天下，猶『鼎黄耳』之得『金鉉』也。曰『利貞』，亦以陰居陽而有此戒。」（大易緝説卷七）胡一桂云：「程傳及諸家多以六五下應九二爲『金鉉』。本義從之，然猶舉『或曰』之説，謂『金鉉』以上九言。竊謂：『鉉』，所以舉鼎者也，必在耳上，方可貫耳。九二在下，其勢不可用。或説爲優。然上九又自謂『玉鉉』者，『金』象以九爻取，『玉』象以爻位剛柔相濟取。」（見周易會通卷九）

象曰：「『鼎黄耳』，中以爲實也。」〔一〕

「黄」，中色也。以中德爲實，故象「黄耳」。

【校箋】

〔一〕陸績云：「得中承陽，故曰『中以爲實』。」（見周易集解卷十）程頤云：「六五以得中爲善，是以中爲實德也。五之所以聰明應剛，爲鼎之主，得鼎之道，皆由得中也。」（伊川易傳卷七）郭雍云：「『中以爲實』者，六五陰虚，以黄中之德爲實也。猶坤之六五，『美在其中』之道也。」（郭氏傳家易説卷五）案：郭氏引「美在其中」，周易坤文言文。

上九：鼎玉鉉，大吉，无不利。〔一〕

「金」象以剛爻，取自六五之柔言之也。「玉」象以居柔，取自上九之剛言之也。當「尚賢」之時，以是德而居其位，吉利可知。凡象辭直曰「元亨」，爻辭曰「吉，无不利」

者，大有、鼎之卦及其上爻而已。以知兩卦「尚賢」之義，兩爻當之也。

【校箋】

〔一〕易祓云：「鼎與井，其用在五，而其功皆在上。井至上而後爲『元吉』，鼎至上而後爲『大吉』，皆所以全養人之利者也。」（見周易折中卷七）胡炳文云：「上九一陽横亘乎鼎耳之上，有『鉉』象。『金』，剛物。自六五之柔而視上九之剛，則以爲『金鉉』。『玉』，具剛柔之體。上九以剛居柔，而又下得六五之柔，則以爲『玉鉉』。」（周易本義通釋卷二）熊良輔云：「井、鼎皆以上爻爲『吉』，蓋水以汲而出井爲用，食以烹而出鼎爲用也。」（周易本義集成卷二）李光地云：「此卦與大有，只爭初六一爻耳，餘爻皆同也。大有之彖辭直曰『元亨』，他卦所無也，惟鼎亦曰『元亨』；大有上爻曰『吉，无不利』，他爻所無也，惟鼎上爻亦曰『大吉，无不利』：以其皆爲『尚賢』之卦故也。上九剛德爲賢，六五尊而尚之，是『尚賢』也。在他卦有此象者，如賁、大畜、頤之類，其義皆善，其彖傳亦多發『尚賢』、『養賢』之義。然以卦義言之，則大有與鼎獨爲盛也。卦義之盛，重於此兩爻之相得，故『吉，无不利』皆於上爻見之，即彖所謂『元亨』者也。又，易中大象言天命者，亦惟此兩卦，一曰『順天休命』，一曰『正位凝命』。書曰：『天命有德，五服、五章哉！』故退不肖而進賢者，天之命也。大有以遏惡揚善爲『順天』，此則推本於『正位』以『凝命』，所謂

『君正莫不正』者，『用能協于上下，以承天休』也。」（周易折中卷七）案：李氏引「天命」至「章哉」，尚書皋陶謨文；「君正莫不正」，孟子離婁上文；「用能」至「天休」，宣三年左傳載王孫滿語。

象曰：「『玉鉉』在上，剛柔節也。」〔一〕

【校箋】

〔一〕程頤云：「剛而温，乃有節也。上居功成致用之地，而剛柔中節，所以『大吉，无不利』也。井、鼎皆以終爲成功，而鼎不云『元吉』，何也？曰：井之功用皆在上出，又有博施有常之德，是以『元吉』。鼎以烹飪爲功，居上爲成，德與井異，以『剛柔節』，故得『大吉』也。」（伊川易傳卷七）熊良輔云：「上以剛居柔，故曰『剛柔節』，而比德於玉也。」（周易本義集成卷六）

51 ䷲震下震上

震：亨。震來虩虩，笑言啞啞。震驚百里，不喪匕鬯。〔一〕

一陽在下，二陰壓之，其勢必奮發上達，故其德爲震，其象爲雷。張子所謂「陰在外，陽在内者不得出，則奮擊而爲雷」，〔二〕是也。不曰「動」而曰「震」者，氣之初動，有驚懼憤發之意。在人心者亦如之，震之義也。

○天地之氣，以動而通。然其動也，有奮厲周流之意，故能導迎和豫，以成天功。人心亦當如是。故方其震從中來之時，虩虩然恐懼瞻顧，而敬慎以周旋，則其後必能暇豫從容，笑言自適。雖或變故之大，如雷聲驚動百里，亦可以不失其所守之重矣。先儒以「震來」爲自外至者。然八卦皆人心之德，則須主從中出者爲是。況從中者，未有不感於外而起，故復繼以「震驚百里」之象。而六爻言「震」，亦皆兼内外言之，無兩義也。

【校箋】

〔一〕朱熹云：「『震』，動也。一陽始生於二陰之下，震而動也。其象爲雷，其屬爲長子。震有『亨』道。『震來』，當震之來時也。『虩虩』，恐懼驚顧之貌。『震驚百里』，以雷言。『匕』，所以舉鼎實。『鬯』，以秬黍酒和鬱金，所以灌地降神者也。『不喪匕鬯』，以長子言也。此卦之占爲：能恐懼則致福，而不失其所主之重。」（周易本義卷二下經第二）蔡清云：「『震來』，當震之來時也；以心言，謂事之可懼而吾懼之也。其震懼之也『虩虩』然，非震來而後『虩虩』也。『虩虩』，所以狀其『震來』也。或曰：『「來」者，自外來也。

故爻云「震來厲」，又云「震不于其躬，于其鄰」。』此説非惟昧卦辭『震來』之義，亦失卦名『震』字之義矣。蓋『震』之『來』，『來』猶『至』也，固亦有其事，然震之至則在我也。六二『震來厲』，謂當震之來而危厲。此『震來』正與卦辭旨同。凡有所事者皆當懼，懼便是『震來』也。君子之心，常存敬畏，執事便敬，所以致福而不失其所主之重。『震來虩虩』之懼，以心言；『震驚百里』之懼，以事言。『不喪匕鬯』，不懼也，不懼由於能懼。」（易經蒙引卷七下）李光地云：「『震來』之義，蔡氏得之矣。」（周易折中卷七）

〔二〕語出張載正蒙卷一參兩篇第二。「陰在外」，正蒙作「凡陰氣凝聚」。

彖曰：「『震亨。震來虩虩』，恐致福也。『笑言啞啞』，後有則也。〔一〕『震驚百里』，驚遠而懼邇也。出可以守宗廟社稷，以爲祭主也。」〔二〕

彖辭「震來」以下，皆申「震亨」二字之意。故傳於「震亨」無釋，而直曰「震來虩虩，恐致福也」，所謂「震亨」也。自「後有則」以至「出爲祭主」，皆「致福」之義。帝出乎震，主器者莫如長子，故辭取其象，而傳以此釋之。

【校箋】

〔一〕董氏云：「『致福』云者，見君子常以危爲安也。『有則』云者，見君子不以忽忘敬也。」

（見周易會通卷十）李過云：「『有則』，謂君子所履，出處語默，皆有常則，不以恐懼而變也。」（同上）

〔三〕邱富國云：「『驚』者，卒然遇之而動乎外；『懼』者，惕然畏之而變其中。」（見易經蒙引卷七下）蔡清云：「『懼』深於『驚』，遠近之別也。」（易經蒙引卷七下）楊啓新云：「乾者，自强而已矣，而曰『惕』；震者，動而已矣，而曰『懼』。『惕』之爲强也，見惕之非惴慴也；『懼』之爲動也，見懼之非驚恐也。」（見周易折中卷十）

象曰：「洊雷，震。君子以恐懼修省。」〔一〕

雷聲洊至，天之震動也。「恐懼修省」，君子之震動也。

【校箋】

〔一〕項安世云：「『恐懼修省』，所謂『洊』也。人能恐懼，則既震矣，又修省焉，『洊』在其中矣。」（周易玩辭卷十）何楷云：「『恐懼』作于心，『修省』見于事。『修』，克治之功；『省』，審察之力。」（古周易訂詁卷六）李光地云：「『恐懼修省』者，君子之『洊雷』也，非遇雷震而恐懼也。須從項氏。」（周易折中卷十二）

初九：震來虩虩，後笑言啞啞，吉。〔一〕

此爻爲卦主，故其辭與彖同，而傳如之。

【校箋】

〔一〕石介云：「有陽明之德，居震之始，能先戒懼者。故彖之所言，此爻當之。」（見厚齋易學卷二十六）程頤云：「初九，成震之主，致震者也；在卦之下，處震之初也。知震之來，當震之始，若能以爲恐懼而周旋顧慮，虩虩然不敢寧止，則終必保其安吉，故『後笑言啞啞』也。」（伊川易傳卷七）胡炳文云：「初九在内卦之内，震之主也，故辭與卦同。蓋震之用在下，而重震之初又最下者，所以爲震之主也。」（周易本義通釋卷二）

象曰：「『震來虩虩』，恐致福也。『笑言啞啞』，後有則也。」〔一〕

【校箋】

〔一〕范仲淹云：「君子之懼於心也，思慮必慎其始，則百志弗違於道；懼於身也，進退不履於違，則百行弗罹于禍。故初九『震來』而『致福』，慎於始也。」（范文正公文集卷五）程頤云：「『震來』而能恐懼周顧，則无患矣，是能因恐懼而反致福也。因恐懼而自修省，不敢違於法度，是由震而後有法則，故能保其安吉而『笑言啞啞』也。」（伊川易傳卷七）

六二：震來厲，億喪貝，躋于九陵，勿逐，七日得。〔一〕

「億」，審度也。凡人當震懼之來，失在於思慮不審而亟趨避，故以「億」爲善。六二乘剛，是震來而危也。然居下位，未有重器之守，所喪者貝耳。能審度於此，而喪貝以遠去，處震之道也。有中正之德，時至則亨，故其占又爲「勿逐，七日得」。

【校箋】

〔一〕朱熹云：「六二承初九之剛，故當震之來而危厲也。『億』字未詳。又當喪其貨貝，而升於九陵之上。然柔順中正，足以自守，故不求而自獲也。此爻占具象中，但『九陵』、『七日』之象，則未詳耳。」（周易本義卷二下經第二）鄭汝諧云：「『貝』，寶貨也。『億』，度也。度寶貨之可喪而喪之，不懷利，然後能動也。『躋』，升也。『九陵』，險阻之地也。不憚九陵之險而升之，避害以自全，靜退以觀變，事定則必得其所謂安利也。」（易翼傳卷二）楊簡云：「六二乘初九之剛，不可安處，故『億喪貝』，往而『躋于九陵』。雖今未得，至於歷七日，則時當得矣，勿用逐也。避難曲折，有如此者。昔太王既不可禦狄，不可安處，去而邑于岐山之下，而他日興周焉，此象也。」（楊氏易傳卷十六）蔣悌生云：「『億』，度也。事未至未著而先謀度之謂『億』。」（五經蠡測卷一）楊啓新云：「『喪』，自喪之也。『躋于九陵』，飄然遠舉之意。人之所以常蹈禍者，利耳。遠利而自處於高，豈

惟無厲？所喪者，可以不久而獲矣。」（見周易折中卷七）

象曰：「『震來厲』，乘剛也。」

五亦乘剛，而不言者，以二例之。二亦有中德，而不言者，以五例之也。

六三：震蘇蘇，震行无眚。

重震之間，以陰柔處之，故震懼之甚，至於緩散而蘇蘇然。然時當恐懼，震非眚也，惟坐而恐懼，則爲眚耳。若能以震而行，懼而自修，則無蘇蘇之失而免於眚矣。

象曰：「『震蘇蘇』，位不當也。」〔一〕

謂以柔處重震之間。

【校箋】

〔一〕李光地云：「震當『虩虩』，不當『蘇蘇』。六三當重震之間，正奮厲以有爲之時也，而以陰不中正處之，至於蘇蘇緩散，故曰『位不當』。」（周易折中卷十二）

九四：震遂泥。〔一〕

卦之陰爻惟取「震懼」爲義，柔材故也。陽爻則兼取「奮發有爲」之義，動之主也。

四在羣陰之中，非可動之地，故動則遂陷於泥。當此位者，惟勿動以善其動而已。

【校箋】

〔一〕項安世云：「初九以一陽動乎二陰之下，得震之本象，故其福與卦辭合。九四以一陽動乎四陰之中，則震變成坎，震而遂陷于泥也。」（周易玩辭卷十）胡炳文云：「初與四，皆震之所以爲震者。然震之用在下，四溺於陰柔之中，故震之亨在初而不在四。」（周易本義通釋卷二）

象曰：「『震遂泥』，未光也。」〔一〕

【校箋】

〔一〕李光地云：「四有剛德，非失德者。此言『未光』，蓋志氣未能自遂，『行拂亂其所爲』耳。與噬嗑九四之『未光』同，皆謂所處者未能遂其所志，非兑上『未光』之比。」（周易折中卷十二）案：李氏引「行拂」至「所爲」，孟子告子下文。

六五：震往來厲，億无喪有事。〔一〕

處重震之中，震往而復來之象，危之甚也。居尊位，所守者重，不可喪也。惟審度以處之，則能無喪其所有事矣。五雖居尊而非卦主，故不曰「不喪匕鬯」而曰「有事」。蓋宗廟社稷之中，相者皆有事焉。以周家之事觀之，「喪貝」而「躋于九陵」者，太王之避狄居岐是也；「无喪有事」者，周公當四國之難是也。爲太王，則寶貨可棄，土地可遷；爲周公，則先王之緒不可隳也。故孟子曰：「非擇而取之，不得已也。苟爲善，後世子孫必有王者矣。」又曰：「世守也，非身之所能爲也。」〔二〕蓋欲其億度於二者之間。孟子可謂得易之用矣。

【校箋】

〔一〕虞翻云：「可以守宗廟社稷爲祭主，故『无喪有事』也。」（見周易集解卷十）項安世云：「二居下震之上，故稱『來』；五居重震之上，故稱『往來』。『億』，度也。二、五之『厲』，即震之『恐懼』也；二、五之『億』，即震之『修省』也。」（周易玩辭卷十）熊良輔云：「『震往』亦『厲』，『震來』亦『厲』者，禍至與不至，皆以危懼待之，故能『无喪有事』，蓋不失其所有也。此卦辭所謂『不喪匕鬯』，能主器以君天下者與？」（周易本義集成卷二）俞琰云：「二曰『震來』，指初之來。以五視初，則初之始震爲既往，四之洊震爲復來，五蓋震往而復來之時也。『有事』，謂有事于宗廟社稷以爲祭主也。震之主爻在初，而『无喪有事』乃歸之五，五乃震之君也。」（周易集說卷八）李光地云：「春秋凡祭祀皆曰『有事』，故此『有事』謂祭也。二、五之震同，其有中德而能億度於事理者亦同。然二『喪貝』而五『无喪』者，二居下位，所有者貝耳；五居尊，所守者則宗廟社稷也。貝可喪也，宗廟社稷可以失守乎？故二以『喪貝』爲中，五以『无喪有事』爲中。」（周易折中卷七）

〔三〕「非擇」至「者矣」，「世守」至「爲也」，皆孟子梁惠王下文。

象曰：「『震往來厲』，危行也。其事在中，大无喪也。」〔一〕

言以其有中德，故有權度之審，而其事得以「大无喪」也。

【校箋】

〔一〕張載云：「『无喪有事』，猶云『不失其所有』也。以其乘剛，故『危』；以其在中，故『无喪』。禍至與不至皆懼，則『无喪有事』。」（見大易粹言卷五十一）郭雍云：「二以『來厲』而『喪貝』，則五之『往來』皆『厲』，宜其大有喪也。六五位雖不正而用中焉，其事既不失中道，雖涉危行，可以大『无喪』矣。」（郭氏傳家易說卷五）

上六：震索索，視矍矍，征凶。震不于其躬，于其隣，无咎。婚媾有言。〔一〕

震極，故有「索索」、「矍矍」之象。震非失也，至於蕭索眩瞀，則神守喪矣。以是征行，「凶」之道也。又言若於事未及身之時，而能震懼，則可無咎。蓋事未及身，則尚得以從容謀慮，而不至於「索索」、「矍矍」之甚矣。「婚媾有言」，與夬「有言不信」意同，皆占外反決之辭。苟安者世俗之情，姑息者細人之愛，在親暱者又加甚焉。故欲其勿惑於婚媾之言，而見幾之早也。

【校箋】

〔一〕程頤云：「『索索』，消索不存之狀，謂其志氣如是。六以陰柔居震動之極，其驚懼之甚，志氣殫索也。『矍矍』，不安定貌。志氣索索，則視瞻徊徨。以陰柔不中正之質而處震動之極，故『征』則『凶』也。震之及身，乃于其躬也。『不于其躬』，謂未及身也。『鄰』者，近於身者也。能震懼於未及身之前，則不至於極矣，故得『无咎』。苟未至於極，尚有可改之道。震終當變，柔不固守，故有畏鄰戒而能變之義。聖人於震終，示人知懼能改之義，爲勸深矣。『婚媾』，所親也，謂同動者。『有言』，有怨咎之言也。六居震之上，始爲衆動之首，今乃畏鄰戒而不敢進，與諸處震者異矣，故『婚媾有言』也。」（伊川易傳卷七）朱熹云：「以陰柔處震極，故爲『索索』、『矍矍』之象。以是而行，其『凶』必矣。然能及其震未及身之時，恐懼修省，則可以『无咎』，而亦不能免於『婚媾』之『有言』。戒占者當如是也。」（周易本義卷二下經第二）趙光大云：「陰處震極，不能自守，故當震之來，而志氣消阻，瞻視徬徨，驚懼之甚也，爲『震索索，視矍矍』之象。以是而行，其志先亂，又無以應事之變，『凶』也。所以然者，以處震而不能圖之於早也。苟於震未及身而方及其鄰之時，恐懼修省，預爲之圖，則應變有方，自無『索索』、『矍矍』之『咎』矣。」（講易手録卷四）李光地云：「此『婚媾有言』，與夬四『聞言不信』同，皆占戒之外，反言以決之之辭也。瑣瑣姻婭，見識凡近，當禍患之未至，則相誘以宴安而已爾，安能爲人深謀長慮，而相與儆戒於未然乎？」（周易折中卷七）

象曰：「『震索索』，中未得也。雖凶无咎，畏隣戒也。」〔一〕

【校箋】

〔一〕吳澄云：「『畏隣戒』，謂因隣之戒而知畏也。」（易纂言卷六）龔焕云：「『中未得』者，處震之極，志氣消索，中无所主也。」（見周易本義集成卷六）

52 ䷳艮下艮上

艮其背，不獲其身，行其庭，不見其人，无咎。〔一〕

陽上陰下，陽性動，陰性靜，故陽居下、居中，其勢未止則不得靜也。動極於上，陰陽各得其分，則止矣，止斯靜矣。其象爲山。山者，地之剛，隆起而柔承之，止而不遷者也。天地之道，有動有靜。故大傳曰：「其靜也專」，「其靜也翕」。〔二〕人心之德亦如之，艮之義也。

○「艮」連「其背」爲文者，與「履虎尾」、「同人于野」同例，皆因其義，不複其文也。陰陽不交，於卦爲艮，於時爲夜、爲冬，於方爲北，於身則爲背。故「背」之文，從北、從肉，而「艮」字有「反身」之象。「艮其背」者，止於止之方也。天、地、人之道，南與東、西皆現而北獨隱，前與左、右皆見而後不見。不見者，止之方，靜之處。故周子曰：「『艮其背』，背非見也。」〔三〕程傳曰：「止於所不見。」此大傳所謂「退藏於密」，中庸所謂「未發之中」，而周、程得之，以爲主靜定性之學者也。

凡天下之動，以靜爲本。靜之道，以驗於動爲至。靜亦定，動亦定，然後爲靜之至也。故方其靜也，私欲不萌，廓然而大公，是「不獲其身」也。及其動也，智詐不生，物來而順應，是「行其庭，不見其人」也。內不見己，外不見人，則義理周流而感應之累免矣，故「无咎」。

【校箋】

〔一〕程頤云：「人之所以不能安其止者，動於欲也。欲牽於前而求其止，不可得也。故艮之道，當『艮其背』，所見者在前而背乃背之，是所不見也。止於所不見，則无欲以亂其心而止乃安。『不獲其身』，不見其身也，謂忘我也。无我則止矣，不能无我，无可止之道。『行其庭，不見其人』，庭除之閒至近也，在背則雖至近不見，謂不交於物也。外物不接，内欲不萌，如是而止，乃得止之道，於止爲『无咎』也。」（伊川易傳卷七）

〔二〕周易繫辭上傳文。下引「退藏於密」同。

〔三〕「艮其」至「見也」，文見周敦頤濂溪集卷四通書蒙艮第四十。

彖曰：〔一〕「艮，止也。時止則止，時行則行，動静不失其時，其道光明。〔二〕

艮德雖止，而辭有「艮背」、「行庭」二義，故傳先發卦名之蘊，以起釋辭之端也。言天下之道，行止如循環，然不可偏於一也。但止爲行基耳，能當止而止，則能當行而行，而動静不失其時矣。止静之中，人所不見，疑於不光明也。惟其爲動行之本，而應用不窮，故曰「其道光明」。

【校箋】

〔一〕「彖」原作「象」，今據注疏本、榕村本改。

〔二〕張載云：「艮一陽爲主於兩陰之上，各得其位，而其勢止也。易言『光明』者，多艮之象，著則明之義也。」（正蒙卷二大易篇第十四）程頤云：「艮爲止。止之道，惟其時。行止動靜不以時，則妄也；『不失其時』，則順理而合義。在物爲理，處物爲義。動靜合理、義，不失其時也，乃『其道』之『光明』也。君子所貴乎時，仲尼行止久速是也。艮體篤實，有『光明』之義。」（伊川易傳卷七）又云：「『時止則止，時行則行』，『時行』對『時止』而言，亦『止其所』也。『動靜不失其時』，皆『止其所』也。」（見大易粹言卷五十二）朱熹云：「此釋卦名。艮之義，則『止』也。然行、止各有其時，故『時止而止』，止也；『時行而行』，亦止也。艮體篤實，故又有『光明』之義。大畜於艮亦以『輝光』言之。」（周易本義卷四彖下傳第二）李光地云：「釋名之下，先著此四句，亦所以爲釋辭之端。『時止則止』，則所謂『艮其背，不獲其身』也；『時行則行』，則所謂『行其庭，不見其人』也。」（周易折中卷十）

艮其止，止其所也。上下敵應，不相與也，是以『不獲其身，行其庭，不見其人，无

咎』也。」〔一〕

以卦體釋辭也。以一體言，陽上陰下，各止其所，「止」之義也；以兩體言，六位陰陽雖敵應而不相與，亦「止」之義也。止其所則靜矣，故內不見己，而「不獲其身」。敵應而不相與，則動亦靜矣，故外不見物，「行其庭」而「不見其人」也。

【校箋】

〔一〕孔穎達云：「易『背』曰『止』，以明『背』者无見之物，即是可『止』之所也。『艮其止』，是止其所止也，故曰『艮其止，止其所也』。凡應者，一陰一陽，二體不敵。今上下之位，爻皆峙敵，不相交與，故曰『上下敵應，不相與也』。然八純之卦，皆六爻不應，何獨於此言之者？謂此卦既止而不交，爻又峙而不應，與『止』義相協，故兼取以明之。」（周易正義卷五）李光地云：「此是以卦體、爻位釋卦辭。以卦體言，陽上陰下，『止其所』也；以爻位言，陰陽无應，『不相與』也。『艮其背』內兼此二義，故『止其所』者，爲『不獲其身』；『不相與』者，爲『不見其人』。孔氏所謂『卦既止而不交，爻又峙而不應』者，極爲得之。」（周易折中卷十）

象曰：「兼山，艮。君子以思不出其位。」〔一〕

「位」，即「時」也。時止則止，「不出其位」也；時行則行，亦「不出其位」也。

【校箋】

〔一〕程頤云：「上下皆山，故爲『兼山』。此而並彼爲『兼』，謂重復也，重艮之象也。君子觀艮『止』之象，而思安所止，『不出其位』也。『位』者，所處之分也。萬事各有其所，得其所，則止而安。若當行而止，當速而久，或過或不及，皆出其位也，況踰分非據乎？」（伊川易傳卷七）邱富國云：「凡人所爲，所以易至於出位者，以其不能思也。思則心有所悟，知其所當止而得所止矣。」（見周易大全卷十八）李光地云：「『思不出位』，諸家皆作『思欲不出其位』，『思』字不甚重。今觀咸卦云『貞吉，悔亡。憧憧往來，朋從爾思』，而夫子以『何思何慮』明之，則此『思』字蓋不可略。雜擾之思，動於欲者也；通微之思，濬於理者也。大學云『安而后能慮』，蓋『思不出位』之說也。」（周易折中卷十二）

初六：艮其趾，无咎，利永貞。〔一〕

初在諸卦皆有「趾」象，在艮則爲「艮其趾」矣。止動於初，「无咎」之道；以柔，故又爲「利永貞」之戒。

○咸、艮皆以人身取象。咸取三陽之中爻爲心，艮取中之陽爻爲心，故諸象大略皆同，惟以心之位而變。

【校箋】

〔一〕胡炳文云：「事當止者，當於其始而止之，乃可『无咎』。止於始，猶懼不能止於終，而況不能止於始者乎？初六陰柔，懼其始之不能終也，故戒以『利永貞』，欲常久而貞固也。」（周易本義通釋卷二）

象曰：「『艮其趾』，未失正也。」〔一〕

【校箋】

〔一〕虞翻云：「動而得正，故『未失正』也。」（見周易集解卷十）郭雍云：「『趾』，初象也。凡動之先，莫先于趾。止于動之先則易，而止于既動之後則難。象言『未失正』者，止于未動之先，未有失正之事也。」（郭氏傳家易説卷五）

六二：艮其腓，不拯其隨，其心不快。〔一〕

三處心位，二所隨也。六二中正，能「艮其腓」者，然不能拯其所隨，則心未快矣。蓋咸之四不中不正，而三以不中失正承之，故曰「執其隨」；艮之三不中失正，而二以中正承之，故曰「不拯其隨」。咸之義，則明形之不可隨心而動，而制於外之不可已；艮之義，則明形之不足以檢其心，而坊於末者之未仁也。〔二〕兩義相須，心學始備。推之事物，無不皆然。

【校箋】

〔一〕楊簡云：「『腓』，隨上而動者也。上止而不見拯，不得不隨而動，故『心不快』。」（楊氏易傳卷十七）李光地云：「此爻『隨』字與咸三同，咸三謂隨四，此爻謂隨三也。蓋咸、艮皆以人身取象。凡人心屬陽，體屬陰。咸卦三陽居中，而九四尤中之中，故以四爲心也；此卦惟九三一陽居中，故以三爲心也。人心之動，則體隨之。而易例以相近之下位爲隨，故咸三、艮二皆言『隨』也。兩卦直心位者，皆德非中正，若一以隨爲道，則隨之者亦失其正矣。故咸三則『執其隨』而『往吝』，此爻則『不拯其隨』而『不快』。然六二有中正之德，本有以自守者，故以不能拯其隨爲不快於心，與咸三之志在隨人異矣。」（周易折中卷七）

〔二〕「坊」，同「防」。

象曰：「『不拯其隨』，未退聽也。」〔一〕

【校箋】

〔一〕程頤云：「所以不拯之而惟隨者，在上者未能下從也。『退聽』，下從也。」（伊川易傳卷七）朱熹云：「三止乎上，亦不肯退而聽乎二也。」（周易本義卷六象下傳第四）

九三：艮其限，列其夤，厲熏心。〔一〕

「限」，上下體之際；「夤」，謂夾脊，皆屈伸、俯仰之所由也。「列」者，「峙立」之意。止其限，峙其夤，則屈伸、俯仰之用廢，而心無安泰之時矣。心者，靜虚而應萬事者也。苟知止之爲止，〔二〕而廢其應物之用，其精者爲枯槁無用之學，下則不顧事理，頑然悍然者而已。然天下未有理不得而心安者，此「艮限」、「列夤」所以必至於危而「熏心」也。其與「憧憧」應感者雖有間矣，〔三〕而其爲心之病則一。故聖人於咸、艮互發之。

或曰：「三爲卦主，〔四〕而與卦義不同，何也？」曰：震陽動於下，故以下卦之陽爲主也；艮陽止於上，故以上卦之陽爲主也。震四下有二陰，其勢不可以動，故動而「遂泥」；艮三上有二陰，其勢未可以止，故止而「熏心」。

【校箋】

〔一〕胡炳文云：「震所主在下，初九，下之最下者也。九四雖亦震所主，而溺於四柔之中，有

『泥』之象，故不如初之『吉』。艮所主在上；上九，上之最上者也。九三雖亦艮所主，然界乎四柔之中，有『限』之象，有『列其夤』之象，故不如上之『吉』。蓋寂然不動者，心之體，如之何可以徇物？感而遂通者，心之用，如之何可以絶物？二陰柔隨三，而不能拯之，是徇物者也。二本中正，故其心猶以爲不快。三過剛，確乎止而不能進退，以至上下隔絶，是絶物者也。三不中，惟見其危厲薰心而已。」（周易本義通釋卷二）

〔二〕「爲」原作「謂」，今據榕村本、陳本改。

〔三〕易咸九四爻辭云：「憧憧往來，朋從爾思。」李光地注云：「三陽居中，而九四又居三陽之中，心之象也。且自下而上，正當心位，故因之而明感應之理。人心之用，感應而已，故不言『咸其心』，以別於諸爻也。」

〔四〕「卦」，榕村本、陳本作「艮」。此文意不甚明。蓋問者因震以下卦之陽（即震初）爲卦主，遂謂艮亦以下卦之陽（即艮三）爲卦主。李光地因問者之誤，指明艮當以上卦之陽（即艮上）爲卦主。

象曰：「『艮其限』，危熏心也。」

六四：艮其身，无咎。〔一〕

四在心之上、口之下，與咸之「脢」同，乃背位也。象與卦合，又以柔正而居上體，故爲「艮其身」而「无咎」。然不直言「艮其背」者，「艮其背」則不獲其身矣，不待制也；止之於身，則猶待於制，四雖柔正而不中故也。

【校箋】

〔一〕李光地云：「咸五居心上，故『咸其脢』者，背也。此爻亦居心上，則亦背之象矣。不言『艮其背』者，『艮其背』爲卦義，非中正之德不足以當之，四雖直其位，而德非中，故但言『艮其身』而已。蓋『艮其背』則『不獲其身』矣。『不獲其身』者，忘也。若『艮其身』，則能止而未能忘也。然止者忘之路，故其占亦曰『无咎』。正猶同人之卦義曰『于野』，上九雖直野位，而其德未至，故次於『野』而曰『郊』。此之卦義曰『艮背』，此爻雖直背位，而其德亦未至，故次於『不獲其身』而曰『艮其身』也。」（周易折中卷七）

象曰：「『艮其身』，止諸躬也。」〔一〕

爻言「艮其身」，傳言「止之乎身」，則意明矣。

【校箋】

〔一〕孔穎達云：「『止諸躬也』者，『躬』猶『身』也，明能靜止其身，不爲躁動也。」（周易正義卷五)王應麟云:「艮六四『艮其身』,象以『躬』解之。傴背爲『躬』,見背而不見面。」(困學紀聞卷一)李光地云:「『止諸躬』,便是『艮其身』,但易『其』字爲『諸』字爾。蓋易『其』字爲『諸』字,便見得是止之於躬,與夫正本清源、自然而止者略異矣。王氏解姑備一説。」(周易折中卷十二)

六五:艮其輔,言有序,悔亡。

五以陰居背上,「口」之象也。口者,動物,陰柔不正而當其位,宜有悔矣。以有中德,能「艮其輔」,故「言有序」而「悔亡」。

象曰:「『艮其輔』,以中正也。」〔一〕

「正」字衍。

【校　箋】

〔一〕朱熹云:「『正』字羨文,協韻可見。」(周易本義卷六象下傳第四)

上九:敦艮,吉。〔一〕

上爲卦主,重艮之終,有「敦厚」之義。敦厚於止,則養之深而用不窮,是以「吉」

也。

【校箋】

〔一〕項安世云：「上九與三相類，皆一卦之主也。然九三當上下之交，時不可止而止，故『危』；上九當全卦之極，時可止而止，故『吉』。」又云：「象曰『艮其背，不獲其身，行其庭，不見其人，无咎』，惟六四一爻足以當之。象曰『兼山，艮。君子以思不出其位』，惟上九一爻足以當之。」（周易玩辭卷十）胡炳文云：「『敦臨』、『敦復』，皆取坤土象。艮山乃坤土而隆其上者也，其厚也彌固，故其象爲『敦』，其占曰『吉』。艮之在上體者凡八，而皆『吉』。」（周易本義通釋卷二）

象曰：「『敦艮』之『吉』，以厚終也。」〔一〕

猶坤言「以大終」。言其以敦厚之道而終，乃所謂「敦艮」。

【校箋】

〔一〕李光地云：「艮者，『萬物之所成終而所成始』，故於上言『厚終』。凡人之心，惟患其養之不厚，不患其發之不光。水蓄則彌盛，火宿則彌壯，厚其終，則萬事皆由此始。」（周易折中卷十二）案：李氏引「萬物」至「成始」，周易説卦傳文。

53 ䷴ 艮下巽上

漸：女歸吉，利貞。〔一〕

山上有木，以漸高大，故爲漸。其與地中生木異者，地中生木，方生之始也；山上有木，既生之後也。方生之始，其氣日升；既生之後，其形有漸。觀草木萌芽時必驟長，其後乃漸至於高大堅實，是其義也。晉、升、漸皆遇時之卦，然其義則晉爲最盛，升次之，漸又次之。

○「女歸」，進之有漸者也。故漸之義，當如「女歸」乃「吉」。「女歸」之道，亦當以漸乃「吉」也。又其進當以正，不正則必不漸矣。

【校箋】

〔一〕郭雍云：「進之漸者，无若女之歸也。女歸不以漸，則奔也。漸則爲『歸』，速則爲『奔』，故『女歸』以『漸』爲『吉』也。凡天下之進，如『女婦』之漸，无不吉也。『利貞』者，女歸之道正也，固守之无不利矣。」（郭氏傳家易説卷五）胡炳文云：「咸『取女，吉』，取者之占也；漸『女歸吉』，嫁者之占也，然皆以貞艮爲主。艮，止也。止而悦，則其感也以正，是爲『取女』之『吉』；止而巽，則其進也以正，是爲『女歸』之『吉』。」（周易本義通釋象曰：「漸之進也，『女歸吉』也。

易卦取「進」義者甚多，惟此卦則以「不遽進」爲義，如「女歸」然。故特別之，曰「漸之進也」，以異於他卦之爲「進」者。

進得位，往有功也。進以正，可以正邦也。〔一〕其位，剛得中也。〔二〕

中四爻皆得位，乃往而有功之象。「進以正」，釋「得位」也。「正邦」，釋「有功」也。卦有此善，故「利貞」也。且就卦位之中，九五又有剛中之德，則無不正可知。

【校箋】

〔一〕梁寅云：「卦自二至五，陰陽各得正位，此所以進而有功也。『進得位』，以位言；『進以正』，以道言。」(周易參義卷四)李光地云：「梁氏之説得之。蓋『進得位』，以卦位言；『進以正』，以人事言。在卦爲『得位』者，在人事即是『得正』也。『正邦』，亦只是申有功之意。易卦中四爻得位者，既濟曰『定也』，家人曰『正家而天下定矣』，蹇、漸皆曰『以正邦也』。蓋董子『正朝廷以正百官，正百官以正萬民』之意也。」(周易折中卷十)案：李氏引「正朝」至「萬民」，文見漢書董仲舒傳。

〔三〕朱熹云：「以卦體言，謂九五。」（周易本義卷四彖下傳第二）梁寅云：「上言『進得位』，以自二至五四爻言之也。此又言『其位，剛得中』，以九五言之也。」（周易參義卷四）

止而巽，動不窮也。」〔一〕

又以卦德申釋「貞」義。「止」則無躁動之尤，「巽」則有謹審之善。

【校箋】

〔一〕朱熹云：「以卦德言，漸進之義。」（周易本義卷四彖下傳第二）吴慎云：「『止而巽』，終是進，但進以漸，故卦名爲漸。若『巽而止』，則終於止而事壞亂矣，故卦名爲蠱。内外先後之辨，不可易也。」（見周易折中卷十）李光地云：「『剛得中』、『止而巽』，又就中四爻内特舉九五與卦德，申『女歸』、『利貞』之義。節卦『説以行險』、『當位』、『中正』同。」（周易折中卷十）

象曰：「山上有木，漸。君子以居賢德、善俗。」〔一〕

修己治人，其培養成就，皆以漸也。「居賢德」，如艮之止。「善俗」，如巽之入。

【校　箋】

〔一〕楊氏云：「『地中生木』，以時而升；『山上有木』，其進以漸。」（見周易大全卷十九）馮當可云：「『居』，積也。德以漸而積，俗以漸而善。内卦艮止，居德者止諸内也；外卦巽入，善俗者入於外也。體艮以居德，體巽以善俗。」（見周易折中卷十二）李光地云：「『地中生木』，始生之木也；『山上有木』，高大之木也。凡木始生，枝條驟長，旦異而夕不同；及既高大，則自拱把而合抱，自掞手而干霄，必須逾年積歲。此升與漸之義所以異也。『居德』、『善俗』，皆須以漸。又，『居賢德』然後可以『善俗』，亦漸之意也。」（周易折中卷十二）

初六：鴻漸于干，小子厲，有言，无咎。〔一〕

初在下始進，故有「鴻漸于干」之象。始進，故以「小子」言之。無應於上，故「厲」而「有言」。然始進之時，不可援上，故雖有孤危讒毁之傷，然於義爲「无咎」也。

【校　箋】

〔一〕李鼎祚云：「『鴻』，隨陽鳥，喻女從夫。卦明漸義，爻皆稱焉。」（周易集解卷十一）楊簡云：「進欲其知時，故『鴻』爲象。進欲其漸，故以『干』、『磐』、『陸』、『木』、『陵』爲象。」

（楊氏易傳卷十七）何楷云：「六爻皆取『鴻』象，往來有時，先後有序，于漸之義爲切也。昏禮用雁，取不再偶，又于『女歸』之義爲切也。」（古周易訂詁卷六）李光地云：「昏禮用雁，大夫執贄亦用雁，皆取有别、有序之義。此爻『小子厲，有言』，正如晉之『摧如』。凡始進之初，未有便得所安而人信之者。然正惟如此，乃所以安其身而信於人。若謀便於身圖，而求合於衆議，則危疑之大者至矣。惟升之初六曰『衆允』，蓋以其爲卦主，時義不同也。」（周易折中卷七）

象曰：「『小子』之『厲』，義无咎也。」

漸卦之義，在不苟進。

六二：鴻漸于磐，飲食衎衎，吉。〔一〕

卦惟此爻以陰應陽，合乎「女歸」之義。又有中正之德，進而得其所安矣，故象、占如此。

【校箋】

〔一〕胡炳文云：「艮爲石，故有『磐』象。鴻食則呼衆，飲食衎衎和鳴。初之『小子厲，有言』，危而傷也；二『飲食衎衎』，安且樂矣，時使之然也。在初則无應，在二則柔順中正，而

上有九五之應也。」（周易本義通釋卷二）

象曰：「『飲食衎衎』，不素飽也。」

「素飽」則心不安，而不得「衎衎」矣。

九三：鴻漸于陸，夫征不復，婦孕不育，凶。利禦寇。〔一〕

卦有「女歸」之義，故不論陰、陽爻，皆可取「婦女」之象。初、二、四，陰也，有婦道焉。三、五，陽爻，疑於非婦，故稱「婦」以見意。漸者，不苟於進之義也。惟柔順處之，則當進而進，合乎卦義而吉矣。剛性强健，在漸時則有「固而不通」之象。九三過剛，又爲止主，無應於上，故其象爲「鴻漸于陸」，失所安也。上九非應，如「夫征」而「不復」；九三不與之和，如「婦孕」而「不育」，與卦義反，「凶」之道也。然用此道以「禦寇」，則「利」。蓋「禦寇」者，宜於固守而不輕動者也。若以「進」之時義論之，則謹慎自守以保其身，亦「禦寇」之義。

【校箋】

〔一〕程敬承云：「三以過剛之資，當漸進之時，懼其進而犯難也，故有勸戒之詞焉。『征』、『孕』皆『凶』，言不可進也。『利』在『禦寇』，言可止也。」（見周易説統卷七）

象曰：「『夫征不復』，離羣醜也。『婦孕不育』，失其道也。『利用禦寇』，順相保也。」〔一〕

既「夫征不復」，則婦離羣而索居矣，故孕而不育，失「女歸」之道也。不曰「慎以自保」而曰「慎相保也」，「自保」之義所以「相保」，聖人大言之。

【校箋】

〔一〕楊簡云：「『夫征不復』，上九不應，『離羣醜也』。『婦孕不育』，九三失其所以爲婦也。三不中，有失道之象，故『凶』。非正者足以害我，故曰『寇』。慮三之失道，或親於寇而不能禦也，故教之能『禦寇』，則我不失於正順，則夫婦可以相保矣。」（楊氏易傳卷十七）李光地云：「楊氏之說，爻義、文意兩得之矣。君子之仕也，上雖不交，而己必盡其道。故周公曰：『恩斯勤斯，育子之閔斯。』不可以不遇而遂棄其殷勤也。王仲淹曰：『美哉！公旦之爲周也，必使我君臣相安而禍亂不作。』其『順相保』之謂乎？」（周易折中卷十二）案：李氏引「恩斯」至「閔斯」，毛詩豳風鴟鴞文；「美哉」至「不作」，文見王通中說卷三事君篇。

六四：鴻漸于木，或得其桷，无咎。〔一〕

四雖無應，而承於五，爲「栖木而得其桷」之象，四、五有相承之義故也。

【校　箋】

〔一〕房喬云：「進而漸于木，承剛失所也。或得勁直之桷，可容綱足而安棲，謂上附於五，故『无咎』。」（見周易義海撮要卷五）胡炳文云：「巽爲木而處艮山之上，鴻漸於此，則愈高矣。鴻之掌不能握木，木雖高，非鴻所安也。然陰居陰得正，如於木之中，或得平柯而處之，則亦安矣，故『无咎』。」（周易本義通釋卷二）李光地云：「六四亦無應者也，然六四承九五，例皆吉者，以陰承陽，合於『女歸』之義矣。順以事上，高而不危，故有『集木得桷』之象。」（周易折中卷七）

象曰：「『或得其桷』，順以巽也。」〔一〕

【校　箋】

〔一〕程頤云：「『桷』者，平安之處。求安之道，惟順與巽。若其義順正，其處卑巽，何處而不安？如四之順正而巽，乃得『桷』也。」（伊川易傳卷七）

九五：鴻漸于陵，婦三歲不孕，終莫之勝，吉。

卦惟二、五有應。然當漸之時，九五亦婦象也，而二陰、五陽，則反其類而無相應之義。故「三歲不孕」，視孕而不育者又加甚也。五德、位皆貴而無所遇，必有間之者也。以其有剛中之德而處進時，時過則合，而讒邪不能爲之間矣，故「終莫之勝」而「吉」。

象曰：「『終莫之勝，吉』，得所願也。」〔一〕

【校箋】

〔一〕程頤云：「君臣以中正相交，其道當行，雖有閒其閒者，終豈能勝哉？徐必得其所願，乃漸之『吉』也。」（伊川易傳卷七）

上九：鴻漸于陸，其羽可用爲儀，吉。〔一〕

上過於尊位而無所之，無「進」之義；下無敵應，亦無「女歸」之象。故其象爲「鴻漸于陸」而「其羽可用爲儀」也。蓋超然於進退之外，而天下之進退者視以爲標準焉，與蠱之上九「志可則」者同。

○按：六爻皆叶韻，故先儒同以「陸」爲「逵」。然「逵」、「儀」古韻實不叶，且但言「逵」，亦未見其爲「雲路」也。竊意「陸」乃「阿」字之譌。蓋「阿」，大陵也。菁莪之詩亦以「阿」與「儀」叶。〔二〕

【校箋】

〔一〕孔穎達云：「上九與三，皆處卦上，故並稱『陸』。上九最居上極，是進處高潔，故曰『鴻漸于陸』也。『其羽可用爲儀，吉』者，然居无位之地，是不累於位者也。處高而能不以位自累，則其羽可用爲物之儀表，可貴可法也。」（周易正義卷五）王安石云：「『其進也，以漸而不失時；其翔也，以羣而不失序，所謂進退可法者也。」（見厚齋易學卷二十七）李光地云：「六爻皆有『女歸』之義，獨於三、五言『婦』者，陰爻，則其爲臣道、妻道不必言也。上九又處卦上，以爲妻道，則女之已老而非歸者；以爲臣道，則臣之已退而非進者，既在卦義之外，則亦不必言也。惟三與五，既居高位，又爲陽爻，疑其無婦象也，故稱『婦』焉，蓋雖无位，亦時以臣道、妻道言，各隨其卦義而已。初以陰應陰，三以陽應陽，皆不合『女歸』之義，故各有『凶』、『厲』之辭。五應二，陰陽相求者也。然以二爲女，則歸於陽爲正耦，故『飲食衎衎』而和也；以五爲女，則歸於二爲反類，故『三歲不孕』而不和也。四則雖無應而承五，亦得所歸，可以『无咎』。上，卦之終也，進之極也，既無所取於『歸』與『進』之義，則反以無應爲宜。蓋在家爲保姆，在國爲黎老，超然於進退之外者也。」（周易折中卷七）

〔二〕李光地云：「『陸』字與九三重，故先儒改作『逵』字以叶韻。然『逵』、『儀』古韻實非叶也。意者『陸』乃『阿』字之誤。『阿』，大陵也。進於『陵』，則『阿』矣。『儀』，古讀『俄』，正與『阿』叶。詩云：『菁菁者莪，在彼中阿。既見君子，樂且有儀。』」（周易折中卷七）案：李氏所言良是。其引「菁菁」至「有儀」，毛詩小雅菁菁者莪文。

象曰：「『其羽可用爲儀，吉』，不可亂也。」〔一〕

【校箋】

〔一〕程頤云：「君子之進，自下而上，由微而著，跬步造次，莫不有序。不失其序，則无所不得其『吉』。故九雖窮高而不失其『吉』，可用爲儀法者，以其有序而不可亂也。」（伊川易傳卷七）胡炳文云：「二居有用之位，有益於人之國家，而非素飽者；上在无位之地，亦足爲人之儀表，而非无用者。二志不在溫飽，上志卓然不可亂。士大夫之出處，於此當有取焉。」（周易本義通釋卷四）張振淵云：「志慮高潔，而功名富貴不足以累其心，故其志可則。使志可得而亂，又安可用爲儀哉？」（周易說統卷七）

54 ䷵ 兑下震上

歸妹：征凶，无攸利。〔一〕

兑下震上，其象女先於男，失婚姻之禮；長少非耦，失婚姻之時。卦德以説而動，又必有恣情妄動之失，故名「歸妹」。雷動雨降，陽感而陰應者，正也。澤者，積陰之處，而其上有雷，是以陰而感陽也，亦有歸妹之象焉。

○此卦之義，漸之反也。漸「女歸吉，利貞」，故歸妹「征凶，无攸利」。「征」者，言其往之時也。「无攸利」者，究言其終竟。

【校箋】

〔一〕朱熹云：「婦人謂嫁曰『歸』。『妹』，少女也。兑以少女而從震之長男，而其情又爲以説而動，皆非正也，故卦爲『歸妹』。而卦之諸爻，自二至五皆不得正，三、五又皆以柔乘剛，故其占『征凶』而无所利也。」（周易本義卷二下經第二）蔡清云：「不曰『妹歸』而曰『歸妹』，歸者在妹也，如漸則曰『女歸』矣。」（易經蒙引卷七下）張振淵云：「『妹』乃少女而從長男，又其情以悦而動，是女子情勝而不計乎匹偶之宜者，故爲『歸妹』。所歸在妹，不正可知。」（周易説統卷七）李光地云：「歸妹文意，如春秋歸地、歸田之例，以物歸於人，非其人來取物也。歸妹所以失者有二：一則不待取而自歸，失昏姻之禮，以卦象女先於男，與咸之男下女相反也；一則以少女歸長男，失昏姻之時，與咸兩少之交相反也。故不曰『妹歸』而曰『歸妹』，以明其失禮；不曰『歸女』而曰『歸妹』，以見其失時。

凡彖辭直著『吉』、『凶』而無他戒者，大有、鼎直曰『元亨』，此直曰『征凶，无攸利』。蓋尊賢育才者，人君之盛節也；自媒自薦者，士女之醜行也。」（周易折中卷七）

彖曰：「歸妹，天地之大義也。天地不交，而萬物不興。歸妹，人之終始也。〔一〕

欲明卦義之不善，而先以此發之。

【校箋】

〔一〕朱熹云：「釋卦名義也。『歸』者，女之終；生育者，人之始。」（周易本義卷四彖下傳第二）李光地云：「將言歸妹之『凶』，而先言其本『天地之大義』，猶姤言『柔遇剛』之失，而又推本於天地相遇之正也。由此言之，陰陽原不可以相無，而惟當慎之始以防其敝者，是易之道也。」（周易折中卷十）

說以動，所歸妹也。〔二〕

上言「歸妹」，未有不善之義，惟如此卦，則不善耳。以卦德言，以説而動，動必以正。以卦象言，少女先於長男，是妹不待禮而歸，所欲歸者妹也。又，以少耦長，所歸者乃妹也，其爲不正之合可知矣。

【校箋】

〔一〕朱熹云：「又以卦德言之。」（周易本義卷四彖下傳第二）鄭汝諧云：「長男居上，少女居下，以女下男也。少女『説以動』，而又先下於男，其所歸者妹，故以『征』則『凶』，且『无攸利』。」（易翼傳卷二）李光地云：「卦德『説以動』，則與咸之『止而説』者異矣。卦象女先於男，是所欲歸者妹也；又以少女從長男，是所歸者乃妹也。『所歸妹』一句兼此二意，可見其失於禮，又慾於義也。夫『説以動』，則徇乎情；『所歸妹』，則不能止乎禮義，此卦之所以凶乎？本義以卦德言之，實則兼卦德、卦象在内。」（周易折中卷十）

『征凶』，位不當也。『无攸利』，柔乘剛也。〔一〕

中四爻位皆不當，而卦體又以柔乘剛也。「不當」，則其合也不正，故「征凶」。「柔乘剛」，則其害有不可勝言者，故「无攸利」。

【校箋】

〔一〕朱熹云：「又以卦體釋卦辭。男女之交，本皆正理。惟若此卦，則不得其正也。」（周易本義卷四彖下傳第二）陸希聲云：「易以咸、恒爲夫婦之道，漸、歸妹爲夫婦之義。漸四爻得正，故『女歸吉』；歸妹四爻失正，故『征凶』。」（見周易義海撮要卷五）李光地云：

「中四爻皆失正位者，除未濟外，惟睽、解及此卦。而家人、睽、漸、歸妹，皆言男女之道者也。家人以得位而正，故睽以失位而乖；漸以得位而吉，故歸妹以失位而凶也。他卦有柔乘剛而義與歸妹不同者，義與卦變。」（周易折中卷十）

象曰：「澤上有雷，歸妹。君子以永終知敝。」〔一〕

【校箋】

〔一〕崔憬云：「歸妹，人之始終也，始則『征凶』，終則『无攸利』，故『君子以永終知敝』，爲戒者也。」（見周易集解卷十一）程頤云：「雷震於上，澤隨而動，陽動於上，陰説而從，女從男之象也，故爲歸妹。」（伊川易傳卷七）朱熹云：「雷動澤隨，歸妹之象。君子觀其合之不正，知其終之有敝也。推之事物，莫不皆然。」（周易本義卷六象下傳第四）吴慎云：「『永終知敝』，言遠慮其終而知有敝也。氓之詩『不思其反』，所以終見棄於人與？」（見周易折中卷十二）李光地云：「澤上有雷，不當以澤從雷取象，當以澤感雷取象，蓋取於陰氣先動，爲歸妹之義。」（周易折中卷十二）案：吴氏引「不思其反」，毛詩衛風氓文。

初九：歸妹以娣，跛能履，征吉。〔一〕

下卦三爻，皆女之卑者，而初尤居下，故有「娣」象。男女以年鈞爲配，而女必待聘而行。然惟妾媵，則不論其年之鈞敵與禮之齊備，從嫡而適，固其常也。其合既非不正，而初又有正德，則能承於其君而有助矣，「跛能履」之象也。「跛」，謂屈於下；「能履」，謂佐於行。

【校箋】

〔一〕孔穎達云：「『跛能履』者，妹而繼姊爲娣，雖非正配，不失常道，譬猶跛人之足然，雖不正，不廢能履。『征吉』者，少女非偶，爲妻而行則『凶』，爲娣而行則『吉』。」（周易正義卷五）胡瑗云：「『跛』者，足之偏也。侄娣非正配，而能盡其道以配君子，猶足之雖偏，而能履地而行，不至于廢也。」（周易口義卷九）李光地云：「初在下，『娣』之象。凡女之歸不待六禮備者爲失禮，惟娣可以從歸而不嫌於失禮；少長非偶者爲失時，惟娣可以待年而不嫌於失時。是卦義雖『凶』，而於初則無嫌，故變『征凶』而爲『征吉』也。」（周易折中卷七）

象曰：「『歸妹以娣』，以恒也。『跛能履』，吉相承也。」〔一〕

「歸妹」非恒也，「以娣」爲之則恒矣。爲能與君相承，故曰「跛能履，吉」。

【校箋】

〔一〕鄭汝諧云：「初少女，且微而在下，以娣媵而歸，乃其常也。娣媵不能成内助之功，雖有其德，如跛者之履耳。跛者之履，雖不足以有行，然亦可以行者。以其佐小君，能相承助也。如是而『征』，則爲安分，故『吉』。」（易翼傳卷二）俞琰云：「『相承』者，佐其嫡以相與奉承其夫也。」（周易集説卷二十五）李光地云：「言『以恒』者，女而自歸非常，惟娣則從嫡而歸，乃其常也。」（周易折中卷十二）

九二：眇能視，利幽人之貞。〔一〕

卦惟二、五有應，然六爻皆取女象，而二陽、五陰，則此爻無婦道焉。二有中德，守貞不字，幽人之操也。「幽」故晦昧，而有「眇」象；「貞」故明智，而有「視」象。

【校箋】

〔一〕朱熹云：「『眇能視』，承上爻而言。九二陽剛得中，女之賢也。上有正應，而反陰柔不正，乃女賢而配不良，不能大成内助之功，故爲『眇能視』之象，而其占則『利幽人之貞』也。『幽人』，亦抱道守正而不偶者也。」（周易本義卷二下經第二）郭雍云：「九二剛中，賢女也。守其幽獨之操，不爲不賢之人奪其志，可謂『女子之貞』者矣。斯其所以爲利也，故曰『利幽人之貞』。」（郭氏傳家易説卷五）胡一桂云：「初、二『跛』、『眇』，兑毁折象。履卦六三亦兑體，故取象同。」（易本義附録纂疏卷二）李光地云：「此卦與漸相似。凡以陰應陽者，女之有配者也；以陰應陰、以陽應陽者，女之無配者也。若以陽應陰，則雖有應而反其類，比之無應者加甚矣，乃女之有配而失配者也。衛詩曰『泛彼柏舟，亦泛其流』，則配之不良者也；又曰『泛彼柏舟，在彼中河』，則配之不終者也。然皆自執其志，如石之不移，至於之死而矢靡他，豈非所謂『幽人之貞』乎？凡足以兩而行，目以兩而明，夫婦以兩而成。『跛』者，一正而一偏也；『眇』者，一昏而一明也。『娣』雖屈於偏側，而猶能佐理，故曰『能履』；『幽人』雖失所仰望，而其志炯然，故曰『能視』。」（周易折中卷七）案：李氏引「泛彼」至「其流」，毛詩邶風柏舟文；「泛彼」至「中河」，毛詩鄘風柏舟文。

象曰：「『利幽人之貞』，未變常也。」

妹而自歸，變常之卦也。守正未歸，則是不變其常。

六三：歸妹以須，反歸以娣。〔一〕

「須」，女之賤者。六三位稍高，非初之比，不應爲娣者也。不中不正，而爲説主，無應於上。如以賤行之女歸人不納，則反歸爲娣而已。凡下卦與同類應者，則取「從嫡而歸」之象；應而陰陽反者，則取「未歸」之象。

【校箋】

〔一〕朱熹云：「六三陰柔而不中正，又爲説之主，女之不正，人莫之取者也。故爲未得所適，而反歸爲娣之象。或曰：『「須」，女之賤者。』」（周易本義卷二下經第二）李光地云：「『須』當從本義『賤女』之解爲是。三不中正而無應，故取象於『女之賤者』。人不之取，但反歸而爲娣也。然亦惟下卦無應，有『娣』之象，從在上之同類而歸也。上卦無應，則並無『娣』之象矣，故在四爲『愆期』，在上爲『虚筐』。」（周易折中卷七）

象曰：「『歸妹以須』，未當也。」〔一〕

【校箋】

〔一〕朱震云：「六三居不當位，德不正也；柔而上剛，行不順也；爲説之主，以説而歸，動非理也；上无應，无受之者也。如是其賤矣，故曰『未當』也。『未當』，故无取之，『反歸以娣』也。」（漢上易傳卷五）

九四：歸妹愆期，遲歸有時。〔一〕

居上卦，則非未及期之女矣。然而無應，則爲「歸妹愆期」而已。以有剛德，故斷其遲歸之有時也。

【校箋】

〔一〕胡瑗云：「以剛陽之質，居陰柔之位，不爲躁進，有柔順之德。以其年尚幼，未可以往，故待其禮之全備，俟其年之長大，然後歸于君子，斯得其時也。『遲』，亦『待』也。」（周易口義卷九）

象曰：「『愆期』之志，有待而行也。」〔一〕

明「愆期」者，由自有所待而愆，異於人之所棄者也。

【校箋】

〔一〕孔穎達云：「嫁宜及時，今乃過期而遲歸者，此嫁者之志，欲有所待而後乃行也。」（周易正義卷五）俞琰云：「爻辭言『愆期』，而爻傳直述其志，以見愆期在我，而不苟從人。蓋『有待而行』，非爲人聽棄也。『行』，謂出嫁。詩泉水云『女子有行』，是也。」（周易集説卷二十五）

六五：帝乙歸妹，其君之袂不如其娣之袂良，月幾望，吉。〔一〕

卦惟此爻以陰應陽，又居尊而下交，有「帝乙歸妹」之象。卦義之所以不善者，爲以女先男，是妹自歸也。然婚姻之義，皆男求女；獨帝女下嫁，以女求男。此爻適當其象，則「歸妹」之義，不徒無凶而反吉矣。又以其有中德，則能謙沖儉約以下夫家，如月之下與日交而望，是以「吉」也。

【校箋】

〔一〕朱熹云：「六五柔中居尊，下應九二，尚德而不貴飾，故爲『帝女下嫁而服不盛』之象。然女德之盛，无以加此，故又爲『月幾望』之象。而占者如之，則『吉』也。」（周易本義卷二下經第二）李光地云：「女不待夫家之求而自歸，非正也，卦之所以『凶』也。然惟天子之女，則必求於夫家而自歸焉。是歸妹之義，在他人則爲越禮犯義而『凶』，在天子則爲降尊屈貴而『吉』矣。六五居尊而下應九二，適合此象，故其辭如此。卦惟此爻有應，而又於歸妹之義正爲所宜而非所病，則其爲『吉』宜矣。」（周易折中卷七）

象曰：「『帝乙歸妹』，不如其娣之袂良也。其位在中，以貴行也。」〔二〕

「貴」，謂帝女。「行」，謂躬卑約之行。

【校箋】

〔一〕王申子云:「上二句舉爻辭,下二句釋之也。言五居尊位而用中,故能以至貴而行其勤儉謙遜之道也。」(大易緝説卷八)

上六:女承筐,无實;士刲羊,无血,无攸利。〔一〕

「承筐」而「无實」,「刲羊」而「无血」,蓋士、女相紿,無約結之實也,必不終矣。象云「征凶,无攸利」,惟此爻當之。

【校箋】

〔一〕胡炳文云:「震有『虚筐』之象,兑『羊』象,上與三皆陰虚而无應,故有『承筐无實』、『刲羊无血』之象。程傳以爲『女歸之无終』,本義以爲『約婚而不終』,蓋曰『士』、曰『女』,未成夫婦也。先『女』而後『士』,罪在女也。故『无攸利』之占,與卦辭同。」(周易本義通釋卷二)

象曰:「上六『无實』,承虚筐也。」〔一〕

上,震體,有「筐」象;三,兑體,有「羊」象。專釋「承筐」者,明上六之爲「女」也。

【校箋】

〔一〕王宗傳云：「象特取『虛筐』、『无實』爲言者，蓋歸妹上六女子也。」（童溪易傳卷二十四）

55 ䷶離下震上

豐：亨。王假之，勿憂，宜日中。〔一〕

雷在下而方發，電在上而方照，陰陽摩擊，噬嗑之卦也。雷在上，電在下，是聲已上達，光已下灼，盈滿天地之間，陽氣極盛之時也。然不須臾銷歇，故豐有「憂」義。揚子雲曰：「炎炎者滅，隆隆者竭。觀雷觀火，爲盈爲實。天收其聲，地藏其熱。」〔二〕此數語正釋豐卦之義，從來説者皆不及也。

○豐固「亨」矣，然盛極則衰，自然之理，此其可憂者也。若王者至此，勿用憂恤，惟兢兢業業，常使如日之中，則可以長保其盛矣。

【校箋】

〔一〕朱熹云：「『豐』，大也。以明而動，盛大之勢也，故其占有『亨』道焉。然王者至此，盛極當衰，則又有『憂』道焉。聖人以爲徒憂無益，但能守常，不至於過盛則可矣，故戒以『勿憂，宜日中』也。」（周易本義卷二下經第二）項安世云：「大抵豐卦皆以明爲主，故下三爻皆自明，而『无咎』；上三爻皆暗，以能求明爲『吉』，不能求爲『凶』。此所以『宜日中』也。」（周易玩辭卷十一）胡炳文云：「豐之大，有『亨』道焉，大則必通也；亦有『憂』道焉，大則可憂也。不必過於憂，如日之中斯可矣。泰、晉、夬、家人、升皆曰『勿恤』，此曰『勿憂』，皆當極盛之時，常人所不憂而聖人所深憂。其辭曰『勿憂』，深切之辭，非謂无憂也。」（周易本義通釋卷二）

〔三〕「揚」原作「楊」，今據榕村本、陳本改。「炎炎」至「其熱」，揚雄解嘲文，見漢書卷八十七下揚雄傳下。師古曰：「炎炎，火光也。隆隆，雷聲也。人之觀火聽雷，謂其盈實。終以天收雷聲，地藏火熱，則爲虛無。言極盛者亦滅亡也。」

彖曰：〔一〕「豐，大也。明以動，故豐。〔二〕

例見大壯卦。以明而動，所以致豐。豐以明致，故既豐則懼以昏也。

【校箋】

〔一〕「彖」原作「象」，今據注疏本改、榕村本改。

〔三〕朱熹云：「以卦德釋卦名義。」（周易本義卷四彖下傳第二）楊簡云：「以明而動，故『豐』，故『亨』。以昏而動，則反是矣。」（楊氏易傳卷十七）李光地云：「『明以動，故豐』，亦非正釋名義，乃推明其所以致豐之故，以起釋辭之端，與壯、萃同。『以』字與『而』字不同：『而』字有兩意；『以』字只是一意，重在首字。如以剛而動，所以致壯，可見處壯者之必『貞』也；以順而説，所以致聚，可見處萃者之必『順』也；以明而動，所以致豐，可見處豐者之必『明』也。卦、爻之義，皆欲其明而防其昏，故傳先發此義，以示玩辭之要。」（周易折中卷十）

『王假之』，尚大也。『勿憂，宜日中』，宜照天下也。〔一〕

至於豐時，則所尚者大，此其可憂者也。惟無務於大以昏暗其心，而常守其中以照察天下，則何憂之有？

【校箋】

〔一〕朱熹云：「釋卦辭。」（周易本義卷四彖下傳第二）吳慎云：「所以『宜日中』者，恐『日中則昃』也。『照天下』，日中時。『昃』，日中後。」（見周易折中卷十）李光地云：「『尚大』，謂王者至此所尚者大也。志意廣大，則不能謹小慮微，而明有所不照，即昏之徵而

衰之兆也。故言『宜日中』者，謂能常明不昏，則能常中不昃。」（周易折中卷十）

日中則昃，月盈則食。天地盈虚，與時消息。而況於人乎？況於鬼神乎？」〔一〕

申豐之可憂，而當常守其中。又以起爻辭三言「日中」之義。

【校　箋】

〔一〕孔穎達云：「此辭先陳『天地』，後言『人』、『鬼神』者，欲以輕譬重，亦先尊後卑也。而『日』、『月』先『天地』者，承上『宜日中』之文，遂言其『昃』、『食』，因舉『日』、『月』以對之，然後並陳『天地』，作文之體也。」（周易正義卷六）朱熹云：「此又發明卦辭外意，言不可過中也。」（周易本義卷四彖下傳第二）蔡清云：「此段所言，雖卦辭所未及，然卻與卦辭之意同，以其辭所未及也，故曰『卦辭外意』。初九『過旬災也』亦然。雖曰辭外之意，然實有此意，但辭不及耳。」（易經蒙引卷八上）林希元云：「卦辭曰『勿憂，宜日中』，所以然處未之及，此方言之以補卦辭之所未及，故曰『發明卦辭外意』，言辭外之意也。」（易經存疑卷七）李光地云：「林氏之説得之。朱子釋彖辭，亦曰盛極當衰也。」（周易折中卷十）

象曰：「雷電皆至，豐。君子以折獄致刑。」〔一〕

明罰勑法於先，折獄致刑於後。

【校箋】

〔一〕孔穎達云：「斷決獄訟，須得虚實之情；致用刑罰，必得輕重之中。若動而不明，則淫濫斯及。故君子象於此卦而『折獄致刑』。」（周易正義卷六）蘇軾云：「傳曰：『爲刑罰威獄，以類天之震曜。』故易至於雷電相遇，則必及刑獄，取其『明以動』也。至於離與艮相遇，則曰『无折獄』、『无留獄』，取其『明以止』也。」（東坡易傳卷六）朱震云：「『電』，明照也，所以『折獄』；『雷』，威怒也，所以『致刑』。」（漢上易傳卷六）案：蘇子引「爲刑至『震曜』」，文見昭二十五年左傳。「天之」，彼作「其」。杜預注云：「雷震、電曜，天之威也。聖人作刑戮，以象類之。」蘇子云「離與艮相遇」，謂賁、旅二卦也。賁象辭云：「君子以明庶政，无敢折獄。」旅象辭云：「君子以明慎用刑，而不留獄。」

初九：遇其配主，雖旬，无咎。往有尚。〔一〕

下三爻離體，皆爲「以明明人」之象。上三爻震體，皆爲「求明自明」之象。他卦之義重在有應，惟豐不然者，豐，盛大也，盛大而有應，則益其盈滿之心，故以同德而不相應者爲足以相成也。初、四同德，初居下，故謂四爲配主，如以卑配尊也。居卦之初，時猶未過，而上有同德之應，相遇以相成，雖遇盈滿之時，可以无咎，況未盈滿乎？故往則有功。「旬」者，十日，數之滿也，即「日中」之義。

【校箋】

〔一〕胡瑗云：「『旬』者，十日也，謂數之盈滿也。言初與四皆有剛陽之德，雖居其盈滿盛大之時，可以『无咎』也。以此而往，則行有所尚也。」（周易口義卷九）蘇軾云：「凡人智生於憂患，而愚生於安佚。豐之患常在於闇，故爻皆以明、闇爲『吉』、『凶』也。初九、六二、九三，三者皆離也，而有明德者也；九四、六五、上六，則所謂豐而闇者也。離，火也，日也。以下升上，其性也；以明發闇，其德也。故三離皆上適於震。初九適四，其配之所在也，故曰『配主』。『旬』之爲言，猶曰『周浹』云爾。」（東坡易傳卷六）朱熹云：「『旬』，均也，謂皆陽也。當豐之時，明、動相資，故初九之遇九四，雖皆陽剛，而其占如此也。」（周易本義卷二下經第二）項安世云：「初以四爲『配』，四以初爲『夷』，上下異辭也。自下並上，曰『配』。自上並下，曰『夷』。」（周易玩辭卷十一）胡炳文云：「初不言『豐』，初未至豐也。五亦不言『豐』者，陰虛歉然，方賴在下之助，不知有其豐也。凡卦爻取剛、柔相應，豐則取明、動相資。初之剛與四之剛，同德而相遇，雖兩陽之勢均敵，

往而從之，非特『无咎』，且『有尚』矣。或曰：『十日爲「旬」。』」（周易本義通釋卷二）

象曰：「『雖旬，无咎』，過旬災也。」〔一〕

「過旬」則有「災」矣，「日中則昃」之義也。

【校箋】

〔一〕劉牧云：「『旬』，數之極也，猶日之中也。言『无咎』者，謂初未至中，猶可進也；若進而過中，則災。故象稱『過旬災』也。爻辭不言『豐』者，謂初未至豐也。」（見周易義海撮要卷六）胡瑗云：「雖居豐盈之時，可以『无咎』，若過于盈滿，則必有傾覆之災也。」（周易口義卷九）俞琰云：「爻辭云『雖旬，无咎』，爻傳云『過旬災』，則戒其不可過也。蓋與彖傳『天地』、『日月』説同。」（周易集説卷二十五）李光地云：「『過旬災』，即『日中則昃，月盈則食』之意也。經意謂同德相濟，雖當盈滿之時，可以『无咎』，況初居豐之始，未及『日中』乎？傳意則謂正宜及今而圖之耳，稍過於中，便將有災矣。其義相備也。」（周易折中卷十二）

六二：豐其蔀，日中見斗。往得疑疾，有孚發若，吉。〔一〕

二、三、四皆言「日中」者，居卦之中，日中之象也。卦取「日中」爲明者，常守其中則明也。爻之「日中」皆暗者，「日中則昃」有暗之理也。二與五雖同德，然當豐之時，在上者明極而昏，往而拯之，其能免於疑疾乎？惟積乎誠以發其志，則可以感悟而得「吉」。

【校箋】

〔一〕朱熹云：「六二居豐之時，爲離之主，至明者也。而上應六五之柔暗，故爲豐蔀『見斗』之象。『蔀』，障蔽也。大其障蔽，故日中而昏也。往而從之，則昏暗之主必反見疑。惟在積其誠意，以感發之，則『吉』。戒占者宜如是也。虛中，『有孚』之象。」（周易本義卷二下經第二）

象曰：「『有孚發若』，信以發志也。」〔一〕

【校箋】

〔一〕程頤云：「『有孚發若』，謂以己之孚信感發上之心志也。苟能發，則其『吉』可知。雖柔暗，有可發之道也。」（伊川易傳卷八）

九三：豐其沛，日中見沬。折其右肱，无咎。〔一〕

「斗」大而「沬」小。「日中見沬」，視「見斗」加昏矣。二、四皆言「見斗」，〔二〕三言「見沬」者，日中必暗，三爻皆日中，而此爻又居其中，故暗獨甚也。上六暗主，而三應之，過剛不中，故必欲拯之，而至「折其右肱」。以手援人而折其右肱，見傷之甚也。然剛德明極，道無終否，故其占曰「无咎」。

【校箋】

〔一〕王弼云：「『沛』，幡幔，所以禦盛光也。『沬』，微昧之明也。」（見周易正義卷六）朱熹云：「『沛』，一作『旆』，謂幡幔也，其蔽甚於『蔀』矣。『沬』，小星也。三處明極而應上六，雖不可用，而非『咎』也，故其象、占如此。」（周易本義卷二下經第二）李光地云：「九三之蔽，又甚於二、四者，爻取『日中』爲『昏』義，二、三、四在一卦之中，而九三又在三爻之中也。且二應五，爲柔中之主；四應初，爲同德之助，三所應者，乃過中處極之陰，其蔽安得不甚哉？上六以其昏昏使人昏昏，故九三雖以剛明之才爲之股肱，而不免於毁折。然於義爲『无咎』者，守其剛正以事上，反己無怍而衆無尤也。○又案：易中所取者雖虚象，然必天地閒有此實事，非憑虚造設也。『日中見斗』，甚而至於『見沬』，所取喻者，固謂至昏伏於至明之中，然以實象求之，則如太陽食時是也。食限多則大星見，食限甚則小星亦見矣。所以然者，陰氣蔽障之故。故所謂『豐其蔀』、『豐其沛』者，乃蔽日之物，非蔽人之物也。且此義亦與象傳『日中則昃，月盈則食』相發。」（周易折中卷七）

〔三〕「二」原作「三」，今據榕村本、陳本改。

象曰：「『豐其沛』，不可大事也。『折其右肱』，終不可用也。」

不可大事而必赴之，故有折肱之傷，然其義則終不可害也。

九四：豐其蔀，日中見斗。遇其夷主，吉。〔一〕

四、五上位，下應明體，與之同德，能求明以自明，皆「吉」道也。四居上，故謂初爲「夷主」，如朋友等夷也。

【校箋】

〔一〕孔穎達云：「據初適四，則以四爲主，故曰『遇其配主』；自四之初，則以初爲主，故曰『遇其夷主』也。」（周易正義卷六）鄭汝諧云：「初視四爲『配』，以下偶上也；四視初爲『夷』，降上就下也。」（易翼傳卷二）

象曰：「『豐其蔀』，位不當也。『日中見斗』，幽不明也。『遇其夷主，吉』，行

也。」〔一〕

辭與二同。二居下位，其昏在人；四居上位，其昏在己，故於此釋之。往遇「夷主」而後「吉」，故曰「行」也。

【校箋】

〔一〕項安世云：「六二指六五爲『蔀』、爲『斗』，故不可往，往則入於暗而得『疑』。九四之『蔀』與『斗』，皆自指也，故利於行，行則遇明而得『吉』。象恐人誤以二爻同釋，亦以四之『蔀』、『斗』歸責於六五，故九四之象最詳。大抵二爻之分，二中正而明，四不中正而又不明也。」（周易玩辭卷十一）吴澄云：「『豐蔀』、『見斗』之象，六二爻辭已有，象傳不於六二釋之而於九四釋之者，蓋『蔀』象由九四而成，四爲『蔀』，故二『見斗』，二爻之象同，而所重在四也。」（易纂言卷六）

六五：來章，有慶譽，吉。〔一〕

五居尊位，所謂「王假之」者也，雖無剛正之德，而有虚中之美。故其占爲：能來致章明以自輔助，則「有慶譽」而「吉」。「章」，謂六二文明之主也。

【校　箋】

〔一〕馮當可云：「六二言『往』，六五言『來』，二、五往來交合，章明之象。」（見周易會通卷十）項安世云：「六二以五爲『蔀』，在上而暗也；六五以二爲『章』，在下而明也。二自往五，則『得疑疾』；五能來二，則『有慶譽』。」（周易玩辭卷十一）李光地云：「五，君位也。彖辭所謂『王假之』者即此位，則五乃卦主也。卦義所重，在『明』以『照天下』。六五雖非明體，然下應六二爲文明之主，而五有柔中之德，能資其章明以自助。則卦義所謂『勿憂，宜日中』者，實與此爻義合。」（周易折中卷七）

象曰：「六五之『吉』，有慶也。」

上六：豐其屋，蔀其家。闚其户，闃其无人，三歲不覿，凶。〔一〕

居豐之極而過乎中，「日昃」之時也。陰柔無自明之德，又無同德之助，與時偕極者也。外雖崇盛，中則幽昏，「豐其屋」而「蔀其家」之象。昏極則似无人，楊子雲所謂「高明之家，鬼瞰其室」，〔二〕是也。「三歲不覿」，終不能明也。

【校　箋】

〔一〕朱熹云：「以陰柔居豐極，處動終，明極而反暗者也，故爲『豐大其屋而反以自蔽』之象。

『无人』、『不覿』，亦言障蔽之深，其『凶』甚矣。」（周易本義卷二下經第二）

〔三〕「揚」原作「楊」，今據榕村本、陳本改。「高明」至「其室」，揚雄解嘲文，見漢書卷八十七下揚雄傳下。李奇曰：「鬼神害盈而弗謙也。」

象曰：「『豐其屋』，天際翔也。『闚其户，闃其无人』，自藏也。」〔一〕

「自藏」，謂自掩蔽。

【校箋】

〔一〕石介云：「始顯大，如飛鳥之於天際而飛翔，終自然必藏退，皆聖人戒其過盛。子雲曰：『炎炎者滅，隆隆者絶。觀雷觀火，爲盈爲實。天收其聲，地藏其熱。高明之家，鬼瞰其室。』正合此義。」（見周易義海撮要卷六）朱熹云：「『藏』，謂障蔽。」（周易本義卷六象下傳第四）又云：「『豐其屋，天際翔也』，似説『如翬斯飛』樣，言其屋高大到於天際，卻只是自蔽障闊。」（見朱子語類卷七十三易九豐）案：朱子引「如翬斯飛」，毛詩小雅斯干文。陸德明釋文云：「翬，音輝，雉名。説文云：『大飛也。』」

周易觀象卷九

大學士李光地撰

下經四

56 ䷷艮下離上

旅：小亨，旅貞吉。〔一〕

凡物之寄於物而不居者，莫如火。山上之火，則尤寄而不居，旅之象也。〇人不能無旅，旅然後往來通而民用利。雖非「亨」之大者，而「小亨」之道也。旅有旅之「貞」焉，彖傳及爻所言備矣。

【校箋】

〔一〕胡炳文云：「在旅而『亨』，『亨』之『小』者也。然事有小大，道无不在。『大亨』固利於

『貞』，不可以『亨』之『小』而失其『貞』也。正道果可須臾離哉？」（周易本義通釋卷二）

彖曰：「『旅小亨』，柔得中乎外而順乎剛，止而麗乎明，是以『小亨，旅貞吉』也。」〔一〕

旅有「小亨」之道。其下卦體、卦德之善，則皆「旅貞」而所以致「亨」者也。旅以柔爲善。柔而得中，善之善者也。五以「柔得中乎外而順乎剛」，則是以柔中處旅，能依彊輔。內止外明，則是安於所處而能明察事幾，皆處旅之正也。

凡言「麗」者，皆明在外而以內卦爲主，言爲明所麗也。晉以順爲主，睽以説爲主，旅以止爲主。以是爲主於內，而外之明麗之，故「明麗」爲一德。如言「明」爲他卦所麗，則「麗」非離德，而屬於他矣。

【校箋】

〔一〕朱熹云：「以體卦、卦德釋卦辭。」（周易本義卷四彖下傳第二）王宗傳云：「用剛非旅道也，故莫尚乎用柔。然柔不可過也，故莫尚乎得中。以六居五，得中位而屬外體，麗乎二剛之閒，故曰『柔得中乎外而順乎剛』。此釋旅之所以『小亨』也。」（童溪易傳卷二十四）李光地云：「處旅之道，審幾度勢，貴於明也；待人接物，亦貴於明也。然明不可以獨

用，故必以止靜爲本而明麗焉，與晉、睽之主於順説者同。」（周易折中卷十）

旅之時義，大矣哉！」

「亨」雖小，而時義大。

象曰：「山上有火，旅。君子以明慎用刑，而不留獄。」〔一〕

「止」，故「慎」；「明」，故「不留」。「慎」而「不留」，亦旅之義也。

【校　箋】

〔一〕孔穎達云：「火在山上，逐草而行，勢不久留，故爲旅象。又，上下二體，艮止離明，故君子象此以靜止明察，審慎用刑，而不稽留獄訟。」（周易正義卷六）張清子云：「『明』則无遁情，『慎』則无濫罰。『明慎』既盡，斷決隨之。聖人取象於旅，正恐其『留獄』也。」（見周易大全卷十九）

初六：旅瑣瑣，斯其所取災。〔一〕

陰性吝嗇，處下則志卑而行賤，故發此戒。

【校箋】

〔一〕王應麟云：「旅初六『斯其所取災』，王輔嗣注云：『爲斯賤之役。』唐郭京謂『斯』合作『廝』。愚按：後漢左雄傳『職斯禄薄』注云：『斯，賤也。』不必改『廝』字。」（困學紀聞卷一）李光地云：「易中初爻，多取童稚小子之象，在旅則『童僕』之象，王氏之説是也。」（周易折中卷八）

象曰：「『旅瑣瑣』，志窮災也。」

程傳云：「志意窮迫，益自取災。」

六二：旅即次，懷其資，得童僕，貞。〔一〕

二有柔中之德，是能安於所處、保其所有而善撫其下者，故有三者之善。

【校箋】

〔一〕朱熹云：「『即次』則安，『懷資』則裕，得其童僕之正信，則无欺而有賴，旅之最吉者也。二有柔順中正之德，故其象、占如此。」（周易本義卷二下經第二）李光地云：「二得位、得中，故曰『即次懷資』，與九四之『旅處』而『得其資斧』者異矣。下有初六比之，故曰『得童僕』，與九三之『喪其童僕』者異矣。在初，則爲『童僕』之『瑣瑣』者；自二視之，

則爲『童僕』之『貞』者，義不相害也。」（周易折中卷八）

象曰：「『得童僕，貞』，終无尤也。」

三者之中，童僕爲重。三以剛失其童僕，四上亦無「得童僕」之文。故三、上雖不言「喪資」，而凶厲；四雖旅處得資，而心未快也。

九三：旅焚其次，喪其童僕，貞厲。〔一〕

過剛之德，所處則不安，所撫則不順。以是爲常，能無危乎？

【校箋】

〔一〕朱熹云：「過剛不中，居下之上，故其象、占如此。『喪其童僕』，則不止於失其心矣，故『貞』字連下句爲義。」（周易本義卷二下經第二）李光地云：「三得位，故亦有『即次』象。以其過剛，故『焚』之也。六爻惟二、三言『次』，得位故也。」（周易折中卷八）

象曰：「『旅焚其次』，亦以傷矣。以旅與下，其義喪也。」〔一〕

「焚次」已可傷，況「喪其童僕」乎？時有旅也，而自君子處之，則無所不用其誠，不敢以旅視之也。以旅之道與下，則待之如路人而已。人心不附，故曰「其義喪」也。

【校箋】

〔一〕程頤云：「旅焚失其次舍，亦以困傷矣。以旅之時，而與下之道如此，義當喪也。在旅而以過剛自高待下，必喪其忠貞，謂失其心也。在旅而失其童僕之心，爲可危也。」（伊川易傳卷八）朱熹云：「以旅之時，而與下之道如此，義當喪也。」（周易本義卷六象下傳第四）郭雍云：「九三剛而不中，故不能安。『旅焚其次』，則失其所安，斯亦可傷矣。以剛暴之才，而以旅道居童僕，宜其失衆心而喪也。夫旅，豈與人之道哉？君子自厚而已，故終无『以旅與下』之事。」（郭氏傳家易説卷六）王宗傳云：「既已有『焚其次』之傷矣，而又『喪其童僕』焉，此暴厲之過也。夫旅，親寡之時也，朝夕之所與者，童僕而已爾，豈可以旅視之也？九三以旅視乎下，則彼童僕也，亦必以旅視乎上矣，其能久留乎？」（童溪易傳卷二十四）黄淳耀云：「『下』，即童僕。『以旅與下』者，謂視童僕如旅人也。『焚次』而失其身所依庇，亦已傷而不安矣，況又『喪其童僕』乎？然非童僕之無良也。當旅時，而與下之道刻薄寡恩，直若旅人然，宜不得其心力，義當喪也，將誰咎哉？」（見周易折中卷十二）

九四：旅于處，得其資斧，我心不快。〔一〕

雖非純剛，而亦無柔中之善，故未得所安而暫寄於所處，以資斧自防，而心未能坦然安樂也。

【校箋】

〔一〕程頤云：「四陽剛雖不居中，而處柔在上體之下，有用柔能下之象，得旅之宜也。以剛明之才，爲五所與，爲初所應，在旅之善者也。然四非正位，故雖得其處止，不若二之就次舍也。有剛明之才，爲上下所與，乃旅而得貨財之資、器用之利也。雖在旅爲善，然上无剛陽之與，下惟陰柔之應，故不能伸其才、行其志，『其心不快』也。云『我』者，據四而言。」（伊川易傳卷八）李光地云：「四居位非正，故不曰『即次』，而曰『于處』。在旅而處多懼之地，故雖得資與六二同，而未免加斧以自防衛，其未忘戒心可知，安得快然而安樂乎？」（周易折中卷八）

象曰：「『旅于處』，未得位也。『得其資斧』，心未快也。」〔一〕

「未得位」，釋「旅于處」之義，言未即次也。「斧」者所以防患，坦然安舒則無所用之，故二言「資」不言「斧」也。

【校箋】

〔一〕程頤云：「四以近君爲當位，在旅五不取『君』義，故四爲『未得位』也。曰：然則以九居四不正爲有咎矣。曰：以剛居柔，旅之宜也。九以剛明之才，欲得時而行其志，故雖得『資斧』，於旅爲善，其心志未快也。」（伊川易傳卷八）黄淳耀云：「『資斧』，防患之物。『得其資斧』，不過有以自防，故曰『心未快』也。」（見周易折中卷十二）

六五：射雉，一矢亡，終以譽命。〔一〕

五以柔中在外而順乎剛，又爲文明之主，當旅之時，「出而有獲」之象也。「一矢亡」，言獲之易也。所獲者文明之物，則其終有「譽命」矣。

【校箋】

〔一〕程頤云：「六五有文明柔順之德，處得中道而上下與之，處旅之至善者也。人之處旅，能合文明之道，可謂善矣。羈旅之人，動而或失，則困辱隨之；動而无失，然後爲善。離爲雉，文明之物。『射雉』，謂取則於文明之道而必合。如『射雉』，『一矢』而『亡』之，發无不中，則終能致『譽命』也。『譽』，令聞也；『命』，福禄也。五居文明之位，有文明之德，故動必中文明之道也。五君位，人君无旅，旅則失位，故不取『君』義。」（伊川易傳卷八）

李光地云：「五在旅卦不取『君』義，程傳之説是也。古者，士大夫出疆則以贄行，而士執雉以相見。『射雉』而得，是進身而有階之象也。信於友，則有『譽』；獲乎上，則有『命』。」（周易折中卷八）

象曰：「『終以譽命』，上逮也。」〔一〕

凡言「命」者，自上而下。故以「上逮」釋「譽命」之義。

【校箋】

〔一〕程頤云：「有文明柔順之德，則上下與之。『逮』，與也。能順承於上而上與之，爲上所逮也；在上而得乎下，爲下所上逮也。在旅而上下與之，所以致『譽命』也。旅者，困而未得所安之時也。『終以譽命』，終當致譽命也。已『譽命』，則非旅也。困而親寡則爲旅，不必在外也。」（伊川易傳卷八）胡瑗云：「六五，所謂『柔得中乎外而順乎剛』者也。『上』，言上九也。六五爲羈旅之人，而能盡柔順之節以奉於上，故爲上所信，而有尊顯之命及之也。」（周易口義卷九）李光地云：「六五有位而上九無位，不必以六五爲上九所尊顯也，蓋居高位便是『上逮』爾。此爻雖不以君位言，而亦主於大夫、士之載贄而獲乎名位者，故曰『上逮』，言其地望已高也。」（周易折中卷十二）

上九：鳥焚其巢，旅人先笑後號咷，喪牛于易，凶。〔一〕

離爲雉，又爲牝牛。「焚巢」者，失所依也。「喪牛」者，亡其順也。陽剛處上，故有此象，而其占「凶」。

【校箋】

〔一〕程頤云：「『鳥』，飛騰處高者也。上九剛不中而處最高，又離體，其亢可知，故取『鳥』象。在旅之時，謙降柔和，乃可自保；而過剛自高，失其所宜安矣。『巢』，鳥所安止。『焚其巢』，失其所安，无所止也。在離上，爲『焚』象。陽剛自處於至高，始快其意，故『先笑』；既而失安莫與，故『號咷』。輕易以喪其順德，所以『凶』也。『牛』，順物。『喪牛于易』，謂忽易以失其順也。離火性上，爲『躁易』之象。上承『鳥焚其巢』，故更加『旅人』字；不云『旅人』，則是鳥笑哭也。」（伊川易傳卷八）

象曰：「以旅在上，其義焚也。『喪牛于易』，終莫之聞也。」〔一〕

君子一日而居人上，則必盡其一日之心，豈可以邂逅視之乎？以旅之道在上，則處之如傳舍而已。禍害將發，故曰「其義焚」也。

【校箋】

〔一〕張載云：「以陽極上，旅而驕肆者也，失柔順之正，故曰『喪牛于易』。怒而忤物，雖有凶危，其誰告之？故曰『終莫之聞』也。」（見大易粹言卷五十六）程頤云：「『以旅在上』，而以尊高自處，豈能保其居？其義當有『焚巢』之事。方以極剛自高爲得志而笑，不知喪其順德於躁易，是『終莫之聞』，謂終不自聞知也。使自覺知，則不至於極而『號咷』矣。陽剛不中而處極，固有『高亢躁動』之象，而火復『炎』象，則又甚焉。」（伊川易傳卷八）李光地云：「蓋以旅之道在上，則視所居之位如寄寓然，其無敬慎之心可知，故曰『其義焚』也。」（周易折中卷十二）

57 ☴☴巽下巽上

巽：小亨，利有攸往，利見大人。〔一〕

一陰伏於二陽之下，在天地爲陰氣始凝，人心則邪欲潛動，於政事亦奸慝伏匿之象也。風者陰氣，而能散乎陰氣，以其本生於陽也。張子所謂「陰在内而陽不得入，則周旋不舍而爲風」，〔二〕是也。故陰伏在内，陽必從而入以散之；邪動於中，必深察以除之；奸慝伏匿，王者必命令告戒以飭治之。命令，象天之風也。

○革、蠱，變革之大者也，故占曰「元亨」。巽則從其小而飭治，故「亨」亦「小」也。治之不可不速，故曰「利有攸往」。非得陽剛之德，不能治而化也，故又曰「利見大人」。

【校箋】

〔一〕郭雍云：「『巽』，入也。能入，故『利有攸往』，故『利見大人』。聖人懼小其志，而欲養其大體也。是亦『沈潛剛克』之意與？」（郭氏傳家易説卷六）何楷云：「凡巽之所以致『亨』，皆陽之爲也。所謂『申命』，乃陽事也。有陽以巽之于上，故陰爻之小者能致亨。以初、四兩爻言陰爲卦主，故曰『小亨』。」（古周易訂詁卷六）李光地云：「『巽』，入也。從來説者皆以爲一陰入於二陽之下，非也。蓋一陰伏於内，陽必入而散之。陰性疑滯，必散而後與陽合德也。其在造化，則吹浮雲、散積陰者也；其在人心，則察幾微、窮隱伏者也；其在國家，則除奸慝、釐弊事者也：三者皆非入不能。卦之所以名巽者，以此。『亨』之所以『小』者，如蠱則壞極而更新之，故其『亨』大；巽但修敝舉廢而已，觀卦爻『庚』、『甲』之義可見也。天下之事，既察知之，則必見之於行，故曰『利有攸往』。非有剛德之人不能濟也，故又曰『利見大人』。」（周易折中卷八）案：郭氏引「沈潛剛克」，尚書洪範文。

〔三〕張載云：「凡陰氣凝聚，陽在内者不得出，則奮擊而爲雷霆；陽在外者不得入，則周旋不舍而爲風。」（張子正蒙卷一參兩篇第二）

象曰：「重巽以申命，〔一〕

義與「習坎，重險也」相似。「重險」，所以有「更習於坎」之象；「重巽」，所以有「申復命令」之象。

【校箋】

〔一〕程頤云：「『重巽』者，上下皆巽也。上順道以出命，下奉命而順從，上下皆順，『重巽』之象也。又，『重』爲『重復』之義。君子體『重巽』之義，以申復其命令。『申』，重復也，丁寧之謂也。」（伊川易傳卷八）朱熹云：「釋卦義也。巽順而入，必究乎下，『命令』之象。『重巽』，故爲『申命』也。」（周易本義卷四象下傳第二）李光地云：「頒發號令以象天之風聲，是已，然須知巽者入也。王者欲知民之休戚、事之利弊，則必清問於下而察之周，告誡於上而行之切，此其所以『申命』也。蓋始則入民情之隱而散其不善者，終乃入人心之深而動其善者。」（周易折中卷十）

剛巽乎中正而志行，柔皆順乎剛，是以『小亨，利有攸往，利見大人』。〔一〕

說巽卦者，皆謂一陰入於二陽之下，是謂陰入也。今須以象傳爲據。蓋以陰伏在內，故陽入而散之。是巽主於陽，不主於陰也。又因二、五有中正之德，故言剛以中正而巽，其志得行，而柔無不受治而順乎剛。志行而順，是以「小亨，利有攸往」也。非剛中正之德不能，是以「利見大人」也。

【校箋】

〔一〕朱熹云：「以卦體釋卦辭。『剛巽乎中正而志行』，指九五。『柔』，謂初、四。」（周易本義卷四象下傳第二）李舜臣云：「柔順乎剛，剛順乎中正者，所以爲巽之體也。若徒以一陰潛伏謂之爲巽，而不究乎陰畫在二陽之下，有順乎陽剛之象，陽畫在二、五之位，有順乎中正之德，則巽之所以致『亨』者且不可得而見，而何『利往』之有？『利見大人』者，蓋指二、五以陽剛之畫處中正之位，而初、四二陰出而順從之，乃所以爲『利』也。」（見周易會通卷十）項安世云：「以卦體言之，『重巽』以『申命』，是『小亨』也。以九五言之，『剛巽乎中正而志行』，是『利有攸往』也。以初六、六四言之，『柔皆順乎剛』，是『利見大人』也。象辭與旅相類，皆總陳卦義，而用『是以』二字結之。」（周易玩辭卷十一）何楷云：「成卦之主，在初與四。陰始生而陽巽之，二、五其最近者也。『剛巽乎中正』，則不暴急以忤物，故命不下格而志可行。初、四各處卦下，柔皆順剛，无有違逆，所以教命得申，成『小亨』以下之義也。」（古周易訂詁卷六）李光地云：「卦義是陰在内而陽入之，非陽在外而陰入之也。陰在内而陽入之者，將以制之也；制之者，將以齊之也。剛以中正之德爲巽，則能入而制之矣。至於柔皆順剛，則豈有不受其制而至於不齊者乎？彖傳詞義甚明，李氏、項氏、何氏説皆合經意。」（周易折中卷十）

象曰：「隨風，巽。君子以申命行事。」〔一〕

言「申命」又言「行事」者，明申命必有行事之實，不徒取其能入。故爻有進退者，有頻巽者，有入在牀下而失其資斧者。

【校箋】

〔一〕荀爽云：「巽爲號令，兩巽相隨，故『申命』也。法教百端，令行爲上，貴其必從，故曰『行事』也。」（見周易集解卷十一）胡瑗云：「巽之體，上下皆巽，如風之入物，无所不至，无所不順，故曰『隨風，巽』。」（周易口義卷九）程頤云：「兩風相重，『隨風』也。『隨』，『相繼』之義。君子觀重巽相繼以順之象，而以申命令，行政事。隨與重，上下皆順也。上順下而出之，下順上而從之，上下皆順，『重巽』之義也。命令政事順理則合民心，而民順

從矣。」（伊川易傳卷八）

初六：進退，利武人之貞。〔一〕

初六，巽之主也。以柔居下，能入而不能斷，故有「進退」之象。若濟以「武人之貞」，則無不利矣。

【校箋】

〔一〕王弼云：「處令之初，未能服令者也，故『進退』也。成命齊邪，莫善武人，故『利武人之貞』以整之。」（見周易正義卷六）胡瑗云：「初六以陰柔之質，復在一卦之下，又居巽體，是全用柔巽者也。既全用柔巽，是以有『進退』之疑。故利在武人之正，勇于行事，然後可獲其『吉』也。」（周易口義卷九）俞琰云：「巽，『申命行事』之卦也。令出則務在必行，豈宜或進或退？初六卑巽而不中，柔懦而不武，故或進或退而不能自決也。若以武人處之，則『貞固足以幹事』矣，故曰『利武人之貞』。」（周易集說卷九）案：俞氏引「貞固」至「幹事」，周易乾文言文。

象曰：「『進退』，志疑也。『利武人之貞』，志治也。」〔一〕

善入者必多疑，有以制之則治矣。

【校箋】

〔一〕趙汝楳云：「『治』，與『疑』對。『志疑』而不決，故進退靡定；『志治』而不亂，故決於行。」（周易輯聞卷六）黄淳耀云：「兩可不決之謂『疑』，一定不亂之謂『治』。」（見周易折中卷十二）

九二：巽在牀下，用史、巫紛若，吉，无咎。〔一〕

以剛中而巽，巽之善者。「巽在牀下」，言其入之至深也。「史」者，以察吉凶；「巫」者，以除栽害。〔二〕入之至深，又能察其害而急除之，如史、巫之紛若，則有合於巽道，故「吉」且「无咎」也。

【校箋】

〔一〕馮椅云：「周官史掌卜筮，巫掌祓禳。卜筮所以占其吉凶，祓禳所以除其災害。」（厚齋易學卷二十九）李光地云：「『牀下』者，陰邪所伏也。入於牀下，則察之深矣。於是既以史占而知之，復以巫祓而去之，雖有物祆神怪，無能爲害矣。『紛若』者，以喻『申命』之頻煩而『行事』之織悉也。二與五，皆所謂『剛巽乎中正而志行』者，卦之主也，故能盡

『申命行事』之道如此。」（周易折中卷八）

〔二〕「烖」，同「災」。毛詩大雅召旻云：「溥斯害矣，職兄斯弘，不烖我躬。」

象曰：「『紛若』之『吉』，得中也。」

惟其「得中」，故雖紛然而不爲擾。

九三：頻巽，吝。

三位過中，過於巽者也。過於巽，則爲「頻巽」，以剛才處之，煩擾甚矣。雖未至於凶，而向乎凶矣，故「吝」。

象曰：「『頻巽』之『吝』，志窮也。」〔一〕

志始於疑，終於窮。蓄疑之極，則窮也。

【校箋】

〔一〕蘇濬云：「九三之『頻巽』，非勉爲之而失也，則習爲之而過也。『巽』而『頻』焉，則卑屈之意有餘，而振作之氣不足，其志亦窮焉，而無所復之矣。」（見周易説統卷八）趙汝楳云：「『志疑』者，可以治救之；『志窮』，則有『吝』而已。」（周易輯聞卷六）

六四：悔亡，田獲三品。〔一〕

四亦巽主，以陰居陰，宜有悔也。以其上順乎九五之中正以行事，故可以亡其悔，而有「田獲三品」之象。蓋田獵者，所以爲民除害，所獲既多，害盡去矣。象有「利見大人」之義，故四之象、占如此。

【校箋】

〔一〕王弼云：「雖以柔遇剛，而依尊履正，以斯行命，必能獲强暴、遠不仁者也。獲而有益，莫善『三品』，故曰『悔亡，田獲三品』。」（見周易正義卷六）郭雍云：「六四近君，志決于進，无初六之疑。既无羣疑，則『悔亡』矣，是以有『田獲三品』之功也。六四至柔，不當有『田獲』之功，而此以『順乎剛』，故得之。由是觀之，則巽之爲道，豈柔弱畏懦之義哉！」（郭氏傳家易説卷六）沈該云：「『田獲三品』，令行之功也。『田』，除害也。『獲』，得禽也。行君之命而致之於民，將以興利除害也。害已去矣，利已獲矣，令行而功著矣，是以『田獲三品』也。」（易小傳卷六上）胡炳文云：「『田』，武事也。初『利武人之貞』，四之『田獲』，用武而有功者也。」（周易本義通釋卷二）李光地云：「以卦義論，則初與四皆伏陰也，陽所入而制之者也。有以制之，則柔順乎剛，而在內者無陰慝矣。以爻義論，則初與四能『順乎剛』，是皆有『行事』之責者。蓋質雖柔，而能以剛克，則所謂柔而立者也。初居重巽之下，猶有『進退』之疑；至四，則居高當位，上承九五，視初又不同矣。故在初，『利武人之貞』；四則『載纘武功』，而田害悉去。解『獲三狐』，而此『獲三品』，所獲者多，不止於狐也。」（周易折中卷八）案：李氏引「載纘武功」，毛詩豳風七月文。

象曰：「『田獲三品』，有功也。」

九五：貞吉，悔亡，无不利。无初有終。先庚三日，後庚三日，吉。〔一〕

處重巽之中，亦有悔也。以剛中正而居尊位，是處巽而得其正者，故其占爲：「吉」且「悔亡」，而「无不利」。有悔，是「无初」也；亡之而无不利，是「有終」也。然其整飭更新之術，必也丁寧反復於其始，而揆度審處於其繼。蓋丁寧者，所以申命也；揆度者，所以行事也。申命既詳，行事又審，則可謂入而能制矣，是以「吉」也。

【校箋】

〔一〕朱熹云：「九五剛健中正而居巽體，故有『悔』；以有『貞』而『吉』也，故得亡其悔而『无不利』。有『悔』，是『无初』也；『亡』之，是『有終』也。『庚』，更也，事之變也。『先庚三日』，丁也；『後庚三日』，癸也。『丁』，所以丁寧於其變之前；『癸』，所以揆度於其變之後。有所變更而得此占者，如是則『吉』也。」（周易本義卷二下經第二）郭雍云：「慎乃出令，君人之道也。先後三日而申命之者，慎之至也。慎之至者，令出惟行，弗惟反故也。命令之出，有必可行之善，而无不可行復反之失，是以『吉』也。上曰『貞吉』，九五之『吉』也；下曰『吉』，蓋命令以是爲『吉』也。『庚』，即命令也。『先庚』，謂未出令之前已『申命』；『後庚』，謂出令之後而『行事』也。」（郭氏傳家易説卷六）張清子云：「『甲』者，十干之首，事之端也，故謂之『終則有始』。『庚』者，十干之過中，事之當更者也，故謂之『无初有終』。況巽九五乃蠱六五之變，以造事言之，故取諸『甲』；以更事言之，故取諸『庚』。易於『甲』、『庚』皆曰先後『三日』者，蓋聖人謹其始終之意也。」（見周易大全卷二十）吴慎云：「苟有所變，必丁寧揆度而後行事，則入於事理，順於人心，以得重巽之中，盡權宜之制，是以『吉』也。」（見周易折中卷八）

象曰：「九五之『吉』，位正中也。」

「先庚」、「後庚」，即申明「貞吉」之義，故但曰「九五之『吉』」。

上九：巽在牀下，喪其資斧，貞凶。〔一〕

上過中巽極，巽之甚而無復斷矣，故有「入於牀下而失其資斧」之象。「牀下」，至深也。「斧」，所以斷也。徒事深入而失厥斷制，則不至於極壞不止。以是爲常，其「凶」甚矣。

【校箋】

〔一〕王弼云：「處巽之極，極巽過甚，故曰『巽在牀下』也。『斧』，所以斷者也。過巽失正，喪所以斷，故曰『喪其資斧』也。」（見周易正義卷六）胡瑗云：「『斧』，斤也，善于斷割。處无位之地，无剛明之才，又不能斷割以自決其事，故于『貞』道『凶』也。」（周易口義卷九）程頤云：「『牀』，人所安也。『在牀下』，過所安之義也。九居巽之極，過於巽者也。『資』，所有也；『斧』，以斷也。陽剛本有斷，以過巽而失其剛斷，失其所有，『喪資斧』也。居上而過巽，至於自失，在正道爲『凶』也。」（伊川易傳卷八）李光地云：「『資斧』，古本作『齊斧』爲是。蓋因承旅卦同音而誤也。説卦：『齊乎巽。』『齊斧』者，所以齊物之斧也。」（周易折中卷八）

象曰：「『巽在牀下』，上窮也。『喪其資斧』，正乎凶也。」

「正乎凶」，言常乎凶也。

○王輔嗣以「卑順」解巽義，後多因之。然「順」爲坤之專德，巽未聞有「順」義。考之於經，曰「伏」、曰「入」、曰「制」、曰「齊」，皆與「順」義差别。王氏蓋見「柔順乎剛」之辭，且見爻多「牀下」之象，故以「卑順」釋之。然「牀下」者，陰所伏也。「巽在牀下」，所以入而制之也，能使「柔順乎剛」則齊矣。「卑」者，巽之形；「順」者，巽之效，皆非「巽」字正解。若以人心之德言之，以爲「沈潛深密」之義則可，不可以「卑順」訓也。

58 ☱ 兑下兑上

兑：亨，利貞。

二陽在内，一陰在外，剛中柔外，其德爲説。在天地，則陽氣在内而敷散，陰潤於外以滋悦，萬物澤之象也。在人，則爲實心在内而以和悦之道親人，其情悦物而物亦悦之，兑之義也。

○程傳曰：「能説於物，物莫不説而與之，足以致『亨』。然爲説之道，利於貞正。非道之説，則爲邪諂而有悔咎。故戒『利貞』也。」〔一〕

【校　箋】

〔一〕文見伊川易傳卷八。四「説」字原作「悦」，今據伊川易傳改。「咎」下，覆元至正本伊川易傳有小注云：「一作『吝』。」

彖曰：「兑，説也。〔一〕剛中而柔外，説以利貞，是以順乎天而應乎人。説以先民，民忘其勞；説以犯難，民忘其死。説之大，民勸矣哉！」〔二〕

剛中柔外，兼釋名、辭。程傳曰：「剛居中，中心誠實之象；柔在外，接物和柔之象，故爲説而能貞。」〔三〕

愚謂：一陰内伏，而陽因之以入，則邪僻無所隱於中；一陰外見，而陽載之以出，則諂佞無所施於外。此巽、兑兩卦之義。

【校箋】

〔一〕朱熹云：「釋卦名義。」（周易本義卷四彖下傳第二）

〔二〕王弼云：「説而違剛則諂，剛而違説則暴。『剛中而柔外』，所以『説以利貞』也。『剛中』故『利貞』，『柔外』故説『亨』。」（見周易正義卷六）朱熹云：「以卦體釋卦辭而極言之。」（周易本義卷四彖下傳第二）

〔三〕「能」原作「利」，今據伊川易傳改。程頤又云：「『利貞』，説之道宜正也。卦有剛中之德，能貞者也。説而能貞，是以上順天理，下應人心，説道之至正至善者也。」（伊川易傳卷八）案：「説之道宜正」下，覆元至正本伊川易傳有小注云：「一作『貞』。」

象曰：「麗澤，兑。君子以朋友講習。」〔一〕

口舌，君子所慎。惟講習爲至，説而無傷。

【校箋】

〔一〕孔穎達云：「同門曰『朋』，同志曰『友』。朋友聚居，講習道義，相説之盛，莫過於此也。」（見周易正義卷六）程頤云：「『麗澤』，二澤相附麗也。兩澤相麗，交相浸潤，互有滋益之象。故君子觀其象，而『以朋友講習』。『朋友講習』，互相益也。先儒謂天下之可説，莫若朋友講習。」（伊川易傳卷八）又云：「天下之説不可極，惟『朋友講習』雖過説无害，兑澤有相滋益處。」（見周易傳義附録卷十四）

初九：和兑，吉。〔一〕

凡説道，以剛爲正，柔爲邪，故卦之四陽皆善，二陰皆惡。又内卦爲初，外卦爲終。初心未失，情必由中，所感既深，則有累於物。故初、二之義，於四、五又爲善也。居卦最初，又獨不與陰比。卦之四陽不與陰比者，此爻而已。故爲能以「和」爲「兑」，而其占則「吉」。「和」者，性之發、情之正也。

【校箋】

〔一〕程頤云：「初雖陽爻，居説體而在最下，无所係應，是能卑下和順以爲説，而无所偏私者也。以和爲説，而无所偏私，説之正也。陽剛則不卑，居下則能巽，處説則能和，无應則不偏，處説如是，所以『吉』也。」（伊川易傳卷八）朱熹云：「以陽爻居説體而處最下，又无係應，故其象、占如此。」（周易本義卷二下經第二）吴澄云：「六畫惟初不比陰柔，與九二相説，二陽相比，説道之善，故曰『和』。」（易纂言卷二）

象曰：「『和兑』之『吉』，行未疑也。」〔一〕

感深，則惑於物矣。惟居初，故「行未疑」。

【校箋】

〔一〕蔡淵云：「初未牽于陰，故未疑。若四，則有『商兑』之疑矣。」（周易經傳訓解卷下）徐幾云：「『疑』，謂疑於陰也。卦四陽，惟初與陰无係，故『未疑』。若二則疑於三，五則疑於上矣。」（見周易大全卷二十）鄭維嶽云：「以陽剛居兑初，又不與陰比，故信心信理而出，行之於外者，未與心疑，使有繫應，便不能自決矣。」（見周易折中卷十二）

九二：孚兑，吉，悔亡。〔一〕

二近六三，宜有悔也。有剛中之德，故能以「孚」爲「兑」，「吉」而亡其悔矣。

【校箋】

〔一〕王宗傳云：「六三陰柔而不正，所謂非道以求説者也。而二比之，疑於有『悔』矣。然二居中自信，故雖與三同體，而未嘗説之，此其『悔』所以『亡』也。」（童溪易傳卷二十五）龔焕云：「九二陽剛得中，當説之時，以孚信爲説者也。己以孚信爲説，人不得而妄説之，所以『吉』也。」（見周易本義集成卷二）

象曰：「『孚兑』之『吉』，信志也。」〔一〕

以「信」爲「志」，則不隨物而遷。

【校箋】

〔一〕程頤云：「心之所存爲『志』。二剛實居中，孚信存於中也，志存誠信，豈至説小人而自失乎？是以『吉』也。」（伊川易傳卷八）何楷云：「初去三遠，不特志可信，而行亦未涉于可疑。二去三近，行雖不免于可疑，而志則可信。」（古周易訂詁卷六）

六三：來兑，凶。〔一〕

不中不正，爲説之主。凡可説之物，無不感之而來，「凶」之道也。居内卦，故曰「來」。

【校箋】

〔一〕程頤云：「六三陰柔不中正之人，説不以道者也。『來兑』，就之以求説也。比於在下之陽，枉己非道，就以求説，所以『凶』也。之内爲『來』。上下俱陽而獨之内者，以同體而陰性下也，失道下行也。」（伊川易傳卷八）朱熹云：「陰柔不中正，爲兑之主。上無所應，而反來就二陽以求其説，『凶』之道也。」（周易本義卷二下經第二）王宗傳云：「六三居兩兑之閒，一兑既盡，一兑復來，故曰『來兑』。夫以不正之才居兩兑之閒，處四剛之際，左右逢迎，惟以容説爲事。此小人之失正者，故於兑爲『凶』，而象曰『位不當』也。」（童溪易傳卷二十五）李光地云：「三居内體，故曰『來』，然非來説於下二陽之謂也。爲説之主，志在於説，凡外物之可説者，皆感之而來也。」（周易折中卷八）

象曰：「『來兑』之『凶』，位不當也。」〔一〕

以不正之德當交物之位。

【校　箋】

〔一〕程頤云：「自處不中正，无與而妄求説，所以『凶』也。」（伊川易傳卷八）熊良輔云：「六三居位不當，居上下二兑之閒，下兑方終，上兑又來，説而又説，不得其正者也。上六曰『引兑』，蓋與六三相表裏。」（周易本義集成卷二）

九四：商兑未寧，介疾有喜。

承五近三，有「商兑未寧」之象。本剛德也，故又有「介疾有喜」之占。〔一〕

【校　箋】

〔一〕李光地云：「易中『疾』字皆與『喜』對，故曰『无妄之疾，勿藥有喜』，又曰『損其疾，使遄有喜』。以此爻例之，則『疾』者，謂疾病也；『喜』者，謂病去也。四比於三，故曰『介疾』，言介於邪害之閒也。若安而溺焉，則其爲鴆毒大矣。惟能商度所説，而不以可説者爲安，則雖『介疾』，而『有喜』矣。論語曰：『君子易事而難説也。説之不以道，不説也。』其『商兑』之謂乎？」（周易折中卷八）案：李氏引「君子」至「不説也」，論語子路篇文。

象曰：「九四之『喜』，有慶也。」〔一〕

四居上位，能去邪從正，則其喜不獨一身。凡象傳言「有慶」者，多上三爻也。

【校箋】

〔一〕程頤云：「所謂『喜』者，若守正而君説之，則得行其陽剛之道，而福慶及物也。」（伊川易傳卷八）郭雍云：「當兑之時，處上下之際，不妄從説，知所擇者也。介然自守，故能全兑説之喜。喜非獨一身而已，終亦有及物之慶也。」（郭氏傳家易説卷六）

九五：孚于剥，有厲。〔一〕

凡兑居上體，五、上多有相感之象。此卦之義，又專於説者，故特爲「孚于剥」之戒。

【校箋】

〔一〕王弼云：「比於上六而與相得，處尊正之位，不説信乎陽，而説信乎陰，『孚于剥』之義也。『剥』之爲義，『小人道長』之謂。」（見周易正義卷六）楊簡云：「九五本與九二正應，今乃不應九二，而親信上六柔媚不正之小人，故曰『孚于剥』。剥之爲卦，小人剥君子，又剥喪其國家，故謂小人爲『剥』。信小人，危厲之道也。」（楊氏易傳卷十八）李光地云：「易中凡言『厲』者，皆兼内外而言，蓋事可危而吾危之也。履五爻及此爻皆以剛中正居尊位而有『厲』辭，夫子又皆以『位正當』釋之，是其危也，以剛中正，故能危也。履卦有『危懼』之義，而九五居尊，所謂『履帝位而不疚』者，故能因夬、履而常危。兑有『説』義，九五居尊，又比上六，故亦因『孚于剥』而心有危也。此『有厲』與夬『有厲』正同，皆以九五比近上六，所謂『其危乃光』者也。」（周易折中卷八）案：王氏引「小人道長」，周易否象辭文。李氏引「履帝」至「不疚」，周易履象辭文；「其危乃光」，周易夬象辭文。

象曰：「『孚于剥』，位正當也。」〔一〕

居尊位而正，與上六相比。

【校箋】

〔一〕程頤云：「戒『孚于剥』者，以五所處之位，正當戒也。密比陰柔，有相説之道，故戒在信之也。」（伊川易傳卷八）朱熹云：「與履九五同。」（周易本義卷二下經第二）王申子云：「與履九五小象意同。謂正當尊位，若中實孚上之柔説，則消剥於陽必矣，故『有厲』。」（大易緝説卷八）

上六：引兑。〔一〕

陰居説極，在外，又有「去而不返」之象，故曰「引兑」。「來兑」者，我感而物來；「引兑」者，物引而我去。傳曰：「則是物至而人化物也。」〔二〕孟子曰：「物交物，則引之而已矣。」此之謂也。不言「凶」者，咸之「輔頰舌」、明夷「不明晦」之例也。

【校箋】

〔一〕毛璞云：「所以爲兑者，三與上也。三爲内卦，故曰『來』；上爲外卦，故曰『引』。」（見厚齋易學卷二十九）李光地云：「三與上，皆以陰柔爲説主。『來兑』者，物感我而來，孟子所謂『蔽於物』，樂記所謂『感於物而動』者也。『引兑』者，物引我而去，孟子所謂『物交物，則引之而已矣』，樂記所謂『物至而人化物』者也。始於『來』，終於『引』，此人心動乎欲之淺深也。」（周易折中卷八）案：李氏引「蔽於物」、「物交」至「已矣」，皆孟子告子上文。

〔二〕「則是」至「物也」，禮記樂記文。

象曰：「上六『引兑』，未光也。」〔一〕

其心光明，則不至於爲物所引矣。

【校　箋】

〔一〕楊啓新云：「『來兑』、『引兑』，皆小人也。在君子，則當來而勿受，引而勿去也。君子以道德相引，其道爲光明。引而爲説，則心術曖昧、行事邪僻甚矣，豈得爲『光』乎？」（見周易折中卷十二）

59䷺坎下巽上

渙：亨。王假有廟，利涉大川，利貞。〔一〕

能散萬物者，莫如風。行于水上，則尤有蕩摇離散之象，所以名「渙」。○物散而後能聚，是渙有「亨」道也。王者致其精誠，以感假於有廟，此聚渙之最大者。渙散則不利於涉川矣，而云「利涉大川」者，惟其渙散，故宜蹈險以合聚之。故六爻皆有「以渙濟渙」之義，其道則在於正而固也。

【校　箋】

〔一〕李光地云：「渙與萃對。『假廟』者，所以聚鬼神之既散也；『涉川』者，所以聚人力之不齊也。蓋盡誠以感格，則幽明無有不應；秦、越而共舟，則心力無有不同。此二者，渙而

求聚之大端也。然不以正行之，則必有黷神、犯難之事，故曰『利貞』。」（周易折中卷八）

彖曰：「『涣亨』，剛來而不窮，柔得位乎外而上同。〔一〕

涣固有「亨」理，然無以聚之，不能亨也。九二剛來爲主於内，則是有聚涣之本而不窮矣。六四柔得位乎外卦，而上同于九五，則是主臣相助而有聚涣之資矣。此涣所以能「亨」也。凡易言「剛來」者，皆内有主之象也。

【校箋】

〔一〕王弼云：「二以剛來居内則不窮於險，四以柔得位乎外而與上同。内剛而无險困之難，外順而无違逆之乖，是以『亨』也。」（見周易正義卷六）孔穎達云：「此就九二剛德居險、六四得位從上，釋所以能散釋險難而致亨通。」（周易正義卷六）李光地云：「『剛來而不窮』者，固其本也；『柔得位乎外而上同』者，致其用也。固本則保聚有其基，致用則聯屬有其具。」（周易折中卷十）

『王假有廟』，王乃在中也。『利涉大川』，乘木有功也。」〔二〕

卦體九五居中，有王者誠心假廟之象。卦象木在水上，「涉川」之象。

【校　箋】

〔一〕程頤云：「『王假有廟』之義，在萃卦詳矣。天下離散之時，王者收合人心，至於『有廟』，乃是在其中也。『在中』，謂求得其中，攝其心之謂也。『中』者，心之象。治涣之道，當濟於險難，而卦有『乘木濟川』之象。上巽，木也；下坎，水，大川也，利涉險以濟涣也。木在水上，『乘木』之象；『乘木』，所以『涉川』也；『涉』，則有濟涣之功。卦有是義，有是象也。」（伊川易傳卷八）朱熹云：「『中』，謂廟中。」（周易本義卷四彖下傳第二）何楷云：「『王乃在中』者，非在廟中之謂。王者之心，渾然在中，則不薦之孚，直有出于儀文之外者，宜其精神之與祖考相爲感格也。」（古周易訂詁卷六）胡炳文云：「易以巽言『利涉大川』者三，皆以木言：益曰『木道乃行』，中孚曰『乘木舟虚』，涣亦曰『乘木有功』也。十三卦『舟楫之利』獨取諸涣，亦以此也。」（周易本義通釋卷十二）李光地云：「『王乃在中』，謂九五居中，便含至誠感格之意。『乘木有功』，謂木在水上，便含濟險有具之意。」（周易折中卷十）案：胡氏云「十三卦」者，謂周易繫辭下傳第二章所列十三卦也。

象曰：「風行水上，涣。先王以享于帝、立廟。」

即彖辭「假廟」之義，而又加以「享帝」。

初六：用拯馬壯，吉。〔一〕

居卦之初，則猶未涣也，故不言「涣」。未涣而亟拯之，「吉」之道也。

【校箋】

〔一〕王宗傳云：「當涣散之初，則時未至於涣也。當此之時，順此之勢而亟救之，則『用拯』之道得矣。故必『馬壯』而後『吉』。」（童溪易傳卷二十五）胡炳文云：「五爻皆言『涣』，初獨不言者，救之尚早，可不至於涣也。」（周易本義通釋卷二）

象曰：「初六之『吉』，順也。」〔一〕

力順而易，故曰「順」也。

【校箋】

〔一〕郭雍云：「初六，難之始也。方難之始而拯之，則難无不濟矣，是其所以『吉』也。天下之事，辨之于早，則順而易舉，故象曰『初六之「吉」，順也』。」（郭氏傳家易説卷六）

九二：涣奔其机，悔亡。〔一〕

「机」，所以爲安者。剛來爲主於内，則本固而安，故有「奔而就机」之象。時既涣矣，有悔也；本固而安，則大勢以聚，故可以「亡」其「悔」。

【校箋】

〔一〕程頤云：「諸爻皆云『涣』，謂涣之時也。在涣離之時而處險中，其有『悔』可知。若能奔就所安，則得『悔亡』也。」（伊川易傳卷八）朱熹云：「九而居二，宜有『悔』也。然當涣之時，來而不窮，能『亡』其『悔』者也。故其象、占如此，蓋九『奔』而二『机』也。」（周易本義卷二下經第二）郭雍云：「九二之剛，自外來而得中，得『去危就安』之義，故有『奔其机』之象焉。惟得中就安，故象所以言『不窮』，而象言『得願』，此『悔』所以『亡』也。」（郭氏傳家易説卷六）

象曰：「『涣奔其机』，得願也。」

六三：涣其躬，无悔。〔一〕

三之才非濟涣者，而卦惟此爻有應於上，則是志在濟時而能不有其身之象。蓋涣之時皆能涣者，志在濟時而忘其私事之濟否，皆可「无悔」。

【校箋】

〔一〕王申子云：「自此以上四爻，皆因涣以拯涣者，謂涣其所當涣，則不當涣者聚矣。」（大易緝説卷八）李光地云：「易中六三應上九，少有『吉』義；惟當渙時，則有應於上者，忘身徇上之象也。蹇之二曰『王臣蹇蹇，匪躬之故』，亦以當蹇難之時而與五相應。此爻之義同之。」（周易折中卷八）

象曰：「『渙其躬』，志在外也。」〔一〕

「在外」，釋「渙躬」之義，且明應上。

【校箋】

〔一〕黄淳耀云：「『外』，指天下言。惟躬之渙，所以能濟天下之渙；惟志在天下之渙，所以有躬之渙也。」（見周易折中卷十二）

六四：渙其羣，元吉。渙有丘，匪夷所思。〔一〕

上同于五而下無應，「渙其羣」之象也。「渙其羣」者，人臣之盛節，故其占曰「元吉」。「丘」，聚也。「渙」之爲「渙」，人之所知也；「渙」之爲「聚」，非等夷思慮之所及也。申決「元吉」之義。

【校箋】

〔一〕胡瑗云：「『羣』，衆也。天下之涣，起于衆心乖離，人自爲羣。六四上乘九五，當濟涣之任而居陰得正，下无私應，是大臣秉大公之道，以濟天下之涣，使天下之黨盡散，則天下之心不至于乖離，而皆得以萃聚，故得盡善，元大之『吉』也。」（周易口義卷十）李光地云：「孔安國書序云：『丘，聚也。』則『丘』字即訓『聚』。『涣有丘，匪夷所思』，語氣蓋云：『常人徒知散之爲散，不知散之爲聚也。散中有聚，豈常人思慮之所及乎？』世有合羣黨以爲自固之術者，然徒以私相結、以勢相附耳，非真聚也；及其散也，相背相傾，乃甚於不聚者矣。惟無私者，公道足以服人；惟無邪者，正理可以動衆。此所謂散中之聚，人臣體國者之所當知也。」（周易折中卷八）

象曰：「『涣其羣，元吉』，光大也。」

言能「涣其羣」而「元吉」者，由其心之光大無私故也。光大無私，則衆志服而羣賢進，豈非以「散」爲「聚」乎？庸俗私小之心，何足以知之？

九五：涣汗其大號；涣，王居，无咎。〔一〕

人之疾病，得汗則散。王者於生民疾病，能盡誠呼號以解散之，如涣汗然，則血脉周流，而上下之氣通矣。故雖當渙之時，而王居可以「无咎」。甚言王者開露誠意、宣布德音之可以濟渙也。

【校　箋】

〔一〕李光地云：「凡易中『號』字，皆當作平聲，爲『呼號』之『號』。在常人，則是哀痛迫切，寫情輸心也；在王者，則是至誠懇惻，發號施令也。『渙王居』，『渙』字當一讀。言其大號也如渙汗然，足以通上下之壅塞，回周身之元氣；則雖當渙之時，而以王者居之，必得『无咎』矣。」（周易折中卷八）

象曰：「『王居，无咎』，正位也。」〔一〕

九五居得正位，有「王居，无咎」之象。

【校　箋】

〔一〕程頤云：「『王居』，謂正位，人君之尊位也。能如五之爲，則居尊位爲稱，而『无咎』也。」（伊川易傳卷八）熊良輔云：「天下渙散之時，須人君發號施令，正位乎上，使人心知所歸向，而天下一矣，故曰『王居，无咎』，而象曰『正位』也。此與萃『有位』之義同。本義以『渙王居』爲『渙其居積』。然當渙散之時，必有爲渙之主者，所當從小象

『正位』之説。」（周易本義集成卷二）

上九：涣其血，去逖出，无咎。〔一〕

上居卦外，不當事任，惟離其所傷，去而遠出，則「无咎」矣。「逖」，遠也。

【校箋】

〔一〕王弼云：「『逖』，遠也。最遠於害，不近侵害，散其憂傷，遠出者也。散患於遠害之地，誰將咎之哉？」（見周易正義卷六）朱震云：「『逖』，遠也。『去逖出』，一本作『去惕出』。然象曰『遠害』，當從『逖』矣。」（漢上易傳卷六）李光地云：「萃以『聚』爲義，故至卦終而猶『齎咨涕洟』以求萃者，天命之正、人心之安也。涣以『離』爲義，故至卦終而遂『遠害』離去以避咎者，亦樂天之智、安土之仁也。古之君子，不潔身以亂倫，亦不濡首以蹈禍，各惟其時而已矣。」（周易折中卷八）

象曰：「『涣其血』，遠害也。」〔一〕

恐疑於小畜「血去」之文，故斷「涣其血」爲句，而以「遠害」包「去逖出」之義。

【校箋】

〔一〕程頤云：「若如象文爲『渙其血』，乃與『屯其膏』同也，義則不然，蓋『血』字下脱『去』字。『血去惕出』，謂能『遠害』則『无咎』也。」（伊川易傳卷八）項安世云：「上九爻辭，『血』與『出』韻叶，皆三字成句，不以『血』連『去』字也。小畜之『血去惕出』，與此不同；此血已散，不假更去。又，『惕』與『逖』文義自殊。據小象言『遠害也』，則『逖』義甚明，不容作『惕』矣。卦中惟上九一爻去險最遠，故其辭如此。散其汗以去滯鬱，散其血以遠傷害。」（周易玩辭卷十一）陳友文云：「坎爲血卦。『逖』，遠也。小象『遠害』，正是以『遠』釋『逖』字。上雖與三應，然超處渙上，故渙散其血，捨之遠去，去坎險之害而得『无咎』也。」（見周易折中卷十二）

60 ䷻兑下坎上

節：亨。苦節不可貞。〔一〕

澤上有水，未盈則止，既滿則流。其止其行，有自然之限制，所以爲「節」。

○節有「亨」道，以其能止能行也。如能止而不能行，則爲「苦節」。「苦節」，則不可以爲正而常也。

【校箋】

〔一〕孔穎達云：「『節』者，制度之名，『節止』之義。制事有節，其道乃『亨』，故曰『節亨』。節須『得中』，爲節過苦，傷於刻薄，物所不堪，不可復正，故曰『苦節不可貞』也。」（周易正義卷六）薛温其云：「節以禮，其道乃『亨』。過苦傷陋，不可以爲正也。」（見周易折中卷八）

彖曰：「『節亨』，剛柔分而剛得中。〔一〕

節固有「亨」道，然所以可亨者，以其適中也。卦之剛柔相半，而二、五之剛得中，則是不過中道之象。此節所以「亨」也。

【校箋】

〔一〕程頤云：「節之道自有『亨』義，事有節則能『亨』也。又，卦之才剛柔分處，『剛得中』而不過，亦所以爲節，所以能『亨』也。」（伊川易傳卷八）朱熹云：「以卦體釋卦辭。」（周易本義卷四彖下傳第二）

『苦節不可貞』，其道窮也。〔一〕

【校箋】

〔一〕孔穎達云：「若以『苦節』爲正，則其道困窮。」（周易正義卷六）朱熹云：「又以理言。」（周易本義卷四象下傳第二）俞琰云：「凡物過節則『苦』。味之過正，形之過勞，心之過思，皆謂之『苦』。節而苦，則非通行之道，故曰『其道窮』也。」（周易集説卷十九）黄淳耀云：「合於中，即『甘』、即『亨』；失其中，即『苦』、即『窮』。『苦』與『甘』反，『窮』與『亨』反。」（見周易折中卷十）

説以行險，當位以節，中正以通。〔一〕

又以卦德、卦體申卦辭之意。坎爲習險，有「勞苦」之義；説以行之，則不苦矣。四、五當上位，以節天下，五中而四正，以中正行節道，則通而不窮矣。

【校箋】

〔一〕孔穎達云：「更就二體及四、五當位，重釋行節得『亨』之義，以明『苦節』之『窮』也。」（周易正義卷六）朱熹云：「又以卦德、卦體言之。『當位』、『中正』，指五。又坎爲通。」（周易本義卷四象下傳第二）林希元云：「九五陽剛居尊，當位以主節於上，而所節者又得其中正，是以可通行於天下。」（易經存疑卷八）李光地云：「『説以行險』，先儒説義未明。蓋節有阻塞難行之象，所謂『險』也；而其所以『亨』者，則以其有安適之善而無拘迫之苦，所謂『説』也。『當位』以位言，『中正』以德言。『當位』則有節天下之權，『中正』則能通天下之志。此三句，當依孔氏，爲總申象辭之義，『説』則不『苦』，而『通』則不『窮』矣。蓋上文既以全卦之善言之，此又專主九五及卦德以申之，正與漸卦同例。」（周易折中卷十）

天地節而四時成，節以制度，不傷財，不害民。」〔一〕

四時成，則物阜而民安。王者之制度，所以順天道、因地利，與之同節者也。

【校箋】

〔一〕孔穎達云：「天地以氣序爲節，使寒暑往來各以其序，則四時功成之也。王者以制度爲節，使用之有道，役之有時，則『不傷財，不害民』也。」（周易正義卷六）朱熹云：「極言節道。」（周易本義卷四象下傳第二）吴慎云：「革曰『天地革而四時成』，此曰『天地節而四時成』。限止之謂節，改易之謂革。節淺而革深，節先而革後。『四時』，舉其大者言之。天地之化，刻刻相節，時時相革。」（見周易折中卷十）

象曰：「澤上有水，節。君子以制數度，議德行。」〔一〕

「制數度」，以節其外；「議德行」，以節其心。

【校箋】

〔一〕侯果云：「澤上有水，以堤防爲節。」（見周易集解卷十二）孔穎達云：「『數度』，謂尊卑禮命之多少。『德行』，謂人才堪任之優劣。君子象節以制其禮教等差，皆使有度；議人之德行任用，皆使得宜。」（周易正義卷六）郭雍云：「『澤无水，困』，則爲不足；澤上有水，則爲有餘。不足則爲困，有餘則當節，理之常也。在人之節，則『制數度』，所以節于外；『議德行』，所以節于内也。爲國、爲家，至于一身，其内外制節皆一也。」（郭氏傳家易説卷六）李光地云：「『議德行』，諸儒皆謂一身之德行，獨孔氏謂在人之德行，於『議』字尤切，且得愛爵禄、慎名器之意。」（周易折中卷十二）

初九：不出户庭，无咎。〔一〕

卦取「澤上有水」爲節之義。然水者流，澤者止，流則通而止則塞，故爻又取「澤水通塞」爲義。下卦象澤之止，三則止之溢而流也；上卦象水之行，上則行之極而止也。初在澤之下，二在澤之中，故其辭皆曰「不出」。然初處下居初，時當止也。當止而止，

「知通塞」者也，故「无咎」。

【校　箋】

〔一〕程頤云：「『户庭』，户外之庭。『門庭』，門内之庭。初以陽在下，上復有應，非能節者也，又當節之初，故戒之謹守，至於『不出户庭』，則『无咎』也。初能固守，終或渝之。不謹於初，安能有卒？故於節之初爲戒甚嚴也。」（伊川易傳卷八）王申子云：「陽剛在下，居得其正，當節之初，知其時未可以行，故謹言謹行，至於不出户外之庭，是知節而能止者，故『无咎』。」（大易緝説卷八）

象曰：「『不出户庭』，知通塞也。」〔一〕

【校　箋】

〔一〕王申子云：「時有通塞，通則行，塞則止，當止即止，其『知通塞』之君子乎？繫辭專以『慎密言語』説之，兑體故也。」（大易緝説卷八）吴慎云：「節兼『通塞』言，猶艮之兼『行止』言也。初九『不出户庭』，知『塞』也，而兼言知『通』者，見其非一於止者也。二失時極，則但知『塞』而不知『通』矣。」（見周易折中卷十二）

九二：不出門庭，凶。〔一〕

二居下體之中，可行之時也。可行而止，則爲「失時」義而「凶」矣。二之爻德，非不善也。以卦取澤水爲通塞，閉坎水之下流而二正在其中，此所以爲「失時」之義。故曰：「象也者，像也。」〔二〕

【校箋】

〔一〕李光地云：「節卦六爻，皆以澤、水二體取義，澤者止，水者行。節雖以『止』爲義，然必可以通行而不窮，乃爲節之『亨』也。初、二兩爻，一在澤底，一在澤中。在澤底者，水之方瀦，不出宜也；在澤中，則當有蓄洩之道，不可閉塞而不出也。兑本坎體，中爻其主也，有坎之德，可以流行；而變兑，則爲下流之塞。二適當之，故六爻之失時，未有如二者也。時應塞而塞，則爲慎密不出，雖足不窺户可也。時不應塞而塞，則爲絶物自廢，所謂『出門同人』者安在哉？」（周易折中卷八）案：李氏引「出門同人」，周易同人象辭文。

〔二〕「象也者，像也」，周易繫辭下傳文。

象曰：「『不出門庭，凶』，失時極也。」〔一〕

【校箋】

〔一〕蘇軾云：「水之始至，澤當塞而不當通；既至，當通而不當塞。故初九以『不出户庭』爲『无咎』，言當『塞』也；九二以『不出門庭』爲『凶』，言當『通』也。至是而不通，則『失時』而至於極。」（東坡易傳卷六）郭雍云：「初爲不當有事之地，而二以剛中居有爲之位，其道不可同也。故初以『不出户庭』爲知『塞』，而二以『不出門庭』爲不知『通』。知『塞』，故『无咎』；不知『通』，則有『失時』之『凶』矣。『極』，至也。」（郭氏傳家易説卷六）

六三：不節若，則嗟若，无咎。〔一〕

三止極而流，又爲説主，不中不正，非能節者。以坎險在前，困心衡慮，正程子所謂「説而遇險」之義。故爲「不節」而能嗟悔，其占可以「无咎」。

【校箋】

〔一〕程頤云：「六三不中正，乘剛而臨險，固宜有『咎』。然柔順而和説，若能自節而順於義，則可以无過。不然，則凶咎必至，可傷嗟也。故『不節若，則嗟若』。己所自致，无所歸『咎』也。」（伊川易傳卷八）李彦章云：「『臨之六三，失臨之道而『既憂之』』；節之六三，失節之道而『嗟若』，皆得『无咎』，易以補過爲善故也。」（見厚齋易學卷三十）鄭汝諧云：「進乘二陽，處澤之溢，過乎中而不節者，三也。知其不節而能傷嗟以自悔，其誰咎之哉？下體之極，極則當變，故發此義。」（易翼傳卷二）

象曰：「『不節』之『嗟』，又誰咎也？」〔一〕

「又誰咎也」，與同人初九同，皆許其補過之辭也。

【校箋】

〔一〕胡炳文云：「諸卦爻辭言『无咎』者九十有九，多補過之辭。」（周易本義通釋卷四）沈一貫云：「王介甫、程沙隨謂：不節者能嗟怨自治，亦无咎。『嗟』，與『戚嗟若』之『嗟』同。『又誰咎』，與『出門同人』之象同。」（易學卷八）何楷云：「『解三爻傳『又誰咎』，語與此同，然爻辭未嘗有『无咎』字。」（古周易訂詁卷六）

六四：安節，亨。〔一〕

柔得其正，安於節者也。如水之順行而安流，與卦義合，故曰「亨」。

【校箋】

〔一〕俞琰云：「六三失位而處兑澤之極，是乃溢而『不節』。六四當位而順承九五之君，故爲『安節』。」（周易集説卷十）李光地云：「六四以柔正承五，故曰『安節』。『安』，與『勉』對。蓋凡其制節謹度，皆循乎成法而安行，非勉强以爲節者也。於象居坎之下，水之下流也。柔正，爲水流平地安瀾之象。」（周易折中卷八）

象曰：「『安節』之『亨』，承上道也。」〔一〕

以柔正承九五之中正。

【校箋】

〔一〕程頤云：「四能『安節』之義非一，象獨舉其重者，上承九五剛中正之道以爲節，足以『亨』矣，餘善亦不出於中正也。」（伊川易傳卷八）錢一本云：「中正之通在五，四以近上承，不以徒止爲功，更以通行爲道，象故曰『承上道』也。」（像象管見卷四下）李光地云：「『節曰『亨』，爲九五中正以通也。而『亨』於四言之者，五者水之源也，四者水之流也，水之通在流，承上之源而布之者也。」（周易折中卷十二）

九五：甘節，吉。往有尚。〔一〕

所謂當位以節、中正以通者也。「甘」者，「苦」之反。

【校箋】

〔一〕王弼云：「當位居中，爲節之主。不失其中，不傷財、不害民之謂也。爲節而不苦，非『甘』而何？術斯以往，『往有尚』也。」（見周易正義卷六）李光地云：「水之止者苦，積澤爲鹵是也。其流者甘，山下出泉是也。五爲坎主，水之源也，在井爲『洌』，取其不泥也；在節爲『甘』，取其不苦也。」（周易折中卷八）

象曰：「『甘節』之『吉』，居位中也。」

「居中」有「由中」之義。水之由中而出者，其味甘也。

上六：苦節，貞凶，悔亡。〔一〕

上流極而止，又險極也，「苦節」之象也。凡水始由中出，則甘；流而注海，或停瀦爲鹵溼，則苦。「苦」者，水之窮；「苦節」者，道之窮也。不利於行，故「凶」；無疚於身，故「悔亡」。

或疑：「上之『苦節』，失時之極，比二爲甚，而猶『悔亡』，何也？」曰：上在事外，

雖道之窮，獨善其身而已，何所悔乎？二當時用而如此，此其所以「凶」也。韓愈之論陽城，引蠱上與蹇二，意正若此。〔二〕

【校箋】

〔一〕陸振奇云：「觀下卦『通塞』二字、上卦『甘』『苦』二字，可以知節道矣。大抵『通』處味『甘』，『塞』處味『苦』。『塞』極必潰，故三受焉；『甘』盡反『苦』，故上受焉。」（易芥卷五）李光地云：「下卦爲澤、爲止，故初、二皆曰『不出』，三則澤之止而溢也。上卦爲水、爲流，故四曰『安』而五曰『甘』，上則水之流而竭也。『通塞』、『甘』『苦』，皆從澤、水取義。陸氏之説得之矣。」（周易折中卷八）

〔二〕韓愈諫臣論云：「或問諫議大夫陽城於愈，可以爲有道之士乎哉？愈應之曰：是易所謂『恒其德，貞』而『夫子凶』者也，惡得爲有道之士乎哉？在易，蠱之上九云：『不事王侯，高尚其事。』蹇之六二則曰：『王臣蹇蹇，匪躬之故。』夫不以所居之時不一，而所蹈之德不同也。若蠱之上九居無用之地而致『匪躬』之節，蹇之六二在王臣之位而高『不事』之心，則冒進之患生，曠官之刺興，志不可則尤之，不如無也。今陽子實一匹夫，在位不爲不久矣，聞天下之得失不爲不熟矣，天子待之不爲不加矣，而未嘗一言及於政。視政之得失，若越人視秦人之肥瘠，忽焉不加喜戚於其心。問其官，則曰『諫議也』；問其禄，則曰『下大夫之秩也』；問其政，則曰『我不知也』。有道之士，固如是乎哉？」（昌黎先生文集卷十四）案：韓文引「恒其德，貞」、「夫子凶」，見易恒六五爻辭。

象曰：「『苦節，貞凶』，其道窮也。」〔一〕

【校箋】

〔一〕吳慎云：「爻言『苦節，貞凶』，象言『苦節不可貞』，惟其『貞凶』，是以『不可貞』也，故象、象傳皆以『其道窮也』釋之。」（見周易折中卷十二）

61 ䷼ 兌下巽上

中孚豚魚吉。利涉大川，利貞。〔一〕

二陰在内，四陽在外。凡中虚之物，有感於外，則化生於其中。蓋其中虚者，實理具足，故感於外而生於中，非由外鑠我也。人心之性，感物發動，理亦如是。「孚」之爲字，從爪、從子。鳥之覆卵，氣自外入，形從中化。内外之感，中孚之義。

又，二體剛皆得中；中，實信之質也。卦德説而巽，以説而入於人。卦象澤上有風。凡積水必生風，風與澤又相入，亦内外感應之理，故爲「中孚」。○中孚以虚爲本。蓋虚則無所偏繫，然後能無所不感；無所不感，然後爲誠之至也。信及無知之物，則無所不感，可知矣。「利涉大川」，亦以其虚也。古人云「蹈水之道無私」，是也。「貞」者，固守乎理之正也。守理之貞，則無私而無不感矣。

【校箋】

〔一〕孔穎達云：「信發於中，謂之『中孚』。『魚』者，蟲之幽隱；『豚』者，獸之微賤。内有誠信，則雖微隱之物，信皆及矣。既有誠信，光被萬物，萬物得宜，以斯涉難，何往不通？故曰『利涉大川』。信而不正，凶邪之道，故『利』在『貞』也。」（周易正義卷六）蔡清云：「『豚魚吉』，承『中孚』云也，中孚便有以孚於物矣。不然，乃爲『豚魚』之『吉』，而不爲中孚者之『吉』矣。故『豚魚』是承『中孚』，彖傳曰『「豚魚吉」，信及豚魚也』。」（易經蒙引卷八下）吴慎云：「『中孚豚魚吉』，卦辭連卦名爲義，猶『同人于野』、『履虎尾』、『艮其背』之例。言人中心能孚信於豚魚，則無所不感矣，故『吉』也。」（見周易折中卷八）

彖曰：「中孚柔在内而剛得中，説而巽，孚乃化邦也。〔一〕

中虚則無私，中實則有主。故无妄無私也，而曰「剛主於内」；咸有感也，而曰「以虚受人」。其意皆互相備。此二者，「孚」之體也。以説道巽入於人，則邦無不化。此又「孚」之用也。

【校箋】

〔一〕王宗傳云：「以成卦觀之，在二體則爲中實，在全體則爲中虚。蓋中不虚則有所累，有所累，害於信者也；中不實則无所主，无所主，則又於信爲失矣，故曰『中孚』。」（童溪易傳卷二十六）李光地云：「『柔在内而剛得中』，其義甚精。非『柔在内』，則中不虚矣；非『剛得中』，則中又不實矣。地至虚也，然惟陰中有陽，故受天氣而生物；月至虚也，然惟水陰根陽，故受日光而發照。物之雌牝受陽精而胎化者，亦然。此卦之名，所以取於乳卵者，此也。老子亦曰：『髣兮髴，其中有物；窈兮冥，其中有精。真精之中，其中有信。』蓋見及此也。○又案：无妄，天德也。天德實，實則虚矣，故曰无妄，言其虚也。中孚，地德也。地德虚，虚則實矣，故曰中孚，言其實也。惟无妄之主於虚也，故六爻之義，皆貴乎無謀望作爲之私，反是則有妄矣。惟中孚之主於實也，故六爻之義，皆貴乎有誠心實德之積，反是則非孚矣。二卦之義，實相表裏。」（周易折中卷十）案：李氏引老子文，見今本老子道經第二十一章，然文字頗異，未詳其所據何本。

『豚魚吉』，信及豚魚也。〔二〕『利涉大川』，乘木舟虛也。中孚以『利貞』，乃應乎天也。」〔三〕

「中孚豚魚吉」，本相連爲文，如「履虎尾」之例。今既離卦名而釋之，則「豚魚吉」之意不明，故中之曰「信及豚魚」也。卦有「乘木」之象，又有「舟虛」之象。舟虛而涉川，則利；心虛而蹈險，則宜。天之道，信而正而已矣。

【校箋】

〔二〕程頤云：「信能及於『豚魚』，言道至矣，所以『吉』也。」（伊川易傳卷八）吴慎云：「『豚魚吉』，蓋信及豚魚者之吉，非豚魚吉也。故在卦辭不可以『豚魚吉』三字爲句，當以『中孚豚魚』爲讀。彖傳『信及豚魚』，即『中孚豚魚』也。」（見周易折中卷十）

〔三〕程頤云：「以『中孚』步險難，其利如乘木濟川而以虛舟也，舟虛則无沉覆之患。卦虛中，爲虛舟之象。中孚而貞，則應乎天矣。天之道，孚貞而已。」（伊川易傳卷八）

象曰：「澤上有風，中孚。君子以議獄緩死。」〔一〕

「澤」者，積陰之處也。風以散之，「議獄緩死」之象也。程傳曰：「君子於天下之事，无所不盡其忠，而『議獄緩死』，最其大者也。」〔二〕

【校箋】

〔一〕胡一桂云：「象言『刑獄』五卦：噬嗑、豐以其有離之明、震之威也。賁次噬嗑，旅次豐，離明不易，震皆反爲艮矣，蓋明貴无時不然，威則有時當止。至於中孚，則全體似離，互體有震艮，而又兑以議之，巽以緩之。聖人即象垂教，其忠厚惻怛之意，見於謹刑如此。」（易本義附録纂疏卷四）

〔二〕文見伊川易傳卷八。

初九：虞吉，有它不燕。〔一〕

中孚之爻，不以相應爲善。中孚虛也，應則有所繫矣。「虞」，安也。禮有「虞祭」，是也。剛居乎初，初心不失，然上應六四，則慮爲所遷。故其占爲：能安以自守，則「吉」；若動於外而「有它」，則不安也。凡易例以初九而應六四、以九四而應初六者，皆無「吉」義。此爻與大過之四，辭正同也。

【校箋】

〔一〕「它」原作「他」，今據注疏本改，下同。荀爽云：「初應於四，宜自安虞，无意於四則吉，故曰『虞吉』也。四者承五，有它意於四則不安，故曰『有它不燕』也。」（見周易集解卷十二）項安世云：「中孚六卦，皆不取外應而以比相孚，孚在其中，无待於外也。初九安處於下，不假他求，何『吉』如之？苟變其志，動而求孚於四，則失其安。」（周易玩辭卷十二）李光地云：「荀氏、項氏説於易例、卦義皆合。蓋易例初九應六四，義無所取。如屯之『磐桓』，賁之『賁趾』，皆不取應四爲義。頤之『朵頤』，則反以應四爲累。惟損、益之初，則適當益上報上之卦，時義不同也。此卦之義，主於中有實德，不願乎外，故六爻無應者『吉』，有應者『凶』。初之『虞吉』者，謂其有以自守自安也。禮有『虞祭』，亦『安』之義也。『燕』，亦『安』也。『虞』則『燕』，『不虞』則『不燕』矣。『有它不燕』，正與大過九四『有它，吝』同。九四下應初六爲『有它』，初九上應六四亦爲『有它』也。」（周易折中卷八）

〔三〕儀禮既夕禮「三虞」鄭注云：「『虞』，喪祭名。虞，安也。骨肉歸於土，精氣無所不之，孝子爲其彷徨，三祭以安之。朝葬，日中而虞，不忍一日離。」襄四年左傳孔疏云：「將葬，以殯過廟，葬訖乃爲虞祭。」儀禮喪服賈疏云：「葬時送形而往，迎魂而反。反哭之時，入廟中，上堂不見，入室又不見，乃至適寢之中，舊殯之處，爲虞祭以安之。禮記檀弓云：『葬日虞，不忍一日離也。是日也，以虞易奠。』是也。」

象曰：「初九『虞吉』，志未變也。」

「有它」，則志變矣。

九二：鳴鶴在陰，其子和之。我有好爵，吾與爾靡之。〔一〕

九二剛中，有實德者也，雖無應於上，而誠則必動，故其象爲：鶴鳴於陰，其子必和；好爵在我，必有與靡之者。「好爵」，謂酒也。「靡」，醉也。蓋有實德者雖潛隱不務於外，然懿德之好出於自然，所謂「同聲相應，同氣相求」者，〔二〕此爻之義也。

○以「其子」爲九五，〔三〕易無此例；謂初九之同德，則可耳。蓋初有「子」象，如「係小子」、「有子，考无咎」、「童觀」、「小子厲」之類是也。〔四〕

【校箋】

〔一〕孔穎達云：「九二體剛，處於卦内，又在三、四重陰之下，而履不失中，是不徇於外，自任其真者也。處於幽昧而行不失信，則聲聞於外，爲同類之所應焉。如鶴之鳴於幽遠，則爲其子所和也。『靡』，散也。不私權利，惟德是與，若『我有好爵』，願與爾賢者分散而共之。」（周易正義卷六）張浚云：「二處二陰下，爲『在陰』。『其子和之』，謂初。」（紫巖易傳卷六）李光地云：「易例凡言『子』、言『童』者，皆初之象。故張氏以『其子和之』爲初者，近是。『好爵』，謂旨酒也。『靡』，謂醉也。九二有剛中之實德，无應於上，而初與之同德，故有『鶴鳴子和，好爵爾靡』之象。言『父、子』，明不逾出户庭也；言『爾、我』，明不逾同類也。詩云：『鶴鳴于九皋，聲聞于天。』則居爽塏之地，而聲及遠矣。處於陰而子和，則不求遠聞可知。又曰：『我有旨酒，嘉賓式燕以敖。』則同樂者衆矣。『吾與爾靡』，則惟二人同心而已。君子之實德、實行，不務於遠而修於邇。故繫辭傳兩言『況其邇者乎』，然後推廣而極言之。」（周易折中卷八）案：李氏引「鶴鳴」至「于天」，毛詩小雅鶴鳴文；「我有」至「以敖」，毛詩小雅鹿鳴文。

〔二〕「同聲」至「相求」，周易乾文言文。

〔三〕朱熹云：「九二中孚之實，而九五亦以中孚之實應之，故有『鶴鳴子和，我爵爾靡』之象。」（周易本義卷二下經第二）

〔四〕「係小子」，周易隨六二爻辭。「有子，考无咎」，蠱初六爻辭。「童觀」，觀初六爻辭。「小子厲」，漸初六爻辭。

象曰：「『其子和之』，中心願也。」〔一〕

「中心願」，言其以「孚」應也。

【校箋】

〔一〕朱震云：「荀子所謂『同焉者合，類焉者應』也。」（漢上易傳卷六）程敬承云：「鶴之鳴由中而發，子之和亦根心而應，故曰『中心願』。願出於中，中乃『孚』之至也。」（見周易說統卷八）案：朱氏引「同焉」至「者應」，荀子不苟篇文。

六三：得敵，或鼓或罷，或泣或歌。〔一〕

不中不正，有應於上，心繫於物而實德亡矣。內無實德，故動靜、哀樂皆不自主，因物而變者也。

【校箋】

〔一〕朱熹云：「『敵』，謂上九，信之窮者。六三陰柔不中正，亦居說極而與之爲應，故不能自主，而其象如此。」（周易本義卷二下經第二）李光地云：「諸爻獨三、上有應；有應者，動於外也，非中孚也。人心動於外，則憂樂皆係於物。『鼓、罷、泣、歌』，喻其不能坦然自安，蓋初九『虞、燕』之反也。」（見周易折中卷八）

象曰：「『或鼓或罷』，位不當也。」〔一〕

【校箋】

〔一〕俞琰云：「六三居不當位，心无所主，故『或鼓或罷』而不定。若初九，則不如是也。」（周

易集説卷二十五)

六四：月幾望，馬匹亡，无咎。〔一〕

下應初九，在他卦有「相求」之義。中孚之爻不取繫應，而四近九五，故爲能去初以上同於五。不繫於私，誠以獲上，「无咎」之道也。月受日之交則盈而望，象四、五之交乎。

【校箋】

〔一〕郭雍云：「『匹』，亦『敵』之類也。『得敵』、『匹亡』，其道相反也。彖言『柔在内』，而爻則其道相反，蓋卦爻取義有不得而同者也。」（郭氏傳家易説卷六）李光地云：「易中六四應初九而義有取焉者，皆上不遇九五者也。如六四遇九五，則以從上爲義而應非所論，易例皆然，而此爻尤明。蓋『孚』不容於有二，況居大臣之位者乎？『月幾望』者，陰受陽光，承五之象也。『馬匹亡』者，無有私羣，遠初之象也。自坤卦『牝馬』以『得主』爲義，而其下曰『東北喪朋』。『東北』者，近君之位也，中孚之四當之矣。」（周易折中卷八）

象曰：「『馬匹亡』，絶類上也。」〔二〕

「絶類」，謂去初。

【校箋】

〔一〕胡炳文云：「坤以『喪朋』爲『有慶』，中孚之四以『絶類』爲『无咎』。」（周易本義通釋卷二）李光地云：「三與四，皆卦所謂中虚者也。其居内以成中虚之象同，其得應而有匹敵者亦同。然三心繫於敵而四志絶乎匹者，三不正而四正也。又，六四承九五者多吉，六三應上九者多凶，易例如此。」（周易折中卷十二）

九五：有孚攣如，无咎。〔一〕

九五剛而中正，爲「孚」之主，有化邦之任，故「有孚攣如」，而後可以「无咎」。「攣如」，謂固結而不可解。説而巽之，則有此效矣。

【校箋】

〔一〕王弼云：「處中誠以相交之時，居尊位以爲羣物之主，信何可舍？故『有孚攣如』，乃得『无咎』也。」（見周易正義卷六）郭雍云：「孚之道无不通，亦无不感，可以通天下之志，至于固結『攣如』，是以『无咎』。九五君位，足以感通天下，又无私應之累，故直曰『有孚攣如』，位正當而已。」（郭氏傳家易説卷六）胡炳文云：「六爻不言『孚』，惟九五言之，九五孚之主也。」（周易本義通釋卷二）李光地云：「此爻是象所謂『孚乃化邦』者也。人君之孚，與在下者不同。居下位者，中有實德，不遷於外而已。人君則以孚天下爲實德，故必誠信固結於天下，然後爲『无咎』也。此爻義與小畜之九五同，其爲臣者，『月幾望』之義亦同，但彼主於君臣相畜，而此主於君臣相孚爾。要之，『富以其鄰』者，即『孚乃化邦』之説；而『君子征凶』者，亦即『馬匹亡』之意也。」（周易折中卷八）

象曰：「『有孚攣如』，位正當也。」〔一〕

有其德，居其位。

【校箋】

〔一〕孔穎達云：「以其正當尊位，故戒以繫信，乃得『无咎』。」（周易正義卷六）程頤云：「五居君位之尊，由中正之道，能使天下信之，如拘攣之固，乃稱其位。人君之道，當如是也。」（伊川易傳卷八）

上九：翰音登于天，貞凶。〔一〕

「孚」之道，積於内，不暴於外，修於己，不揚於衆。上處外而居上，又下有繫應，虚聲遠聞，而實德病矣。故象爲翰羽之音升聞于天，與在陰鳴鶴異矣。以是爲貞，則必「凶」也。

【校箋】

〔一〕王弼云：「『翰』，高飛也。飛音者，音飛而實不從之謂也。居卦之上，處信之終，信終則衰，忠篤内喪，華美外揚，故曰『翰音登于天』也。」（見周易正義卷六）胡瑗云：「『翰』者，鳥羽之高飛也。上九在一卦之上，居窮極之地，是无純誠之心、篤實之道，徒務其虚聲外飾，以矯僞爲尚，如鳥之飛登于天，徒聞其虚聲而已。」（周易口義卷十）章潢云：「二居兑澤，故曰『在陰』；上爲巽風，故曰『于天』。孚於中也，則『鳴鶴』自有『子和』；孚於外也，則『翰音』徒『登于天』。然則中孚可以人僞爲之哉？」（見周易説統卷八）

象曰：「『翰音登于天』，何可長也？」〔一〕

虚聞不可以久，豈可以是而爲常乎？

【校箋】

〔一〕孔穎達云：「虚聲无實，何可久長？」（周易正義卷六）胡瑗云：「上九徒以虚聲外飾驕于人，殊无純誠篤實之行，以此而往，愈久愈凶。故聖人戒之曰：『何可長如此？』蓋欲

人改過反誠，以信實爲本也。」（周易口義卷十）

62 ䷽艮下震上

小過：亨，利貞。可小事，不可大事。飛鳥遺之音，不宜上，宜下，大吉。〔一〕

四陰在外，小者過也；在人，則爲小事之過。人於小事而有過者，以其時之所值，宜乎謹小慎微。君子能勤小物，斯無大患也。細微之事而過於畏謹，故亦謂之「過」。若夫忽於其事之小，以至蕩閑踰檢，甚而招尤致災，〔二〕則又凡人之小過也。其象山上有雷。雷出地奮，陽之盛也。及乎山上，則氣和緩而聲寖微，亦小過之義。

○時當小過，則過而後「亨」。然必過而不失其正，乃可「亨」爾。苟失其正，則是小人之過，烏得「亨」乎？「可小事，不可大事」，申「小過亨」之意。小事可以過於柔，乃時之宜也。大事過於剛，則非時之宜矣。

「飛鳥遺之音，不宜上，宜下」，又申「利貞」之意。卦有「飛鳥」之象，故卦以兆告，如飛鳥之詒以音。「上」、「下」者，鳥飛之上下。「不宜上，宜下」，述鳥語之意以切人事也。蓋鳥之飛也，上下無常，而人之過也，各於其黨。凡過而放縱，「上」之類也；過而謹節，「下」之類也。不上而下，則得過之正而亨矣，故「大吉」。

【校箋】

〔一〕王弼云：「飛鳥遺其音，聲哀以求處，上愈无所適，下則得安。愈上則愈窮，莫若飛鳥也。」（見周易正義卷六）俞琰云：「小過之時，可過者『小事』而已，『大事』則不可過也。」（周易集説卷十）李光地云：「『大過者，大事過也；小過者，小事過也。『大事』，謂關繫天下國家之事；『小事』，謂日用常行之事。道雖貴中而有時而過者，過所以爲中也，當過而過，然後可以通行，故有『亨』道而利於正也。『可小事，不可大事』，是申小過之義，言此卦之義可以施於小事，不可施於大事。『不宜上，宜下』，又是申『利貞』之義。『飛鳥遺之音』者，卦有飛鳥之象，卦示以兆，如飛鳥之遺以音也。『上』、『下』二字，是借鳥飛之上下以切人事。飛鳥相呼云『不宜上，宜下』，在飛鳥則上無止戾，下有棲宿，在人事則高亢者失正而遠於理，卑約者得正而近乎情，是以『大吉』也。」（周易折中卷八）

〔二〕「招」原作「抬」，形近而譌，今據榕村本、陳本改。

彖曰：「小過，小者過而亨也。〔一〕

大過之「亨」，必善所以處之。惟小過則有「亨」道。

【校 箋】

〔一〕孔穎達云：「順時矯俗，雖過而通。」（周易正義卷六）朱震云：「小過與中孚相易，其卦四陰二陽，陽爲大，陰爲小，小者過也。蓋事有失之於偏，矯其失，必待小有所過，然後偏者反於中。謂之『過』者，比之常理則過也。過反於中，則其用不窮而『亨』矣，故曰『小過亨』，彖曰『小者過而亨』也。」（漢上易傳卷六）王宗傳云：「夫陽大而陰小者，安能亨哉？以過，故『亨』也。天下固有越常救失之事，如象所謂『行過乎恭，喪過乎哀，用過乎儉』是也。不有所過，安能『亨』哉？故曰『小過，小者過而亨』也。」（童溪易傳卷二十六）李光地云：「此釋義與『遯而亨也』同。遯非得已之事，然必遯而後『亨』；小過亦非得已之事，然必過而後『亨』，故其釋義同也。」（周易折中卷十）

過以『利貞』，與時行也。〔一〕

非過而又貞也，乃過而不失其貞，以過爲貞爾。此所以爲「與時偕行」也。

【校 箋】

〔一〕蘇軾云：「象之所謂『利貞』，則象之所謂『過乎恭』、『儉』與『哀』者，時當然也。」（東坡易傳卷六）朱震云：「君子制事，以天下之正理，所以小過者，時而已。故曰『過以利貞，與時行也』。」（漢上易傳卷六）蔡淵云：「『與時行』，謂之小過之時而用其正也。」（周易經傳訓解卷下）龔煥云：「道貴得中，過非所尚，然隨時之宜，施當其可，則過也乃所以爲中也，故曰『過以利貞，與時行也』。『與時行』而不失其貞，則過非過矣。」（見周易本義集成卷四）

柔得中，是以小事吉也。剛失位而不中，是以『不可大事』也。〔一〕

小事之過者，過於柔。此卦柔得中位，是有「小事吉」之象也。大事之過者，過於剛。此卦剛失位而不中，是有「不可大事」之象也。

【校箋】

〔一〕孔穎達云：「柔順之人惟能行小事，柔而得中是行小中時，故曰『小事吉』也。剛健之人乃能行大事，失位不中是行大不中時，故曰『不可大事』也。」（周易正義卷六）朱震云：「於小事有過而不失其正則『吉』，『柔得中』也。作大事，非剛得位、得中不能濟，『失位』則无所用其剛，『不中』則才過乎剛，是以小過之時不可作大事。」（漢上易傳卷六）胡炳文云：「矯天下之枉者，以過爲正。然『剛過而中』爲大過，『柔得中』爲小過，是則事有當過者，而皆不可外乎中也。」（周易本義通釋卷十二）李光地云：「任大事貴剛，取其強殺，可以遺大投艱也；處小事貴柔，取其畏慎，爲能矜細勤小也，二者皆因乎時。『得中』者，適乎時之謂也。此卦『柔得中』，『剛失位而不中』，則有『行小事適時，而行大事則非其時』之象。」（周易折中卷十）

有『飛鳥』之象焉。『飛鳥遺之音，不宜上，宜下，大吉』，上逆而下順也。〔一〕

小事之在人，羽毛之象也。羽毛飛揚而身與之高下，故在書曰「不矜細行，終累大德」。〔二〕「逆」、「順」，亦以鳥飛之勢言，猶之飛也，摶風而上，則其勢逆；隨風而下，則其勢順。以喻人之行事，猶之過也，過而放縱，則於理逆；過而謹節，則於理順矣。

【校箋】

〔一〕王弼云：「施過於不順，凶莫大焉。施過於順，過更變而爲吉也。」（見周易正義卷六）胡瑗云：「四陰在外，二陽在內，是內實外虛，故『有飛鳥之象』也。飛鳥翔空，无所依著，愈上則愈窮，是上則逆也；下附物則身可安，是下則順也。猶君子之人過行其事以矯世勵俗，欲民易從，必下附人情，亦『宜下』而『不宜上』也。」（周易口義卷十）朱震云：「『上逆』也，故『不宜上』；『下順』也，故『宜下』。小過之時，事有時而當過，所以從宜，不可過越已甚，不然必凶。」（漢上易傳卷六）吳慎云：「以卦體言，陰乘陽爲『逆』，承陽爲『順』。四陰分居上下，有逆順之象。」（見周易折中卷十）李光地云：「四陽居中，則有棟梁之象；四陰居外，則有羽毛之象。君子之任大事，則爲天下棟梁；修細行，則爲天下羽儀。此二卦取象之意也。然以其陰陽皆過多也，故謂之大過、小過。事固有過以爲中者，無嫌於過也，然必過而不失其中，乃歸於無過。故棟則惡其太剛而折、太重而橈，故宜隆於上，不可橈於下也；羽則惡其柔而無立、輕而不戢，故宜就於下，不可颺於上也。大過之彖曰『剛過而中』，不橈乎下，斯爲剛之中矣；小過之彖曰『柔得中』，『不宜上，宜下』，斯爲柔之中矣。」（周易折中卷十）

〔三〕「不矜」至「大德」，尚書旅獒文。

象曰：「山上有雷，小過。君子以行過乎恭，喪過乎哀，用過乎儉。」〔一〕

三者皆過也，然皆過而近於本者，彖傳「宜下」之意也。

【校箋】

〔一〕孔穎達云：「小人過差失在慢易奢侈，故君子矯之以『行過乎恭，喪過乎哀，用過乎儉』也。」（周易正義卷六）張載云：「『過恭、哀、儉』，皆『宜下』之義。」（見大易粹言卷六十二）趙彦肅云：「『恭、哀、儉』多不及，過之而後中。」（復齋易説卷六）

初六：飛鳥以凶。〔一〕

四陰皆象鳥之毛羽。初、上處其兩端，則翼之象也。居卦之初，於時未過，爻有翼象，故其飛不能自止，不當過而過，過而失其正者也。凶害乃所自取，故曰「以凶」。

○按：象曰「宜下」，初處最下，宜乎吉矣。且大過中爻兩「棟」一吉一凶，而小過初、上之「飛鳥」皆凶者，蓋屋之棟惟一，而鳥之翼有兩，棟之上者爲隆，下者爲橈，而翼之舒於兩旁，則皆飛之象也，不安於下，故其凶爲甚。

【校箋】

〔一〕孔穎達云：「小過之義，上逆下順。而初應在上卦，進而之逆，同於飛鳥无所錯足，故曰『飛鳥以凶』也。」（周易正義卷六）胡瑗云：「小過之時『不宜上』，位在下而志愈上，故獲『凶』也。」（周易口義卷十）胡炳文云：「大過有棟橈象，棟之用在中，故於三、四言之。小過有飛鳥象，鳥之用在翼，故於初、上言之。然初、二、五、上皆翼也，獨初、上言之，何耶？鳥飛不在翼而在翰，初、上其翰也。飛於初已『凶』矣，飛於上可知矣。」（周易本義通釋卷二）李光地云：「大過象棟者兩爻，小過象飛鳥者亦兩爻。然大過宜隆不宜橈，則四居上『吉』，三居下『凶』，宜矣。小過之鳥『宜下』『不宜上』，初居下應『吉』而反『凶』者，何也？蓋屋之中棟，惟一而已，四之象獨當之；鳥之翼則有兩，初與上之象皆當之

也。初於時則未過，於位則處下，如鳥之正當棲宿者，乃不能自禁而飛，其『凶』也豈非自取乎？」（周易折中卷八）

象曰：「『飛鳥以凶』，不可如何也。」〔一〕

【校箋】

〔一〕何楷云：「『以凶』者，自納於凶也。高飛必返墜，孽由己作，可如何哉？」（古周易訂詁卷六）

六二：過其祖，遇其妣；不及其君，遇其臣，无咎。〔一〕

二應五，君臣之位也。以六二應六五，又每取妣象，晉之「王母」是也。以孫婦祔於祖妣，〔二〕疑於越矣，然禮則當然，可過者也。惟君臣之際，名分最嚴，則不可以豪釐而過。此爻與五，兩陰相應，有妣婦之配，無君臣之交。故其越四應五，是過祖而遇妣也；無正應於上而居下位，是不及君而自得其臣也。以喻天下凡事有可過者，則過而不失其中；有不可過者，則不及而後爲中。二有中德，能權衡乎過、不及，以取中者也，故「无咎」。

【校箋】

〔一〕王宗傳云：「六二或過或不及，皆適當其時與分而不愆於中焉，此在『過』之道爲无過也，故曰『无咎』。」（童溪易傳卷二十六）俞琰云：「遇妣而過於祖，雖過之，君子不以爲過也。遇臣則不可過於君，故曰『不及其君，遇其臣』。象言『可小事，不可大事。不宜上，宜下』，而六二柔順中正，故其象如此，其占『无咎』。」（周易集説卷十）張振淵云：「『祖』『妣』衹作陰陽象，陽亢而陰順也。過祖遇妣，是去陽而就陰，去亢而從順，如此則不陵及於君，適當臣道之常矣。『不及其君，遇其臣』，宜下宜順也。」（周易説統卷八）吴慎云：「六二中正，而爻辭以『過』『不及』言之。蓋當過而過，當不及而不及，此權之所以取中，而卒无『過』『不及』之偏矣。」（見周易折中卷八）

〔二〕「祔」，合葬也。

象曰：「『不及其君』，臣不可過也。」〔一〕

當過之時而言「不及」，故特釋之，明事有决不可過者。

【校箋】

〔一〕胡炳文云：「小者有時不可過，臣之於君，不可過也。」（周易本義通釋卷四）

九三：弗過防之，從或戕之，凶。〔一〕

小過之時，過於小心慎密之時也。三以剛居剛而不中，是不能過爲周防者，失時之義，故必有戕害及之，而其占「凶」。

【校箋】

〔一〕楊啓新云：「言當過於防，而九三不知時也。」（見周易折中卷八）李光地云：「小過者，小事過也。小事過者，敬小慎微之義也。九三過剛，違於斯義矣，故爲『不過於周防，而或遇戕害』之象。傳曰『君子能勤小物，故無大患』，此爻之意也。」（周易折中卷八）案：李氏引「君子」至「大患」，國語晉語九載智伯國引周書文。

象曰：「『從或戕之』，凶如何也？」

九四：无咎，弗過遇之，往厲必戒，勿用永貞。〔一〕

以剛居柔，爻義可「无咎」矣。然不得中位，則有不能過於審處以適合其宜者。以是而往，則亦有危而當戒，而不可長守之以爲常也。

【校箋】

〔一〕朱熹云：「『過遇』，猶言『加意待之』也，與九三『弗過防之』文體正同。」（朱子語類卷七十三易九小過）李光地云：「象傳三、四皆『剛失位而不中』，然九三純剛，故『凶』；九四居柔，故有『无咎』之義。然質本剛也，故又戒以當『過遇之』爲善。『遇』者，合人情，就事理。『過遇』，朱子所謂『加意待之』者是也。若不能『過遇之』，則往而有危，所當以爲戒，而不可固執而不變者，是小過之時義也。」（周易折中卷八）

象曰：「『弗過遇之』，位不當也。『往厲必戒』，終不可長也。」〔一〕

三、四皆所謂「剛失位而不中」，然「不過防」則其害切，「不過遇」者有危而已。且居柔本有「无咎」之理，故能戒則免於凶厲也。

【校箋】

〔一〕錢一本云：「三、四皆失位，而四更在五下，象故特明其『位不當』。三『防』、四『遇』，亦皆『宜下』；三『從或戕』，四『往必戒』，亦皆『不宜上』。」（像象管見卷四下）李光地云：「『位不當』，即所謂『剛失位而不中』者。惟剛失位而不中，故戒以當『過遇之』，不然則有危矣，豈可長執此而不知變乎？」（周易折中卷十二）

六五：密雲不雨，自我西郊。公弋取彼在穴。〔二〕

雲飛而在上，及成雨則下矣。「密雲不雨」，猶飛而未下也。凡西風則不雨。雲自西來，西風動也。當小過之時，以陰居尊，必有過於上而不能下者。然幸其有中德，雖比上而應二，故又戒以降心下交。如弋鳥然，不弋其飛者，而弋其在穴者。如此，則合於「宜下」之義，而過可免矣。

○按：卦有「飛鳥」之象，而此爻變鳥象雲者，雲、鳥皆飛類也。以此爻居尊，故特變其象。雲而下施，則潤及於物。居尊位而能下交，則澤被天下矣。

【校箋】

〔一〕張載云：「小過有飛鳥之象，故因曰『取彼在穴』。」（見大易粹言卷六十二）胡瑗云：「『弋』者，所以射高也。『穴』者，所以隱伏而在下也。公以弋繳而取穴中之物，猶聖賢雖過行其事，意在矯下也。」（周易口義卷十）姚舜牧云：「時值小過，『宜下』『不宜上』。陰至於五，過甚矣，乃其所居者尊位也，挾勢自亢，澤不下究，雲雖密而『不雨』，『自我西郊』故耳。當此之時，欲沛膏澤於生民，必須下求巖穴之士以爲輔乃可也，故必勸之以求助，抑之以下賢。」（見周易説統卷八）錢志立云：「小過所惡者，飛鳥也。鳥『在穴』而不飛，所謂『不宜上』而『宜下』者也，故公弋取以爲助。」（見田間易學卷六）李光地云：「小過有飛鳥之象，而所惡者飛，蓋飛則上而不下，違乎『不宜上，宜下』之義也。雲亦飛物也，下而降則爲雨。『密雲不雨』，是猶飛而未下也。五在上體，又居尊位，當小過之時，上而未下者也，故取『密雲不雨』爲象。雲而『不雨』，則膏澤不下於民矣。以其虚中也，故能降心以從道，抑志以下交，如弋鳥然，不弋其飛者而弋其在穴者，如此則合乎『宜下』之義。而雲之飛者，不崇朝而爲雨之潤矣。此爻變鳥之象而爲雲者，以居尊位故也。」（周易折中卷八）

象曰：「『密雲不雨』，已上也。」〔一〕

小過之時，不宜上者。

【校箋】

〔一〕龔焕云：「『密雲不雨』，小畜謂其『尚往』者，陰不足以畜陽而陽尚往也；小過謂其『已上』者，陰過乎陽而陰已上也。一爲陽之過，一爲陰之過，皆陰陽不和之象，所以不能爲雨也。」（見周易本義集成卷六）李光地云：「兩卦『密雲不雨』，龔氏謂『皆陰陽不和之象』，是已。然小畜所謂『尚往』者，亦是陰氣上行，與此爻『已上』同，非兩義也。但小畜卦義喻在下者，則『尚往』者當積厚而自雨；此爻之義喻在上者，則『已上』者當下交而乃雨，意義不同爾。」（周易折中卷十二）

上六：弗遇過之。飛鳥離之，凶，是謂災眚。〔一〕

以陰居最上，故爲不能遇而過之，其過也甚矣。「離」，如詩言「鴻則離之」，謂鳥之飛而離於此也。然處時之窮，與之俱過，其「凶」亦由於「災眚」，以別於初之未過而自取「凶」，又以別於「迷復」之「凶」而復召「災眚」者。

【校箋】

〔一〕王弼云：「小人之過遂至上極，過而不知限，至於亢也。過至於亢，將何所遇？飛而不已，將何所托？災自己致，復何言哉？」（見周易正義卷六）孔穎達云：「以小人之身，過而弗遇，必遭羅網。其猶飛鳥，飛而无託，必離繒繳，故曰『飛鳥離之，凶』也。過亢離凶，是謂自災而致眚。」（周易正義卷六）俞琰云：「象辭言『不宜上』，而上乃震動之體，動極而忘返，如飛鳥離于繒繳，不亦『凶』乎？是天災也，亦人眚也，故曰『飛鳥離之，凶，是謂災眚』。」（周易集説卷十）余芑舒云：「『飛鳥離之』，如『鴻則離之』之『離』。」（見周易折中卷八）李光地云：「『復之上曰『迷復，凶，有災眚』，此曰『飛鳥離之，凶，是謂災眚』，辭意不同。『凶』由己作，『災眚』外至，『迷復』則因『凶』而致『災眚』者也，此則『凶』即其『災眚』也。蓋時當過極，不能自守而徇俗，以至於此，與初六當時未過而自飛以致『凶』者稍別。」（周易折中卷八）案：余氏引「鴻則離之」，毛詩邶風新臺文。

象曰：「『弗遇過之』，已亢也。」〔一〕

「亢」者，上之極而不能下者。

【校箋】

〔一〕孔穎達云：「『已亢』者，釋所以『弗遇過之』，以其已在亢極之地故也。」（周易正義卷六）趙汝楳云：「『已上』未爲極，『已亢』則極矣。」（周易輯聞卷六）俞琰云：「六五曰『已上』，謂其已過也。上六又過甚，故曰『已亢』。」（周易集説卷二十五）

既濟：亨小，利貞。初吉，終亂。〔一〕

63 ䷾離下坎上

水火之用交，故爲既濟，如地天之爲泰也。

○「亨小」者，事之既濟，則人心懈。心，本也；事，末也。亨在事而不在心，是小者亨也。既以「利貞」戒之，又以「初吉，終亂」警之，皆一意也。

【校箋】

〔一〕孔穎達云：「人皆不能居安思危、慎終如始，故戒以今日既濟之初雖皆獲吉，若不進德修業，至於終極，則危亂及之。」（周易正義卷六）谷家杰云：「不曰『小亨』而曰『亨小』，言所亨者其小事也。」（見周易折中卷八）吴愼云：「剛柔正則體立，水火交則用行，體立用行，所以爲既濟也。」（見周易折中卷八）李光地云：「天地交爲泰，不交則爲否；水火交爲既濟，不交則爲未濟。以治亂之運推之，泰、否其兩端也，既、未濟其交際也。既濟當在泰之後而否之先，未濟當在泰之先而否之後。泰猶夏也，否猶冬也；未濟猶春也，既濟猶秋也。故先天之圖乾、坤居南、北，是其兩端也；離、坎居東、西，是其交際也。既濟之義不如泰者，爲其泰而將否也；未濟之義優於否者，爲其否而將泰也。是以既濟彖辭曰『初吉終亂』，即泰『城復于隍』之戒；未濟彖辭曰『汔濟，濡其尾，无攸利』，即否『其亡其亡』之心。」（周易折中卷八）

彖曰：「『既濟亨』，小者亨也。〔一〕『利貞』，剛柔正而位當也。〔二〕

六十四卦惟此卦之剛柔正而各居其位，有「貞」之象也。

【校箋】

〔一〕陸銓云：「國家當極盛時，縱有好處，都只是尋常事，所以説『小者亨』。」（見周易説統卷八）李光地云：「『亨小』之義，陸氏説善。既濟之時，自然事事亨通，然特其小者爾。聖人之制治保邦也，制度之立、綱紀之修以爲小，而精神之運、心術之動以爲大。故屯難之時而『大亨』者，以其『動乎險中』，不敢安寧也；既濟之時而『亨小』者，以其已安已治，四達不悖也。象所以言『初吉終亂』者以此，象所以言『思患』『豫防』者亦以此。」（周易折中卷十）

〔二〕俞琰云：「三剛三柔皆正而位皆當，六十四卦之中獨此一卦而已，故特贊之也。」（周易集說卷十九）

『初吉』，柔得中也。〔一〕終止則亂，其道窮也。」〔二〕

既、未濟之善，皆在柔中者。既濟之外卦，是治而將亂；未濟之外卦，是亂而復治也。易貴剛中，而此二卦不然者，時爲大也。

【校箋】

〔一〕梁寅云：「既濟『柔得中』在下卦，則『初吉』而『終亂』，以文明已過而坎險繼之也。未濟『柔得中』在上卦，則始未濟而終亨，以出乎坎險而正當文明也。」（周易參義卷四）李光地云：「凡易義以剛中爲善，而既、未濟皆善柔中者，既濟以内卦爲主，至外卦則向乎未濟矣，未濟亦以内卦爲主，至外卦則向乎既濟矣，亦猶泰之善在二而否之善在五。」（周

易折中卷十）

〔三〕張清子云：「卦曰『終亂』，而彖曰『終止則亂』，非終之能亂也，於其終而有止心，此亂之所由生也。」（見周易大全卷二十一）俞琰云：「人之常情，處无事則止心生，止則怠，怠則有患而不爲之防，此所以亂也。當知『終止則亂』，不止則不亂也。」（周易集説卷十九）

象曰：「水在火上，既濟。君子以思患而豫防之。」〔一〕

亦與象辭同意。

【校箋】

〔一〕郭雍云：「水性下而居上，火性上而居下，交則相濟，是爲既濟也。既濟雖非有患之時，而患必生于既濟之後，故君子思患而豫爲之防也。」（郭氏傳家易説卷六）龔焕云：「水上火下，雖相爲用，然水決則火滅，火炎則水涸，相交之中，相害之機伏焉，故君子思患而預防之。能防在乎預，能預在乎思，思患而預防，所以用既濟也。」（見周易本義集成卷六）

初九：曳其輪，濡其尾，无咎。〔一〕

既濟之初，可以濟而猶未可輕濟也。初居下，當濟時，有「濡尾」之象。然有剛正之德，故能「曳其輪」而不進，則雖「濡其尾」，而「无咎」矣。蓋欲進而即止，臨事而懼者也，故「无咎」。

【校箋】

〔一〕李簡云：「既濟之初九以『曳輪』而『濡尾』，見其用力之難也。雖『濡其尾』，於義何咎？」（學易記卷六）李光地云：「爻之文意，李氏得之。蓋『曳輪』者，有心於曳之也；『濡尾』者，非有心於濡之也。當濟之時，衆皆競濟，故有『濡尾』之患。惟能『曳其輪』，則雖『濡其尾』，而可及止也，觀夫子象傳可知。」（周易折中卷八）

象曰：「『曳其輪』，義无咎也。」

義在「曳其輪」，故專釋之。

六二：婦喪其茀，勿逐，七日得。〔一〕

曳輪，則車不行。已行矣，而喪其蔽車之飾，則猶難行也。夫義，路也；禮，門也。君子之行道濟時也，義不可則不進，無異於「曳其輪」；禮不備則不合，無異於「喪其茀」。六二亦當濟初，而居内卦離體，有雉翟之美而未施，故取此象。然中正之德有應於上，故又爲「勿逐，七日得」。

【校箋】

〔一〕胡炳文云：「『喪』特失其在外者，『逐』則失其在我者矣。」（周易本義通釋卷二）李光地云：「初、二居下位，故皆取『君子欲濟時而未得濟』爲義。『輪』者，車之所以行路也。『茀』者，車之所以蔽門也。初之時未可以行也，故曰『曳其輪』。二可以行矣，而不苟於行，苟『喪其茀』，亦不行也。夫義，路也；禮，門也。義不可則不行，禮不備則亦不苟於行也。二有應而曰『喪其茀』者，既、未濟卦義以上、下體之交爲濟，二猶居下體之中故也。」（周易折中卷八）

象曰：「『七日得』，以中道也。」

九三：高宗伐鬼方，三年克之，小人勿用。〔一〕

三之時已濟矣，然推本其成功之難，如高宗之伐國，久而後克，欲人無忘乎始事之艱；又戒以「小人勿用」，欲人豫防乎將來之禍，不如是，則「初吉」而「終亂」矣。一時之濟，其可保乎？

【校箋】

〔一〕李光地云：「既、未濟皆以『高宗』言者，高宗，商中興之君，振衰撥亂，自未濟而既濟者也。既濟於三言之者，卦爲既濟，至於内卦之終則已濟矣，故曰『克之』者，已然之辭也。未濟於四言之者，卦爲未濟，則至外卦之初方圖濟也，故曰『震用』者，方然之辭也。既濟之後，則當思患而豫防之，故『小人勿用』，與師之戒同。」（周易折中卷八）

象曰：「『三年克之』，憊也。」〔一〕

「憊」者，言其勞師之久。

【校箋】

〔一〕程頤云：「言『憊』，以見其事之至難，在高宗爲之則可，无高宗之心，則貪忿以殃民也。」（伊川易傳卷八）李光地云：「言『憊』，以見成功之非易。如人之疾病而以毒藥攻去之者，其元氣亦耗傷矣，苟無休養之方以復元氣，則又大病之根也。」（周易折中卷十二）

六四：繻有衣袽，終日戒。〔一〕

濟已過中，思患豫防，不可須臾離之時也，故取此象。

【校箋】

〔一〕程頤云：「四在濟卦而水體，故取舟爲義。四近君之位，當其任者也，當既濟之時，以防患慮變爲急。『繻』當作『濡』，謂滲漏也。舟有罅漏，則塞以衣袽。有衣袽以備濡漏，又終日戒懼不怠，慮患當如是也。不言『吉』，方免於患也。既濟之時，免患則足矣，豈復有加也？」（伊川易傳卷八）蘇軾云：「『衣袽』，所以備舟隙也。四居二陽之間而不相得，故備且戒如是也。卦以濟爲事，故取於舟。」（東坡易傳卷六）張清子云：「六四出離入坎，此濟道將革之時也。濟道將革，則罅漏必生於此。四坎體也，故取漏舟爲戒。『終日戒』者，自朝至夕不忘戒備，常若坐敝舟而水驟至焉，斯可以免覆溺之患。」（見周易大全卷二十一）

象曰：「『終日戒』，有所疑也。」〔一〕

【校箋】

〔一〕程頤云：「終日戒懼，常疑患之將至也。處既濟之時，當畏慎如是也。」（伊川易傳卷八）李簡云：「『終日戒』，謂備患之心無時可忘也。」（學易記卷六）

九五：東鄰殺牛，不如西鄰之禴祭，實受其福。〔一〕

九五之時，濟而過矣。故爲之戒曰：斯時也，與其極乎盈盛，如「東鄰」之「殺牛」，不若減損薄約，致其精誠，如「西鄰之禴祭」，爲「實受其福」也。此爻之義與泰之三正同。

【校箋】

〔一〕程頤云：「五中實，孚也；二虛中，誠也，故皆取祭祀爲義。『東鄰』，陽也，謂五；『西鄰』，陰也，謂二。『殺牛』，盛祭也；『禴』，薄祭也。盛不如薄者，時不同也。二、五皆有孚誠中正之德，二在濟下，尚有進也，故受福；五處濟極，无所進矣，以至誠中正守之，苟未至於反耳，理无極而終不反者也。已至於極，雖善處，无如之何矣，故爻、象惟言其時也。」（伊川易傳卷八）潘士藻云：「五以陽剛中正當物大豐盛之時，故借東鄰祭禮以示警懼。夫祭，時爲大，時苟得矣，則明德馨而黍稷可薦，明信昭而沼毛可羞。是以『東鄰殺牛，不如西鄰之禴祭，實受其福』，在於合時，不在物豐也。『東』、『西』者，彼此之詞，不以五與二對言。」（見周易折中卷八）姚舜牧云：「人君當既濟時，享治平之盛，驕奢易萌而誠敬必不足，故聖人借兩鄰以爲訓。若曰：『東鄰殺牛，何其盛也。西鄰禴祭，何其薄也。然神無常享，享於克誠。彼殺牛者反不如禴祭者之實受其福，信乎享神者在誠不在物，保治者以實不以文。』此蓋教之以祈天保命之道。」（見周易說統卷八）李光地云：「潘氏、姚氏之説皆是。當受報收功、極熾而豐之時，而能行恭敬撙節、退讓明禮之事，此其所以『受福』也，與泰三『于食有福』同，皆就本爻設戒爾。若以『西鄰』爲六二，則『受福』爲六二受福，易無此例。」（周易折中卷八）

象曰：「『東鄰殺牛』，不如西鄰之時也。『實受其福』，吉大來也。」〔一〕

時當薄約，故東鄰「不如西鄰之時」也。持盈挹滿，「吉」方「大來」，故曰「實受其福」。

【校箋】

〔一〕張清子云：「既濟之後，惟恐過盛。以祭言之，于斯時也，豐不如約，故東鄰不如西鄰，牛不如禴。蓋祭而得其時，雖禴之薄，實足以『受其福』，而『吉』之『大來』可知矣。」（見周易大全卷二十一）

上六：濡其首，厲。〔一〕

濟終則亂，又以陰柔之德居之，「濡首」之象也。濡首則不能自振矣，危之道也。

【校　箋】

〔一〕胡瑗云：「物盛則衰，治極必亂，理之常也。上六處既濟之終，其道窮極至于衰亂也，如涉險而濡溺其首，是危厲之極也，皆由治不思亂、安不慮危，以至窮極而反于未濟也。」（周易口義卷十）薛温其云：「『濡其尾』者，有『後顧』之義。『濡其首』者，不慮前也。恃以爲濟，遂至陷没，没而至首，其危可知。歷險而不虞後患，故曰『亂者，有其治者也』。既濟『終亂』，其義見矣。」（見周易義海撮要卷六）朱震云：「以成卦言之，上爲首、爲前，初爲尾、爲後。以畫卦言之，初爲始、爲本，上爲終、爲末。」（漢上易傳卷六）案：薛氏引「亂者」至「者也」，周易繫辭下傳文。

象曰：「『濡其首，厲』，何可久也？」〔一〕

能自振拔，則首不濡矣。豈可久於湛溺而不返乎？

【校　箋】

〔一〕胡瑗云：「既濟之終反于未濟，至于濡没其首，危亡不遠，故當翻然而警、惕然而改，何可久如此乎？」（周易口義卷十）李光地云：「『厲』未至於『凶』，特可危爾。知其危而反之，則不至於濡首矣。凡易言『何可長』、『何可久』者，自屯上至此爻，皆惕以改悟而不

可迷溺之意。」（周易折中卷十二）

64 ䷿坎下離上

未濟：亨。小狐汔濟，濡其尾，无攸利。

水火之用不交，故爲未濟，如天地之爲否也。

○程傳云：「未濟之時，有『亨』之理，惟在慎處而已。狐能度水，濡尾則不能濟。其老者多疑畏，故履冰而聽，懼其陷也；小者則未能畏慎而果於濟，則濡其尾而不能濟也。既不能濟，无所利矣。」愚謂：傳説甚善，但「汔」字之義須從本義爲長。〔一〕

○既、未濟猶泰、否也。然泰卦言「吉亨」，而既濟則多危懼；否宜「儉德辟難」，而未濟則但當敬謹而已。間嘗以其時義推之，蓋既濟又在泰之後而否之先，未濟又在否之終而泰之始，二卦處乎泰、否之交，故其辭義有不同者。然而「初吉終亂」之占，即「城復於隍」之象；而「汔濟濡尾」之戒，則「其亡其亡」之心也。

【校箋】

〔一〕朱熹云：「未濟，事未成之時也。水火不交，不相爲用，卦之六爻皆失其位，故爲未濟。

『汔』，幾也。幾濟而濡尾，猶未濟也，占者如此，何所利哉？」（周易本義卷二）

彖曰：「『未濟亨』，柔得中也。〔一〕

未濟極則濟矣，而五以柔中處之，是能敬慎，所以「亨」也。

【校箋】

〔一〕蔡淵云：「既濟之後必亂，故主在初卦而『亨』取二。未濟之後必濟，故主在上卦而『亨』取五。」（見周易會通卷十一）

『小狐汔濟』，未出中也。〔二〕『濡其尾，无攸利』，不續終也。〔三〕

未出水中而「濡其尾」，則「不續終」矣，所以深戒夫垂成而敗者也。

【校箋】

〔二〕朱熹云：「『小狐汔濟』，『汔』字訓『幾』，與井卦同。既曰『幾』，便是未濟未出坎中，不獨是説九二爻，通一卦之體皆是未出乎坎險，所以未濟。」（朱子語類卷七十三易九未濟）

〔三〕吴慎云：「既濟曰『終止則亂』，此曰『无攸利，不續終也』，蓋事之既濟而生亂與未濟而

無終者，皆一念之怠爲之，君子是以貴『自强不息』。」（見周易折中卷十）

雖不當位，剛柔應也。」

又申明未濟爻義，有「亨」之善。

象曰：「火在水上，未濟。君子以慎辨物居方。」〔一〕

物各得其分而後和，是以未濟求濟之道也。

【校箋】

〔一〕朱震云：「火上水下，各居其所，未濟也。君子觀此慎辨萬物，使各居其所。有辨然後有交，有未濟乃有既濟，而未濟含既濟之象。」（漢上易傳卷六）何楷云：「『慎辨物』者，『物以羣分』也。『慎居方』者，『方以類聚』也。」（古周易訂詁卷六）案：何氏引「方以類聚」、「物以羣分」，周易繫辭上傳文。

初六：濡其尾，吝。〔一〕

卦有「濡尾」之象，而初尾位也。又有「童稚小子」之象，所謂「小狐」者也。陰柔當未濟之初，時未可而急于進，其不能濟必矣。

【校箋】

〔一〕張振淵云：「卦辭所謂『小狐』，正指此爻。新進喜事，不度勢，不量力，急於求濟而反不能濟，『可吝』孰甚焉？」（周易説統卷八）

象曰：「『濡其尾』，亦不知極也。」〔一〕

「極」，依本義作「敬」。大抵兩卦之義，敬慎則吉也。

【校箋】

〔一〕程頤云：「不度其才力而進至於『濡尾』，是不知之極也。」（伊川易傳卷八）朱熹云：「『極』字未詳，考上下韻亦不叶，或恐是『敬』字，今且闕之。」（周易本義卷六象下傳第四）張振淵云：「事必敬始，而後可善其用於終。初所以致尾之濡，不是時不可爲，心不知敬慎故耳。」（周易説統卷八）

九二：曳其輪，貞吉。〔一〕

九二之時，猶未可濟也。二有中德，能自止而不進，是得乎處時之正者。占者如是，則「吉」矣。

【校箋】

〔一〕李光地云："既濟之時，初、二兩爻猶未敢輕濟，況未濟乎？故此爻『曳輪』之戒與既濟同而差一位者，時不同也。觀此初、二兩爻，『濡其尾』則『吝』，而『曳其輪』則『吉』，可知既濟之初所謂『濡其尾』者，非『自止不進』之謂也。"（周易折中卷八）

象曰："九二『貞吉』，中以行正也。"〔一〕

釋"貞"字之義。

【校箋】

〔一〕程頤云："九二得正而『吉』者，以『曳輪』而得中道乃正也。"（伊川易傳卷八）朱熹云："『九居二本非正，以中故得正也。』"（周易本義卷六象下傳第四）李光地云："程子言『正未必中，中無不正』。故凡九二、六五皆非正也，而多言『貞吉』者，以其中也。惟此象傳釋義最明。"（周易折中卷十二）案：李氏引"正未"至"不正"，程頤語，見朱子語類卷六十七易三綱領下"辭義"條。

六三：未濟，征凶，利涉大川。〔一〕

既、未濟諸爻無舉卦名者，惟此爻言「未濟」。蓋諸爻所處者時也，故不舉其時而意自明；此爻内卦之極，時可濟矣而陰柔不中，正可濟而不濟，是未濟在己而不在時，故特曰「未濟」，見其失時也。疑事無功，故以「征」則「凶」，然惟施於「涉大川」則「利」。蓋「涉大川」又險之甚者，雖當可爲之時，而險難之大者，則不妨於疑慎，是反以「未濟」爲「利」也，義與漸三「利禦寇」同。

【校箋】

〔一〕趙汝楳云：「三居坎極，是未濟之終，過此則近於濟矣，故特表以卦名也。」（周易輯聞卷六）胡炳文云：「六三居坎上，可以出險，陰柔非能濟者，故明言『未濟，征凶』。然乘、承皆剛，有助『利涉大川』，則可濟也。」（周易本義通釋卷二）李光地云：「此爻之義最爲難明。蓋上下卦之交，有『濟』之義。既濟之三，剛也，故能濟；未濟之三，柔也，故未能濟。傳曰『其柔危，其剛勝邪』，於此兩爻見之矣。又既、未濟兩卦爻辭未有舉卦名者，獨此爻曰『未濟』，蓋他爻之既濟、未濟者時也，順時以處之而已；此爻時可濟矣而未能濟，是未濟在己而不在時，故言『未濟』，見其失時也。無濟之才，故於『征』則『凶』；有畏慎之心，故於『涉大川』則『利』。蓋『涉大川』不可以輕進，未濟無傷也。聖人之戒失時而又欲人審於赴時也如此。」（周易折中卷八）

象曰：「『未濟，征凶』，位不當也。」〔一〕

以柔才而當將濟之位。

【校箋】

〔一〕吴澄云：「未濟諸爻皆位不當，而獨於六三言之，以未濟由六三故也。」（見周易説統卷八）俞琰云：「六爻皆位不當，而獨於六三曰『位不當』，以六三才弱而處下體之上也。」（周易集説卷二十五）

九四：貞吉，悔亡。震用伐鬼方，三年有賞于大國。〔一〕

四、五皆自未濟而濟之時也，然位皆失正，故皆爲之占戒。言時雖可爲，而以不正行之，必有悔也。四當外卦之初，非奮發則不濟，故有「震用伐鬼方」之象。詩所謂「奮伐荆楚」，〔二〕是也。蓋商道當高宗之時，謂之中興，則是自未濟而既濟也，故兩卦皆取其事爲象。

【校箋】

〔一〕俞琰云：「『震用伐鬼方』者，震動而使之驚畏也。詩時邁云『薄言震之，莫不震疊』，與此『震』同。」（周易集説卷十）李光地云：「此『伐鬼方』，亦與既濟同，而差一位也。『三年克之』，是已克也；『震用伐鬼方』，是方伐也。『三年有賞于大國』，言三年之間，賞勞師旅者不絶，非謂事定而論賞也，與師之『王三錫命』同，不與師之『大君有命』同。○又案：三、四非君位而以高宗之事言者，蓋易中有論時者，則不論其位。如泰之論平陂之運而利於艱貞，革之論變革之道而宜於改命，皆以上下卦之交時義論之也。」（周易折中卷八）

〔三〕「奮伐荆楚」，毛詩商頌殷武文。

象曰：「『貞吉，悔亡』，志行也。」〔一〕

言「憊」者，欲思其艱；〔二〕言「志行」者，欲厲其志。

【校箋】

〔一〕俞琰云：「爻以六三爲未濟，則九四其濟矣，是以其志行也。」（周易集説卷二十五）

〔二〕周易既濟九三「高宗伐鬼方，三年克之」，象辭云：「『三年克之』，憊也。」

六五：貞吉，无悔。君子之光，有孚吉。〔一〕

四曰「悔亡」，五則「无悔」矣。居尊位而有中德，當濟之時，故其實德發爲輝光，

「吉」之道也。以前爻「高宗」之義推之，此則所謂「嘉靖殷邦」者與？

【校箋】

〔一〕李光地云：「易卦有『悔亡』、『无悔』者，必先『悔亡』而後『无悔』，蓋『无悔』之義進於『悔亡』也。其四、五兩爻相連言之者，則咸、大壯及此卦是也。此卦自下卦而上卦，事已過中，向乎濟之時也。以高宗論之，四其『奮伐荆楚』之時，而五其『嘉靖殷邦』之候乎？凡自晦而明、自剥而生、自亂而治者，其光輝必倍於常時，觀之雨後之日光、焚餘之山色，可見矣。」（周易折中卷八）

象曰：「『君子之光』，其暉吉也。」〔一〕

自未濟而濟，則光暉倍盛。如焚赭之餘而生草木，雷雨之後而見青天，其光采必逾倍於常時也。人之出於磨厲，與國家興於憂危，理皆如此。

【校箋】

〔一〕程頤云：「光盛則有暉。『暉』，光之散也。君子積充而光盛，至於有暉，善之至也，故重云『吉』。」（伊川易傳卷八）

上九：有孚于飲酒，无咎。濡其首，有孚失是。〔一〕

時將濟矣，内有孚信，則雖飲食宴樂而安以俟之，可以「无咎」。然戒懼之心，不可忘也。苟溺焉以至於「濡其首」，則内之孚信，反由是而失矣。「懼以終始，其要无咎」，易之道也。

【校箋】

〔一〕石介云：「上九以剛明之德，是内『有孚』也。在未濟之終，終又反於既濟，故得飲酒自樂。若樂而不知節，復『濡其首』，則雖『有孚』，必失於此，此戒之之辭也。」（見周易義海撮要卷六）邱富國云：「既言『飲酒』之『无咎』，復言『飲酒』『濡首』之失，何耶？蓋飲酒可也，耽飲而至於『濡首』，則昔之『有孚』者，今失於是矣。」（見周易大全卷二十一）李簡云：「未濟之終，甫及既濟，而復以『濡首』戒之，『懼以終始，其要无咎，此之謂易之道也』。」（學易記卷六）案：李氏引「懼以」至「道也」，周易繫辭下傳文。

象曰：「『飲酒濡首』，亦不知節也。」〔一〕

明「濡首」爲「飲酒」之過，與既濟上爻相發。

【校箋】

〔一〕孔穎達云：「釋『飲酒』所以致『濡首』之難，以其不知止節故也。」（周易正義卷六）李光地云：「既濟之上，象所謂『終亂』；未濟之上，則象所謂『汔濟』者也。緣『尾』之象在初，故此不用『濡尾』之義，但戒以不可『濡首』而失其節，則猶之『不續終』之意也。」（周易折中卷十二）案：「不續終」，周易未濟彖辭文。

周易觀象卷十

大學士李光地撰

繫辭上傳

1 天尊地卑，乾坤定矣。卑高以陳，貴賤位矣。動靜有常，剛柔斷矣。方以類聚，物以羣分，吉凶生矣。在天成象，在地成形，變化見矣。〔一〕

「尊卑」，專言天地。「卑高」，則天地間之物，山、澤之類是也。「動靜」，以兩物言之，或動而或靜；以一物言之，時動而時靜，莫不各有常理焉。「方」，謂在天之方候。方候易，則生殺之氣以類而聚矣。「物」，謂在地之形質。形質異，則清濁之品以羣而分矣。「在天成象，在地成形」，謂其本一氣也，而有兩在。如日月之精降爲水火，水火之氣升爲雲雷，皆其驗也。此節以「造化不易之體」言，樂記所謂「天地之序」也。上句皆屬造化，下句皆切易書，明畫前之有易也。〔二〕故下文遂直用易中名物以說造化，不復分別。

【校箋】

〔一〕李光地云：「此節是説作易源頭，總涵乾坤六子在内。蓋『天尊地卑』是『天地定位』也，『卑高以陳』則兼山、澤等皆是。天動地靜，山靜水動，固有常矣，然雖至於有精氣而無形質之物，其聚散作息亦有時，其流止晦明亦有度，則又兼雷、風、水、火等皆是。『類聚』、『羣分』，總上通言之。在天有『方』焉，春秋冬夏，應乎南北東西者是也，其生殺之氣則以『類聚』；在地有『物』焉，高下燥濕，別爲浮沈升降者是也，其清濁之品則以『羣分』。以上皆言造化之體。至於『天』之『象』、『地』之『形』，其陰陽互根則交易者也，其陰陽迭運則變易者也。此三句又因體及用，以起下文之意。」（周易折中卷十三）案：李氏引「天地定位」，周易説卦傳文。

〔二〕「畫前」，謂伏羲畫八卦之前。

是故剛柔相摩，八卦相盪。〔一〕

「相摩」，以兩物相交言，如天與地、山與澤、雷與風、水與火。「相盪」，以八物互相交言，如天與雷、風、水、火、山、澤，餘亦如之。此節以「造化交易之情」言。

【校箋】

〔一〕朱熹云：「此言易卦之變化也。六十四卦之初，剛、柔兩畫而已，兩相摩而爲四，四相摩而爲八，八相盪而爲六十四。」（周易本義卷七繫辭上傳第五）李光地云：「此節雖切畫卦言之，然是天地間自有此理。蓋『相摩』者，以一交一，如天與地交、水與火交、山與澤交、雷與風交是也。『相蕩』者，以一交八，如天與地交矣，而與水、火、山、澤、雷、風無不交；地與天交矣，而亦與水、火、山、澤、雷、風無不交之類是也。惟天地之理如此，故聖人畫卦以體象之。」（周易折中卷十三）

鼓之以雷霆，潤之以風雨。日月運行，一寒一暑。〔一〕乾道成男，坤道成女。〔二〕乾知大始，坤作成物。〔三〕

生物之機，動於雷霆；養物之用，資於風雨。暑者，所以發而舒之；寒者，所以歛而止之。要其品彙男女之根、資始成形之本，則莫非乾、坤之所爲也。此節以「造化變易之用」言，合上節皆樂記所謂「天地之和」也。不易者一定之分，故首節先天地而次以六子之倫。變易者流行之機，故此節先六子而以乾坤終焉。

【校箋】

〔一〕吴澄云：「章首但言『乾坤』，蓋舉父母以包六子；此先言六子，而後總之以乾坤也。震爲雷，離爲電。『霆』即電也。春秋穀梁傳曰：『震者何？雷也。電者何？霆也。』巽爲風，坎爲雨。羲皇卦圖左起震而次以離，『鼓之以雷霆』也；右起巽而次以坎，『潤之以風雨』也。風而雨，故通言『潤』。離爲日，坎爲月。艮山在西北嚴凝之方，爲『寒』；兑澤在東南温熱之方，爲『暑』。左離次以兑者，日之運行而爲『暑』也；右坎次以艮者，月之運行而爲『寒』也。」（易纂言卷七）案：隱九年穀梁傳云：「震，雷也。電，霆也。」無「者何」字，此蓋吴氏以意增。

〔二〕吴澄云：「『乾成男』者，父道也；『坤成女』者，母道也。左起震，歷離、歷兑而終於乾；右起巽，歷坎、歷艮以終於坤，故以『乾道成男，坤道成女』二句總之於後也。」（易纂言卷七）何楷云：「自『天尊地卑』至『變化見矣』，是因乾坤而推極于變化。自『剛柔相摩』至『坤道成女』，是又因變化而遡源于乾坤。」（古周易訂詁卷十一）

〔三〕孔穎達云：「初始無形，未有營作，故但云『知』也。已成之物，事可營爲，故云『作』也。」（周易正義卷七）胡瑗云：「『乾言『知』、坤言『作』者，蓋乾之生物起於无形，未有營作，坤能承於天氣已成之物，事可營爲，故乾言『知』而坤言『作』也。」（周易口義卷十一）吴澄云：「上言『八卦』而總之以『乾坤』，此又接『成男』、『成女』二句而專言乾坤也。乾男爲父者，以其始物也，『始』謂始其氣也；坤女爲母者，以其成物也，『成』謂成其質也。『知』者，主之而無心也；『作』者，爲之而有迹也。」（易纂言卷七）李光地云：「自『鼓之以雷霆』至此二句當總爲一段，六子分生成之職，乾坤專生成之功也。下文則就功化而推原于易簡，自爲一段。」（周易折中卷十三）

乾以易知，坤以簡能。〔一〕

上文言天地之化備矣，此則推言其所以成化者，根於天地性情之德。「易」，坦易也。「簡」，簡約也。爲物不二，故其心易；無爲而成，故其事簡。

【校　箋】

〔一〕孔穎達云：「『易』，謂易略。无所造爲，以此爲知，故曰『乾以易知』也。『簡』，謂簡省。不須繁勞，以此爲能，故曰『坤以簡能』也。若於物艱難，則不可以知，故以易而得知也。若於事繁勞，則不可能也，必簡省而後可能也。」（周易正義卷七）吴澄云：「『易簡』者，以乾坤之理言。『始物』者，乾之所知，然乾之性健，其知也宰物而不勞心，故易而不難。『成物』者，坤之所作，然坤之性順，其作也從陽而不造事，故簡而不繁。此『乾坤』皆指

天地，而易之乾、坤二卦，象之者也。」（易纂言卷七）

易則易知，簡則易從。易知則有親，易從則有功。〔一〕有親則可久，有功則可大。可久則賢人之德，可大則賢人之業。〔二〕易簡而天下之理得矣。天下之理得，而成位乎其中矣。〔三〕

以人之體天地者言也。心坦易，故易知；事簡約，故易從。易知則人心協，故有親；易從則人力合，故有功。有親，則得乎同然不易之理，故可久；有功，則極乎推準無外之規，故可大。可久、可大者，賢人之德業也。天地德業，易簡而已。故易簡則得天下之理，而可以成位於天地之中。

【校箋】

〔一〕孔穎達云：「『易則易知』者，此覆説上『乾以易知』也，乾德既能説易，若求而行之，則易可知也。『簡則易從』者，覆説上『坤以簡能』也，於事簡省，若求而行之，則易可從也。上『乾以易知，坤以簡能』，論乾坤之體性也。『易則易知，簡則易從』者，此論乾坤既有此性，人則易可倣效也。『易知則有親』者，性意易知，心無險難，則相和親，故云『易知則有親』也。『易從則有功』者，於事易從，不有繁勞，其功易就，故曰『易從則有功』。此二句論聖人法此乾坤易簡，則有所益也。」（周易正義卷七）林希元云：「『易簡』只是因此理而立心處事爾，固非於此理之外有所加，亦非於此理之内有所減也。但以其無險阻而謂之『易』，無煩擾而謂之『簡』爾。孟子曰：『禹之行水也，行其所無事也。如智者亦行其所無事，則智亦大矣。』此『易簡』之説也。」（易經存疑卷九）案：林氏引「禹之」至「大矣」，孟子離婁下篇文。

〔二〕孔穎達云：「『有親則可久』者，物既和親，无相殘害，故可久也。『有功則可大』者，事業有功，則積漸可大。此二句論人法乾坤，久而益大。『可久則賢人之德』者，使物長久是賢人之德。『可大則賢人之業』者，功勞既大則是賢人事業。」（周易正義卷七）

〔三〕孔穎達云：「聖人能行天地『易簡』之化，則天下萬事之理並得其宜矣。『成位』，況立象。言聖人極『易簡』之善，則能通天下之理，故能成立卦象於天地之中，言並天地也。」（周易正義卷七）

右第一段。

〇此章明作易之原，乃上、下傳及説卦諸篇之綱要。蓋先儒之言易者，曰不易也、交易也、變易也、易簡也，其義則此章備之。凡傳中言廣大、言神化、言德業之精微，莫不一出乎此。

2 **聖人設卦觀象，繫辭焉而明吉凶，**〔一〕

「聖人」，兼羲、文、周言之。設爲八卦而觀其象，伏羲之易也。繫之象、爻辭以明示吉凶，文、周之易也。

【校　箋】

〔一〕朱震云：「聖人設卦，本以觀象，不言而見吉凶，自伏羲至於文王，其道如出乎一人，觀象而自得也。聖人憂患後世，懼觀之者其智有不足以知此，於是繫之卦辭，又繫之爻辭，以明告之。」（漢上易傳卷七）

剛柔相推而生變化。〔一〕

承上文而言卦中所有之象，以起下文也。蓋卦畫既成，剛柔交錯，有相推之象，則天道、人事之變化出乎其間矣。

【校　箋】

〔一〕張振淵云：「『剛柔相推』之中，或當位，或失位，而『吉凶』、『悔吝』之源正起於此。聖人

之所觀，觀此也；聖人之所明，明此也。蓋『吉凶』、『悔吝』雖繫於辭，而其原實起於變。」（周易説統卷九）

是故吉凶者，失得之象也；悔吝者，憂虞之象也。〔一〕

此象之著於人事者也。剛柔相雜，而「吉、凶、悔、吝」生焉。得則「吉」，失則「凶」，可憂則「悔」，可虞則「吝」，而人事之變窮矣。

【校箋】

〔一〕虞翻云：「『吉』則象『得』，『凶』則象『失』，『悔』則象『憂』，『吝』則象『虞』也。」（見周易集解卷十三）干寶云：「『憂虞』未至於『失得』，『悔吝』不入於『吉凶』，事有小大，故辭有緩急，各象其意也。」（見周易集解卷十三）何楷云：「『吉凶』、『悔吝』，以卦辭言；『失得』、『憂虞』，以人事言。」（古周易訂詁卷十一）

變化者，進退之象也；剛柔者，晝夜之象也。六爻之動，三極之道也。〔一〕

此象之著於天道者也。變則進，化則退；剛爲晝，柔爲夜。六爻變動，乃陰陽、剛柔、仁義並行，天、地、人之至理也，而天道之變盡矣。

【校箋】

〔一〕孔穎達云：「六爻遞相推動而生變化，是天、地、人三才至極之道。」（周易正義卷七）吴澄云：「『吉凶』、『悔吝』，象人事之『失得』、『憂虞』；『變化』、『剛柔』，象天地陰陽之『晝夜』、『進退』，是六爻兼有天、地、人之道也。」（易纂言卷七）何楷云：「『變化』、『剛柔』，以卦畫言；『進退』、『晝夜』，以造化言。『六爻之動』二句，推言變化之故。上文所謂『剛柔相推而生變化』者，此也。」（古周易訂詁卷十一）

是故君子所居而安者，易之序也；所樂而玩者，爻之辭也。〔一〕

天道之消息盈虚，人事之存亡得喪，皆有自然之序焉，〔二〕以身體之，故「居而安」。其理則皆見於聖人之辭，以心契之，故「樂而玩」。

【校箋】

〔一〕孔穎達云：「若居在乾之初九，而安在『勿用』；若居在乾之九三，而安在『乾乾』，是以『所居而安』者，由觀易位之次序也。」（周易正義卷七）王宗傳云：「所謂『易之序』者，消息盈虚之有其時是也。居之而安，則盛行不加，窮居不損，而與易爲一矣。所謂『爻之辭』者，是非當否之有所命是也。樂之而玩，則『默而成之，不言而信』，而與爻爲一矣。」

（童溪易傳卷二十七）俞琰云：「『居』以位言，『安』謂安其分也；『樂』以心言，『玩』謂繹之而不厭也。君子觀易之序而循是理，故『安』；觀爻之辭而達是理，故『樂』。」（周易集説卷二十八）

〔三〕「序」上原重「之」字，今據陳本删其一。

是故君子居則觀其象而玩其辭，動則觀其變而玩其占。〔一〕是以「自天祐之，吉无不利」。〔二〕

别其象之定理，揆其變之先幾，所謂「易之序」也。涵泳其辭意之深，體察其占示之決，所謂「爻之辭」也。體道順理，則合乎天之意而「自天祐之」。

【校箋】

〔一〕虞翻云：「以動者尚其變，占事知來，故『玩其占』也。」（見周易集解卷十三）

〔二〕「自天」至「不利」，周易大有上九爻辭。

右第二段。

○上章既言造化之理，以明作易之原，故此章繼之，遂言聖人作易之事。蓋易之作，明天道而察民故，吉凶與人同患者也。故學易之君子，必孜孜反己，拳拳服膺，然後能得聖人之心，而受天之祐。此後數章，皆以申釋此章之意也。

3 彖者，言乎象者也。爻者，言乎變者也。〔一〕

「象」者，變之統會。「變」者，象之支分。彖辭總言一卦之象，爻辭析言六位之變。上章言「爻之辭」者，舉爻以該卦，故此備言之。

【校箋】

〔一〕虞翻云：「八卦以象告，彖說三才，故言乎『象』也。爻有六畫，九六變化，故言乎『變』者也。」（見周易集解卷十三）朱熹云：「『彖』，謂卦辭，文王所作者；『爻』，謂爻辭，周公所作者。『象』，指全體而言；『變』，指一節而言。」（周易本義卷七繫辭上傳第五）項安世云：「彖辭所言之『象』，即下文所謂『卦』也。爻辭所言之『變』，即下文所謂『位』也。」（周易玩辭卷九）張振淵云：「易有實理而無實事，故謂之『象』，卦立而象形。易有定理而無定用，故謂之『變』，爻立而變著。」（周易說統卷九）

吉凶者，言乎其失得也。悔吝者，言乎其小疵也。无咎者，善補過也。〔一〕

象、爻之辭，爲筮而設。故「吉、凶、悔、吝、无咎」者，斷占之凡例也。「吉凶者，失得之象」，故辭之「吉、凶」，言乎其失得也。「悔吝者，憂虞之象」，故辭之「悔、吝」，言乎其小疵也。「无咎」，則行乎四者之間。蓋内省不疚以消悔吝之萌，反己無愆而順吉凶之至，乃人心之得其正而人事之得其平者，故辭之「无咎」，善乎其補過也。

【校箋】

〔一〕蔡淵云：「『吉、凶、悔、吝、无咎』，即卦與爻之斷辭也。『失得』者，事之已成著者也。『小疵』者，事之得失未分而能致得失者也。『善補過』者，先本有咎，修之則可免咎也。」（見周易折中卷十三）張振淵云：「『失得』，指時有消息、位有當否說。『小疵』兼兩意：向於得而未得，尚有『小疵』則『悔』；向於失而未失，已有『小疵』則『吝』。」（周易説統卷九）

是故列貴賤者存乎位，齊小大者存乎卦，辨吉凶者存乎辭，〔一〕憂悔吝者存乎介，震无咎者存乎悔。〔二〕

爻位有上下尊卑，故有以「列貴賤」，而變存乎其間矣。卦體有陰陽消息，故有以「齊小大」，而象見乎其内矣。至於察其消息、審其當否，而辨其吉凶之占，則存乎彖、爻之辭。然「吉、凶」者，事之已成，辨之而已，「悔、吝」則小疵方形，必有其幾微之介焉。聖人往往於此而預爲之憂，曰「如是則有悔」、「如是則有吝」，所以使人謹於幾先，不待乎著明而後覺也。「无咎」雖行乎四者之間，而其機皆在於「悔」。〔三〕蓋「悔」而後能補過，能補過而後「无咎」，其所以一轉而爲吉者，此也。以是處吉，則必惕然有以保其吉，而不至於吝；以是處吝，則必翻然有以消其吝，而不至於凶矣。故凡易之震動人以「无咎」者，必於「悔」而發其機焉。下傳曰：「懼以終始，其要无咎。」「懼」者，「震」之謂也。知懼，則知悔矣。「无咎」，其四時中和之氣；「悔」，其子半來復之陽與？

【校箋】

〔一〕王肅云：「『齊』，猶『正』也。陽卦大，陰卦小，卦列則小大分，故曰『齊小大者存乎卦』也。」（見周易集解卷十三）朱熹云：「『位』，謂六爻之位。『齊』，猶『定』也。『小』，謂陰；『大』，謂陽。」（周易本義卷七繫辭上傳第五）王申子云：「『列』，分也。陽貴陰賤，上貴下賤，亦有貴而无位、有位而在下者，故曰『列貴賤者存乎位』。『位』者，六爻之位也。『齊』，均也。陽大陰小，陽卦多陰則陽爲之主，陰卦多陽則陰爲之主，雖小大不齊，而得時爲主則均也，故曰『齊小大者存乎卦』。『卦』者，全卦之體也。『辨』，明也。辨一卦一爻之吉凶者，辭也，故曰『辨吉凶者存乎辭』。」（大易緝説卷九）

〔二〕王弼云：「『憂悔吝』之時，其介不可慢也，即『悔吝者，言乎小疵』也。」（見周易正義卷七）虞翻云：「『震』，動也。有不善未嘗不知之，知之未嘗復行。『无咎者，善補過』，故『存乎悔』也。」（見周易集解卷十三）吳澄云：「『列貴賤者存乎位』，覆説『爻者，言乎變』。『齊小大者存乎卦』，覆説『彖者，言乎象』。分辨『吉凶』，存乎象、爻之辭，覆説『言乎其失得』也。『悔、吝』介乎『吉、凶』之間，憂其所介，則趨於『吉』，不趨於『凶』矣，覆説『言乎其小疵』也。『震』者，動心戒懼之謂。有咎而能戒懼，則能改悔所爲而可以『无咎』，覆説『善補過』也。」（易纂言卷七）

〔三〕「其」上原重「而」字，今據榕村本、陳本删其一。

是故卦有小大，辭有險易。辭也者，各指其所之。〔一〕

所謂彖者，言乎象也。舉卦以該爻。

【校箋】

〔一〕吳澄云：「上文有『貴賤』、『小大』，此獨再提『卦有小大』，蓋卦、彖爲諸辭之總也。」（易纂言卷七）蔡清云：「據本章通例看，此條『卦』字、『辭』字皆兼爻説。」（易經蒙引卷九下）

右第三段。

○申釋二段「吉凶得失」一節之意。

4 易與天地準，故能彌綸天地之道。〔一〕仰以觀於天文，俯以察於地理，是故知幽明之故。原始反終，故知死生之説。精氣爲物，游魂爲變，是故知鬼神之情狀。〔二〕

「準」，則也。易之作，所以則乎天地，故於「天地之道」，皆有以彌合而條理之。「幽明之故」、「死生之説」、「鬼神之情狀」，皆「天地之道」也。天地之道，以其顯者知其微者。天文、地理，如日月、水火之類，或主施而舒光，或主受而涵景，此即「幽明之故」也。「始終」者，事物之始終。凡事物之始，必有以順其理；事物之終，必有以完其初，此即「死生之説」也。「精氣」、「游魂」，皆以在人身者言。「游」者，思慮動作，寂感無常之稱也。陰精、陽氣各有靈爽，如神示之對待；魂動、魄靜交爲變化，如人物之屈伸，此即「鬼神之情狀」也。此節發明「進退」、「晝夜」之義。

【校箋】

〔一〕李光地云：「此下三節，朱子分爲『窮理』、『盡性』、『至命』者極確，然須知非有易以後，聖人方用易以窮之、盡之、至之。易是聖人窮理、盡性、至命之書，聖人全體易理，故言易窮理、盡性、至命，即是言聖人也。『易與天地準』、『與天地相似』、『範圍天地之化而不過』，此三句當爲三節冠首，第二、第三節不言易者，蒙第一節文義。」（周易折中卷十三）

〔三〕林希元云：「『幽明之故』、『死生之説』、『鬼神之情狀』，其理皆在於易，故聖人用易以窮之也，然亦要見得爲聖人窮理盡性之書爾，非聖人真箇即易而後窮理盡性也。」（易經存疑卷九）

與天地相似，故不違。知周乎萬物而道濟天下，故不過。旁行而不流，樂天知命，故不憂。安土敦乎仁，故能愛。

「與天地相似」不言「易」者，蒙上文也。天地之性，以人爲貴。人之所以配天地者，以有仁義也。易有仁義之道，故與天地克肖而不相違。知周萬物，義之精矣；然所知者，皆濟天下之道，其知不過也。旁行汎應，仁之熟矣；然所行者，皆有從心之矩，其行不流也。既樂天理，又知天命，故義理不窮於氣數而不憂，其知益深也。安於所處，厚於所性，故本心不奪於外物而能愛，其行益篤也。此節發明「三極之道」。

範圍天地之化而不過，曲成萬物而不遺，通乎晝夜之道而知，故神无方而易无體。〔一〕

「範圍天地」不言「易」，亦蒙上文。天地以氣化生成萬物，而其本然之妙，則合一而不二。易有所爲合一不二之機，故天地之化，皆範圍乎其中也。萬物之性即我之性，故生成曲盡而不遺，道濟仁愛之極也。晝之道即夜之道，故通貫周知而無間，知幽明、死生、鬼神之至也。所謂「範圍天地」者，此兩端而已。蓋惟主之神者渾一而无方，是以化之易者周流而无體。此節又總上兩節之義而極言之。

【校箋】

〔一〕李光地云：「『準』是準則之，『相似』是與之合德，『範圍』則造化在其規模之内，蓋一節深一節也。『萬物』者，天地之化之迹也。『曲成』者，能盡其性而物我聯爲一體也。『晝夜』者，天地之化之機也。『通』、『知』者，洞見原本而隱顯貫爲一條也。『易』者，化之運用；『神』者，化之主宰。天地之化，其主宰不可以方所求，其運用不可以形體拘，易之道能範圍之，則所謂『窮神知化』者也，而神化在易矣。」（周易折中卷十三）案：李氏引「窮神知化」，周易繫辭下傳文。

一陰一陽之謂道。〔一〕

釋所謂「天地之道」也。幽明、死生、鬼神者，一陰一陽而已。

【校箋】

〔一〕李光地云：「『一陰一陽』，兼對立與迭運二義。對立者，天地日月之類是也，即前章所謂『剛柔』也；迭運者，寒暑往來之類是也，即前章所謂『變化』也。」（周易折中卷十三）

繼之者善也，成之者性也。仁者見之謂之仁，智者見之謂之知。百姓日用而不知，故君子之道鮮矣。

釋「與天地相似」之「性」也。「繼」，猶「繼體」、「繼志」之「繼」，蓋天賦人受，交接之間也。天地之性，純粹至善，人物得是理以有生，則莫不有天命之善焉。然乾道變化，二、五參差，氣異質殊，品類各正，是則爲人物之性。故不特人與物，通塞偏正，較然異也。就人之中，仁知之見，各倚於所稟；百姓之愚，行習而不知。此所以與天地不相似，而仁義合一之道鮮也。

顯諸仁，藏諸用，〔一〕鼓萬物而不與聖人同憂。盛德大業，至矣哉！富有之謂大業，日新之謂盛德。

釋所謂「天地之化」也。天地之化，一晝一夜，以成萬物而已。然方其晝而顯也，乃即其在中之仁；方其夜而藏也，乃即其在外之用。以是鼓萬物之出入，皆其自然之妙，而無所容心焉。此其德業所以爲盛大之至也。蓋惟其所藏者用，乃萬事之所以成就而蓄積，故謂之「大業」；惟其所顯者仁，乃在中之所以日出而不窮，故謂之「盛德」。「德」、「業」即道也，「德」、「業」互爲其根。此晝夜之道所以通一而無二也。

【校箋】

〔一〕孔穎達云：「『顯諸仁』者，顯見仁功，衣被萬物。『藏諸用』者，潛藏功用。」（周易正義卷七）俞琰云：「『仁』本藏於内者也，『顯諸仁』，則自内而外，如春夏之發生，所以顯秋冬所藏之仁也。『用』本顯於外者也，『藏諸用』，則自外而内，如秋冬之收成，所以藏春夏所顯之用也。」（周易集說卷二十九）

生生之謂易。

釋「易无體」也。生而又生，迭禪互換，非一端之可執，故曰「無體」。

成象之謂乾，效法之謂坤。〔一〕**極數知來之謂占，通變之謂事。**

承上「生生之謂易」，而指其見於造化人事者。象成於天，日月往來之類是也；法效於地，水流物生之類是也。在占，則因往以推來；在事，則更新而革故，皆所謂

「易」也。

【校　箋】

〔一〕蔡淵云：「乾主氣，故曰『成象』；坤主形，故曰『效法』。」（見周易大全卷二十二）

陰陽不測之謂神。

釋「神无方」也。氣有動静，神則無動無静而無不周；形有彼此，神則無彼無此而無不在。其體也不可窺見，其用也不可度思，故曰「无方」。

夫易，廣矣大矣，以言乎遠則不禦，以言乎邇則静而正，以言乎天地之間則備矣。〔一〕

「彌綸天地」，故遠不禦。「與天地相似」，故静而正。「範圍天地之化」，故於天地之間備矣。

【校　箋】

〔一〕李光地云：「『遠近』是横説，『天地之閒』是直説。理極於無外，故曰『遠』；性具於一身，故曰『近』。命者，自天而人，徹上徹下，故曰『天地之閒』。『不禦』者，所謂『彌綸』也。『静正』者，所謂『相似』也。『備』者，所謂『範圍』也。」（周易折中卷十三）

夫乾，其靜也專，其動也直，是以大生焉。夫坤，其靜也翕，其動也闢，是以廣生焉。〔一〕

語道而至於神，可謂妙矣。然必語夫神之爲德，而後爲道之至。故復推原乾坤之性情，以明廣大之所由也。乾之心一而不二，故其靜也專一而已，其動也直遂而已。坤之事順而無爲，故其靜也翕聚而已，其動也發散而已。此即首章所謂「易簡」也。

【校箋】

〔一〕李光地云：「此節是承上節『廣矣大矣』而推言天地之所以廣大者，一由於『易簡』。故下節遂言易書『廣大配天地』，而結歸於『易簡』也。『靜專』、『動直』是豪無私曲，形容『易』字最盡；『靜翕』、『動闢』是豪無作爲，形容『簡』字最盡。『易』在『直』處見，坦白而無艱險之謂也，其本則從『專』中來；『簡』在『闢』處見，開通而無阻塞之謂也，其本則從『翕』中來。」（周易折中卷十三）

廣大配天地，變通配四時，陰陽之義配日月，易簡之善配至德。〔一〕

易之廣大配乎天地，總言之也。「變通配四時」，所謂「進退之象」。「陰陽之義配日月」，所謂「晝夜之象」。其本則在易簡之善配乎至德，所謂「三極之道」也。

【校箋】

〔一〕李光地云：「此上三章，申『變化者，進退之象』一節之義。首言易『能彌綸天地之道』，而所謂『幽明』、『死生』、『鬼神』之理，即『進退』、『晝夜』之機也。次言易『與天地相似』，而所謂『仁義之性』，即『三極之道』也。又言易『能範圍天地之化』，蓋以其贊天地之化育，而又知天地之化育，則三極之道、進退晝夜之機一以貫之矣。窮理盡性以至於命，則神化之事備，此易之藴也，既乃一一申明之。所謂『天地之道』者，一陰一陽之謂也；所謂『天地之性』者，一仁一智之謂也；所謂『天地之化』者，一顯一藏以鼓萬物之謂也。所謂『易无體』者，生生之謂也，著於乾坤、形乎占事者皆是；而所謂『神无方』者，則陰陽不測之謂也。終乃總而極贊之，謂易之窮理也，遠不禦；其盡性也，靜而正；其至命也，於天地之閒備矣。又推原其根於『易簡』之理。『靜專』、『動直』，易也；『靜翕』、『動闢』，簡也。易簡之理，具於三極之道，而行乎進退晝夜之閒。故易者，統而言之，『廣大配天地』也。析而言之，『變化者，進退之象』，『變通配四時』也；『剛柔者，晝夜之象』，『陰陽之義配日月』也；『六爻之動，三極之道』，『易簡之善配至德』也。」（周易折中卷十三）

右第四段。

○申釋第二段「變化進退」一節之意。

5 子曰：「易其至矣乎？夫易，聖人所以崇德而廣業也。知崇禮卑，崇效天，卑法地。〔一〕天地設位，而易行乎其中矣。成性存存，道義之門。」〔二〕

具易理於心，是以易「崇德」也；體易理於身，是以易「廣業」也。蓋凡人性之德，知則清明，而其崇象天；禮則篤實，而其卑象地。天地定位，而變化行矣。聖人能存存其本性之德，則與天地相似，故其理之具於心而爲知也日新日盛，是道所自出之門也；理之體於身而爲禮也日斂日固，是義所由入之門也。與天地之變化而日新富有者無異，故「德崇而業廣」也。此言聖人之學，以起下文君子學易之意。

【校箋】

〔一〕吳澄云：「『崇德』者，立心之易而所得日進日新也。『廣業』者，行事之簡而所就日充日富也。德之進而新，由所知之崇高明如天；業之充而富，由所履之卑平實如地。」（易纂言卷七）張振淵云：「『知』，即德之虛明炯於中者。『禮』，即業之矩矱成於外者。天運於萬物之上，而聖心之知亦獨超於象數之表，故曰『崇效天』。地包細微，不遺一針，不

走一線，而聖人之禮亦不忽於纖悉細微之際，故曰『卑法地』。」（周易說統卷九）

〔三〕林希元云：「此承上文『知崇禮卑，崇效天，卑法地』而言，意謂『天地設位』，則陰陽變化，『而易行乎其中矣』。聖人知禮至於效天法地，則本成之性存存不已，而道義從此出，故曰『道義之門』。蓋道義之得於心者日新月盛，則德於是乎崇矣；道義之見於事者日積月累，則業於是乎廣矣。此易所以爲聖人之崇德廣業，而易書所以爲至也。」（易經存疑卷九）李光地云：「『門』字不可專以『出』說，須知兼『出』、『入』兩意。『知崇』於内，則萬里由此生，是道所從出之門也；『禮卑』於外，則萬行由此成，是義所從入之門也。若以四德配，則知屬冬，禮屬夏，道即仁也，屬春，義屬秋。仁主出而發用，然非一心虛明萬理畢照，則無以爲發用之源；義主入而收斂，然非百行萬善具足完滿，亦無以爲收斂之地矣。此造化動靜互根，顯諸仁、藏諸用之妙，其在人則性之德也，合内外之道也。」（周易折中卷十四）

聖人有以見天下之賾，而擬諸其形容，象其物宜，是故謂之象。

「賾」者，物理之繁也。擬形容以得其類，象物宜以盡其情，此象所由立也。窮理者必於此探其原焉，是知所始也。

聖人有以見天下之動，而觀其會通，以行其典禮，繫辭焉以斷其吉凶，是故謂之爻。〔一〕

「動」者，事爲之變也。觀其會聚而可通者，定其典常而可行者，此辭所由繫也。循理者必於此踐其實焉，是禮所生也。

【校箋】

〔一〕吴澄云：「『會通』，謂大中至正之理，非一偏一曲有所拘礙者也。聖人見天下不一之動，而觀其極善之理以行其事，見理精審則行事允當也；以處事之法爲辭，繫於各爻之下，使筮而遇此爻者如此處事則『吉』，不如此處事則『凶』也。」（易纂言卷七）

言天下之至賾而不可惡也，言天下之至動而不可亂也。〔一〕

「不可惡」、「不可亂」，故可以「居安」而「樂玩」焉。

【校箋】

〔一〕吴澄云：「六十四卦之象，所以章顯天下至幽之義，而名言宜稱，人所易知，則自不至於厭惡其賾矣。三百八十四爻之辭，所以該載天下至多之事，而處決精當，人所易從，則自不至於棼亂其動矣。」（易纂言卷七）

擬之而後言，議之而後動，擬議以成其變化。〔一〕

「至賾」者，聖人之所擬而象之，故君子亦必擬之而後理可言也。「至動」者，聖人之所審而斷之，故君子亦必議之而後事可動也。聖人知崇禮卑而道義出，則與天地變化同矣。君子有擬議之功，則亦有以成其變化，而進乎聖人德業之事也。

【校箋】

〔一〕胡炳文云：「聖人之於象，擬之而後成，學易者如之何不『擬之而後言』？聖人之於爻，必觀會通以行典禮，學易者如之何不『議之而後動』？前言『變化』，易爻之變化也；此言『成其變化』，學易者之變化也。」（周易本義通釋卷五）

「鳴鶴在陰，其子和之。我有好爵，吾與爾靡之。」〔二〕子曰：「君子居其室，出其言善，則千里之外應之，況其邇者乎？居其室，出其言不善，則千里之外違之，況其邇者乎？言出乎身，加乎民；行發乎邇，見乎遠。言行，君子之樞機。樞機之發，榮辱之主也。言行，君子之所以動天地也，可不慎乎？」

中有實德，則不務於遠，故「子和」、「爾靡」皆以近者言之。然而「惟德動天，無遠弗届」，〔三〕故卦謂「信及豚魚」，〔三〕而應乎天也。

【校箋】

〔一〕「鳴鶴」至「靡之」，周易中孚九二爻辭。

〔二〕「惟德」至「弗届」，尚書大禹謨文。「届」，極也。

〔三〕「信及豚魚」，周易中孚彖辭文。

「同人先號咷而後笑。」〔一〕子曰：「君子之道，或出或處，或默或語。二人同心，其利斷金。同心之言，其臭如蘭。」

心同，則無嫌於迹異，非物之所能間。而其號咷也相聞，其笑語也相洽矣。

【校箋】

〔一〕「同人」至「後笑」，周易同人九五爻辭。

「初六：藉用白茅，无咎。」〔一〕子曰：「苟錯諸地而可矣。藉之用茅，何咎之有？慎之至也。夫茅之爲物薄而用可重也，慎斯術也以往，其無所失矣。」〔二〕

欲爲大過之事，基於敬慎之心。故棟，重物也，而猶患其傾橈。茅雖薄物，而所以防傾橈者在是，是「用可重」也。

【校　箋】

〔一〕「无」原作「無」，今據注疏本、陳本改。「初六」至「无咎」，周易大過初六爻辭。

〔二〕李光地云：「『茅之爲物薄而用可重』，此句須對卦義看。卦取『棟』爲義者，任重者也。茅之視棟，爲物薄矣。然棟雖任重而猶有橈之患，故當大事者每憂其傾墜也。若藉茅於地，則雖重物而不憂於傾墜也，豈非『物薄而用可重』乎？自古圖大事必以小心爲基，故大過之時義雖用剛而以初爻之柔爲基者，此也。」（周易折中卷十四）

「勞謙，君子有終，吉。」〔一〕子曰：「勞而不伐，有功而不德，厚之至也。語以其功下人者也。德言盛，禮言恭。謙也者，致恭以存其位者也。」

「不伐」、「不德」，「禮言恭」也，然非德盛而厚之至者不能。

【校　箋】

〔一〕「勞謙」至「終吉」，周易謙九三爻辭。

「亢龍有悔。」〔一〕子曰：「貴而无位，高而无民，賢人在下位而无輔，是以動而有悔也。」

說具乾卦。

【校　箋】

〔一〕「亢龍有悔」，周易乾上九爻辭。

「不出户庭，无咎。」〔一〕子曰：「亂之所生也，則言語以爲階。君不密則失臣，臣不密則失身，幾事不密則害成，是以君子慎密而不出也。」

言語謹密，節之大者。

【校　箋】

〔一〕「不出」至「无咎」，周易節初九爻辭。

子曰：「作易者，其知盜乎？易曰：『負且乘，致寇至。』〔一〕『負』也者，小人之事也；『乘』也者，君子之器也。小人而乘君子之器，盜思奪之矣。上慢下暴，盜思伐之矣。慢藏誨盜，冶容誨淫。易曰『負且乘，致寇至』，盜之招也。」〔二〕

解小人乃致亂之根本。使小人得以乘君子之器，是上慢其爵禄，而下得以肆其殘暴也。「奪」者，一人之禍；「伐」，則國家之憂矣。受伐者無防，如「慢藏」之「誨盜」；被奪者自辱，如「冶容」之「誨淫」。

以上七爻，舉「居安」、「樂玩」之例。中孚、同人，以誠爲本也；大過初六，以敬爲基也。「謙」則「有終」，「亢」則「有悔」。密於幾事，謹於名器，則亂無從生矣。

【校箋】

〔一〕「負且」至「寇至」，周易解六三爻辭。

〔二〕陳琛云：「『小人而乘君子之器』，則處非其據，而『盜思奪之矣』。且小人在位，則慢上暴下，人所不堪，而『盜思伐之矣』。」（見周易折中卷十四）李光地云：「『慢』、『暴』，如陳氏説亦通，然以『慢』字對下文『慢藏』觀之，則當爲『上褻慢其名器，而在下之小人得肆其殘暴』之義，方與『伐』字相應。蓋『奪』者，禍止其身也；『伐』者，禍及國家也。『慢藏誨盜』，以喻『上慢下暴，盜思伐之』；『冶容誨滛』，以喻『小人而乘君子之器，盜思奪之』。」（周易折中卷十四）

右第五段。

○申釋第二段「所居而安」一節之意。

6 天一地二，天三地四，天五地六，天七地八，天九地十。〔一〕

指明河圖數之所屬也。凡奇爲天，凡偶爲地。

【校箋】

〔一〕程頤云：「自『天一』至『地十』，合在『天數五，地數五』上，簡編失其次也。天一生數，地六成數，才有上五者，便有下五者。二五合而成陰陽之功、萬物變化鬼神之用也。」（程氏經説卷一）朱熹云：「此簡本在第十章之首，程子曰宜在此，今從之。此言天地之數陽奇陰耦，即所謂河圖者也。其位一、六居下，二、七居上，三、八居左，四、九居右，五、十居中。就此章而言之，則中五爲衍母，次十爲衍子，次一、二、三、四爲四象之位，次六、七、八、九爲四象之數，二老位於西、北，二少位於東、南，其數則各以其類交錯於外也。」（周易本義卷七）吴澄云：「漢書律曆志引此章『天一地二』至『行鬼神也』六十四字相連，則是班固時此簡猶未錯也。」（易纂言卷七）案：朱子云「二老」，謂老陽、老陰；「二少」，謂少陽、少陰。九爲老陽居西，六爲老陰居北，七爲少陽居南，八爲少陰居東。

天數五，地數五，五位相得而各有合。〔一〕

又就圖數所列之位而指言之。天、地之數各五，列成「五位」。四方相生，是「相得」也。奇偶同居，是「有合」也。

【校　箋】

〔一〕孔穎達云：「若天一與地六相得合爲水，地二與天七相得合爲火，天三與地八相得合爲木，地四與天九相得合爲金，天五與地十相得合爲土也。」（周易正義卷七）龔煥云：「『五位相得』之説，當從孔氏。蓋既謂之『五位相得』，則是指一、六居北，二、七居南，三、八居東，四、九居西，五、十居中而言也。」（見周易本義集成卷七）李光地云：「龔氏之意，謂『相得』者，言四方相次，如一、三、七、九，二、四、六、八是也；『有合』者，言四方相交，如一、六，二、七，三、八，四、九是也。此説極合圖意。蓋『相得』者，是二氣之迭運、四時之順播，所以成變化者，此也。『有合』者，是動静之互根、陰陽之互藏，所以行鬼神者，此也。然成變化、行鬼神不直言於『相得』、『有合』之後，必重敘天地之數五十有五者，蓋非重敘細數，則無以見相得者之自少而多、自微而盛，有合者之多少相間、微盛相錯，而往來積漸之迹、屈伸交互之機有所未明者矣。」（周易折中卷十四）

天數二十有五，地數三十，〔一〕凡天地之數五十有五，此所以成變化而行鬼神也。〔二〕

又以圖數而細計之，以明所具之緼。〔三〕蓋其四方奇偶之數由少而多，則消息盈虛之變成乎其中矣。内外賓主之位互藏其宅，則鬼神不測之機行乎其内矣。

【校　箋】

〔一〕韓康伯云：「五奇合爲二十五，五耦合爲三十。」（見周易正義卷七）

〔二〕孔穎達云：「『凡天地之數五十有五』者，是天地二數相合爲五十五，此乃天地陰陽奇耦之數，非是上文演天地之策也。『此所以成變化而行鬼神』者，言此陽奇陰耦之數成就其變化。言變化以此陰陽而成，故云『成變化』也。而宣行鬼神之用，言鬼神以此陰陽而得宣行，故云『而行鬼神』也。」（周易正義卷七）

〔三〕周易繫辭上：「乾坤，其易之緼邪？」王弼注云：「緼，淵奥也。」

大衍之數五十，其用四十有九。〔一〕

蓍所以推衍天地之數。「大衍」者，蓍之尊稱也，常虚一而不用。

【校箋】

〔一〕王弼云：「演天地之數所須賴者，五十也。其用四十有九，則其一不用也。不用而用以之通，非數而數以之成，斯易之太極也。」（見周易正義卷七）

分而爲二以象兩，掛一以象三，揲之以四以象四時，歸奇於扐以象閏。五歲再閏，故再扐而後掛。

揲之時，平分左右，以象兩儀也。取右一蓍掛左小指，以象三才也。左右互揲，以四爲節，以象四時也。又歸所掛之奇於左右之餘，並以象閏也。揲四者爲正數，奇零者爲閏數。故卦爲積餘之端，而扐爲積餘之總。再扐之後而復起掛，猶再閏之後而復起積也。

乾之策二百一十有六，坤之策百四十有四，〔一〕凡三百有六十，當期之日。二篇之策萬有一千五百二十，當萬物之數也。

專以正數計之，猶歲不數閏之意。

【校箋】

〔一〕孔穎達云：「以乾老陽，一爻有三十六策，六爻凡有二百一十六策也。坤之老陰，一爻有

二十四策，六爻故一百四十有四策也。」（周易正義卷七）

是故四營而成易，十有八變而成卦，八卦而小成。〔一〕

分掛揲歸而成一變，十八變而卦成矣。方得內之八卦，則爲「小成」。

【校箋】

〔一〕孔穎達云：「『營』，謂經營。謂四度經營蓍策，乃成易之一變也。每一爻有三變，三變既畢，乃定一爻。六爻則十有八變，乃始成卦也。『八卦而小成』者，象天、地、雷、風、日、月、山、澤，於大象略盡，是易道『小成』。」（周易正義卷七）

引而伸之，觸類而長之，天下之能事畢矣。〔一〕

卦成之後，則有變卦，而共爲十二畫，是引而伸長之也。以六十四卦之事類合之變卦，是隨其所觸而互相長也，故可以盡「天下之能事」。

【校箋】

〔一〕李光地云：「六十四卦變爲四千九十六卦之法，即如八卦變爲六十四卦之法，畫上加畫，至於四千九十六卦，則六畫者積十二畫矣，如引寸以爲尺，引尺以爲丈，故曰『引而伸之』。聖人設六十四卦，又繫以辭，則事類大略已盡，今又就其變之所適而加一卦焉，彼此相觸，或相因以相生，或相反以相成，其變無窮，則義類亦無窮，故曰『觸類而長之』。如此則足以該事變而周民用，故曰『天下之能事畢』。」（周易折中卷十四）

顯道，神德行，是故可與酬酢，可與祐神矣。〔一〕

吉凶之理明，故有以「顯道」；趨避之機決，故有以「神德行」。由是可以與人答問，而助神明之功。

【校　箋】

〔一〕朱熹云：「道因辭顯，行以數神。『酬酢』，謂應對。『祐神』，謂助神化之功。」（周易本義卷七繫辭上傳第五）

子曰：「知變化之道者，其知神之所爲乎？」〔一〕

神之妙，不可測；而化之用，則可知。由圖象論之，則成變化者，所以行鬼神也；由蓍策論之，則顯道者，所以佑神也。

【校箋】

〔一〕龔煥云：「此所謂『知變化之道者，其知神之所爲』，即承上文所謂『成變化而行鬼神』爲言也。蓋河圖之數，體也，奇偶相合，故曰『所以成變化而行鬼神』；大衍之數，錯綜成卦，用也，故曰『知變化之道，其知神之所爲』。成變化所以行鬼神，故『知變化之道』則『知神之所爲』。變化者神之所爲，而神不離於變化，知道者必能知之。」（見周易本義集成卷七）谷家杰云：「『神之所爲，是因圖數之神，以贊衍法之神，見其亦如天地之成變化而行鬼神也。指蓍法之變化爲神，非總承數法而並贊其神也。」（見周易折中卷十四）李光地云：「此節是承蓍卦而贊之，龔氏、谷氏之論爲得。蓋蓍卦之法乃所以寫變化之機，而陰陽合一不測之妙行乎其閒也。下文『象、變、辭、占』，即是變化之道；『至精』、『至變』以極於『至神』，即是『神之所爲』。」（周易折中卷十四）

易有聖人之道四焉：以言者尚其辭，以動者尚其變，以制器者尚其象，以卜筮者尚其占。〔一〕

言莫美於易之辭，動莫神於易之變，制器莫備於易之象，卜筮莫決於易之占。前章言象、辭、變、占，以體、用之序言也。然學易自辭始，辭因變而繫，變因象而生，象因占而立，故其序又如此。

【校　箋】

〔一〕何楷云：「此章與第二章『觀象、玩辭、觀變、玩占』相應。」（古周易訂詁卷十一）

是以君子將有爲也，將有行也，問焉而以言。其受命也如嚮，無有遠近幽深，遂知來物。非天下之至精，其孰能與於此？〔一〕

此以蓍言之，象、辭、變、占之用所以行也。明炳於幾先，故曰「至精」。

【校　箋】

〔一〕吴澄云：「『有爲』，謂作内事；『有行』，謂作外事。」（易纂言卷七）蔡清云：「行之於身是『有爲』，措之事業是『有行』。」（易經蒙引卷十下）李光地云：「此節是釋『動則觀其變而玩其占』之意，又起下章所謂『蓍之德』也。蓍以知來，故曰『遂知來物』。『至精』者，虚明鑒照，如水鏡之无纖翳也。」（周易折中卷十四）

參伍以變，錯綜其數。通其變，遂成天地之文；極其數，遂定天下之象。非天下之至變，其孰能與於此？〔一〕

此以卦、爻言之，象、辭、變、占之體所以立也。用周於無窮，故曰「至變」。「參伍以變」者，陰陽相生也。「錯綜其數」者，剛柔迭居也。設卦而天地之文成，爻立而天下之象定。

【校箋】

〔一〕虞翻云：「變而通之，觀變陰陽始立卦，故『成天地之文』。物相雜，故曰『文』。『數』，六畫之數。六爻之動，三極之道，故定天下吉凶之象也。」（見周易集解卷十四）李光地云：「此節是釋『居則觀其象而玩其辭』之意，又起下章所謂『卦之德』、『六爻之義』也。卦爻以『藏往』，故曰『遂成天地之文』、『遂定天下之象』。『成文』，謂八卦也，雷、風、水、火、山、澤之象具，而天地之文成矣。『定象』，謂六爻也，内外、上下、貴賤之位立，而天下之象定矣。『參伍』、『錯綜』，亦是互文，總以見卦爻陰陽互相參錯爾。『至變』者，變動周流，如雲物之無定質也。」（周易折中卷十四）

易無思也，無爲也，寂然不動，感而遂通天下之故，非天下之至神，其孰能與於此？〔一〕

此又總蓍、卦、爻而言之。其體寂無思爲，而天下之故涵焉；其用因於有感，而天下之故通焉。機妙於不測，故曰「至神」。

【校箋】

〔一〕孔穎達云：「既『無思』、『無爲』，故『寂然不動』。有感必應，萬事皆通，是『感而遂通天下之故』也。易理神功不測，非天下萬事之中至極神妙，其孰能與於此也？」（周易正義卷七）李光地云：「此節是總蓍、卦、爻之德而贊之。『遂通天下之故』，即上文『遂知來物』、『遂成天地之文』。而此謂之『至神』者，以其皆感通於寂然不動之中，其知來物非出於思，其成文定象非出於爲也。神不在精變之外，其即精變之自然而然者與？」（周易折中卷十四）

夫易，聖人之所以極深而研幾也。〔一〕唯深也，故能通天下之志；〔二〕唯幾也，故能成天下之務。唯神也，故不疾而速，不行而至。

以其「至精」，故有以「極深」；以其「至變」，故有以「研幾」。以其「至神」，故感應之妙，莫能知其所以然者。「通志」者，明民之心；「成務」者，利民之用。

【校箋】

〔一〕孔穎達云：「言易道弘大，故聖人用之，所以窮極幽深而研覈幾微也。『无有遠近幽深』，是『極深』也。『參伍以變，錯綜其數』，是『研幾』也。」（周易正義卷七）朱熹云：「『研』，猶『審』也。『幾』，微也。所以『極深』者，至精也。所以『研幾』者，至變也。」（周易本義卷七繫辭上傳第五）俞琰云：「『深』，藴奧而難見也。『幾』，細微而未著也。『極深』，謂以易之至精窮天下之至精。『研幾』，謂以易之至變察天下之至變。」（周易集説卷三十）

〔二〕「志」原作「至」，今據注疏本、陳本改。

子曰「易有聖人之道四焉」者，此之謂也。〔一〕

「至精」、「至變」、「至神」，歸於象、辭、變、占而已。

【校箋】

〔一〕蔡清云：「上章『四營而成易』至『顯道神德行』，則辭、變、象、占四者俱有，但未及枚舉而明言之耳，故此章詳之。」（易經蒙引卷十下）

子曰：「夫易，何爲者也？夫易，開物成務，冒天下之道，如斯而已者也。」是故聖人以通天下之志，以定天下之業，以斷天下之疑。〔一〕

又申前意。「開物」故志通。「成務」、「冒道」，皆所謂「成務」也。

【校箋】

〔一〕龔煥云：「『通志』以『開物』言，『定業』以『成務』言，『斷疑』以『冒天下之道』言。惟其能『冒天下之道』，所以能『斷天下之疑』。苟其道有不備，又何足以『斷天下之疑』也哉？」（見周易本義集成卷七）李光地云：「此『通志』，即是上章『通志』；『定業』、『斷疑』，則是上章『成務』。言『通志』、『成務』，則『斷疑』在其中矣，又多此一句者，以起下文蓍、卦、爻三事。」（周易折中卷十四）

是故蓍之德圓而神，卦之德方以知，六爻之義易以貢。聖人以此洗心退藏於密，吉凶與民同患，神以知來，知以藏往，其孰能與於此哉？古之聰明睿知、神武而不殺者夫？

又推蓍、卦、爻之德先具於聖心也。蓍之德神，故有以「開物」而「通志」；卦之德知，故有以「成務」而「定業」；六爻之用變，故有以「冒道」而「斷疑」。易有聖人之道，而聖人先備乎易之德。故當其洗心藏密，與易之「寂然不動」者無異也；及其同患而藏往知來，與易之「感而遂通」者無異也。此聖心之「至神」也。「聰明睿知」者，神之體；「神武不殺」者，神之用。

是以明於天之道，而察於民之故，是興神物以前民用。聖人以此齊戒，以神明其德夫？〔一〕

聖有其德，故作易教人，以寓其道。

【校箋】

〔一〕韓康伯云：「洗心曰『齊』，防患曰『戒』。」（見周易正義卷七）李光地云：「『以此洗心』者，聖人體易之事也，在學者則居而觀象玩辭，亦必如聖人之洗心，然後可以得其理。『以此齊戒』者，聖人用易之事也，在學者則動而觀變玩占，亦必如聖人之齊戒，然後可以見其幾。言『聖人』，以爲君子之楷則也。」（周易折中卷十四）

是故闔户謂之坤，闢户謂之乾。一闔一闢謂之變，往來不窮謂之通。見乃謂之象，形乃謂之器。制而用之，謂之法；利用出入，民咸用之，謂之神。〔一〕

此即「天道」、「民故」，聖人所明察之以作易者也。闔闢變通、見象形器，是「天道」也。制用之法、咸用之神，是「民故」也。

【校箋】

〔一〕荀爽云：「『見乃謂之象』，謂日月星辰光見在天而成象也。『形乃謂之器』，萬物生長在地成形，可以爲器用者也。觀象於天，觀形於地，制而用之，可以爲法。」（見周易集解卷十四）虞翻云：「『闔』，閉翕也。坤柔象夜，故以閉户也。『闢』，開也。乾剛象晝，故以開户也。陽變闔陰，陰變闢陽，剛柔相推而生變化也。」（同上）陸績云：「聖人制器以周民用，用之不遺，故曰『利用出入』也。民皆用之而不知所由來，故『謂之神』也。」（同上）李光地云：「此節是説天道、民故如此。『易有太極』一節是説聖人作易以模寫之。」（周易折中卷十四）

是故易有太極，是生兩儀。兩儀生四象，四象生八卦。八卦定吉凶，吉凶生大業。〔一〕

易有太極之理而不可見，是陰陽剛柔之本也。聖人畫卦，自兩儀始，至於四象、八卦，而「天道」備矣。吉凶定，大業起，而「民故」周矣。

【校箋】

〔一〕李光地云：「聖人作易，準天之道，故陰陽互變而定爲八卦之象形；效民之故，故制爲典

禮而推之生民之利用。」(周易折中卷十四)

是故法象莫大乎天地;變通莫大乎四時;縣象著明莫大乎日月;崇高莫大乎富貴;備物致用,立成器以爲天下利,莫大乎聖人;探賾索隱,鉤深致遠,以定天下之吉凶、成天下之亹亹者,莫大乎蓍龜。〔一〕

合前兩節而通論之也。天地、四時、日月,即闔闢變通、見象形器者也。處崇高之位、備物致用以利天下,即制法使民咸用者也。定吉凶、成亹亹,即畫卦以生吉凶而起大業者也。

【校箋】

〔一〕李光地云:「此節是合上文造化、易書而通贊之。『天地』即『乾坤』,『四時』即『變通』,『日月』即『見象』。不言『形器』者,下文有『立成器』之文。蓋在天者示人以象而已,在地者則民生器用之資,故上文『制而用之』亦偏承『形器』而言也。此『備物致用,立成器』之聖人,非『富貴』則不能,故中間又著此一句,明前文『制而用之』者是治世之聖人也,至畫卦生蓍乃是作易之聖人。總而敘之,則見作易之功與造物者同符,與治世者相配也。」(周易折中卷十四)

是故天生神物，聖人則之；天地變化，聖人效之；天垂象，見吉凶，聖人象之；河出圖，洛出書，聖人則之。

又合全章而通論之也。「天生神物」，結大衍之數。「變化」、「垂象」，結闔闢變通、見象形器之理。河圖、洛書，結章首天地之數也。易爲卜筮作，故先神物。觀察者，作易之本，故次天地。龍馬之祥，獨啓聖心，故以圖、書終焉。

易有四象，所以示也。繫辭焉，所以告也。定之以吉凶，所以斷也。〔一〕

又歸之象、變、辭、占也。卦有四象，蓍數亦有之。言「四象」，則象、變皆舉矣。「繫辭」，辭也。「定吉凶」，占也。

【校箋】

〔一〕李光地云：「此上三章，申『君子居則觀其象』一節之義。首之以河圖，次之以蓍策，遡易之所因起，是象、變之本，辭、占之源也。中閒遂備列四者爲聖人之道，其又以辭爲之先者，明學易從辭入也。辭生於變，變出於象，象歸於占，故其序如此。辭、變、象、占四者，以其包含來物，故謂之『至精』；以其錯綜萬象，故謂之『至變』；以其无思无爲而感通萬故，故謂之『至神』。其所以爲『聖人之道』者，以其皆出於聖人之心也。蓍德圓神，至精也，即聖心之所以『知來』；卦德方知，爻義易貢，至變也，即聖心之所以『藏往』。

蓍、卦之寂然感通，至神也，即聖心之所以『退藏於密，吉凶與民同患』也。以此洗心，則爲聖人之德；以此立教，斯爲聖人之道。故其易之所以作也，『明於天道』，則變化象形之類是也；『察於民故』，則制法利用之類是也。因而寫之於易，其兩儀、四象、八卦之交錯，則變化象形具矣；吉凶定，事業起，則制法利用寓矣。於是託之蓍龜以前民用，蓋與天地、四時、日月及崇高有位、備物成器之聖人，其道上下同流而未之有異也。言易之道，於此盡矣，故復總言以結之。『天生神物』，結大衍之數也。『天地變化垂象』，結闔闢變通、見象形器之類也。『河出圖，洛出書』，結河圖數也。易以蓍策而興，以仰觀俯察而作，而其發獨智者，則莫大於龍馬之祥，故其序又如此。『四象』，兼象、變；『繫辭』，辭也；『定吉凶』，占也。復説四者，以起大有上爻之意，而終『自天祐之，吉无不利』之指也。」（周易折中卷十四）

易曰：「自天祐之，吉无不利。」〔一〕子曰：「『祐』者，助也。天之所助者，順也；人之所助者，信也。履信思乎順，又以尚賢也，是以『自天祐之，吉无不利』也。」〔二〕

第二章「觀象玩辭，觀變玩占」之效，至於如此，故申明其意以釋之。尚辭、尚變、尚象、尚占，皆所以「尚賢」也。

【校箋】

〔一〕「自天」至「不利」，周易大有上九爻辭。

〔二〕朱熹云：「釋大有上九爻義，然在此無所屬，或恐是錯簡，宜在第七章之末。」（周易本義卷七繫辭上傳第五）何楷云：「取大有上九爻辭以結上文。居則觀象而玩辭，動則觀變而玩占，則孜孜尚賢之意也，是以『自天祐之，吉无不利』也。與第二章『自天祐之』語遥應，非錯簡也。」（古周易訂詁卷十一）李光地云：「何氏説是，然即是申釋第二章結語之意，非遥應也。」（周易折中卷十四）

右第六段。

○申釋第二段「居則觀象」一節之意。蓋圖象、蓍數者，象、辭、變、占之本，故首述之。中間乃明指四者爲聖人之道。末又原其皆出於聖人先得之心，與天地自然之理，而勉學者以體易合天之事也。

7 子曰：「書不盡言，言不盡意。」然則聖人之意，其不可見乎？子曰：「聖人立象以盡意，設卦以盡情僞，繫辭焉以盡其言，變而通之以盡利，鼓之

舞之以盡神。」〔一〕

書不足以盡所欲發之言，言不足以盡所欲示之意。然立象則足以盡意者，言之指示有盡，而象之包藴無窮也。象立則卦設矣，人事之情僞盡在其中，故因而繫辭焉，又足以盡言。蓋凡書之事理，徵於實而主於一。易之事理，涵於虚而該於萬，則有以類觸旁通，而言由此盡矣。是故遇事變而通之可以盡利者，言盡而天下之能事畢也；以是鼓舞於人可以盡神者，意盡而有以通天下之志也。

按：前章言「設卦觀象」，下傳言「八卦成列，象在其中」，此言「立象」先於「設卦」者，其「立象」謂八卦，「設卦」謂六十四卦與？

【校箋】

〔一〕朱熹云：「言之所傳者淺，象之所示者深，觀奇、耦二畫包含變化无有窮盡，則可見矣。『變通』、『鼓舞』，以事而言。」（周易本義卷七繫辭上傳第五）崔憬云：「言伏羲仰觀俯察，而立八卦之象以盡其意。『設卦』，謂因而重之爲六十四卦之情僞盡在其中矣。文王作卦、爻之辭以繫伏羲立卦之象，象既盡意，故辭亦盡言也。」（見周易集解卷十四）吴澄云：「『立象』，謂羲皇之卦畫，所以示者也。『盡意』，謂雖无言，而與民同患之意悉具於其中。『設卦』，謂文王設立重卦之名也。『盡情僞』，謂六十四名足以盡天下事物之情。『辭』，謂文王、周公之彖、爻，所以告者也。羲皇之卦畫足以盡意矣，文王又因卦之象，設卦之名以盡情僞。然卦雖有名而未有辭也，又繫彖辭、爻辭，則足以盡其言矣。『設卦』一句，在『立象』之後、『繫辭』之前，蓋竟『盡意』之緒，啓『盡言』之端也。」（易纂言卷七）李光地云：「『立象』，朱子謂指『奇、耦二畫』，崔氏、吴氏則謂是『八卦之象』，似爲得之，崔氏説又較明也。『變通』、『鼓舞』，語類俱著占筮説，然須知象辭之中，便已具『變通』、『鼓舞』之妙，特因占而用爾。故下文『化而裁之存乎變，推而行之存乎通』，皆是指象辭中之理有變有通，非專爲七、八、九、六之變也。『鼓舞』，即是下文『鼓天下之動』意。○又案：象足以盡意，故因象繫辭，足以盡言，但添一『焉』字而意自明，聖筆之妙也。」（周易折中卷十四）

乾坤，其易之緼邪？乾坤成列，而易立乎其中矣。乾坤毁，則無以見易。易不可見，則乾坤或幾乎息矣。〔一〕

原象之所自立也。乾坤者，象之宗。天地設位，有不易之體，然後交易、變易之用行焉。非天地，則變化之迹不可見；非變化，則天地之道不幾於息乎？是故「象也者，像此者也」。〔二〕首章蓋發此意，故此結言之。

【校箋】

〔一〕李光地云：「此節及『形而上者』一節，皆是就造化、人事説，以見聖人立象、設卦之所從來，末是説卦畫蓍變。『夫象』以下，方是説聖人立象、設卦、繫辭之事。」（周易折中卷十四）

〔二〕「象也」至「者也」，周易繫辭下傳文。

是故形而上者謂之道，形而下者謂之器，化而裁之謂之變，推而行之謂之通，舉而措之天下之民謂之事業。〔一〕

「形上」，超於形者，即乾坤之理，聖人所欲言之意也；「形下」，成於形者，即乾坤之質，聖人所因以立之象也。有器則氣化行乎其間，因其流行之化而辨其節度，故謂之「變」。有變則有推移之機，因其推移之妙則可以行之而不窮，故謂之「通」。天道者，人事之本，故可「舉而措之」。承上節之意，而起作易之端也。

【校箋】

〔一〕王宗傳云：「道也者，無方無體，所以妙是器也；器也者，有方有體，所以顯是道也。然道外無器，器外無道，其本一也，故『形而上者』與『形而下者』皆謂之『形』。『化而裁之』、『推而行之』、『舉而措之』，是易之見於用也。夫道降而爲器，化而裁之，則是『器』也。有所指別而名體各異，故謂之『變』；無所凝滯而運用不窮，故謂之『通』。『舉』是『變』、『通』之用，而措之天下之民，使之各盡其所以相生相養之道，故『謂之事業』。」（童溪易傳卷二十八）

是故夫象，聖人有以見天下之賾，而擬諸其形容，象其物宜，是故謂之象。聖人有以見天下之動，而觀其會通，以行其典禮，繫辭焉以斷其吉凶，是故謂之爻。極天下之賾者，存乎卦；鼓天下之動者，存乎辭。〔一〕

「天下之賾」，形器之分也；「天下之動」，變通之迹也。立之象，以極其賾；繫之辭，以鼓其動。聖人所以「盡意」、「盡言」而足以「盡利」、「盡神」者，此也。

【校箋】

〔一〕李光地云：「『極天下之賾』，結『立象以盡意，設卦以盡情僞』兩句。『鼓天下之動』，結『繫辭焉以盡其言』一句。」（周易折中卷十四）

化而裁之，存乎變；推而行之，存乎通。神而明之，存乎其人。默而成之，不言而

信，存乎德行。〔一〕

言學易者之事也。易具變通之理，則人事所以化而裁之、推而行之者，不外乎是矣。然變化之幾甚微，而轉移之用至妙，非神而明之者，道不虛行也。要必得其象外之精，契其言前之意，默然不言，以視象、辭如筌蹄然，〔二〕然後能神明於易道。此則存乎其人之心、得而躬行者以爲事業之本也。然則聖人之意雖盡，而得其意者難。君子可不擬議觀玩，以盡其心乎？

【校箋】

〔一〕李光地云：「『化而裁之，推而行之』，結『變而通之以盡利』一句。『神而明之』以下，結『鼓之舞之以盡神』一句。上文『化裁』、『推行』是泛説天地間道理，故曰『謂之變』、『謂之通』。此『化裁』、『推行』是説易書中所具，故曰『存乎變』、『存乎通』。言就易道之『變』處，見得聖人化裁之妙；就易道之『通』處，見得聖人推行之善也。『神而明』之『神』字，即根『鼓舞』、『盡神』來。辭之鼓舞乎人者，固足以盡神，然必以人心之神契合乎易之神，然後鼓舞而不自知，此所謂『神而明之』也。『默而成之，不言而信』是其所以能神明處。」（周易折中卷十四）

〔二〕「筌」，捕魚竹器。「蹄」，捕兔網。莊子外物篇云：「筌者所以在魚，得魚而忘筌；蹄者所以在兔，得兔而忘蹄。」

右第七段。

○總上傳數章之意而結言之，故多用前辭而加深切焉。其所謂「形上之道」者，即易簡之理也。所謂「德行」者，即體易簡之理，而有以「成位乎其中」者是也。

周易觀象卷十一

大學士李光地撰

繫辭下傳

1 八卦成列，象在其中矣。因而重之，爻在其中矣。〔一〕

始畫八卦，則物象已具。重爲六十四卦，然後兼三以兩，分陰分陽，而爻成焉。

【校箋】

〔一〕朱熹云：「『成列』，謂乾一、兑二、離三、震四、巽五、坎六、艮七、坤八之類。『象』，謂卦之形體也。『因而重之』，謂各因一卦而以八卦次第加之爲六十四也。『爻』，六爻也。既重而後，卦有六爻也。」（周易本義卷八繫辭下傳第六）案：朱子云「乾一」至「坤八」，指伏羲八卦次序而言。

剛柔相推，變在其中矣。繫辭焉而命之，動在其中矣。〔一〕

卦、爻既立，則剛柔迭用，有相推之象，而變化之理不出其中矣。繫之以辭，推天道以言民故，則事爲之動，不出其中矣。

【校箋】

〔一〕朱熹云：「『剛柔相推』，而卦爻之變往來交錯無不可見。聖人因其如此而皆繫之辭，以命其吉凶，則占者所值當動之爻象，亦不出乎此矣。」（周易本義卷八繫辭下傳第六）蔡清云：「天文地理、人事物類，一剛一柔盡之矣，二者之外再無餘物也，故凡剛者皆柔之所推也，凡柔者皆剛之所推也。而易卦中亦只是剛、柔二者而已，非剛則柔，非柔則剛，在剛皆柔之所推，在柔皆剛之所推。」（易經蒙引卷十下）

吉凶悔吝者，生乎動者也。〔一〕**剛柔者，立本者也。變通者，趣時者也。**〔二〕

有動，則「吉、凶、悔、吝」生矣，承「動在其中」言。「剛柔」以「立本」，而「變通」以「趣時」，承「變在其中」言。皆謂天道、民故之自然者。

【校箋】

〔一〕李光地云：「此是復説『繫辭焉而命，動在其中』之意。凡天下之吉凶悔吝，皆生於人事

之動，故易中有『吉、凶、悔、吝』之辭，而動在其中。」（周易折中卷十五）

〔二〕李光地云：「此是復説『剛柔相推』而生變化之意。凡天地間之理，兩者對待，斯不偏而可以立本；兩者迭用，斯不窮而可以趣時，故易中『剛柔相推』而『變在其中』。」（周易折中卷十五）

吉凶者，貞勝者也。天地之道，貞觀者也。日月之道，貞明者也。天下之動，貞夫一者也。〔一〕

承「吉凶悔吝生乎動」而言。其歸於一理，蓋吉凶之遇，善惡參差，故有僥倖獲福、无妄生災者，然非其常也，必以其常者爲勝。如天地之道，以常者而觀示；日月之道，以常者而光明。然則天下之動，所謂「常」者，亦常夫一理而已矣，順理則「吉」，逆理則「凶」也。

【校箋】

〔一〕李光地云：「自『吉凶貞勝』至此爲一節，又承『吉凶悔吝生乎動』之意，而明其理之一也。『貞勝』之義，張子以爲『以正爲勝』，朱子以爲『二者常相勝』，今玩文義，當爲『以常爲勝』。蓋天下容有善而遇凶、惡而獲吉者，然非其常也，惠迪吉、從逆凶乃理之常，故當

以常者爲勝，如天地則以常者觀示，日月則以常者照臨，偶有變異，不足言也。天下之動，豈不常歸於一理乎？」（周易折中卷十五）

夫乾，確然示人易矣；夫坤，隤然示人簡矣。〔一〕

又承「立本」、「趨時」而言。其所以立本者，亦歸於一理也。確然而專一直遂，故不貳而易；隤然而翕受敷施，故不煩而簡。

【校　箋】

〔一〕韓康伯云：「『確』，剛貌也。『隤』，柔貌也。乾、坤皆恒一其德，故簡易也。」（見周易正義卷八）

爻也者，效此者也；象也者，像此者也。〔一〕

「貞一」之理，易簡之道。爻者效此，象者像此。

【校　箋】

〔一〕李光地云：「『爻也者效此』，是結『吉凶悔吝生乎動』而『貞夫一』之意。『象也者像此』，是結『剛柔變通』而歸於『易簡』之意。」（周易折中卷十五）

爻象動乎内，吉凶見乎外。功業見乎變，聖人之情見乎辭。〔一〕

「爻、象」具其理，故曰「動乎内」。「吉、凶」備諸辭，故曰「見乎外」。動則變矣，變則有趨時之利，是功業所由興也。「吉、凶」之辭顯，則憂患同民之心亦因以顯。聖人之情，其不可見乎？

【校箋】

〔一〕朱熹云：「『内』，謂蓍卦之中；『外』，謂蓍卦之外。『變』，即動乎内之變；『辭』，即見乎外之辭。」（周易本義卷八繫辭下傳第六）李光地云：「『爻、象』者，動而無形，故曰『内』；『吉、凶』者，顯而有迹，故曰『外』，非專以蓍筮言也。」（周易折中卷十五）

右第一段。

○與上傳第二章相應。其言畫卦、重卦之次序，即所謂「設卦觀象，剛柔相推，而生變化」，故「變在其中」。繫辭而明吉凶，故「動在其中」。人事之得失憂虞，皆以一理爲貞；天道之進退晝夜，皆以易簡爲本，要不出乎「三極之道」而已矣。

按：傳以「繫辭」爲名，則所贊者，文、周之辭也。然上、下二篇，必推本「設卦」言之，所以著明辭所由繫，而下傳則於辭尤加詳焉。以後數章，亦皆所以申釋此章之意也。

2 天地之大德曰生，聖人之大寶曰位，何以守位曰仁，何以聚人曰財，理財正辭、禁民爲非曰義。〔一〕

天地之德，生而已矣，雖有陰陽、有剛柔，皆所以生也。有位之聖人體天地之德，故其以仁守位既與天地生生之心合矣，而又理財以養之，正辭以教之，禁其爲非以防之，則義與仁並行而道無弊，此所謂剛柔立本者也。

【校箋】

〔一〕李光地云：「此章與上傳第二章相應，故上傳第三章以後皆申説第二章之意，下傳則自第二章之後皆申説此章之意也。『八卦成列，因而重之』，即所謂『設卦觀象』也。因爻、象中剛柔相推之變，而繫之『吉、凶、悔、吝』之辭，即所謂『繫辭焉而明吉凶』也。此四句由象以及於辭者，作易之序也。下文又由辭之『吉、凶、悔、吝』而推本於剛柔之象，蓋傳本爲繫辭而作，而下傳尤詳焉，故其立言如此。『吉、凶、悔、吝』由動而生者，蓋以剛柔迭運，變而從時故也。『吉、凶』之遇參差不齊，然以常理爲勝而天下之動可一者，以剛柔變化不離乾坤，乾易坤簡而天下之理得故也。『爻象動乎内』四句，又總而結言之。『天地大德』一節，本義原屬此章，然諸儒多言宜爲下章之首，蓋下章所取十三卦，無非『理財』、『正辭』、『禁非』之事，其説可從也。」（周易折中卷十五）

古者，包犧氏之王天下也，仰則觀象於天，俯則觀法於地，觀鳥獸之文與地之宜，近取諸身，遠取諸物，於是始作八卦，以通神明之德，以類萬物之情。〔一〕

道法始於包犧，故其作八卦也，後世聖人所以立本趨時而起功業者，皆不能外焉。

【校箋】

〔一〕王申子云：「伏羲氏繼天立極，畫八卦以前民用，後之聖人相繼而作，制爲相生相養之具，皆所以廣天地生生之德，自『網罟』至『書契』是也。」（大易緝説卷十）蔡清云：「『以通神明之德，以類萬物之情』二句，一是精，一是粗；一是性情，一是形體。其下十三卦所尚之象，一皆出此。」（易經蒙引卷十一上）

作結繩而爲網罟，以佃以漁，蓋取諸離。〔一〕

中虛，而物麗焉。

【校箋】

〔一〕胡瑗云：「『蓋』者，疑之辭也。言聖人創立其事，不必觀此卦而成之，蓋聖人作事立器，自然符合於此之卦象也，非準擬此卦然後成之，故曰『蓋取』。」（周易口義卷十二繫辭下）

包犧氏没，神農氏作，斲木爲耜，揉木爲耒，耒耨之利，以教天下，蓋取諸益。〔一〕

本義云：「二體皆木，上入下動。」

【校　箋】

〔一〕蔡淵云：「『耜』，耒首也，斲木之鋭而爲之。『耒』，耜柄也，揉木使曲面爲之。」（見周易會通卷十三）吴澄云：「益上巽二陽，象耒之自地上而入；下震一陽，象耜之在地下而動也。」（易纂言卷八）

日中爲市，致天下之民，聚天下之貨，交易而退，各得其所，蓋取諸噬嗑。〔一〕

離明爲「日中」。人事之動者，莫如「市」。

【校　箋】

〔一〕李光地云：「離爲日中，震爲動出，當日中而動出，『市集』之象。」（周易折中卷十五）

神農氏没，黄帝、堯、舜氏作，通其變，使民不倦，神而化之，使民宜之。易窮則變，變則通，通則久。〔一〕是以「自天祐之，吉无不利」。〔二〕黄帝、堯、舜垂衣裳而天下治，蓋取諸乾、坤。

道法備於黄帝、堯、舜，故總其變通趨時之用而極論之。以下八條，皆其事也。時有變而通之，則民不倦矣。因其自然而人不覺其變，則民咸宜矣。蓋凡易之道，變通而後可久。而所以神化而宜者，以其皆出於易簡自然之理也。乾、坤之道易簡，故變化而無爲。黄帝、堯、舜之垂拱恭己、無爲而治者，似之。

按：首節言聖人之道，以仁義立本。故列代相承，所以創制宜民者，非仁則義，皆聚人理財、正辭禁非之事也。遞有通變者，時不同耳。

【校箋】

〔一〕王申子云：「神農以上，民用未滋，所急者食貨而已，此聚人之本也。及黄帝、堯、舜之世，民用日滋，若復守其樸略，則非變而通之之道，故『黄帝、堯、舜氏作，通其變』，使民由之而不倦；神其化，使民宜之而不知。凡此者，非聖人喜新而惡舊也。『窮則變，變則通，通則久』，易之道然也。」（大易緝説卷十）李光地云：「守舊則倦，更新則不宜，凡事之情也。變其舊使民不倦者，『化』也。趨於新使民咸宜者，『神而化之』也。」（周易折中卷十五）

〔二〕「自天」至「不利」，周易大有上九爻辭。

刳木爲舟，剡木爲楫，舟楫之利，以濟不通，致遠以利天下，蓋取諸渙。〔一〕

木在水上，又風行水上。

【校箋】

〔一〕九家易云：「木在水上，流行若風，『舟楫』之象也。」（見周易集解卷十五）何楷云：「近而可以濟不通，遠而可以致遠，均之爲天下利矣。『取諸渙』者，其象巽木在坎水之上，故象曰『利涉大川』，彖傳曰『乘木有功』。」（古周易訂詁卷十二）

服牛乘馬，引重致遠，以利天下，蓋取諸隨。〔一〕

【校箋】

〔一〕董真卿云：「平地任載之大車載物之多者，則『服牛』以『引重』。田車、兵車、乘車之小車載人而輕者，則『乘馬』以『致遠』。」（周易會通卷十三）李光地云：「外説内動，象牛馬之奔於前而車動於後也。」（周易折中卷十五）

重門擊柝，以待暴客，蓋取諸豫。〔一〕

順固於内，震動於外。

【校箋】

〔一〕楊文煥云：「川途既通，則暴客至矣，又不可无禦之之術，重門以禦之，擊柝以警之，則暴客无自而至。」（見周易大全卷二十三）俞琰云：「坤爲闔户，『重門』之象也。震動而有聲之木，『擊柝』之象也。」（周易集説卷三十二）

斷木爲杵，掘地爲臼，臼杵之利，萬民以濟，蓋取諸小過。〔一〕

【校箋】

〔一〕邱富國云：「以象言之，上震爲木，下艮爲土，震木上動，艮土下止，杵臼治米之象。」（見周易大全卷二十三）

弦木爲弧，剡木爲矢，弧矢之利，以威天下，蓋取諸睽。〔一〕

滿而後出，如澤；發而迅疾，如火。

【校箋】

〔一〕徐幾云：「其害之大者，以『重門擊柝』不足以待之，故必有『弧矢』以威之。」（見周易大全卷二十三）

上古穴居而野處，後世聖人易之以宮室，上棟下宇，以待風雨，蓋取諸大壯。〔一〕

上震動而下健固。

【校　箋】

〔一〕蔡淵云：「『棟』，屋脊檁也。『宇』，椽也。棟直承而上，故曰『上棟』；宇兩垂而下，故曰『下宇』。」（見周易會通卷十三）俞琰云：「聖人之於物，有爲之者，有易之者。古未有是而民利之也，今則爲之，所以貽於後也；古有是而民厭之也，今則易之，所以革於前也。」（周易集説卷三十二）

古之葬者，厚衣之以薪，葬之中野，不封不樹，喪期无數，後世聖人易之以棺槨，蓋取諸大過。〔一〕

木入澤中。

【校　箋】

〔一〕李光地云：「『棺槨』者，取木在澤中也。又，死者以土爲安，故入而後説之。」（周易折中卷十五）

上古結繩而治，後世聖人易之以書契，百官以治，萬民以察，蓋取諸夬。〔一〕

確實爲主於中，而言語宣達於外。

【校　箋】

〔一〕耿南仲云：「已前不云『上古』，已下三事或言『古』，與上不同者，蓋未造此器之前更无餘物之用，非是後世以替前物，故不言『上古』也；此以下三事，皆是未造此物之前已更別有所用，今將後用而代前用，故本之云『上古』及『古』者。」（見周易大全卷二十三）李光地云：「兑爲言語，可以通彼此之情，『書』之象也。乾爲健固，可以堅彼此之信，『契』之象也。」（周易折中卷十五）

是故易者，象也；象也者，像也。〔一〕

總結前十二卦之意。

【校　箋】

〔一〕干寶云：「言『是故』，又因總結上義也。」（見周易集解卷十五）崔憬云：「上明『取象以制器』之義，故以此重釋於象，言易者象於萬物，象者形像之象也。」（同上）吴澄云：「此章之首第一節總敘以起下文。自『包犧』至『書契』言制作之事，而以『是故』總結之，謂易卦皆器物之象，象者像似之義，聖人制器皆與卦象合也。」（易纂言卷八）李光地云：「凡章首不用『是故』字。曰『是故』者，承上結上之辭也。諸儒以此句爲上章結語者，似是。」（周易折中卷十五）

右第二段。

○申釋立本趨時而歸於易簡之意。蓋天道有變化，而人事因之。自古聖人順風氣之宜而隨時有作者，本乎天道而已。惟其皆出於乾、坤易簡之理，故易知易從而可久可大。此易道之原也。

又按：易之名、辭，至文、周而備。孔子以其可以冒天下之道，故深好而盡心以學之。然伏羲之畫包緼無窮，故孔子推廣六十四卦大象之義，每多卦意所未發者。此章所取，亦其類也。

3

彖者，材也。〔一〕爻也者，效天下之動者也。〔二〕是故吉凶生而悔吝著也。〔三〕

以卦、爻辭言也。彖辭爲一卦之質幹，爻辭效人事之羣動。吉凶悔吝之故，顯乎其間矣。

【校箋】

〔一〕朱熹云：「『象』，言一卦之材。」（周易本義卷八繫辭下傳第六）李光地云：「『材』者，構屋之木也，聚衆材而成室。象亦聚卦之衆義以立辭，故本義謂『「象」，言一卦之材』。」（周易折中卷十五）

〔二〕胡瑗云：「爻有變動，位有得失，變而合於道者爲得，動而乖於理者爲失。人事之情僞，物理之是非，皆在六爻之中，所以象天下之動，使人效法之也。」（周易口義卷十二）

〔三〕何楷云：「『吉、凶』在事本顯，故曰『生』；『悔、吝』在心尚微，故曰『著』。『悔』有『改過』之意，至于『吉』則悔之著也；『吝』有『文過』之意，至于『凶』則吝之著也。原其始而言，『吉、凶』生于『悔、吝』；要其終而言，則『悔、吝』著而爲『吉、凶』也。」（古周易訂詁卷十二）

陽卦多陰，陰卦多陽，〔一〕其故何也？陽卦奇，陰卦耦，〔二〕其德行何也？陽一君而二民，君子之道也；陰二君而一民，小人之道也。〔三〕

以象之材言也。震、坎、艮多陰，巽、離、兑多陽。蓋取震、坎、艮一陽以爲奇，巽、離、兑二陽以爲偶也。其在人事之德行，則陽者君道，陰者民道。一君二民，則是主權一而役效職焉，君子用事，故爲「君子之道」也；二君一民，則是主權分而役反爲主，小人用事，故爲「小人之道」也。自一身志氣形神之德，以及國家、父子、夫婦、君臣、上下之行，其善惡邪正、得失治亂，未有不由於此者。觀易中夬、姤、剥、復、否、泰之類，此理甚明。其餘諸卦，亦必審其男女長少之分義先後、奇耦剛柔之位置當否，以爲命名、斷辭之決。此卦所以有大小，而辭所以有險易也。然其義所自來，則自八卦分陰、分陽而已定之。故夫子推原八卦言之，以爲六十四卦之準焉。

【校箋】

〔一〕朱熹云：「震、坎、艮爲陽卦，皆一陽二陰；巽、離、兑爲陰卦，皆一陰二陽。」（周易本義卷八繫辭下傳第六）

〔二〕朱熹云：「凡陽卦皆五畫，凡陰卦皆四畫。」（周易本義卷八繫辭下傳第六）韓康伯云：「夫少者多之所宗，一者衆之所歸。陽卦二陰，故奇爲之君；陰卦二陽，故耦爲之主。」（見周易正義卷八）陳埴云：「二耦一奇，即奇爲主，是爲陽卦；二奇一耦，即耦爲主，是爲陰卦，故曰『陽卦多陰，陰卦多陽』。」（見周易大全卷二十三）李光地云：「『陽卦奇，陰卦耦』，言陽卦主奇，陰卦主耦也，須如韓氏、陳氏之説，乃與下文相應。」（周易折中卷十五）

〔三〕朱熹云：「『君』，謂陽。『民』，謂陰。」（周易本義卷八繫辭下傳第六）朱震云：「陰、陽二卦，其德行不同，何也？陽卦一君而徧體二民，二民共事一君，一也，故爲『君子之道』。陰卦一民共事二君，二君共爭一民，二也，故爲『小人之道』。」（漢上易傳卷八）

易曰：「憧憧往來，朋從爾思。」〔一〕子曰：「天下何思何慮？天下同歸而殊塗，一致而百慮，天下何思何慮？〔二〕日往則月來，月往則日來，日月相推而明生焉；寒往則暑來，暑往則寒來，寒暑相推而歲成焉。往者屈也，來者信也，屈信相感而利生焉。〔三〕尺蠖之屈，以求信也；龍蛇之蟄，以存身也。精義入神，以致用也；利用安身，以崇德也。過此以往，未之或知也。窮神知化，德之盛也。」〔四〕

此下十一爻，以爻之效動言也。

天下之動，生於人心；人心之動，生於有感。「憧憧」者，思慮雜擾之稱。然天下之事，何所容於思慮哉？凡理皆「同歸」也，而「殊塗」耳。凡事皆「一致」也，而「百慮」耳。彼感應往來者，雖若「殊塗」而「百慮」也，然其究未有不同歸一致者。故日月有往來，而同歸於生明，所謂「貞明」者也；寒暑有往來，而同歸於成歲，所謂「貞觀」者也。凡往者，皆屈也；凡來者，皆信也。「屈信相感」而同歸於生利，謂「貞夫一」者也。故夫心之爲用也，但當主於一，而不可分於他。如「尺蠖之屈」，乃所以「求信」；「龍蛇之蟄」，乃所以「存身」。

君子之爲學也，精研義理，造乎微妙，用心於内也，而所以推於施用者在是；順利行習，所處皆安，練熟於事也，而所以增其心得者在是。爲學之功至於如此，過此則無所用力矣。然雖至於窮極造化不測之妙，契合天地自然之機，亦德盛而自至耳。蓋方其「精義入神」之初，而已爲「窮神」之路；「利用安身」之際，而已爲「知化」之門。故下學之事，馴於義精仁熟，而所以達乎天德者亦在是矣。

以是觀之，惟當專其心志，循其氣候，而不以思慮之紛紜者雜之，故能處乎感應往來之間，而與天地相似。蓋羣動貞一之理，本自如此也。

【校箋】

〔一〕「憧憧」至「爾思」，周易咸九四爻辭。

〔二〕蔡清云：「天下感應之理本同歸也，但事物則千形萬狀，而其塗各殊耳。天下感應之理本一致也，但所接之事物不一，而所發之慮亦因之有百耳。夫慮雖百而其致則一，塗雖殊而其歸則同，是其此感彼應之理，一皆出於自然而然，而不必少容心於其間者。吾之應事接物，一惟順其自然之理而已矣，『天下何思何慮』？」（易經蒙引卷十一下）

〔三〕李光地云：「夫子引此爻，是發明『貞一』之理，故亦從天地日月説來。日月有往來而歸於生明，所謂『貞明』者也。寒暑有往來而歸於成歲，所謂『貞觀』者也。天下之動有屈有信而歸於生利，順理則利也，所謂『貞夫一』者也。言天地則應在日月之前，言寒暑則應在日月之後，何則？四時者，日月之所爲也。觀、豫、恒彖傳及繫傳首章，皆不以四時先日月也。」（周易折中卷十五）

〔四〕李光地云：「『精義入神』，則所知者精深，窮理之事也；『利用安身』，則所行者純熟，盡性之事也。『窮神』則不止於入神，其心與神明相契者也；『知化』則不止於利用，其事與造化爲徒者也，至命之事也。窮理盡性，學者所當用力，至命則無所用其力矣，故曰『窮理盡性以至於命』。」（周易折中卷十五）案：李氏引「窮理」至「於命」，周易説卦傳文。

易曰：「困于石，據于蒺藜。入于其宮，不見其妻，凶。」〔一〕子曰：「非所困而困焉，名必辱；非所據而據焉，身必危。既辱且危，死期將至，妻其可得見邪？」

强求必得，失固辱，得亦辱也。妄處非分，勢不安，心亦不安也。

【校箋】

〔一〕「困于」至「妻凶」，周易困九三爻辭。

易曰：「公用射隼于高墉之上，獲之，无不利。」〔一〕子曰：「隼者，禽也。弓矢者，器也。射之者，人也。君子藏器於身，待時而動，何不利之有？動而不括，是以出而有獲，語成器而動者也。」

進而見困，求信而反屈；動而不括，屈極則必信。此二爻之義相對。

【校箋】

〔一〕「公用」至「不利」，周易解上六爻辭。

子曰：「小人不恥不仁，不畏不義，不見利不勸，不威不懲。小懲而大誡，此小人之福也。易曰：『屨校滅趾，无咎。』〔一〕此之謂也。

【校箋】

〔一〕「屨校」至「无咎」，周易噬嗑初九爻辭。

善不積，不足以成名；惡不積，不足以滅身。小人以小善爲无益，而弗爲也；以小惡爲无傷，而弗去也。故惡積而不可掩，罪大而不可解。易曰：『何校滅耳，

凶。』」〔一〕

董子曰：「積善在身，猶長日加益，而人不知也。積惡在身，猶火之銷膏，而人不見也。」〔二〕莊生所謂「爲善無近名，爲惡無近刑」，〔三〕意亦如此。懲惡，屈也，而可以致福；長惡，信也，〔四〕而至於罹罪。此二爻之義相對。

【校箋】

〔一〕「何校」至「耳凶」，周易噬嗑上九爻辭。

〔二〕「積善」至「見也」，文見漢書董仲舒傳。二「猶」字原皆作「如」，今據漢書改。「火」下「之」字原無，今據漢書補。

〔三〕「爲善」至「近刑」，莊子養生主文。

〔四〕「信」，伸也。

子曰：「危者，安其位者也；亡者，保其存者也；亂者，有其治者也。是故君子安而不忘危，存而不忘亡，治而不忘亂，是以身安而國家可保也。易曰：『其亡其亡，繫于苞桑。』」〔一〕

以位爲可安，以存爲可保，以治爲可有，則危、亡與亂將至矣。況去否即泰，危亂之象猶存。故君子惕然不忘，以固其基焉。

【校箋】

〔一〕「其亡」至「苞桑」，周易否九五爻辭。

子曰：「德薄而位尊，知小而謀大，力小而任重，鮮不及矣。易曰：『鼎折足，覆公餗，其形渥，凶。』〔一〕言不勝其任也。」

德厚者居位，必戰兢以居之；知大者好謀，必謹密以成之；力足者任重，必從容以舉之。反是，則有不勝之患。「其亡其亡」，屈而信也；「折足覆餗」，信而屈也。此二爻之義相對。

【校箋】

〔一〕「鼎折」至「渥凶」，周易鼎九四爻辭。

子曰：「知幾，其神乎？君子上交不諂，下交不瀆，其知幾乎？幾者，動之微，吉之先見者也。君子見幾而作，不俟終日。易曰：『介于石，不終日，貞吉。』〔一〕介如石焉，寧用終日，斷可識矣。君子知微知彰，知柔知剛，萬夫之望。」

逸豫之時，上交必有諂諛之行，下交必有瀆亂之爲。惟君子不溺於豫，則「介如石焉」。故其「見幾而作」也，無待於終日。於「微」而知「彰」，見之明也；於「柔」而知「剛」，作之決也。

【校箋】

〔一〕「介于」至「貞吉」，周易豫六二爻辭。

子曰：「顏氏之子，其殆庶幾乎！有不善，未嘗不知；知之，未嘗復行也。易曰：『不遠復，无祇悔，元吉。』」〔一〕

不善必知，顏氏之明，見微而知彰也。知不復行，顏氏之健，見柔而知剛也。此與豫二爻，皆審人心理欲屈信之幾，而辨之至速，其義亦相對。

【校箋】

〔一〕「不遠」至「元吉」，周易復初九爻辭。

「天地絪緼，萬物化醇。男女構精，萬物化生。易曰：『三人行，則損一人。一人行，則得其友。』〔一〕言致一也。」

人心不可以二，故有所損而後有所益。

【校　箋】

〔一〕「三人」至「其友」，周易損六三爻辭。

子曰：「君子安其身而後動，易其心而後語，定其交而後求。君子修此三者，故全也。危以動，則民不與也；懼以語，則民不應也；无交而求，則民不與也。莫之與，則傷之者至矣。易曰：『莫益之，或擊之，立心勿恒，凶。』」〔一〕

損其私者能益，屈而信也；求自益者必損，〔二〕信而屈也。此二爻之義亦相對。

【校　箋】

〔一〕「莫益」至「恒凶」，周易益上九爻辭。

〔二〕「求」原作「或」，今據榕村本、陳本改。

右第三段。

○申釋「吉凶悔吝生乎動」而歸貞一之意。蓋自陰、陽卦之分，君欲一而不欲二。君者，心也，事物之主也。人之所主者心，心之所主者理。故所引爻辭，首以同歸一致發其義，而又雜引諸爻以相發，以致一勿恒者終焉。

4 子曰：「乾、坤，其易之門邪？」〔一〕乾，陽物也。坤，陰物也。陰陽合德而剛柔有體，以體天地之撰，以通神明之德。〔二〕

天地設位而易行乎其中，故乾、坤兩卦爲易之門。蓋乾、坤者，陰陽之宗，而陰陽有交易之情，是「合德」也。有交易則有變易，故諸卦之剛柔皆以是而成體。就物言之，曰「類情」；就天地言之，曰「體撰」。此以卦之象言也。

【校箋】

〔一〕荀爽云：「陰陽相易，出於乾、坤，故曰『門』。」（見周易集解卷十六）

〔二〕何楷云：「有形可擬，故曰『體』；有理可推，故曰『通』。『體天地之撰』承『剛柔有體』言，兩『體』字相應；『通神明之德』承『陰陽合德』言，兩『德』字相應。」（古周易訂詁卷十二）

其稱名也，雜而不越，於稽其類，其衰世之意邪？〔一〕

「稱名」者，卦名也。伏羲之時，八卦有名而已。六十四卦之名，則至文王始具。夫子以其稱名雜而多端，要不越乎事理之外。蓋緣世變風移，情僞日滋，非是不足以周盡之，故考其類而知其爲衰世之意。此以卦之名言也。

【校　箋】

〔一〕侯果云：「易象考其事類，但以吉凶得失爲主，則非淳古之時也，故云衰世之意耳。言『邪』，示疑不欲切指也。」（見周易集解卷十六）

夫易，彰往而察來，而微顯闡幽，開而當名辨物，正言斷辭，則備矣。〔一〕

體天地之撰，則有以彰往而察來；通神明之德，則有以微顯而闡幽。推而廣之，命之名以辨其陰陽之物，繫之辭以斷其吉凶之占，則易道大備矣。此兼卦象及名、辭言也。

【校　箋】

〔一〕李光地云：「『彰往察來，微顯闡幽』，承首節伏羲卦畫言。『當名辨物，正言斷辭』，承次節文王卦名言，而因及乎辭也。『彰往察來』，即所謂『體天地之撰』。『微顯闡幽』，即所謂『通神明之德』。『當名』者，即所謂『稱名雜而不越』也。命名之後，又復辨卦中所具之物，以繫之辭而斷其占，則所謂彖也。文王因卦畫而爲之名辭，故曰『開』；而有畫無文，易道未開也。」（周易折中卷十五）

其稱名也小，其取類也大，其旨遠，其辭文，其言曲而中，其事肆而隱，因貳以濟民行，以明失得之報。〔一〕

「稱名小」者，如井、鼎之物，歸妹、客旅之事，然其義類之所關則甚大。「旨遠」者，寓意無窮，然其辭之所發則燦然顯著。惟其「旨遠」、「辭文」也，故雖旁通廣喻，而皆切於事理之實。惟其「名小」、「類大」也，故雖雜陳兼該，而悉原於性命之奥。此又言卦之名、辭所以發象之藴者如此。蓋因民心疑貳，昧於所趨，而欲有以濟之，故爲之明示得失之報。所謂「衰世之意」者，此也。

【校箋】

〔一〕李光地云：「『稱名小，取類大』，以卦名言。『旨遠辭文』，以彖辭言。『其言曲而中』，又申『旨遠辭文』之意。『旨遠』則多隱約，故『曲』也；『辭文』則有條理，故『中』也。『其事肆而隱』，又申『名小類大』之意。『名小』則事物畢具，故『肆』也；『類大』則義理包

涵，故『隱』也。」（周易折中卷十五）

易之興也，其於中古乎？作易者，其有憂患乎？〔一〕

申「衰世之意」，而隱指文王與紂之事。文王身蒙大難，是「有憂患」也。推其所憂，與民同患，而易因以作。故可即其命名而見其心，如下所舉九卦是也。

【校箋】

〔一〕朱熹云：「夏、商之末，易道中微。文王拘於羑里而繫彖辭，易道復興。」（周易本義卷八繫辭下傳第六）

是故履，德之基也。謙，德之柄也。復，德之本也。恒，德之固也。損，德之修也。益，德之裕也。困，德之辨也。井，德之地也。巽，德之制也。

敬懼所履者，立身之基。謙卑自下者，接人之柄。由是良心復於內，則大本端矣。立不易方，則所守固矣。然且日新不已，損其疾以自修，益無方而盛大。於是而處窮困，則可以驗其所得。於是而安居不動，則可以知其有源。雖歷萬變，而沉潛巽入皆有以裁制其宜也。

履和而至，謙尊而光，復小而辨於物，恒雜而不厭，損先難而後易，益長裕而不設，困窮而通，井居其所而遷，巽稱而隱。

能敬則能和而周旋無虧。尊人則自尊而德輝及物。本心之復甚微，然非物所能淆。有恒常之德，故處雜而不厭。損所本無，故先難而後則易。益所固有，故但充長而不造作。困窮而有心亨之效。井居而有及物之功。巽入以稱物之輕重，而潛隱不露。

履以和行，謙以制禮，復以自知，恒以一德，損以遠害，益以興利，困以寡怨，井以辨義，巽以行權。

敬以和一身之行。謙以制接物之禮。良心來復，自知而已。恒久不變，而德一矣。損身之過，則物害亦遠。益己之善，則世利可興。困而心亨，故致命遂志，而不怨不尤。井道不窮，故左右逢源，而義無不辨。深入不露，是其所以知幾達變而能行權也。

右第四段。

〇申釋象之動於内而「吉凶見乎外」，以卦體及彖辭言也。後陳九卦者，雖因聖人憂患而發其名卦之心，然所謂「濟民行」者，亦初不外乎此。

5 易之爲書也不可遠，爲道也屢遷，變動不居，周流六虛，上下无常，剛柔相易，不可爲典要，唯變所適。〔一〕

其道屢遷者，以其理之隨時無定，周流於六位也。蓋六位之中，陰陽之居上、居下者无常，奇耦之居剛、居柔者相易。道之所以變動不居，實由於此。故其義例雖定，而不可以爲典要，惟其時變之所適而已。此以爻之位言也。

【校箋】

〔一〕蔡淵云：「『屢遷』，謂爲道變通而不滯乎物。自『易之爲書』至『屢遷』，此總言『爲書』、『爲道』，以起下文之意也。自『變動不居』至『惟變所適』，言易道之屢遷也。『不居』，猶『不止』也。『六虛』，六位也。位未有爻曰『虛』。卦雖六位，而剛柔爻畫往來如寄，非實有也，故以『虛』言。或自上而降，或由下而升，『上下无常』也。柔來文剛，分剛上而文柔，『剛柔相易』也。『典』，常也。『要』，約也。其屢變无常，不可爲典要，惟變所適而已。」（見周易大全卷二十三）

其出入以度，外内使知懼。又明於憂患與故，无有師保，如臨父母。〔一〕

「出入」，謂出處進退。人事出入，立之以度，使之知懼於内外之間。又爲之明憂患之情與其所以處憂患之故，則人不知有師保，而但如臨父母也。蓋教以法度而知懼，則凛乎師保之嚴矣，及乎慮其所憂，計其所患，則雖父母之愛，無以加兹。此以爻之辭言也。

【校箋】

〔一〕朱震云：「又明於己之所當憂患與所以致憂患之故，无有師保教訓而嚴憚之，如有父母親臨而愛敬之，見聖人之情也。」（漢上易傳卷八）趙振芳云：「不特使人知懼，又明於憂患與所以致憂患之故，諄諄然與民同患，與民同憂，不止如師保之提命，且直如父母之儼臨，愛之無所不止，慮之無所不周，故訓之無所不切也。」（見周易折中卷十五）李光地云：「『无有師保，如臨父母』，朱氏、趙氏之説甚善，蓋上文言『出入以度』，則人知畏懼，嚴憚之如師保，及觀其示人憂患之故，懇切周盡，使聞之者不知嚴憚而但感其慈愛，此聖人之情所以爲至也。『无有』者，非無師保也，人之意中『无有師保』也。」（周易折中卷十五）

初率其辭而揆其方，既有典常，苟非其人，道不虚行。〔一〕

「方」，謂時位也。由其辭以審度其時位，則不可爲典要者，於是而有典常矣。然體道以趨時，則存乎其人焉。此又言因辭之常，可以知道之變，而歸之於勉學者也。

【校箋】

〔一〕虞翻云：「『其出入有度』，故『有典常』。『神而明之，存乎其人，不言而信』，謂之德行，故不虛行也。」（見周易集解卷十六）項安世云：「自『出入以度』至『道不虛行』，言『不可遠』也。惟其『屢遷』也，故虛而无常，『不可爲典要』；惟其『不可遠』也，故有度有方、有典有常而不可虛。方其率之也則謂之『辭』，及其行之也則謂之『道』，『辭』之所指即『道』之所遷也。人能循其『不可遠』之理，則『屢遷』之道得矣。」（周易玩辭卷十四）

易之爲書也，原始要終，以爲質也。六爻相雜，唯其時物也。〔一〕

卦之名、辭，總其始終以立其體。六爻者，其趨時之物而已。承上文而更端言之，明爻辭不雜乎卦辭之意。

【校箋】

〔一〕谷家杰云：「此章雖兼卦、爻，實以卦引起爻，專重在爻上。」（見周易折中卷十五）何楷云：「此章統論爻畫而歸重於彖辭，説易之法莫備於此。易之爲書，綱紀在卦，卦必合爻之全而後成卦，一畫不似便成它局。聖人之繫卦，爲之推原其始，要約其終，彌綸全卦之理而包羅含蓄於彖辭之内，如物之有體質。至於繫爻，則惟相其六位之時而導之宜，因其陰陽之物而立之像，然其大旨，要不過推演彖辭之意。」（古周易訂詁卷十二）

其初難知，其上易知，本末也，初辭擬之，卒成之終。若夫雜物撰德，辨是與非，則非其中爻不備。〔一〕

凡爻辭，初則難知，上則易知，以初爲時義之基本，而上則其時勢之所極也。故學易者，於初辭必加擬議之功，而於卒也則但成其所究竟而已。然初、上二爻處卦始、終，於時則或爲未至與既往，於位則或爲未遇與既退。適時、當事在中四爻，故錯雜貴賤之物，撰述剛柔之德，以辨其所處之是非者，必於是而始備也。所謂「時物」者，如此。

【校箋】

〔一〕李光地云：「講家以『難知』、『易知』屬學易者，『擬之』、『卒成』屬作易者。然聖人作易，六爻之條理渾成於心，豈有難易哉？故『初辭擬之，卒成之終』兩句是申上兩句，皆當屬學易者説。『雜』字、『撰』字、『辨』字，亦當屬學易者説。『雜』者，參錯其貴賤上下之位也；『撰』者，體察其剛柔健順之德也，德位分而是非判矣。『辨』者，剖别之於象，以考驗之於辭也。」（周易折中卷十五）

噫！亦要存亡吉凶，則居可知矣。知者觀其彖辭，則思過半矣。〔一〕

六爻存亡吉凶之理，約以此法求之，亦居然可知矣。然知者觀其彖辭，則爻義已過半。蓋彖辭所取，或有直用其爻義者，或有通時宜而爻義吉凶準以爲決者。故以是觀之，不中不遠。惟其合始終以爲質，故時物不能外也。

【校箋】

〔一〕蘇軾云：「彖者，常論其用事之爻，故觀其彖，則其餘皆彖、爻之所用者也。」（東坡易傳卷八）吴澄云：「章首第一句言彖，第二句總言六爻，此一節又總言六爻而歸重於彖，蓋爲結語，與章首起語相始終。」（易纂言卷八）李光地云：「彖辭之繫，文王蓋統觀六爻以立義者，如屯則以初爲侯，蒙則以二爲師，師則以二爲將，比則以五爲君，其義皆先定於彖，爻辭不過因之而隨爻細别耳。其爻之合於卦義者吉，不合於卦義者凶，故彖辭爲綱領而爻其目也，彖辭爲權衡而爻其物也。總之於綱，則目之先後可知；審之於權衡，則物之輕重可見。夫子彖傳既參錯六爻之義以釋辭，示人卦、爻之不相離矣，於此又特指其要而切言之，讀易之法莫先於此。」（周易折中卷十五）

二與四，同功而異位，其善不同。二多譽，四多懼，近也。柔之爲道，不利遠者，其要无咎，其用柔中也。

「四多懼」以其近，則「二多譽」以其遠矣。然遠者惟以剛中而應柔中，則上虛己而下勝任，其義最善。柔無任重之材，遠非所利也，而易例亦多无咎者，以柔而中，歸於寡過爾。以是推之，四雖多懼而柔亦无咎，以柔不利遠則利近也。故易中以六四承九五，皆有吉而無凶。其以九四承六五，則凶者多矣。若以柔承應於柔、以剛承應於剛者，則隨其時義而取類，要皆不越乎「譽」、「懼」之意。

三與五，同功而異位。三多凶，五多功，貴賤之等也。其柔危，其剛勝邪？

「危」，謂「凶」也。三雖多凶，然以剛居之，則或能勝其任。以是推之，於五，則六五亦必不如九五之功多矣。

此二節發明中四爻之所以爲備者。蓋當位用事則有譽有懼、有凶有功，乃卦義所重而人事之大者。若初、上，則王弼以爲「無位」，而往往有事外之象。凡人不在其位而身在事外，則超然功名不干而禍患不及。觀易爻之辭，大略可見也。

右第五段。

〇申釋爻之「動乎内」而「吉凶見乎外」，以爻位及爻辭言也。

6 易之爲書也，廣大悉備，有天道焉，有人道焉，有地道焉，兼三才而兩之，故六。六者非它也，三才之道也。〔一〕

八卦止於三畫，以象三才，然三才之道非兩不行，故重卦而六之。

【校箋】

〔一〕朱熹云：「三畫已具三才，重之故六，而以上二爻爲天，中二爻爲人，下二爻爲地。」（周易本義卷八繫辭下傳第六）項安世云：「言聖人所以兼三才而兩之者，非以私意傅會六爻也，三才之道自各有兩，不得而不六也。」（周易玩辭卷十四）

道有變動，故曰「爻」。爻有等，故曰「物」。物相雜，故曰「文」。文不當，故吉凶生焉。〔二〕

一則無變，兩而後有變動，此則「爻」所由名。蓋「爻」者，「交」之稱也。六爻之位有貴賤上下之等，則謂之「物」，爲其以象事物也。物之中剛柔相間，則謂之「文」，爲其錯迭成章也。然剛柔互換，有當、不當之分。剛居剛、柔居柔爲當，剛居柔、柔居剛爲不當，亦有剛居柔、柔居剛爲當，剛居剛、柔居柔而反不當者，惟其變之所適，而吉凶生焉。吉凶定，則功業由是興矣。

【校　箋】

〔一〕孔穎達云：「三才之道既有變化而移動，故重畫以象之，而曰『爻』也。『物』者，物類也。爻有陰陽貴賤等級，以象萬物之類，故謂之『物』也。若相與聚居，間雜成文，不相妨害，則吉凶不生也。由文之不當相與聚居，不當於理，故『吉凶生』也。」（周易正義卷八）

右第六段。

○申釋「功業見乎變」之意。蓋凡上、下傳所言「變」者，皆指卦畫之交錯互换，而其原則自天道而來。故其言「易」者，皆天；其言「天」者，皆易也。筮法之變，因此而推用之耳，不可以言「變」者皆歸之筮也。

7
易之興也，其當殷之末世、周之盛德邪？當文王與紂之事邪？是故其辭危。危者使平，易者使傾。其道甚大，百物不廢。懼以終始，其要无咎，此之謂易之道也。

「衰世」，中古露其端矣，此乃明指爲「文王與紂之事」。蓋言文王身處憂患，故其推以教人者，深切如此也。「危平」、「易傾」，釋「辭危」之意。又言易之道所以「甚大」而「不廢」者，以此危辭而懼人以終始乎此心，其要歸於「无咎」而已。義見上傳第三章。

右第七段。

○申釋「聖人之情見乎辭」之意。

8 夫乾，天下之至健也，德行恒易以知險。夫坤，天下之至順也，德行恒簡以知阻。

此以體乾坤之德者言之。「易」與「險」對，「簡」與「阻」對。人心之險至難知也，人事之阻至難治也，以險阻禦險阻，則不足以知險阻，而終亦無以處乎險阻矣。故惟易者爲能知險而有以平其險也，惟簡者爲能知阻而有以通其阻也，所謂「易簡而天下之理得」者。〔一〕

【校箋】

〔一〕「易簡」至「理得」，周易繫辭上傳文。

能説諸心，能研諸侯之慮，定天下之吉凶，成天下之亹亹者。〔一〕

「諸」爲「之侯」合音，想因古經旁注字切而誤增也。易簡之理足以説心，險阻之幾又能研慮，故能爲天下定其吉凶而成其亹亹。此聖人推己以同患之本也。

【校箋】

〔一〕朱熹云：「『侯之』二字衍。『説諸心』者，心與理會，乾之事也；『研諸慮』者，理因慮審，坤之事也。『説諸心』，故有以『定吉凶』；『研諸慮』，故有以『成亹亹』。」（周易本義卷八繫辭下傳第六）

是故變化云爲，吉事有祥，象事知器，占事知來。〔一〕

「云爲」，紛紜並作也。天道、民故變化紛紜，莫不有自然之象。吉事將至，又必有祥兆之先。觀象則足以知定理，審占則足以知來物。此聖人觀察以作易之原也。

【校箋】

〔一〕朱熹云：「『變化云爲』，故『象事』可以『知器』。『吉事有祥』，故『占事』可以『知來』。」（周易本義卷八繫辭下傳第六）

天地設位，聖人成能。人謀鬼謀，百姓與能。〔一〕

此乃正言聖人作易教民之事。

【校　箋】

〔一〕朱熹云：「天地設位，而聖人作易以成其功。於是『人謀鬼謀』，雖百姓之愚，皆得以與其能。」（周易本義卷八繫辭下傳第六）

八卦以象告，爻、彖以情言，剛柔雜居，而吉凶可見矣。〔一〕

爻彖動乎内，吉凶見乎外，故「剛柔雜居」，而「吉凶可見」。

【校　箋】

〔一〕崔憬云：「伏羲始畫八卦，因而重之，以備萬物而告於人也。『爻』謂爻下辭，『彖』謂卦下辭，皆是聖人之情見乎繫辭而假爻象以言，故曰『爻、彖以情言』也。六爻剛柔相推而物雜居，得理則吉，失理則凶，故『吉凶可見』也。」（見周易集解卷十六）蔡清云：「『八卦以象告』，則『剛柔雜居』矣。『爻、彖以情言』，則『吉凶可見』矣。」（易經蒙引卷十一下）

變動以利言，吉凶以情遷。是故愛惡相攻而吉凶生，遠近相取而悔吝生，情僞相感而利害生。凡易之情，近而不相得則凶，或害之，悔且吝。

「剛柔雜居」，則有「變動」。變動，則有趨時之利，是功業所由見也。辭之「吉、凶」，所以效天下之動，因卦、爻之情而遷移，是聖人之情所由見也。

「愛惡」者，時所生，如泰則交，否則隔，同人則同，睽則異也。「遠近」者，位所限，如蒙之「遠實」，比之「比匪」，隨之「係小子」，觀之「童觀」也。「情僞」者，德所發，如泰之「光大」，否之「包羞」，同人三之「伏莽」、五之「中直」也。

愛惡之情顯，故生「吉、凶」；遠近之迹疑，故生「悔、吝」；情僞之積深，故生「利、害」。然惟三者參會，近而不相得焉，故其甚者或凶或害，其淺者爲悔且吝耳。若不相得而遠，則雖無吉利之獲，而亦無凶害之侵；相得而遠，則雖非凶害之尤，而必無吉利之應。近而相得者，吉利至而悔吝消也。

「相攻」、「相取」、「相感」，皆生於變動之情。吉凶之辭因此而遷，豈非教民去害興利而足以見聖人之情乎？夫所謂「愛惡」、「情僞」，險之大者也，重之以遠近之勢，阻之甚者也。聖人既心知之，而因欲使民明之，立象以盡其變，繫辭焉以斷其吉凶，使人不迷於險阻之幾，則有平而無傾矣。此所以爲聖人之情與？

將叛者其辭慙，中心疑者其辭枝。吉人之辭寡，躁人之辭多。誣善之人其辭游，失其守者其辭屈。

悖理則「慙」，失要則「枝」。養深則「寡」，氣動則「多」。無實而欲人生疑則「游」，强説而反己無據則「屈」。汎舉凡人之辭，以明聖人之有憂患也，是故「其辭危」也。

右第八段。

○又總下傳之指而約言之，以終首章之意。蓋乾之確然示人易、坤之隤然示人簡者，乃貞一之原也。由此而通乎變化之道，則趨時而立本者不亂；由此而行乎吉凶之塗，則至動而貞勝者不易。聖人説研此理於心，參驗於變化至賾、吉凶至動之故，立象則變在其中，繫辭則動在其中。是故始作八卦者，固所以肇斯文之將啓，覺來裔於無窮也。中古聖人值世之衰，推所憂患，拯世傾危，是以讀其辭而情尤可見。蓋慮天下萬世險阻之無盡，而一以易簡之道濟之，是聖人之志也。

周易觀彖卷十二

大學士李光地撰

説卦傳

1 昔者，聖人之作易也，幽贊於神明而生蓍，〔一〕參天兩地而倚數。〔二〕

言聖人之作易，將以贊佑神明之功，故立蓍筮之法。至於蓍策七、八、九、六之數，則又自天地而來。蓋天一地二，數之原也。然一數則乘除俱不行，故天數起於三，地數起於二。聖人參而兩之，以爲數所依倚。故三三則爲九，三二則爲六，一三兩二則爲七，一二兩三則爲八。

【校箋】

〔一〕程頤云：「『幽贊於神明而生蓍』，用蓍以求卦，非謂有蓍而後畫卦。」(伊川易傳卷十)項安世云：「『生蓍』，謂創立用蓍之法。神不能占，以蓍言之，所以贊神出命，故謂之『幽

贊神明』，即大衍所謂『祐神』也。」（周易玩辭卷十五）

〔三〕孔穎達云：「七、九爲奇，天數也；六、八爲耦，地數也。故取奇於天，取耦於地，而立七、八、九、六之數也。何以『參兩』爲目奇耦者？蓋古之奇耦亦以『三兩』言之，且以兩是耦數之始，三是奇數之初故也。不以一目奇者，張氏云：『以三中含兩，有「一以包兩」之義，明天有包地之德，陽有包陰之道。』」（周易正義卷九）陸振奇云：「『倚』，依也。倚數在生蓍之後、立卦之前，蓋用蓍得數而後布以爲卦，故以七、八、九、六當之。」（見周易説統卷十二）李光地云：「『參天兩地』，以方圓徑圍定之，亦其大致爾，實則徑一者不止圍三，非密率也。以理言之，則張氏所謂『以一包兩』者是，蓋天能兼地，故一並二以成三也。以筭言之，則孔氏所謂『兩爲耦數之始，三爲奇數之初』者是。」（周易折中卷十七）

觀變於陰陽而立卦，發揮於剛柔而生爻，和順於道德而理於義，窮理盡性以至於命。〔一〕

卦、爻者，蓍之體也。立卦之初，觀天地陰陽之變而作。後世聖人復發揮卦畫剛柔之理，而爻辭生焉。「道」者，天之道，即命之常也。「德」者，人之德，即性之真也。「義」者，事之宜，即理之用也。立卦則本天以該人，故「和順於道德而理於義」；繫辭則言人而合天，故「窮理盡性以至於命」。

【校箋】

〔一〕李光地云：「此章次第最明。易爲卜筮之書而又爲五經之原者，於此章可見矣。『生蓍』者，立蓍筮之法也。『倚數』者，起蓍筮之數也。『立卦』、『生爻』，則指畫卦、繫辭言之。是二者蓍筮之體而言於後，明易爲卜筮而作也。『和順於道德而理於義』，言卦畫既立，則有以契合乎天之道、性之德，而下周乎事物之宜也。『窮理盡性以至於命』，言爻辭既設，則有以窮盡乎事之理、人之性，而上達乎天命之本也。夫易以卜筮爲教，而道德性命之奥存焉。然則以機祥之末言易者，迷道之原者也；以事物之迹言易者，失教之意者也。」（周易折中卷十七）

右第一段。

○此篇將解卦之畫象，而先舉易之全體言之。首以蓍者，卦之所由作也；終以爻者，卦之所以備也。自此以後，則專言卦。

2 昔者，聖人之作易也，將以順性命之理，是以立天之道，曰陰與陽；立地之道，曰柔

與剛；立人之道，曰仁與義。兼三才而兩之，故易六畫而成卦。分陰分陽，迭用柔剛，故易六位而成章。〔一〕

上章言「窮理盡性以至於命」，然所謂「理」者，即性命之流行於事物者爾。故此但言性命之理順，即所謂「和順」也。「陰陽」、「柔剛」，命也，道也。「仁義」，性也，德也。言「道」則該「德」，故曰「天道」、「地道」、「人道」。三才之道，以兩而立。易以六畫象之，則「道德」於是「和順」矣。六畫之中，既分别其陰陽之位，而剛柔相易，復迭用而不窮，所以象天道、人事之變通而粲然有條，則「義」亦於是乎「理」矣。所謂「順性命之理」者，如此。

【校箋】

〔一〕蔡清云：「『立天之道』，非有以立之者也，謂天道之立以陰陽也。其曰『分陰分陽』者，陰陽之自分也；其曰『迭用柔剛』者，剛柔之自迭用也，非有分之、用之者也。」（易經蒙引卷十二上）李光地云：「『兼三才而兩之』及『分陰分陽，迭用柔剛』三句，先儒皆就易上説，細玩文義，當且就造化上説。『兼』字、『分』字、『用』字，皆不是著力字。言合三才之道而皆兩，此易所以六畫成卦也；三才之道既以相對而分，又以更迭而用，此易所以『六位成章』也。如此方於『故易』兩字語氣相合。蔡氏説極貼。」（周易折中卷十七）

右第二段。

○發明「和順於道德而理於義」之意，專以「立卦」言也。蓋原夫八卦之所以止於三，而六十四卦之所以終於六者，以爲有取於三才之道，而「性命之理」流行乎其間，是爲説卦之第一義。

3 天地定位，山澤通氣，雷風相薄，水火不相射，八卦相錯。〔一〕數往者順，知來者逆，是故易逆數也。〔二〕雷以動之，風以散之，雨以潤之，日以烜之，艮以止之，兑以説之，乾以君之，坤以藏之。〔三〕

凡對耦者，即寓交易之理。故八卦之位，天、地、山、澤、雷、風、水、火之相對者，皆有相交之情焉，然又不止於兩相交也。其一者與其八者，皆可以相交。此所以因而重之，八卦相錯也。有交易，則有變易。是故自純陰、純陽而順數之者，如「數往」也；自一陰、一陽而逆數之者，如「知來」也。

易象變易之序，則用逆數。故震、巽居首者，雷以動其潛蟄，風以散其蒸鬱也。坎、離次之者，雨以潤其暵乾，日以烜其寒沍也。艮、兑又次之者，艮以止其既成，兑以説其方長也。乾、坤終焉者，乾以大生爲萬物之君，坤以廣藏爲萬物之母也。此所謂變易也。

非逆數，則象不顯矣。蓋首言其不易之體，則天、地者，分之尊；末言其生物之用，則雷、風者，氣之始。故於圖象順逆之序，不同如此。

〇按：此八卦立文之序，皆先陽後陰，則知男女之分，自畫卦已然，非至文王而始定矣。末節艮、兑，不可以山、澤言，蓋謂寒暑之氣，止物、説物者爾。上傳亦曰「鼓之以雷霆，潤之以風雨。日月運行，一寒一暑」，而下即及於乾、坤，則其義亦可見。

【校箋】

〔一〕朱熹云：「邵子曰：『此伏羲八卦之位，乾南坤北，離東坎西，兑居東南，震居東北，巽居西南，艮居西北，於是八卦相交而成六十四卦，所謂「先天之學」也。』」（周易本義卷十説卦傳第八）龔焕云：「『定位』以體言，『通氣』、『相薄』、『不相射』以用言。天地，乾坤之定體；水火，乾坤之大用。山澤之氣，即水之氣；雷風之氣，即火之氣。而水火之氣，又天地之氣也。」（見周易本義集成卷十）

〔二〕朱熹云：「起震而歷離、兑以至於乾，數已生之卦也；自巽而歷坎、艮以至於坤，推未生之卦也。易之生卦，則以乾、兑、離、震、巽、坎、艮、坤爲次，故皆『逆數』也。」（周易本義卷十説卦傳第八）胡炳文云：「諸儒訓釋此，皆謂已往而易見爲『順』，未來而前知爲『逆』，易主於『前民用』，故曰『易逆數也』。惟本義依邵子，以『數往者順』一段爲指圓圖，而言卦氣之所以行；『易逆數』一段爲指横圖，而言卦畫之所以生。非本義發邵子之藴，則學者孰知此所謂『先天之學』哉？」（周易本義通釋卷八）李光地云：「此節『順逆』之義，朱子之意如此，然與邵子本意各成一説。蓋邵子本意以三陰三陽追數至一陰一陽處爲順，自一陰一陽漸推至三陰三陽處爲逆；朱子則謂左方四卦數已生者爲順，右方四卦推未生者爲逆。兩説可並存，而邵子之説於此兩章文義尤爲貫串。『天地定位』一節，自乾、坤説到震、巽，是『數往』也；『雷以動之』一節，自震、巽説到乾、坤，是『知來』也。此三句是承上節以起下節，言圖象數往則順，知來則逆，如上節所列是順數，順數者尊乾坤、次六子也。若建圖之意，則欲見陰陽之運行、功用之先後，所重在逆數，如下節所推也。」（周易折中卷十七）

〔三〕孔穎達云：「上四舉象，下四舉卦者，王肅云『互相備也』。」（周易正義卷九）朱熹云：「『雷以動之』以下四句取象義多，故以象言。『艮以止之』以下四句取卦義多，故以卦言。」（朱子語類卷七十七易十三説卦）項安世云：「自『天地定位』至『八卦相錯』，言先天之順象也。自『數往者順』至『坤以藏之』，言先天之逆象也。」（周易玩辭卷十五）李光地云：「艮、兑不言山、澤，則是指氣言也。暑氣温熱發生，故曰『兑以説之』；寒氣嚴凝收斂，故曰『艮以止之』。上傳於『雷霆風雨』之下，亦曰『一寒一暑』，而不言山、澤也。若雷以動積寒之氣而『日以晅之』，風以散積暑之氣而『雨以潤之』，則於卦象皆切。『乾君』、『坤藏』，亦主大夏、大冬而言。大夏如下章所云『萬物皆相見，向明而治』，是『君』之也；大冬如下章所云『萬物之所歸』，是『藏』之也。」（周易折中卷十七）

右第三段。

○先儒解此章泛言八卦義類，中間一節則以易道知來爲言，文意殊不貫。至宋，邵子始以爲伏羲圖位，然惟朱子用以釋易。同時如伊川程子蓋未之見，龜山楊氏見之而未信也。其後，象山陸氏亦以爲非作易本意，林栗、袁樞攻之尤甚。自朱子表章以來，元、明諸儒尚多疑辯之者。然玩此章與下諸章序次迥然不同，而以邵氏圖象求之，悉有條理。至於其義之廣大精微，則深乎易者自知焉。信乎！千載之有墜緒，學者固不可以抱殘守陋，而自絶於希通也。

4 帝出乎震，齊乎巽，相見乎離，致役乎坤，説言乎兑，戰乎乾，勞乎坎，成言乎艮。〔一〕

「帝」者，天之主宰。主宰一爾，而八卦之用不同，則帝行乎其間焉。震之德自内而動，故帝於是出而生物也。巽之德入而能制，故帝於是遍齊萬物也。離之德麗而光明，故帝於是與萬物相見。坤之道順而能養，故帝於是爲萬物勞役也。兑之德説，故帝於是而遂物之生意。乾之德健，故帝於是而勝羣陰，而天命之行也不息矣。坎之德爲習熟，習熟則可以休宴，故帝之力於是勞。艮之德止，止則動而不窮，故帝之功於是成也。前章言「乾以君之」，此章之「帝」蓋承其意而言。

【校箋】

〔一〕朱熹云：「『帝』者，天之主宰。邵子曰：『此卦位乃文王所定，所謂「後天之學」也。』」（周易本義卷十説卦傳第八）何楷云：「三男震、坎、艮以次綱紀于始終，三女巽、離、兑以次而處綱紀之内，自東南至西皆陰，自西北至東皆陽，亦最齊整，故坤、蹇彖辭有『西南』、『東北』之語。」（古周易訂詁卷十四）

萬物「出乎震」，震，東方也。「齊乎巽」，巽，東南也；齊也者，言萬物之潔齊也。離也者，明也，萬物皆相見，南方之卦也。聖人南面而聽天下，嚮明而治，蓋取諸此也。坤也者，地也，萬物皆致養焉，故曰「致役乎坤」。兑，正秋也，萬物之所説也，故曰

「説言乎兑」。「戰乎乾」，乾，西北之卦也，言陰陽相薄也。坎者，水也，正北方之卦也，勞卦也，萬物之所歸也，故曰「勞乎坎」。艮，東北之卦也，萬物之所成終而所成始也，故曰「成言乎艮」。〔一〕

「帝」之出入不可見，故以「萬物」之出入於四時者明之。東方，陽氣始出地而生物之時也。然獨陽不生，故陽動則陰隨。惟無以制之，則陰能濁亂於陽而不潔不齊，萬物被之，亦不潔而不齊矣。「南面而聽天下」者，君與下相見，以喻帝之與物相見也。養萬物者，勞役之事，故以「致養」爲「致役」。秋令始肅而曰「説」者，前之長養於是而成，故生意充足而説也。「陰陽相薄」者，陰道既成，則退而聽命，動靜之交，形神相爲勝負，非天德之剛，則不能克盡陰濁之累而立大本也。凡役休則勞之，帝於是息，則萬物於是歸矣。凡物畜不固則發不力，藏不厚則施不盛，故成終者乃所以成始也，艮之所以篤實而光明者以此。

【校箋】

〔一〕鄭玄云：「『萬物出乎震』，雷發聲以生之也。『齊乎巽』，風摇動以齊之也。『潔』，猶『新』也。『萬物皆相見』，日照之使光大。『萬物皆致養』，地氣含養使秀實也。『萬物之所説』，草木皆老，猶以澤氣説成之。『戰，言陰陽相薄』，西北陰也，而乾以純陽臨之，猶君臣對合也。『坎，勞卦也』，水性勞而不倦。『萬物之所歸也』，萬物自春出生於地，冬氣閉藏還皆入地。『萬物之所成終而所成始』，言萬物陰氣終，陽氣始，皆艮之用事也。」（見周易義海撮要卷九）

神也者，妙萬物而爲言者也。動萬物者，莫疾乎雷。撓萬物者，莫疾乎風。燥萬物者，莫熯乎火。説萬物者，莫説乎澤。潤萬物者，莫潤乎水。終萬物、始萬物者，莫盛乎艮。故水、火相逮，雷、風不相悖，山、澤通氣，然後能變化，既成萬物也。〔一〕

因「帝」而言「神」。「神」者，「帝」之不二而不測者也。「動」者，動其生機，所以出之。「撓」者，撓其滯氣，所以齊之。「燥」者，發揚之而使無不相見。「説」者，流貫之而使無不充悦。「潤」者，有源不窮而物之根本滋焉。「終」、「始」者，凝固不洩而發育之氣全焉。凡此者，皆變化以成萬物者也。

然觀變化之道，必知神之所爲。故水、火異氣而相赴，雷、風殊用而相須，山、澤不同形而相注，以其本一物而兩在，是以雖異位而同功。此則神之所以妙乎萬物而變化成物之本也。上言生成萬物，皆帝之所爲，然帝之職必有所寄。雷、風、水、火、山、澤者，分帝之職者也。上惟坤、坎言土、水，而餘則未及，故此備數之。然去乾、坤不言者，蓋變化成物者，地也；神妙萬物者，天也。天、地者，神化之宗。上文以功用言之，則列其位，如五官各有分職；此以妙用言之，則去其位，如統體無非一心也。前用本章卦位，後用伏羲卦位，見其相爲表裏之意。

【校箋】

〔一〕李光地云：「此章合羲、文卦位而總贊之。蓋變易之序，後天爲著，而交易之理，先天爲明。變易者，化也，『動萬物』、『橈萬物』、『燥萬物』、『説萬物』、『潤萬物』、『終始萬物』者也。交易者，神也，所以變變化化，道並行而不相悖，使物並育而不相害者也。化者，造物之迹也，統乎地者也，故以其可見之功而謂之『成』；神者，生物之心也，統乎天者也，故以其不測之機而謂之『妙』。」（周易折中卷十七）

右第四段。

〇邵子以爲文王圖位。今證之周易，義類多合，則其説是矣。其序雖以義理而起，然以三陽卦終始歲功，三陰卦效職於中。乾不居始，而以終爲大始；坤不居終，而居中以代終。三陰居中，坤又中之中也。於一歲，亦爲中央之位。此則陰陽主役之分，天命嗣續之機，文王之精意存焉，而亦一因乎卦體之自然也。

5 乾，健也。坤，順也。震，動也。巽，入也。坎，陷也。離，麗也。艮，止也。兑，説也。〔一〕

純陽則健，純陰則順。陽在下而陰壓，則必動而出；陰在内而陽在外，則必入而散之。陽在中，則爲陰所陷；陰在中，則爲陽所麗。陽在上，而陰承而藉之則止；陰在外，而陽敷而散之則説。凡陽卦，皆以陽爲主而遇陰；凡陰卦，皆以陰爲主而遇陽。此八卦所由名，以通神明之德，以類萬物之情者，故釋其名義。

【校箋】

〔一〕朱熹云：「此言八卦之性情。」（周易本義卷十説卦傳第八）

乾爲馬，坤爲牛，震爲龍，巽爲雞，坎爲豕，離爲雉，艮爲狗，兑爲羊。〔一〕

馬健而致遠。牛順而重載。龍以潛動。雞以伏入。豕好陷於污濁。雉，文采所附麗。狗善守禦。羊曰柔毛。

【校箋】

〔一〕朱熹云：「遠取諸物如此。」（周易本義卷十説卦傳第八）

乾爲首，坤爲腹，震爲足，巽爲股，坎爲耳，離爲目，艮爲手，兑爲口。〔一〕

首尊而覆。腹廣而載。足者，動於下。股者，陰所伏。耳者，陷於中。目者，明於外。手者，常動而位則止。口者，内實而發則説。

【校箋】

〔一〕朱熹云：「近取諸身如此。」（周易本義卷十説卦傳第八）

乾，天也，故稱乎父。坤，地也，故稱乎母。震一索而得男，故謂之長男。巽一索而得女，故謂之長女。坎再索而得男，故謂之中男。離再索而得女，故謂之中女。艮三索而得男，故謂之少男。兑三索而得女，故謂之少女。〔一〕

陰、陽在初爻者，爲「一索」；在中爻者，爲「再索」；在上爻者，爲「三索」。

【校箋】

〔一〕朱熹云：「『索』，求也，謂揲蓍以求爻也。『男』、『女』，指卦中一陰一陽之爻而言。」（周易本義卷十説卦傳第八）吴澄云：「萬物資始於天，猶子之氣始於父也；萬物資生於地，猶子之形生於母也，故乾稱『父』，坤稱『母』。『索』，求而取之也。坤交於乾，求取乾之初畫、中畫、上畫而得長、中、少三男；乾交於坤，求取坤之初畫、中畫、上畫而得長、中、少三女。『一索』，謂爻初；『再索』，謂爻中；『三索』，謂爻上。以索之先後，爲長、中、少之次也。」(易纂言卷十)李光地云：「以上四章，皆言八卦之德之象，而健、順、動、入、陷、麗、止、説諸德，則名卦之義、易理之根也。不言雷、風、山、澤諸象者，爲前圖位中已具。」(周易折中卷十七)

右第五段。

○皆自伏羲畫卦以來所取之德、象也。雷、風、水、火、山、澤，象之大者，而不專舉，爲前章圖位已備列之爾。

6

乾爲天、爲圜、爲君、爲父、爲玉、爲金、爲寒、爲冰、爲大赤、爲良馬、爲老馬、爲瘠馬、爲駁馬、爲木果。〔一〕

「圜」者，無端，天之形，亦天之道也。「君」、「父」者，人倫之尊。「玉」、「金」者，純粹精之德。「寒」、「冰」者，西北之氣。「大赤」者，純陽之色也。「良馬」、「老馬」、「瘠馬」、「駁馬」，皆馬之至健者。「木果」，果之方生而在木者也。

【校　箋】

〔一〕孔穎達云：「此一節廣明乾象。乾既爲天，天動運轉，故爲『圜』也；『爲君、爲父』，取其尊道而爲萬物之始也；『爲玉、爲金』，取其剛之清明也；『爲寒、爲冰』，取其西北寒冰之地也；『爲大赤』，取其盛陽之色也；『爲良馬』，取其行健之善也；『爲老馬』，取其行健之久也；『爲瘠馬』，取其行健之甚，瘠馬骨多也；『爲駁馬』，言此馬有牙如鋸，能食虎豹，取其至健也；『爲木果』，取其果實著木，有似星之著天也。」（周易正義卷九）

坤爲地、爲母、爲布、爲釜、爲吝嗇、爲均、爲子母牛、爲大輿、爲文、爲衆、爲柄，其於地也爲黑。〔一〕

「母」者配「父」。「布」能温物。「釜」能熟物。「吝嗇」者，靜翕之性。「均」者，動闢之情。「母牛」之「字」者，善愛。「輿」之「大」者，善載。「爲文」、「爲衆」者，西南之令。「柄」者，中央之象。於地，又爲「黑」，純陰之色也。

【校　箋】

〔一〕孔穎達云：「此一節廣明坤象。坤既爲地，地受任生育，故謂之『爲母』也；『爲布』，取其地廣載也；『爲釜』，取其化生成熟也；『爲吝嗇』，取其地生物不轉移也；『爲均』，取其地道平均也；『爲子母牛』，取其多蕃育而順之也；『爲大輿』，取其能載萬物也；『爲文』，取其萬物之色雜也；『爲衆』，取其地載物非一也；『爲柄』，取其生物之本也；『其於地也爲黑』，取其極陰之色也。」（周易正義卷九）

震爲雷、爲龍、爲玄黄、爲旉、爲大塗、爲長子、爲決躁、爲蒼筤竹、爲萑葦，其於馬也爲善鳴、爲馵足、爲作足、爲的顙，其於稼也爲反生，其究爲健、爲蕃鮮。〔一〕

陽在下，陰壓之而不得出，則奮擊而爲「雷」。「玄」、「黄」合則青，東方之色也。出則必發散而闢直，故「爲旉」、「爲大塗」。「決躁」者，動之性。「竹」、「萑葦」，青而又青者也。「善鳴」者，雷之聲。「馵足」，足之被壓者。「作足」，足之騰上者。「的顙」之馬，其性善動。凡種之萌，勾而「反生」。「其究爲健」，終成乾體也。「爲蕃鮮」，一變潔齊也。

【校箋】

〔一〕孔穎達云：「此一節廣明震象。『爲玄黄』，取其相雜而成蒼色也；『爲旉』，取其春時氣至，草木皆吐，旉布而生也；『爲大塗』，取其萬物之所生也；『爲長子』，震爲長子也；『爲決躁』，取其剛動也；『爲蒼筤竹』，竹初生之時色蒼筤，取其春生之美也；『爲萑葦』，竹之類也；『其於馬也爲善明』，取其象雷聲之遠聞也；『爲馵足』，馬後足白爲馵，取其動而見也；『爲作足』，取其動而行健也；『爲的顙』，白額爲的顙，亦取動而見也；『其於稼也爲反生』，取其始生戴甲而出也；『其究爲健』，極於震動則爲健也；『爲蕃鮮』，取其春時草木蕃育而鮮明。」（周易正義卷九）

巽爲木、爲風、爲長女、爲繩直、爲工、爲白、爲長、爲高、爲進退、爲不果、爲臭，其於人也爲寡髮、爲廣顙、爲多白眼、爲近利市三倍，其究爲躁卦。〔一〕

陰在内，陽入而能散之，「木」與「風」之象也。「爲繩直」、「爲工」，取其制。「爲白」，取其潔。「長」、「高」者，地中生木之理。「進退」、「不果」者，入而善疑之性。「臭」者，氣也，風之屬。「寡髮」、「廣顙」、「白眼」，皆人之潔者。「近利倍市」，亦取善入也。一變爲離，故曰「躁卦」。

【校箋】

〔一〕孔穎達云：「此一節廣明巽象。『巽爲木』，木可以輮曲直，即巽順之謂也；『爲風』，取其陽在上搖木也；『爲長女』，巽爲長女也；『爲繩直』，取其號令齊物如繩之直木也；『爲工』，亦正取繩直之類；『爲白』，取其風吹去塵故絜白也；『爲長』，取其風行之遠也；『爲高』，取其風性高遠，又木生而上也；『爲進退』，取其風之性前却，其物進退之義也；『爲不果』，取其風性前却，不能果敢決斷，亦皆進退之義也；『爲臭』，取其風所發也，又取下風之遠聞；『其於人也爲寡髮』，風落樹之華葉，則在樹者稀疏如人之少髮；『爲廣顙』，額闊髮寡少之義；『爲多白眼』，取躁人之眼其色多白也；『爲近利』，取其躁人之情多近於利也；『市三倍』，取其木生蕃盛，於市則三倍之利也；『其究爲躁卦』，取其風之勢極於躁急也。」（周易正義卷九）

坎爲水、爲溝瀆、爲隱伏、爲矯輮、爲弓輪，其於人也爲加憂、爲心病、爲耳痛、爲血卦、爲赤，其於馬也爲美脊、爲亟心、爲下首、爲薄蹄、爲曳，其於輿也爲多眚、爲通、爲月、爲盜，其於木也爲堅多心。〔一〕

陽在中，爲陰所蓄，則化而爲「水」。「溝瀆」，又水之不清者，物陷則污也。「隱伏」者，被陷之象。「矯輮」者，習熟之功。「弓輪」者，矯輮之物。「加憂」、「心病」、「耳痛」，人之勞也。「血」者，人身之水。「赤」者，得乾中色。「美脊」，陽在中也。「躁急其心」、「屢下其首」、「摩薄其蹄」、「跛曳其足」，皆馬之勞也。「多眚」，車之勞也。「通」者，水之性。「月」者，水之精。「盜」者，行險之類。「堅多心」者，木老而心堅也。

【校箋】

〔一〕孔穎達云：「此一節廣明坎象。『坎爲水』，取其北方之行也；『爲溝瀆』，取其水行無所不通也；『爲隱伏』，取其水藏地中也；『爲矯輮』，取其使曲者直爲矯，使直者曲爲輮，水流曲直，故『爲矯輮』也；『爲弓輪』，弓者激矢如水激射也，輪者運行如水行也；『其於人也爲加憂』，取其憂險難也；『爲心病』，憂險難，故心病也；『爲耳痛』，坎爲勞卦，聽勞則耳痛也；『爲血卦』，人之有血，猶地有水也；『爲赤』，亦取血之色；『其於馬也爲美脊』，取其陽在中也；『爲亟心』，亟，急也，取其中堅内動也；『爲下首』，取其水流向下也；『爲薄蹄』，取水流迫地而行也；『爲曳』，取水磨地而行也；『其於輿也爲多眚』，取其表裏有陰，力弱不能重載也；『爲通』，取行有孔穴也；『爲月』，月是水之精也；『爲盜』，取水行潛竊也；『其於木也爲堅多心』，取剛在内也。」（周易正義卷九）

離爲火、爲日、爲電、爲中女、爲甲胄、爲戈兵，其於人也爲大腹、爲乾卦、爲鼈、爲蟹、爲蠃、爲蚌、爲龜，其於木也爲科上槁。〔一〕

陰在中，陽附而發，則爲「火」。「日」、「電」，皆火之精也。「甲胄」、「戈兵」，取剛在外而有威炎。「大腹」者，中虚也。「乾卦」者，火德也。「鼈」、「蟹」、「蠃」、「蚌」、「龜」，皆介屬，外剛内柔。又，「龜」德明也。「科上槁」者，木之方長，其心必虚，其末易槁。取南方之卦，枝葉外盛而逢熯乾也。

【校箋】

〔一〕孔穎達云：「此一節廣明離象。『離爲火』，取南方之行也；『爲日』，日是火精也；『爲電』，火之類也；『爲中女』，離爲中女；『爲甲冑』，取其剛在外也；『爲戈兵』，取其以剛自捍也；『其於人也爲大腹』，取其懷陰氣也；『爲乾卦』，取其日所烜也；『爲鱉、爲蟹、爲蠃、爲蚌、爲龜』，皆取剛在外也；『其於木也爲科上槁』，科，空也，陰在内爲空，木既空中，上必枯槁也。」（周易正義卷九）案：「槁」，注疏本、陳本同，榕村本誤作「稿」。阮元周易注疏校勘記云：「石經、岳本、監、毛本同。閩本『槁』作『稿』。釋文：『科，虞作「折」。槁，鄭作「槀」，干作「熇」。』」

艮爲山，爲徑路，爲小石，爲門闕，爲果蓏，爲閽寺，爲指，爲狗，爲鼠，爲黔喙之屬，其於木也爲堅多節。〔一〕

陽直上，陰承而止之，則爲「山」。「徑路」、「小石」，又山之多阻止者也。「門闕」

者，止物之處也。「果蓏」者，草木之實既落而能復生者也。「閽寺」者，止物之人也。「指」者，手之用。狗守宅，鳥、鼠守巢、穴，皆有以捍禦於外者也。「堅多節」者，木老之甚而節亦堅也。

【校　箋】

〔一〕孔穎達云：「此一節廣明艮象。『艮爲山』，取陰在下爲止，陽在上爲高，故艮象山也；『爲徑路』，取其山有澗道也；『爲小石』，取其艮爲山，又爲陽卦之小者也；『爲門闕』，取其崇高也；『爲果蓏』，木實爲果，草實爲蓏，取其出於山谷之中也；『爲閽寺』，取其禁止人也；『爲指』，取其執止物也；『爲狗、爲鼠』，取其皆止人家也；『爲黔喙之屬』，取其山居之獸也；『其於木也爲堅多節』，取其堅勁，故多節也。」（周易正義卷九）

兑爲澤、爲少女、爲巫、爲口舌、爲毁折、爲附決，其於地也爲剛鹵，爲妾、爲羊。〔一〕

陰在外，陽表而散之，則爲「澤」。「巫」、「口舌」，皆取口象也。「毁折」者，枝之傷。「附決」者，葉之脱，正秋之象也。「剛鹵」者，水止所結。「妾」，女之少賤者。

【校　箋】

〔一〕孔穎達云：「此一節廣明兑象。『兑爲澤』，取其陰卦之小，地類卑也；『爲少女』，兑爲少女也；『爲巫』，取其口舌之官也；『爲口舌』，取西方於五事爲言也；『爲毀折、爲附決』，兑西方之卦，又兑主秋也，取秋物成熟，稾稈之屬則『毀折』也，果蓏之屬則『附決』也；『其於地也爲剛鹵』，取水澤所停則鹹鹵也；『爲妾』，取少女從姊爲娣也；『爲羊』，取羊性順也。」（周易正義卷九）

右第六段。

○中所取象，有複前文者，有廣前文所未及者，有前文所取而此所棄者。竊意前文爲列代之相傳，而此則文王所自取。蓋惟天、地、雷、風、水、火、山、澤爲八卦正象，不可變也。餘則文王自以圖象起義，而推廣其類。今案文求之，則其理多與文王卦位合，故次於第五章之後，亦猶圖象先羲後文之意也。

序卦傳

有天地，然後萬物生焉。盈天地之間者唯萬物，故受之以屯。屯者，盈也。〔一〕屯者，物之始生也。〔二〕物生必蒙，故受之以蒙。蒙者，蒙也，物之穉也。物穉不可不養也，故受之以需。需者，飲食之道也。飲食必有訟，故受之以訟。〔三〕訟必有衆起，故受之以師。師者，衆也。衆必有所比，故受之以比。比者，比也。〔四〕比必有所畜，故受之以小畜。物畜然後有禮，故受之以履。履而泰，然後安，故受之以泰。〔五〕泰者，通也。物不可以終通，故受之以否。物不可以終否，故受之以同人。與人同者，物必歸焉，故受之以大有。有大者不可以盈，故受之以謙。有大而能謙必豫，故受之以豫。〔六〕豫必有隨，故受之以隨。以喜隨人者必有事，故受之以蠱。蠱者，事也。有事而後可大，故受之以臨。臨者，大也。〔七〕物大然後可觀，故受之以觀。可觀而後有所合，故受之以噬嗑。嗑者，合也。

必見其可合而後合之。

【校箋】

〔一〕項安世云：「『屯』不訓『盈』也。當屯之時，剛柔始交，天地絪緼，雷雨動蕩，見其氣之充塞也，是以謂之『盈』爾。故謂之『盈』者，其氣也；謂之『物之始生』者，其時也；謂之『難』者，其事也。若『屯』之訓，則『紛紜盤錯』之義云爾。」（周易玩辭卷十六）

〔二〕孔穎達云：「上言『屯者，盈也』，釋屯次乾、坤。其言已畢，更言『屯者，物之始生』者，開

說下『物生必蒙』直取『始生』之意，非重釋屯之名也。」（周易正義卷九）

〔三〕朱震云：「『蒙』，冥昧也。物生者必始於冥昧，勾萌胎卵是也，故次之以蒙。『蒙』，童蒙也，物如此稚也。『飲食必有訟』，乾餱以愆，豕酒生禍，有血氣者必有爭心，故次之以訟。」（漢上易傳卷十）

〔四〕韓康伯云：「衆起而不比，則爭无由息，必相親比而後得寧也。」（見周易正義卷九）項安世云：「師、比二卦相反，師取伍兩卒旅師軍之名，比取比閭族黨州鄉之名，師以衆正爲義，比以相親爲主。」（見周易集說卷三十九）

〔五〕項安世云：「『履』不訓『禮』也。人所履，未有外於禮者，外於禮則非所當履，故以履爲有禮也。履上天下澤，亦有禮之名分焉。」（周易玩辭卷十六）

〔六〕郭雍云：「以謙有大，則絶盈滿之累，故優游不迫而暇豫也。」（郭氏傳家易說卷十）

〔七〕項安世云：「『蠱』不訓『事』。物壞則萬事生矣，事因壞而起，故以『蠱』爲事之元。」又云：「『臨』不訓『大』。『臨』者，以上臨下，以大臨小。凡稱『臨』者，皆大者之事也，故以『大』釋之。若『豐者，大也』，則『豐』真訓『大』矣。」（周易玩辭卷十六）吴澄云：「因蠱之有事，而後有臨之盛大也。」（易纂言卷十一）

物不可以苟合而已，故受之以賁。賁者，飾也。致飾然後亨則盡矣，故受之以剥。剥者，剥也。〔一〕物不可以終盡，剥窮上反下，故受之以復。復則不妄矣，故受之以无妄。〔二〕有无妄，然後可畜，故受之以大畜。物畜然後可養，故受之以頤。頤者，養也。不養則不可動，故受之以大過。〔三〕

靜養之素，然後可以動而當大事。

【校箋】

〔一〕蘇軾云：「君臣、父子、夫婦、朋友之際，所謂『合』也。直情而行謂之『苟』，禮以飾情謂之『賁』。苟則易合，易合則相瀆，相瀆則易以離；賁則難合，難合則相敬，相敬則能久。飾極則文勝而實衰，故剥。」（東坡易傳卷八）

〔二〕何楷云：「『不妄』與『无妄』當辨，由『不以妄』然後能『无妄』也。」（古周易訂詁卷十四）

〔三〕蘇軾云：「養而不用，其極必動；動而不已，其極必過。」（東坡易傳卷八）

物不可以終過，故受之以坎。坎者，陷也。陷必有所麗，故受之以離。離者，麗也。

大過必橈，故有傾陷之幾。行險不失，是得依附之道。

有天地，然後有萬物。有萬物，然後有男女。有男女，然後有夫婦。有夫婦，然後有父子。有父子，然後有君臣。有君臣，然後有上下。有上下，然後禮義有所錯。夫婦之道，不可以不久也，故受之以恒。恒者，久也。〔一〕

少男、少女之配，人道之始也，故以咸爲夫婦之道。

【校箋】

〔一〕吴澄云：「此言咸所以爲下經之首也。『夫婦』，謂咸卦。先言『天地』、『萬物』、『男女』者，有夫婦之所由也；後言『父子』、『君臣』、『上下』者，有夫婦之所致也。有夫婦，則其所生爲父子。由家而國，雖非父子也，而君尊臣卑之分如父子也；由國而天下，雖非君臣，而上貴下賤之分如君臣也。『禮義』，所以分别尊卑貴賤之等。『錯』，猶『置』也。乾、坤、咸不出卦名者，以其爲上、下經之首卦，特别言之。」（易纂言卷十一）

物不可以久居其所，故受之以遯。遯者，退也。物不可以終遯，故受之以大壯。物不可以終壯，故受之以晉。晉者，進也。進必有所傷，故受之以明夷。夷者，傷也。傷於外者，必反其家，故受之以家人。家道窮必乖，故受之以睽。睽者，乖也。乖必有難，故受之以蹇。蹇者，難也。〔二〕物不可以終難，故受之以解。解者，緩也。緩必有所失，故受之以損。損而不已必益，故受之以益。益而不已必決，故受之以夬。

夬者，決也。決必有所遇，故受之以姤。姤者，遇也。〔二〕

盈則必潰，故「決」。去必復來，故「遇」。

【校箋】

〔一〕項安世云：「凡言屯者，皆以爲『難』，而蹇又稱『難』者，卦皆有坎也。然而屯『動乎險中』，則誠行乎患難者也，蹇之『見險而止』，則但爲其所阻難而不得前爾，非患難之難也。故居屯者必以『經綸』濟之，而遇蹇者則待其解緩而後前，其難易固不侔矣。」（周易玩辭卷十六）

〔二〕俞琰云：「損益盛衰，若循環然。『損而不已』，天道復還，故『必益』；『益而不已』，則所積滿盈，故『必決』，此乃理之常也。損之後繼以益，『深谷爲陵』之意也；益之後繼以夬，『高岸爲谷』之意也。」（周易集説卷三十九）案：俞氏引「深谷爲陵」、「高岸爲谷」，毛詩小雅十月之交文。

物相遇而後聚，故受之以萃。萃者，聚也。〔一〕聚而上者謂之升，故受之以升。升而不已必困，故受之以困。困乎上者必反下，故受之以井。井道不可不革，故受之以革。〔二〕

「困上反下」，井居其所也。「不可不革」者，「陶冶」之義，非「改井」也。

【校箋】

〔一〕項安世云：「物相遇而聚者，彼此之情交相會也，故謂之『萃』，以衆言之也。比而有所畜者，係而止之也，故謂之『畜』，自我言之也。『畜』有『止而聚』之義，『聚』者不必『止』也。」（周易玩辭卷十六）

〔二〕朱震云：「『井』，在下者也。井久則穢濁不食。治井之道，革去其害井者而已。」（漢上易傳卷十）

革物者莫若鼎，故受之以鼎。主器者莫若長子，故受之以震。震者，動也。物不可以終動，止之，故受之以艮。艮者，止也。物不可以終止，故受之以漸。漸者，進也。進必有所歸，故受之以歸妹。〔一〕

人之進身必有所歸宿，無所歸者不可進也。

【校箋】

〔一〕閻彥升云：「『晉者，進也。進必有所傷』，『漸者，進也。進必有所歸』，何也？曰：晉所謂『進』者，有進而已，此進必有傷也；漸之所謂『進』者，漸進而已，烏有不得所歸者

乎？」（見周易會通卷十四）

得其所歸者必大，故受之以豐。豐者，大也。〔一〕窮大者必失其居，故受之以旅。〔二〕旅而无所容，故受之以巽。巽者，入也。入而後説之，故受之以兑。兑者，説也。説而後散之，故受之以涣。涣者，離也。〔三〕物不可以終離，故受之以節。節而信之，故受之以中孚。有其信者必行之，故受之以小過。〔四〕

事無定節，則不足以取信。中能自信，則遇事必行而有似於過。

【校箋】

〔一〕朱震云：「前曰『與人同者，物必歸焉，故受之以大有』，此曰『得其所歸者必大』，大有次同人者，處大之道也；豐次歸妹者，致大之道也。」（漢上易傳卷十）李光地云：「『得其所歸』，猶言『得其所依歸』也。婦得賢夫而配之，臣得聖君而事之，皆『得其所歸』之謂。故同人之『物必歸焉』者，人歸己也；此之『得其所歸』者，己歸人也，兩者皆足以致事業之大。」（周易折中卷十八）

〔二〕俞琰云：「大而能謙則豫，大而至於窮極則必失其所安，故豐後繼以旅。」（周易集説卷三十九）

〔三〕張栻云：「入於道，故有見而説，故巽而受之以兑。惟説於道，故推而及人，説而後散，故受之以涣。」（南軒易説卷四）

〔四〕蔡清云：「『節而信之』，必立爲節制於此，上之人當信而守之，下之人當信而行之，故『受之以中孚』。『有其信者必行之』，若果於自信，則於事不加詳審而在所必行矣，能免於過乎？」（易經蒙引卷十二下）

有過物者必濟，故受之以既濟。物不可窮也，故受之以未濟終焉。〔一〕

若終於既濟，則窮矣；未濟，故反復其道而不窮。

【校箋】

〔一〕韓康伯云：「行過乎恭，禮過乎儉，可以矯世厲俗，有所濟也。」（見周易正義卷九）項安世云：「大過則逾越常理甚矣，故必至於陷。小過則或可以濟事，故有濟而无陷也。」又云：「坎、離之交謂之既濟。此生生不窮之所從出也，而聖人猶以爲有窮也，又分之以爲未濟。此即咸感之後，繼之以恒久之義也。蓋情之交者，不可以久而無弊，故必以分之正者終之。」（周易玩辭卷十六）

右蓋因卦之序而爲之傳如此。或疑非文王次第本意。然易道之所以不窮者，隨其時之所趨，無不可以相生，無不可以相對也。故揲蓍之法，觸類而長，然後天下之能事畢矣。夫子蓋因卦序而發義以舉例，明乎卦卦相遇皆可以其理而通之。學易者如此，然後知易道之所謂變動周流者，而占筮之用亦在其中焉。

雜卦傳

乾剛坤柔，比樂師憂。〔一〕臨、觀之義，或與或求。〔二〕屯見而不失其居，蒙雜而著。〔三〕

靜者，動之本，故雖有爲而所居不失。昏者，明之機，故雖晦昧而本心自著。

【校箋】

〔一〕朱震云：「比得位而衆比之，故樂；師犯難而衆從之，故憂，憂樂以天下也。」（漢上易傳卷十一）

〔二〕朱熹云：「以我臨物曰『與』，物來觀我曰『求』。或曰：『二卦互有「與求」之義。』」（周易本義卷十二雜卦傳第十）郭雍云：「臨與所臨，觀與所觀，二卦皆有『與求』之義。或

有與无求、有求无與，皆非臨、觀之道。」（郭氏傳家易説卷十一）

〔三〕蘇軾云：「『君子以經綸』，故曰『見』。『磐桓，利居貞』，故曰『不失其居』。『蒙以養正』，蒙、正未分，故曰『雜』。『童蒙求我』，求人以自明，故曰『著』。」（東坡易傳卷八）

震，起也。艮，止也。〔一〕**損、益，盛衰之始也。**〔二〕**大畜，時也。无妄，災也。**〔三〕

所畜者大，則行止者時也；省己无妄，則值遇者災也。非大畜，則不可以言時；非无妄，則不可以言災。

【校箋】

〔一〕虞翻云：「震陽動行，故『起』。艮陽終止，故『止』。」（見周易集解卷十七）朱震云：「陽起於坤而出震，則靜者動；陽止於艮而入坤，則動者靜，故起莫如震，止莫如艮也。」（漢上易傳卷十一）

〔二〕郭雍云：「損已必盛，故爲『盛之始』；益已必衰，故爲『衰之始』。消長相循，在道當如是也。」（郭氏傳家易説卷十一）俞琰云：「損上以益下，此乃盛之始也；損下以益上，此乃衰之始也。損、益蓋未至於盛衰，而盛衰自此始也。」（周易集説卷四十）

〔三〕何楷云：「大畜若上九『天衢』之『亨』，可謂得時矣，然无畜而時不謂『時』也，大畜，故謂

之『時』耳。无妄若六三『或繫之牛』，可謂逢災矣，然有妄而災不謂『災』也，无妄，故謂之『災』耳。」（古周易訂詁卷三）

萃聚而升不來也。〔一〕
惟聚於下者可以素畜，至於上升則不來矣。學優而後仕，信友以事君，義皆如此。

【校　箋】

〔一〕張振淵云：「萃順以說，同道相聚於下而未往。升巽而順，同德共升於上而不來。或曰：『萃有「聚而尚往」之義，升有「莊而不反」之義。』」（周易說統卷十二）

謙輕而豫怠也。〔一〕
心虚則輕，意盈則怠。

【校　箋】

〔一〕郭雍云：「謙輕己，豫怠己也，以樂豫，故心怠，是以君子貴知幾。」（郭氏傳家易説卷十一）項安世云：「自以爲少，故『謙』；自以爲多，故『豫』。少故『輕』，多故『怠』。」（周易玩辭卷十六）

噬嗑，食也。賁，无色也。〔一〕

食而不化則傷生，華而無實則損德，故噬之而合者，飲食之正也；反於无色者，文飾之中也。

【校箋】

〔一〕李光地云：「此二語之義，即所謂『食取其充腹，衣取其蔽體』者也。若飫於膏粱，則噬之不能合，而失飲食之正；若競於華美，則目迷五色，而非自然之文。」（周易折中卷十八）

兑見而巽伏也。〔一〕

陰見於外，陽出而散之則說；陰伏於內，陽入而散之則潔。謂「陰自說自入」者，非也。

【校箋】

〔一〕朱熹云：「兑陰外見，巽陰内伏。」（周易本義卷十二雜卦傳第十）何楷云：「巽本以陰在下爲能巽也，彖傳乃謂『剛巽乎中正而志行，柔皆順乎剛』；兑本以陰在上爲能說也，彖傳乃謂『剛中而柔外，説以利貞』，蓋終主陽也云爾。」（古周易訂詁卷六）

隨无故也，蠱則飭也。〔一〕

「故」者，對「新」之稱。守其故則不能舍己以隨人，飭其新則可以去弊而興善。

【校　箋】

〔一〕朱熹云：「隨前无故，蠱後當飭。」（周易本義卷十二雜卦傳第十）俞琰云：「『故』者，事之所因也。動而説則隨時而已，无所因也，故曰『隨无故』也。蠱者，隨之反，『隨无故』，蠱則有故也。不飭則大壞極弊而不可救，故曰『蠱則飭』也。『飭』者，修飭也。或曰：『「故」，謂故舊，與「革去故」之「故」同。隨人則忘舊，蠱則飭而新也。』」（周易集説卷四十）李光地云：「人心有舊見則不能隨人，故堯、舜舍己從人者，『无故』也。」（周易折中卷十八）

剥，爛也。復，反也。〔二〕晉，晝也。明夷，誅也。〔三〕井通而困相遇也。〔三〕

井之爲道，常通不窮。或值其困，時所遇爾。

【校　箋】

〔一〕項安世云：「『剥』，爛盡；『復』，反生也。凡果爛而仁生，物爛而蠱生，木葉爛而根生，糞壤爛而苗生，皆剥、復之理也。」（周易玩辭卷十六）徐幾云：「剥爛則陽窮於上，復反

則陽生於下，猶果之爛墜於下，則可種而生矣。」（見周易會通卷十四）

〔二〕虞翻云：「離日在上，故『晝』也。明入地中，故『誅』也。」（見周易集解卷十七）郭雍云：「晉與明夷，朝、暮之象也，故言『明出地上』、『明入地中』。『誅』，亦『傷』也。」（郭氏傳家易説卷十一）

〔三〕朱震云：「往來不窮，故曰『井通』。陽遇陰而見掩，故曰『困相遇』也。或往而通，或來而困，惟其時也。」（漢上易傳卷十一）郭雍云：「『往來井井』，則其道通。困遇剛掩，所以爲困。」（郭氏傳家易説卷十一）項安世云：「自乾、坤至此，凡三十卦，正與上經之數相當。」（周易玩辭卷十六）

咸，速也。恒，久也。〔一〕

感人在於俄頃之間，久道成乎必世之後。

【校箋】

〔一〕蔡淵云：「有感則應，故速。常，故能久。」（見周易會通卷十四）蔡清云：「『咸』非訓『速』也。天下之事，無速於感通者，故曰『咸，速』也。『久』、『速』相反對。」（易經蒙引卷十二下）

渙，離也。節，止也。〔一〕解，緩也。蹇，難也。〔二〕睽，外也。家人，内也。〔三〕否、泰，反其類也。

【校箋】

〔一〕虞翻云：「渙散，故『離』。節制數度，故『止』。」（見周易集解卷十七）項安世云：「渙、節正與井、困相反。井以木出水，故居塞而能通；渙則以水浮木，故通之極至於散也。節以澤上之水，故居通而能塞；困爲澤下之水，故塞之極至於困也。」（周易玩辭卷十六）

〔二〕張栻云：「天下之難既解，故安於佚樂，每失於緩。蹇者，『見險而止』，故爲『難』。」（南軒易説卷一）

〔三〕徐幾云：「睽者，疏而外也。家人者，親而内也。」（見周易大全卷二十四）徐在漢云：「『外』，猶言『外之』也，非『内外』之『外』，以情之親疏爲内外也。」（見周易説統卷十二）

大壯則止，遯則退也。〔一〕

難進而易退。

【校箋】

〔一〕何楷云：「此皆主陽畫言。壯不可用，宜止不宜躁；遯與時行，應退不應進。『止』者難進，『退』則易退也。」（古周易訂詁卷四）

大有，衆也。同人，親也。〔一〕革，去故也。鼎，取新也。小過，過也。中孚，信也。

行有時而或過，心無時而不實。

【校箋】

〔一〕朱震云：「大有六五柔得尊位而有其衆，有其衆則衆亦歸之，故曰『大有，衆也』。同人六二得中、得位而同乎人，同乎人則人亦親之，故曰『同人，親也』。」（漢上易傳卷十一）

豐，多故也。親寡，旅也。〔一〕

豐盛而多故，羈旅而寡親，皆言其處之難者。

【校箋】

〔一〕潘夢旂云：「物盛則多故，旅寓則少親。」（見周易大全卷二十四）

離上而坎下也。〔一〕小畜，寡也。履，不處也。〔二〕

一陰畜乎衆陽之多，則寡而爲力也微。一陰行乎衆陽之内，則危而不敢寧處。

【校箋】

〔一〕朱熹云：「火炎上，水潤下。」（周易本義卷十二雜卦傳第十）

〔二〕李光地云：「『寡』者，一陰雖得位而畜衆陽，其力寡也。『不處』者，一陰不得位而行乎衆陽之中，不敢寧處也。」（周易折中卷十八）

需，不進也。訟，不親也。〔一〕

處勢之難則需，值情之乖則訟。

【校箋】

〔一〕李舜臣云：「乾上離下是爲同人，乾上坎下是爲訟。離爲火，火性炎上而趨乾，故曰『同人，親也』。坎爲水，水性就下，與乾違行，故曰『訟，不親也』。」（周易集説卷四十）

大過，顛也。姤，遇也，柔遇剛也。漸，女歸待男行也。頤，養正也。既濟，定也。歸妹，女之終也。未濟，男之窮也。夬，決也，剛決柔也。君子道長，小人道憂也。〔一〕

此八卦不反對而義相次，蓋陽太過則傾撓而顛矣，故必與陰遇，男女、飲食皆陰也。如漸之待歸、頤之養正，則陽得陰之助而和，既濟之義也。如歸妹之終，則陽不得陰之助而窮，未濟之義也。然陽道不可窮，故必決去陰柔而使君子之類常勝，是一經之大義也。

【校箋】

〔一〕朱熹云：「自大過以下，卦不反對，或疑其錯簡，今以韻協之，又似非誤，未詳何義。」（周易本義卷十二雜卦傳第十）項安世云：「大過之象，本末俱弱，而在雜卦之終。聖人作易，示天下以无終窮之理，教人以撥亂反正之法，是故原其亂之始生於姤，而極其勢之上窮於夬，以示微之當防、盛之不足畏，自夬而乾，有終而復始之義也。」又云：「自大過以下，特皆以『男女』爲言，至夬而明言之曰『君子』、『小人』，然則聖人之意斷可識矣。」（周易玩辭卷十六）胡炳文云：「本義謂『自大過以下，卦不反對，或疑其錯簡，今以韻協之，又似非誤，未詳何義』。愚竊以爲：雜物撰德，非其中爻不備，此蓋指中四爻互體而言也。先天圖之左互復、頤、既濟、家人、歸妹、睽、夬、乾八卦，右互姤、大過、未濟、解、漸、蹇、剥、坤八卦。此則於右取姤、大過、未濟、漸四卦，於左取頤、既濟、歸妹、夬四卦，各舉其半，可兼其餘矣。是雖所取不能无雜，蓋此謂雜卦而互體又其最雜者也。上三十卦終之以困，柔揜剛也；下三十四卦終之以夬，剛決柔也。柔揜剛，君子『不失其所亨』；剛決柔，『君子道長，小人道憂』矣。然則天地閒剛柔每每相雜，至若君子之爲剛、小人之爲柔，決不可使相雜也。雜卦之末特分别君子、小人之道言之，聖人贊化育、扶世變之意微矣。始於乾，終於夬，或曰：『夬之一陰決盡則爲乾也。』」（周易本義通釋卷十）

右錯雜六十四卦之序，蓋亦古有是法，而夫子傳之也。序卦主於時之相生，雜卦主於義之相對，然相生者未嘗不相對，而相對者未嘗不相生也。二篇相爲經緯、表裏之義，惟深於易者能知之。

周易觀象校箋參考文獻

一、經部著作

子夏易傳，周卜商撰，美國哈佛大學燕京圖書館藏清康熙十九年（一六八〇）通志堂經解刻本
京氏易傳，漢京房撰，吳陸績注，四部叢刊（初編）影印明范欽校刻范氏二十一種奇書本
周易正義，魏王弼、韓康伯注，唐孔穎達等正義，影印清阮元校刻十三經注疏本，中華書局，一九八〇年
周易集解，唐李鼎祚撰，北京圖書館古籍珍本叢刊影印明嘉靖三十六年（一五五七）朱睦㮮聚樂堂刻本，書目文獻出版社，一九九八年
周易集解，唐李鼎祚撰，王豐先點校，中華書局，二〇一六年
周易口義，宋胡瑗撰，景印文淵閣四庫全書本，臺灣商務印書館，一九八六年
伊川易傳，宋程頤撰，中華再造善本叢書影印國家圖書館藏元刻本，北京圖書館出版社，二〇〇四年（十二卷本）

易程傳，宋程頤撰，清光緒十年（一八八四）遵義黎庶昌古逸叢書景刊覆元至正本
周易程氏傳，宋程頤撰，王孝魚點校，中華書局，二〇一一年
東坡易傳，宋蘇軾撰，景印文淵閣四庫全書本，臺灣商務印書館，一九八六年
漢上易傳，宋朱震撰，四部叢刊續編影印北平圖書館藏宋刻本（闕卷以汲古閣影宋鈔本配補）
紫巖易傳，宋張浚撰，美國哈佛大學燕京圖書館藏清康熙十九年通志堂經解刻本
周易義海撮要，宋李衡撰，美國哈佛大學燕京圖書館藏清康熙十九年通志堂經解刻本
郭氏傳家易説，宋郭雍撰，清乾隆四十年（一七七五）武英殿聚珍版叢書本
易小傳，宋沈該撰，叢書集成續編影印民國吴興劉承幹嘉業堂刻吴興叢書本，新文豐出版公司，一九八八年
易翼傳，宋鄭汝諧撰，美國哈佛大學燕京圖書館藏清康熙十九年通志堂經解刻本
誠齋易傳，宋楊萬里撰，宋張敬之校正，中華再造善本叢書影印國家圖書館藏宋刻本，北京圖書館出版社，二〇〇三年
周易玩辭，宋項安世撰，美國哈佛大學燕京圖書館藏清康熙十九年通志堂經解刻本
周易本義，宋朱熹撰，中華再造善本叢書影印國家圖書館藏宋咸淳元年（一二六五）九江吴革刻本，北京圖書館出版社，二〇〇三年（十二卷本）

原本周易本義，宋朱熹撰，景印文淵閣四庫全書本，臺灣商務印書館，一九八六年（十二卷本）
別本周易本義，宋朱熹撰，景印文淵閣四庫全書本，臺灣商務印書館，一九八六年（四卷本）
周易本義，宋朱熹撰，廖名春點校，中華書局，二〇〇九年（四卷本）
南軒易說，宋張栻撰，景印文淵閣四庫全書本，臺灣商務印書館，一九八六年
西谿易說，宋李過撰，景印文淵閣四庫全書本，臺灣商務印書館，一九八六年
厚齋易學，宋馮椅撰，景印文淵閣四庫全書本，臺灣商務印書館，一九八六年
復齋易說，宋趙彦肅撰，美國哈佛大學燕京圖書館藏清康熙十九年通志堂經解刻本
楊氏易傳，宋楊簡撰，景印文淵閣四庫全書本，臺灣商務印書館，一九八六年
大易粹言，宋方聞一撰，景印文淵閣四庫全書本，臺灣商務印書館，一九八六年
童溪易傳，宋王宗傳撰，中華再造善本叢書影印國家圖書館藏宋開禧元年建安劉日新宅三桂堂刻本，北京圖書館出版社，二〇〇二年
周易經傳訓解，宋蔡淵撰，景印文淵閣四庫全書本，臺灣商務印書館，一九八六年
周易總義，宋易祓撰，景印文淵閣四庫全書本，臺灣商務印書館，一九八六年
丙子學易編，宋李心傳撰，美國哈佛大學燕京圖書館藏清康熙十九年通志堂經解刻本
周易輯聞，宋趙汝楳撰，美國哈佛大學燕京圖書館藏清康熙十九年通志堂經解刻本

周易傳義附録，宋董楷撰，美國哈佛大學燕京圖書館藏清康熙十九年通志堂經解刻本
周易集説，宋俞琰撰，美國哈佛大學燕京圖書館藏清康熙十九年通志堂經解刻本
易本義附録纂注，元胡一桂撰，景印文淵閣四庫全書本，臺灣商務印書館，一九八六年
易纂言，元吴澄撰，美國哈佛大學燕京圖書館藏清康熙十九年通志堂經解刻本
周易本義通釋，元胡炳文撰，美國哈佛大學燕京圖書館藏清康熙十九年通志堂經解刻本
學易記，元李簡撰，中華再造善本叢書影印國家圖書館、遼寧省圖書館藏元刻本，北京圖書館出版社，二〇〇六年
周易會通，元董真卿撰，美國哈佛大學燕京圖書館藏清康熙十九年通志堂經解刻本
大易緝説，元王申子撰，美國哈佛大學燕京圖書館藏清康熙十九年通志堂經解刻本
周易參義，元梁寅撰，美國哈佛大學燕京圖書館藏清康熙十九年通志堂經解刻本
周易本義集成，元熊良輔撰，美國哈佛大學燕京圖書館藏清康熙十九年通志堂經解刻本
周易大全，明胡廣撰，景印文淵閣四庫全書本，臺灣商務印書館，一九八六年
易經圖釋，明劉定之撰，四庫全書存目叢書影印上海圖書館藏清乾隆、咸豐間永新劉氏刻劉文安公全集本，齊魯書社，一九九七年
易經蒙引，明蔡清撰，景印文淵閣四庫全書本，臺灣商務印書館，一九八六年

易經存疑，明林希元撰，景印文淵閣四庫全書本，臺灣商務印書館，一九八六年

周易傳義補疑，明姜寶撰，四庫全書存目叢書影印北京圖書館藏明萬曆十四年（一五八六）古之賢新安郡齋刻本，齊魯書社，一九九七年

周易集注，明來知德撰，景印文淵閣四庫全書本，臺灣商務印書館，一九八六年

周易象義，明章潢撰，四庫全書存目叢書影印北京圖書館藏明鈔本，齊魯書社，一九九七年

易學，明沈一貫撰，四庫全書存目叢書影印首都圖書館藏明萬曆刻本，齊魯書社，一九九七年

像象管見，明錢一本撰，景印文淵閣四庫全書本，臺灣商務印書館，一九八六年

講易手録，明趙光大撰，故宮珍本叢刊影印明萬曆三十七年（一六〇九）趙氏自刻本，海南出版社，二〇〇一年

周易可説，明曹學佺撰，四庫全書存目叢書影印甘肅省圖書館藏明崇禎刻本，齊魯書社，一九九七年

易芥，明陸振奇撰，四庫全書存目叢書影印北京圖書館分館藏清乾隆十六年（一七五一）刻本，齊魯書社，一九九七年

周易説統，明張振淵撰，四庫全書存目叢書影印浙江圖書館藏明萬曆四十三年（一六一五）石鏡山房刻本，齊魯書社，一九九七年

古周易訂詁，明何楷撰，景印文淵閣四庫全書本，臺灣商務印書館，一九八六年
周易玩辭困學記，明張次仲撰，景印文淵閣四庫全書本，臺灣商務印書館，一九八六年
田間易學，清錢澄之撰，景印文淵閣四庫全書本，臺灣商務印書館，一九八六年
周易通論，清李光地撰，景印文淵閣四庫全書本，臺灣商務印書館，一九八六年
周易通論，清李光地撰，美國哥倫比亞大學中文圖書館藏清道光九年李維迪刻榕村全書本
周易通論，清李光地撰，陳祖武點校，榕村全書，福建人民出版社，二〇一三年
周易觀象，清李光地撰，景印文淵閣四庫全書本，臺灣商務印書館，一九八六年
周易觀象，清李光地撰，美國哥倫比亞大學中文圖書館藏清道光九年（一八二九）李維迪刻榕村全書本
周易觀象，清李光地撰，陳祖武點校，榕村全書，福建人民出版社，二〇一三年
周易折中，清李光地撰，美國哈佛大學燕京圖書館藏清康熙五十四年（一七一五）武英殿刻本
周易折中，清李光地撰，李一忻點校，九州出版社，二〇〇二年
周易折中，清李光地撰，劉大鈞點校，巴蜀書社，二〇〇八年
陸堂易學，清陸奎勳撰，四庫全書存目叢書影印上海圖書館藏清康熙、乾隆閒刻陸堂經學叢書本，齊魯書社，一九九七年

周易孔義集説，清沈起元撰，景印文淵閣四庫全書本，臺灣商務印書館，一九八六年
大易擇言，清程廷祚撰，景印文淵閣四庫全書本，臺灣商務印書館，一九八六年
周易圖書質疑，清趙繼序撰，景印文淵閣四庫全書本，臺灣商務印書館，一九八六年
孫氏周易集解，清孫星衍撰，黄晃點校，中華書局，二〇一八年
周易集解纂疏，清李道平撰，潘雨廷點校，十三經清人注疏本，中華書局，一九九四年
周易略解，清馮經撰，續修四庫全書影印中國科學院圖書館藏清道光三十年（一八五〇）南海伍元薇輯刻嶺南遺書本，上海古籍出版社，二〇〇二年
邵村學易，清張其淦撰，叢書集成續編影印寓園叢書本，新文豐出版公司，一九八五年
尚書正義，漢孔安國傳，唐孔穎達等正義，影印清阮元校刻十三經注疏本，中華書局，一九八〇年
毛詩正義，漢毛亨傳，鄭玄箋，唐孔穎達等正義，影印清阮元校刻十三經注疏本，中華書局，一九八〇年
周禮注疏，漢鄭玄注，唐賈公彦疏，影印清阮元校刻十三經注疏本，中華書局，一九八〇年
儀禮正義，漢鄭玄注，唐賈公彦疏，影印清阮元校刻十三經注疏本，中華書局，一九八〇年
禮記正義，漢鄭玄注，唐孔穎達等正義，影印清阮元校刻十三經注疏本，中華書局，一九八〇年
春秋左傳正義，晉杜預注，唐孔穎達等正義，影印清阮元校刻十三經注疏本，中華書局，一九八

〇年
左氏博議，宋吕祖謙撰，中華再造善本叢書影印國家圖書館藏元刻本，北京圖書館出版社，二〇〇四年
春秋公羊傳注疏，漢何休注，唐徐彦疏，影印清阮元校刻十三經注疏本，中華書局，一九八〇年
論語注疏，魏何晏等注，宋邢昺疏，影印清阮元校刻十三經注疏本，中華書局，一九八〇年
論語全解，宋陳祥道撰，景印文淵閣四庫全書本，臺灣商務印書館，一九八六年
論語正義，清劉寶楠撰，高流水點校，十三經清人注疏本，中華書局，一九九〇年
爾雅注疏，晉郭璞注，宋邢昺疏，影印清阮元校刻十三經注疏本，中華書局，一九八〇年
孟子注疏，漢趙岐注，宋孫奭疏，影印清阮元校刻十三經注疏本，中華書局，一九八〇年
開成石經，西安碑林全集，高峽主編，廣東經濟出版社，一九九九年
景刊唐開成石經，影印民國十五年（一九二六）皕忍堂摹刻本，中華書局，一九九七年
經典釋文，唐陸德明撰，影印北京圖書館藏宋刻宋元遞修本，上海古籍出版社，一九八五年
經典釋文，唐陸德明撰，影印清通志堂經解本，中華書局，一九八三年
經典釋文考證，清盧文弨撰，影印清乾隆閒餘姚盧氏抱經堂叢書本，直隸書局，一九二三年
經典釋文彙校，黄焯撰，中華書局，一九八〇年

程氏經説，宋程頤撰，景印文淵閣四庫全書本，臺灣商務印書館，一九八六年
經説，宋熊朋來撰，美國哈佛大學燕京圖書館藏清康熙十九年通志堂經解刻本
五經蠡測，明蔣悌生撰，景印文淵閣四庫全書本，臺灣商務印書館，一九八六年
經義述聞，清王引之撰，高郵王氏四種之三，江蘇古籍出版社，二〇〇〇年
周易注疏校勘記，清阮元撰，清咸豐十年（一八六〇）補刻學海堂皇清經解本

二、史部著作

史記，漢司馬遷撰，南朝宋裴駰集解，唐司馬貞索隱，張守節正義，中華書局，一九八二年
漢書，漢班固撰，唐顔師古注，中華書局，一九六二年
後漢書，宋范曄撰，唐李賢等注，中華書局，一九六六年
三國志，晉陳壽撰，南朝宋裴松之注，中華書局，一九六四年
舊唐書，後晉劉昫等撰，中華書局，一九七五年

三、子部著作

老子道德經古本集注直解，宋范應元集注，中華再造善本叢書影印國家圖書館藏宋刻本，北京圖

書館出版社，二〇〇三年
南華真經，晉郭象注，中華再造善本叢書影印國家圖書館藏宋刻本，北京圖書館出版社，二〇〇三年
南華真經注疏，晉郭象注，唐成玄英疏，影印正統道藏本，上海書店，一九八八年
中説，隋王通撰，宋阮逸注，四部叢刊（初編）影印常熟瞿氏鐵琴銅劍樓藏宋刻本
皇極經世書，宋邵雍撰，景印文淵閣四庫全書本，臺灣商務印書館，一九八六年
張子正蒙，宋張載撰，朱熹注解，叢書集成三編影印中華書局聚珍仿宋版本，新文豐出版公司，一九九七年
注解正蒙，宋張載撰，清李光地注解，清道光九年（一八二九）李維迪刻榕村全書本
麗澤論説集録，宋吕祖謙撰，吕祖儉輯，吕喬年編，中華再造善本叢書影印國家圖書館藏宋嘉泰四年（一二〇四）吕喬年刻本，北京圖書館出版社，二〇〇三年
二程遺書，宋程顥、程頤撰，景印文淵閣四庫全書本，臺灣商務印書館，一九八六年
朱子語類，宋黎靖德編，明成化九年（一四七三）陳煒刻本
朱子語類，宋黎靖德編，王星賢點校，中華書局，一九八五年
朱子語類彙校，宋黄士毅編，徐時儀、楊艷校，上海古籍出版社，二〇一四年

困學紀聞，宋王應麟撰，中華再造善本叢書影印國家圖書館藏元泰定二年（一三二五）慶元路儒學刻本，北京圖書館出版社，二〇〇五年

四、集部著作

新刊五百家注音辨昌黎先生文集，唐韓愈撰，宋魏仲舉輯注，中華再造善本叢書影印南京圖書館藏宋慶元六年（一二〇〇）魏仲舉家塾刻本，北京圖書館出版社，二〇〇六年

范文正公文集，宋范仲淹撰，中華再造善本叢書影印國家圖書館藏北宋刻本，北京圖書館出版社，二〇〇五年

元公周先生濂溪集，宋周敦頤撰，中華再造善本叢書影印國家圖書館藏宋刻本，北京圖書館出版社，二〇〇三年

元豐類稿，宋曾鞏撰，中華再造善本叢書影印國家圖書館藏元大德八年（一三〇四）丁思敬刻本，北京圖書館出版社，二〇〇六年

晦庵先生文集，宋朱熹撰，中華再造善本叢書影印國家圖書館藏宋刻本，北京圖書館出版社，二〇〇四年

晦庵集，宋朱熹撰，景印文淵閣四庫全書本，臺灣商務印書館，一九八六年